大学体育与健康

主编 王彤 李钦升 许宁

西北工业大学出版社
·西安·

【内容简介】 本书分为理论知识和运动实践两篇。基础理论知识篇分别阐述体育运动对大学生身心发展的影响，体育运动的生理学和心理学基础，体育运动医务卫生知识以及营养保障等知识。运动实践篇重点介绍球类、田径、游泳、武术等17个体育项目的基本技术、战术方法和练习，以及基本竞赛规则。

本书可作为体育课程的教学用书，也可作为体育爱好者学习与锻炼的指导用书。

图书在版编目（CIP）数据

大学体育与健康/王彤，李钦升，许宁主编. 一西安：西北工业大学出版社，2020.4（2021.9重印）

ISBN 978-7-5612-6721-9

Ⅰ.①大… Ⅱ.①王… ②李… ③许… Ⅲ.①体育-高等学校-教材 ②健康教育-高等学校-教材 Ⅳ.①G807.4 ②G647.9

中国版本图书馆CIP数据核字（2020）第056773号

DAXUE TIYU YU JIANKANG

大学体育与健康

责任编辑：隋秀娟　　策划编辑：付高明

责任校对：李文乾　　装帧设计：尤　岛

出版发行：西北工业大学出版社

通信地址：西安市友谊西路127号　　邮编：710072

电　　话：(029) 88491757，88493844

网　　址：www.nwpup.com

印 刷 者：北京俊林印刷有限公司

开　　本：787 mm×1 092 mm　　1/16

印　　张：22

字　　数：631千字

印　　次：2021年9月第2次印刷

定　　价：49.00元

《大学体育与健康》微课资源

体育的概念　P1

健康的概念　P4

运动生理学基础　P11

体育心理学概念　P16

体育运动原则与方法　P17

大学生发展特征与因素　P22

体育与运动对大学生的影响　P26

营养素的分类和功能　P28

饮食与健康　P30

运动性疲劳的概念　P35

常见运动损伤的处理　P38

运动损伤的预防　P41

体育竞赛组织与编排　P46

篮球竞赛规则简介　P79

运球技术　P81

足球竞赛规则简介　P108

跳跃运动　P128

排球运动　P111

投掷运动　P132

田径项目规则介绍　P136

武术运动　P138

健美操的规则介绍　P171

游泳运动　P187

水中救护　P204

乒乓球的起源　P207

羽毛球运动概述　P219

网球运动概述　P234

体育舞蹈概述　P261

瑜伽的概述　P299

气排球　P313

《大学体育与健康》编写委员会

主　编：王　彤　李钦升　许　宁

副主编：任志超　张清涛　韩守江　张颂林

陆雯婕　汪长芳　黄海圣　杨金城

何基乾　王夫权　马占胜　孙　明

胡国栋　房宜军　苏克强　张传新

王绪东　刘芬

前　言

当前，我国社会经济快速发展，人们面临的生活节奏、工作节奏不断加快，社会的多元化竞争日益激烈，越来越多的人认识到，只有保持强健的体魄和健康的心态才能适应日趋复杂的社会环境。大学生作为即将走入社会的新群体，要想快速适应社会环境，必须拥有健康的身心。

《中共中央国务院关于深化教育改革，全面推进素质教育的决定》指出："健康体魄是青少年为祖国和人民服务的基本前提，是中华民族旺盛生命力的体现。学校教育要树立健康第一的指导思想，切实加强体育工作。"《全国普通高等学校体育教学指导纲要》以及《国家学生体质健康标准》的颁布实施，对新时期我国院校的体育教学工作提出了更高要求，要实现大学生"每天锻炼1小时，健康工作50年，幸福生活一辈子"的目标，同时也要为大学生走向社会后坚持终身体育运动打下坚实基础。

本书坚持"以学生为本、健康第一"的指导思想，以注重培养学生的体育与健康知识、实践能力与体育习惯为主线，力求做到既符合现行学校体育教育发展的特点与要求，又充分考虑当代大学生的爱好、兴趣与需求，并贯彻"因材施教"教学原则，以满足新形势下大学生的体育需求与自我实现。本书在结构与内容上有所突破，将知识、技术与技能、传统体育与现代新兴体育相结合，以教会学生基本的体育健身知识、技能和方法，促进其身心和谐健康发展，为其能终身从事体育锻炼打下坚实基础。

全书共十六章，分为理论知识篇和运动实践篇两部分。本书第一至第五章为理论知识篇，分别阐述了体育健康概述、体育运动科学基础、体育运动与大学生身心健康、体育运动营养保障与医务卫生及体育竞赛的组织与编排等知识。第六至第十六章为运动实践篇，重点介绍了田径、球类、游泳等17个体育项目的技术、战术学习和训练，以及基本竞赛规则。总的来说，本书结构清晰、图文并茂，既突出了专业性、知识性和科学性，也兼顾了大学生进行体育锻炼的实践需要。本书既可作为体育课程的教学用书，也可作为体育爱好者学习与锻炼的指导用书。

本书在编写过程中，参考和借鉴了一些专家、学者的研究资料和成果，在此一并致谢！

由于水平所限，书中难免存在疏漏和不足之处，恳请广大读者批评指正。

编　者

目　录

理论知识篇

运动实践篇

理论知识篇

第一章　体育与健康

高等院校是为国家培养高素质人才的重要阵地，而强健的体魄是高素质人才的立身之本。毛泽东同志曾经在《体育之研究》中提及："体育一道，配德育与智育，而德智皆寄于体，无体是无德智也。"由此可以看出体育在学校教育中的重要性。体育是大学生完成学业的重要环节，更是其毕业后走向社会或者攀登更高阶梯的坚实基础。

第一节　体育概述

一、体育的概念

体育是人类社会发展中，根据生产和生活的需要，遵循人身心的发展规律，以身体练习为基本手段，达到增强体质，提高运动技术水平，进行思想品德教育，丰富社会文化生活而进行的一种有目的、有意识、有组织的社会活动，是伴随人类社会的发展而逐步建立和发展起来的一个专门的科学领域。

体育的概念有广义和狭义之分。

(1) 广义的体育是以身体练习为基本手段，为增强体质、提高运动技术水平、丰富社会文化生活而进行的一种有意识的身体运动和社会文化活动，也叫体育运动。体育运动随着社会的发展而发展，但其发展受到一定社会的政治和经济制约，即它的进步依赖于社会的需求，同时它也为一定社会的政治和经济服务。

(2) 狭义的体育是以身体练习为基本教育手段的一种教育方式，也叫体育教育，与德育、智育、美育相配合成为教育的重要部分。体育教育通过身体练习向学生传授基本知识、基本技术和基本技能，是一个有计划、有组织地向学生传授知识的教育过程。

二、体育的功能

体育的功能是指体育在人类的发展和社会的进步中所产生的效益和功能状况。对它的了解可以更深入地认识体育对社会发展和人类生活的重要性。由于其复杂的社会性和自身的特点，体育的功能概括起来主要有以下几个方面。

(一) 强健身心，促进人的身体健康

体育对增强体质、提高身体机能、促进生理健康具有重要的作用。体育锻炼，可使人的血液循环加快，提高心脏的功能；可改善大脑的供血状况，消除脑力劳动后的疲劳，使头脑清醒，思维敏捷；可使呼吸肌增强，肺活量增大，肺功能提高；可使肌肉粗壮结实，肌红蛋白增多，使人丰满有力；可使骨骼坚韧，骨密质增厚，骨的抗弯、抗折能力增强；还可以提高人体的基本活动能力、适应能力和抵抗疾病的能力。

(二) 寓教于乐的教育功能

体育和教育自产生起就联系密切。学校体育作为培养人才的必要手段，历来都是教育的重要组成部分。

(1) 体育中的身体教育。身体教育就是通过身体练习来提高身体素质，是对个人身体练习能力的提高。科学证明，人出生后在本能方面比不上动物，适应环境的能力差，连最基本的

坐、立、站都不会，这些基本的生活技能都要靠后天学习获得。因此，学习基本的生活技能和从事身体锻炼的过程，就是发展身体、增强体质（即“育体”）的过程。

(2) 体育中的思想品德教育。体育本身就是一种有章可循的社会活动，它是在一定规则下有组织地进行的，这对培养青年一代遵守社会生活的各种准则、树立良好的道德观念、增强团结合作的精神和责任感有很好的强化作用。

(3) 体育中的心理素质培养。体育活动能使人进入超凡脱俗的境界，能陶冶情操，培养坚忍不拔的意志品质。紧张而激烈的竞赛既是对心理素质的严峻考验，也是培养良好心理素质的有利时机。

(4) 体育中的智育。体育本身就是一种社会文化现象，蕴含着丰富的科学知识，也有自己的科学体系。通过体育教学和身体锻炼，学生可以掌握一定的体育知识、技能和技术，并使思维能力、记忆力、观察力、想象力等构成智力的各种能力得到发展。因此，体育在传授知识、培养技能技巧、增强体质的过程中还包含着培养、开发和提高智能的教育因素。

（三）陶冶情操，娱乐身心

体育活动不仅能够使人们拥有强健的体魄，而且可以给人美的享受，使人们消除学习、工作和劳动带来的精神紧张和大脑疲劳带来的情绪紊乱，使人的大脑得到积极有益的调节，获得休息。这不仅有利于身体的恢复，而且是一种精神上的享受。比如，你在学习几小时后，去运动场跑跑步、做做操、活动活动身体，或去游泳馆游泳，就会感到精神振奋；当你飘然跃过跳高横杆，或敏捷地躲过对手的封堵而上篮得分，或一脚巧妙的射门使足球应声入网，或因一记漂亮的传球得到同学的欢呼和赞扬时，你就会从内心里产生一种愉悦感。

（四）服务于国家，融入政治

(1) 体育运动能够提供一个为国增光，提高国家和民族的威望及国际地位的途径。随着竞技体育的发展，竞技场被称为“没有炮火的金牌争夺战场”。例如，历史上我国人民曾被侮辱为“东亚病夫”，国家的威望大受贬损。中华人民共和国成立后，我国在亚运会上连续十届位居金牌榜第一，成为亚洲第一体育强国。2008 年，我国运动员在第 28 届北京奥运会上取得 51 枚金牌、21 枚银牌、28 枚铜牌，共计 100 枚奖牌，金牌总数跃居世界第一，奖牌总数跃居世界第二。以“同一个世界，同一个梦想”为口号的北京奥运会极大地提高了中华民族的国际地位，扩大了中国在世界上的影响。

(2) 加强爱国主义教育，增强民族凝聚力。在当代，一次国际体育大赛会像巨石击水一样，在国民心中产生巨大的冲击波，使百万人、千万人甚至整个民族、国家沸腾起来，使民族精神得到升华，爱国热情得到激发，为国家的腾飞、民族的昌盛提供难以估量的精神力量。例如，1984 年洛杉矶奥运会上，许海峰获得了我国第一枚奥运金牌，这在国内引起了空前的轰动。

(3) 改善和促进国家间的关系，增进友谊。体育可以促进各国人民相互了解，尤其是现代体育运动的国际化，使体育成为国家间重要的交往手段。运动员被称为“穿着运动衣的外交家”“和平的使者”和“外交先行官”。例如，1971 年，我国用“乒乓外交”与美国建立了友好关系，从而实现了运动员的互访，为中美建交创造了条件，这被人们称为“用小球转动了地球”。2008 年，胡锦涛同志访问日本时和具有“瓷娃娃”美称的日本乒乓球选手福原爱愉快地打乒乓球、切磋球技，增进了中日两国人民的友谊。

（五）促进经济发展

体育的经济功能之一是直接地为经济建设服务。例如：举办大型运动会能促进当地各行各业的发展；提高体育场馆的使用率，促进体育器材、运动服装制造业的发展；增加体育竞赛的门票收入；出售体育竞赛的电视实况转播权；销售纪念章、纪念币；等等。这些都可以直接产生经济效益，为经济建设服务。

促进经济发展的成功尝试当首推 1984 年在美国洛杉矶举办的第 23 届奥运会。这届首次由民间承办的奥运会在商界人士彼得·尤伯罗斯的领导下，一改以往奥运会亏损的局面，获得了 2.5 亿美元的盈利，为此，国际奥委会特授予他金质勋章。1988 年汉城奥运会取得了更大的成功，获得 4.97 亿美元的巨额利润，这使人们对体育体现出的经济价值感到震惊。

（六）军事功能

体育的军事功能主要源于战争和对士兵进行身体训练的需要。从史前时代部落间为争夺土地、牧场和血亲复仇而引起的暴力冲突，到原始社会末期以掠夺财产为目的的奴隶战争，都不断推动着武器的演进，这不仅为以后的健身活动提供了广泛的运动器材，也促使人们积极从事军事操练和与之有关的身体训练。进入封建社会以后，统治者为争夺领地引起的频繁战争使体育和军事的结合变得愈加紧密。

随着资本主义的发展，西方体育经文艺复兴时期和宗教改革运动，把跑、跳、投掷、摔跤等活动引入学校，要求学生掌握军事生活所必需的一些基本技能。在近代西方体育形成的初期，由欧洲教育改革推出的传统体操以其极具军事实用价值的体育形式风靡欧洲。这种身体运动对培养动作技能、行动整齐、掌握当时流行的线形作战方法极为有利，在美国南北战争及普法战争中曾一度发挥了重要的作用。

现代社会，尖端武器的发展更需要人们在短期内掌握复杂的军事技能，而且能有效地加以应用，这就要求最大限度地动员人的精神和身体能力。为此，不仅要进行全面的体力训练，还必须掌握军事需要的专门技巧，如游泳、爬山、攀登、滑雪、划船、跳伞、摔跤、格斗、擒拿、拳击及队列操练等。特别是随着部队机动性的提高和新的战略战术的运用，体育和军事结合的项目正在不断涌现，专门为军事服务的“军事体育”应运而生。

三、体育的组成

广义体育的概念表明，体育教学、竞技运动和身体锻炼是三种不同内容和范围的“体育”，其共同点是以身体运动为基本手段，全面地增强体质，都有教育、教学、竞赛、提高等诸多因素。但根据其目的、对象和社会影响的不同，目前比较普遍的观点是：体育主要由学校体育、竞技体育和群众体育三个部分组成。

（一）学校体育

学校体育是学校教育的重要组成部分，也是全民体育的基础。学校体育作为教育和体育的交叉点和结合部，又是国家体育事业发展的战略重点。学校体育是在以学校教育为主的环境中，运用身体运动、卫生保健等手段，对受教育者施加影响，促进其身心健康发展；有目的、有计划、有组织地开展教育活动，全面提高身体素质和运动技术水平；与德育、智育、美育相结合，培养良好的道德和意志品质，使学生成为德、智、体全面发展的高素质专业人才。

（二）竞技体育

竞技体育是指在全面提高身体素质的基础上，最大限度地挖掘人的体力、智力和运动才能，以取得优异成绩为目标而进行的科学训练和竞赛活动，其特点是技艺高超、竞争性强、有严格的规则和场地要求，同时又是人的智能和运动才能的极端表现形式。由于竞技体育易吸引广大观众，极富感染力且容易传播，它在活跃社会文化生活，振奋民族精神，提高国家的国际威望，促进各国人民之间的友谊、团结和交流等方面都有着特殊的作用。

（三）群众体育

群众体育是以健身、娱乐、休闲、医疗和保健康复为目的的体育活动。由于它的对象主要为一般民众，包括男女老幼及伤残者，活动领域遍及整个社会乃至家庭，所以具有活动内容广、表现形式新、趣味性强、参加人数多的特点。群众体育作为学校体育的延伸，可使人们的体育生涯得以延伸。

第二节　健康概述

健康和体育是密不可分的。健康是人一生最大的财富，其重要性人人皆知。

一、健康的概念

健康是一种不断变化的行程性的理念。由于个体所处的自然环境、生存条件和时代经济的发展不同，人们的健康观念也在不断地变化和发展。

古代“健康”一词主要是指人身体的健康，即一个人没有疾病的折磨，能自由地进行各项日常活动。当时人们对健康的理解就是指身体的无病状态，认为只要身体没有疾病，就可以认为是健康的。20 世纪 80 年代中期，世界卫生组织对健康进行了重新定义：“健康是身体上、精神上和社会适应上的完好状态，而不仅仅是没有疾病或者不虚弱。”这一定义一直沿用至今。

世界卫生组织对健康的重新定义说明，人是社会的人，人们在预防、诊断和治疗疾病的时候，不仅要考虑到生理的情况，还要考虑到社会、心理、精神、情绪等因素对人体健康的影响。因此，可以从个体身体健康、个体心理健康、个体社会健康和个体道德健康这几个方面来逐步理解健康的含义。

（一）个体身体健康

个体身体健康是指人的生理健康，是指躯体的形态、结构和功能正常，具有生活自理的能力，即包括无病和体能。而体能是一种满足生活需要和有足够能量完成各种活动任务的能力，这种能力主要是通过体育锻炼获得的。

诸多学者通过研究对生理健康的标准提出了自己的看法，认为应根据以下 15 项内容来评定生理健康：

（1）不应该有幻视、幻听、多疑、妄想；

（2）不应该长期失眠、噩梦、耳鸣、眩晕；

（3）不应该突然视力减退、偏盲、复视或眼前有异物感；

（4）不应该发烧、发冷、寒战、多汗；

（5）不应该有持续进行性体重减轻、疲劳无力；

（6）不应该长期咳嗽、咳痰、喘息；

（7）不应该感觉到自己的心脏跳动、心慌气短；

（8）不应该在吞咽食物时食道中有异物感；

（9）不应该有明显食欲减退、厌食、恶心呕吐、腹泻或多吃、多喝、多尿；

（10）不应该在任何部位出现违反客观规律的出血，如咯血、吐血、便血、牙龈或皮下出血，还有女性经期过长、经血过多等；

（11）不应该有任何部位的异常感觉，如病痛、麻木、灼烧或寒冷感；

（12）不应该有任何部位的触痛或指压性浮肿；

（13）不应该有任何部位的异常肿块；

（14）不应该出现皮肤红肿、青紫、黄染及各种斑丘疹；

（15）不应该过早大量脱发。

（二）个体心理健康

心理健康的概念比较复杂。许多国内外的专家学者都对它进行了研究。日本学者松田岩易认为："所谓心理健康，是指这样一种心理状态，即人对内部环境具有安全感，对外部环境能以社会上认可的形式适应。也就是说，遇到任何障碍和困难，心理都不会失调，都能以社会上认可的行为加以克服，凡是有这种耐性的状态，就可以说是心理的健康状态。"

（三）个体社会健康

社会健康也称社会适应性，是指个体与他人和社会环境相互作用并具有良好的人际关系和扮演现实社会角色的能力。有此能力的个体在社会交往中有自信心和安全感，与人友好相处，心情舒畅，并知道如何交朋友和维持友谊，能以负责的态度行事并在社会中找到自己合适的位置。

社会健康也有自己的评价系统，但是不像生理健康那样有客观的评价标准，它的一些评价标准大多是主观的。可以从下面几个方面对一个人的社会健康状况作出评价。

（1）能接受与他人的差异；

（2）与家庭成员和睦相处；

（3）有一到两个亲密的朋友；

（4）共同工作时，能接受他人的思想和建议；

（5）能与同性、异性交朋友；

（6）当自己的意见与多数人的意见不同时，能保留意见，继续工作；

（7）主动与人交往，有稳定而广泛的人际关系；

（8）交往中能客观地评价他人，取人之长，补己之短。

（四）个体道德健康

道德健康是人的一种"本质力量"，由思想品德和人格自我完善两部分组成。通常认为，思想道德是一种社会意识形态，它以善与恶、荣与辱、正义与邪恶等概念来评价人的各种行为，调节人与人之间以及个人与社会之间的关系。

《论语·述而》中有"君子坦荡荡，小人常戚戚"的说法。有学者将道德健康总结为：与人为善，助人为乐，总是心胸宽广和坦荡，且有高尚品德。有人会因为不良的心态而产生恐惧和紧张，这就会给自己带来沉重的精神负担，从而导致食不甘、夜不寐，最终也就无健康可言了。

世界卫生组织提出了衡量健康的10项标准：

（1）精力充沛，能从容不迫地应付日常生活和工作；

（2）处事乐观，态度积极，乐于承担任务，不挑剔；

（3）善于休息，睡眠良好；

（4）适应环境，应变能力强；

（5）对一般感冒和传染病有一定抵抗力；

（6）体重适当，体态匀称；

（7）眼睛明亮，不发炎，反应敏捷；

（8）牙齿清洁，无缺损，无疼痛，牙龈颜色正常，无出血；

（9）头发有光泽，无头屑；

（10）骨骼健康，肌肉、皮肤有弹性，走路轻松。

这10项标准有利于人们对健康概念的全面理解。人们可以按照这些要求追求健康，为提高健康水平、构建和谐社会、促进社会经济发展打下坚实的基础。

二、影响健康的因素

美国学者劳森提出了“健康五要素”，即身体、精神、智力、情绪和社会都处于健康与完美状态，才能称为真正的健康。

事实上，影响健康的因素是评价人们健康水平、计划和措施的依据。由于年龄、性别、地域、民族等不同，健康的自我评价指标也不尽相同。

（一）行为和生活方式因素

行为是有机体在外界环境刺激下所产生的反应，包括生理和心理的变化。人类的行为表现错综复杂，但基本规律是一致的，即它是人类为了维持自身的生存和种族的延续，在适应复杂的、不断变化的环境时所作出的反应。由于人同时具有生物性和社会性，所以人类的行为可分为本能的和社会的两大类。个体的社会行为是人与周围环境相适应的行为，是通过社会化过程确立的。行为是影响健康的重要因素，几乎所有影响健康的重要因素都与行为有关。美国的一项调查显示，只要有效地控制行为危险因素，如不合理饮食、缺乏运动锻炼、吸烟、酗酒和滥用药物等，就能减少40%～70%的早死。

（二）自然环境因素

人类与自然环境之间有着极为密切的关系。自然环境为人类的生存和发展提供了条件，同时人类的生活和生产活动又在不断地改造着自然环境，从而创造有利于自身生存和发展的自然环境条件。另外，人类在改造自然环境的过程中，又会把大量的废弃物带给自然环境，造成自然环境的污染，反过来对人体健康产生不良影响，甚至危及人的生命。

（三）人体生物学因素

（1）遗传因素。后代形成和亲代相似的多种特征称为遗传特征。遗传不仅使后代在形态、体质以至性格、智力、功能等方面和亲代相似，还会把亲代的许多隐性或显性的疾病遗传给后代。

（2）心理因素。我们的祖先在2 000多年前就发现了情绪对身心健康的影响，如《黄帝内经》中多处提到了“怒伤肝”“悲伤脾”“恐伤肾”。现代医学心理学的研究也证明，许多疾病的发生、发展都和心理因素有关，如心血管病、高血压、肿瘤等。大量的临床实践也证明，消极的情绪（如悲伤、恐惧、焦虑、愤怒等）能引起各种器官系统功能失调，导致失眠、心动过速、血压升高、尿急、月经失调等症状。在我国进行的癌症普查中还发现，心理因素与食道癌、子宫颈癌的发病有着密切的关系。

（四）体育运动因素

由于劳动方式和生活方式的改变，缺乏运动成为威胁人类健康的一个重要原因。同时，科学运动的健康价值日益显现，体育在生活中的地位越来越受到人们的关注，体育对人类健康的作用也是此处要讨论的重点。

体育是一种非常复杂的社会文化现象。它是以身体练习为基本手段，加之以智力活动，根据人体生长发育、技能形成和技能提高等规律，达到促进全面发育、提高身体素质和全面教育水平、增强体质和提高运动能力、改善生活方式与提高生活质量的一种有意识、有目的、有组织的社会活动。从这一含义可以看出，体育具有个体生物性和社会性两种属性。1987年，联合国教科文组织颁布的《体育运动国际宪章》中明确指出，体育是一种人权，确认了体育是提高生活质量的手段、体育能培养人类的价值观念，这说明体育对人类的生存和发展具有重要的影响。

在人类发展史上，体育作为一种积极的人类行为和特殊的社会文化现象，伴随着社会和文明的进步而发展，并对人类的进化和社会的发展起到了巨大的促进作用。健康的生活方式可以预防“文明病”的发生和发展，而体育运动作为健康生活方式的重要内容，对人类健康始终起着独特的支持作用，是维护人们身心健康最有效、最有益的办法。

三、亚健康

目前，亚健康状态的广泛存在已经产生了不可忽视的严重后果。世界卫生组织的研究结果表明：人类的健康和长寿有40%是依靠遗传因素和客观条件，其中15%为遗传，10%为社会因素，8%为医疗条件，7%为气候条件，而另外的60%则是依靠自己建立的生活方式和心理行为习惯。

（一）亚健康的定义

健康是躯体、心理、社会三方面均正常的“理想健康”，而疾病则是指机体在一定病因的作用下，一定部位和一定层次的结构、功能、代谢发生异常改变的生命活动过程，主要表现为躯体或心理上的异常。但疾病的产生并不是“一蹴而就”的，健康——疾病——死亡，是一个动态的、连续的过程。因此，疾病和健康的中间阶段就是亚健康状态，这时的机体既非“理想健康”，又非严格意义上的患病，或者说机体既有可能向疾病转变，也有可能恢复健康。

世界卫生组织提出了一系列亚健康状态的临床症状，其特征表现为体虚困乏，易疲劳，失眠，休息质量不高，注意力不易集中，甚至不能正常生活和工作，情绪不稳定，抵抗力差等，但在医院进行全面系统的检查时往往又找不到确定的病因所在。

（二）亚健康产生的原因

导致亚健康状态普遍存在的原因是多方面的，既有生物学因素，也有社会心理因素，更有不良生活方式，还有环境因素。具体而言，主要有以下几个方面的原因。

（1）过度疲劳造成的精力、体力透支。如果生活、工作节奏加快，竞争日趋激烈，人们用脑过度，身心长时期处于超负荷紧张状态，就会造成身心疲劳。主要表现为疲劳、精力不足、注意力不集中、记忆力减退、睡眠质量不佳、肩背腰酸楚疼痛等。长期下去，必然因内脏功能过度损耗、机能下降而出现亚健康状态。据世界卫生组织的统计，大约有70%的人不同程度地生活在亚健康状态中，而且越是大城市和经济发达地区，处于亚健康状态的人越多。

（2）人的自然衰老。人体成熟以后，大约从30岁就开始衰老。到了一定程度，人的机体器官开始老化，出现体力不足、精力不支、社会适应能力降低等现象，例如女性出现更年期综合征、生理功能紊乱、精神和情绪低等，男性虽然更年期综合征不明显，但也会出现生理机能减退、心情烦躁、精力下降等综合症状。

（3）人体生物周期中的低谷时间。即使一个健康的人，在某一特定的时间也可能处于亚健康状态。人的体力、精力、情绪都有一定的生物节律，有高潮也有低潮，脑力和体力都有很大的反差，在低潮时期就会表现出亚健康状态。

（4）自然环境因素。自然环境的污染已成为影响人类健康的一大因素。要增进健康，就必须改善自然环境，这已成为人们的共识。向人们阐明环境与健康的关系，把有害健康的环境因素及防范规律传授给人们，使每个人都知道保护环境的重要作用，都积极参与到环境保护的行动中，这也是健康教育的一个重要方面。

（三）对亚健康的调节

对亚健康的调节方法很多，主要分为心理调节和生理调节两个方面。

心理调节就是利用心理学的理论和技巧，通过多种方法，应用语言和非语言的交流方式等，影响人的心理状态，改变人的不正确的认知活动和情绪障碍，解决人的心理上的矛盾，进而达到治疗心理亚健康的目的。

生理调节也不容忽视。总的来说，可以从以下 8 个方面来加以注意：

(1) 改变不良生活习惯，如戒烟、戒酒等，从而减少或避免来自外界的恶性刺激。

(2) 保持体内生物钟的稳定，做到劳逸结合、作息规律正常，防止加重身心疲惫。

(3) 适度增加体力活动的强度和体育锻炼的时间，给躯体增加“负荷”，以增强心肺功能，使人产生愉悦之感。

(4) 加强营养，定时进餐，尤其要重视早餐，注意提高早餐的质量。

(5) 通过旅游活动，如春踏青、夏赏花、秋登山、冬赏雪等，经受大自然的洗礼，以增强体质、陶冶情操。

(6) 通过自我心理调试，逐渐提高对外来刺激的承受能力，增强心理抗病力，以心理健康带动躯体健康。

(7) 广交朋友，尽量将自己置于“朋友快乐世界”中，成为他们中的一员。

(8) 症状严重时，请医生帮忙，必要时可进行一些对症治疗。

如果从以上 8 个方面加以调节，并和心理调节同时进行，那么就可以重新回到健康人的行列。

第三节　高校体育与大学生终身体育

一、高校体育

高校体育课程是大学生以身体练习为主要手段，通过合理的体育教育和科学的体育锻炼过程，达到增强体质、增进健康和提高体育素养为主要目标的公共必修课程。它是学校课程体系的重要组成部分，是高等学校体育工作的中心环节，是促进身心和谐发展，思想品德教育、文化科学教育、生活与体育技能教育与身体活动有机结合的教育过程，是实施素质教育和培养全面发展的人才的重要途径。

（一）高校体育的作用

(1) 身体教育作用。全面锻炼学生的身体，促进身体形态、结构、生理机能和心理发展，提高身体素质和人体基本活动能力，提高对自然环境的适应能力；使学生掌握体育的基本知识、技术和技能，学会科学锻炼身体的方法，养成经常锻炼身体的习惯，提高自我锻炼的能力，使其终身受益。

(2) 德育作用。是培养集体主义感和以大局为重、善于处理人际关系的优良品德的教育过程。如：比赛失利时，是相互鼓励，还是相互抱怨；对裁判员的误判，是大方宽容，还是“斤斤计较”；比赛胜利时，是骄横自大，还是认真总结经验，戒骄戒躁。

(3) 爱国主义教育作用。在体育教学中通过让学生欣赏大型体育运动会比赛，观看我国运动员为国拼搏、为国争光，在赛场上升国旗、奏国歌的动人场面，为其讲述优秀运动员刻苦训练、顽强拼搏的感人事迹，能够激发他们的爱国热情，增强其民族自尊心和自豪感，对大学生是很好的爱国主义教育。

(4) 心理品质教育作用。体育运动能使人进入一种超凡脱俗的境界，陶冶人的情操，培养人勇敢、果断、坚毅、自信心、自制力、进取心和坚韧不拔的意志品质。紧张而激烈的竞赛既是对人的心理品质的严峻考验，又是修炼和培养良好心理素质的时机。

(5) 智能教育作用。通过体育教学和身体锻炼，学生可学习和掌握一定的体育知识、技能和技术，并使思维力、记忆力、观察力、想象力等构成智力的各种能力得到发展。因此，作为一种教育的体育运动，在传授知识，培养技能、技巧，增强人的体质的过程中，还包含着培养、开发和提高智能的教育因素。

（二）高校体育课程的目标

1. 基本目标

(1) 运动参与目标。积极参与各种体育活动并基本形成自觉锻炼的习惯，形成终身体育锻炼的意识，能够编制可行的个人锻炼计划，具有一定的体育文化观赏能力。

(2) 运动技能目标。熟练掌握两项以上健身运动基本方法和技能，能科学地进行体育锻炼，提高自己的运动能力，掌握常见运动创伤的处置方法。

(3) 身体健康目标。能测试和评价体质健康状况，掌握有效提高身体素质、全面发展体能的知识与方法；能合理选择人体需要的健康营养食品；养成良好的行为习惯，形成健康的社会方式；具有健康的体魄。

(4) 心理健康目标。根据自己的能力设置体育学习目标；能自觉通过体育活动改善心理状态，克服心理障碍，养成积极乐观的生活态度；运用适宜的方法调节自己的情绪；在运动中体验运动的乐趣和成功的感觉。

(5) 社会适应目标。表现出良好的体育道德和合作精神，正确处理竞争与合作的关系。

2. 发展目标

(1) 运动参与目标。形成良好的体育锻炼习惯，能独立制订满足自身需要的健身运动处方；具有较高的体育文化素养和观赏水平。

(2) 运动技能目标。积极提高运动技术水平，发展自己的运动才能，在某个运动项目上达到或相当于国家等级运动员水平，能参加有挑战性的野外活动和运动竞赛。

(3) 身体健康目标。能选择良好的运动环境，全面发展体能，提高自身科学锻炼的能力，练就强健的体魄。

(4) 心理健康目标。在具有挑战性的运动环境中表现出勇敢顽强的意志品质。

(5) 社会适应目标。形成良好的行为习惯，主动关心、积极参加社区体育事务。

二、终身体育教育

终身体育是指一个人终身进行身体锻炼和接受体育教育。终身体育的含义包括两个方面的内容：一是指人从生命开始至生命结束，学习与参加身体锻炼，使体育成为生活中始终不可缺少的重要内容；二是在终身体育思想的指导下，以体育的体系化和整体化为目标，为人在不同时期、不同生活领域中提供参加体育活动的机会。

终身体育思想是把人一生的身体锻炼问题看成一个整体，把学校体育看成人一生身体发展和锻炼的一个阶段，把学校体育的视角从关注学生的当前扩展到关注学生的未来和终生。终身体育主张在继续提倡掌握体育和保健的理论知识、提高对体育的认识、掌握必需的体育技能、提高体力、增进健康的前提下，强调学生个性的发展、能力的培养和锻炼身体习惯的养成。

三、制定切实可行的体育学习目标

（一）努力掌握体育和健康的基本知识、技术和技能，提高体育运动能力

大学生在大学的体育学习应注重与体育有关的健康知识的学习，掌握体育健身的基本原理，并能运用这些知识和原理指导自身的体育锻炼；学会体育锻炼和身心健康的评价方法。同

时，大学生还要把体育视为一种文化，不但要培养自己的体育素养，还要注重提高自己的体育活动能力。

体育活动能力的提高除了要掌握体育和健康的知识外，还要学习一定的运动技术和体育锻炼的方法，形成一定的运动技能。要从增强体质的角度去学习运动技术，把运动技术看成增强体质和提高健康水平的手段，把运动技术和体育锻炼方法的学习过程看成增强体质、增进健康、传播体育文化的过程。

（二）养成体育锻炼的习惯，形成积极向上的行为生活方式

体育课程是大学生主要的公修课程。大学生要通过体育课程的学习，努力培养自己对体育锻炼的兴趣和爱好，形成体育运动的意识，养成坚持锻炼身体的习惯，形成健康的行为生活方式，为终身体育奠定基础。

（三）提高个人道德修养，培养团结协作的精神和顽强拼搏的毅力

大学生的体育学习要注重利用体育的功能，培养自身的道德修养、协作精神和坚强拼搏的毅力。道德教育是全面和谐发展教育的重要内容，是教育的灵魂，在全面和谐发展教育中居于核心地位。正如苏联教育家苏霍姆林斯基所说："和谐全面发展的核心是高尚的道德。"个人道德修养的培养和个人体育能力的提高是相辅相成的。

第二章　体育运动科学基础

第一节　运动生理学理论基础

运动生理学是体育科学基础学科之一，是人体生理学的一个分支。人体生理学是研究人体机能活动规律的科学；运动生理学研究人体在体育活动和运动训练影响下结构和机能的变化，研究人体在运动过程中机能变化的规律，以及形成和发展运动技能的生理学规律，探讨人体运动能力发展和完善的生理学机理，论证并确立各种科学的训练制度和训练方法。

一、体育运动对呼吸系统的作用和影响

（一）体育运动对呼吸系统的作用

呼吸系统是执行机体和外界气体交换的器官的总称。呼吸系统的机能主要是与外界进行气体交换，呼出二氧化碳，吸进新鲜氧气，完成气体吐故纳新。呼吸系统包括呼吸道（鼻腔、咽、喉、气管、支气管）和肺。从鼻到喉这一段称上呼吸道，气管、支气管及肺内各级支气管的分支这一段为下呼吸道（见图 2-1）。

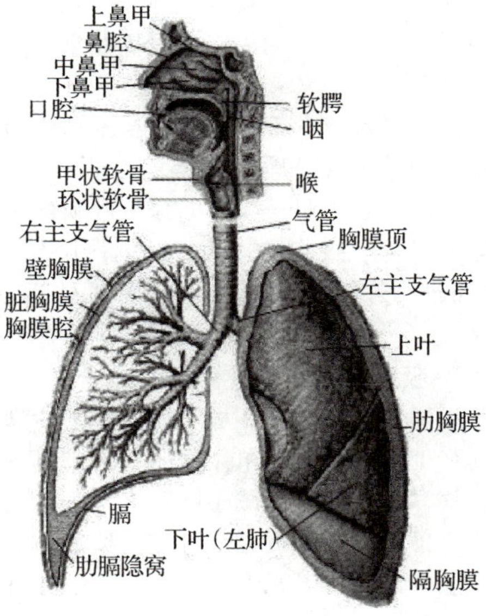

图 2-1　呼吸系统

对人来说，呼吸具有非常重要的生理意义，通过呼吸进行气体交换能为生物体的生命活动提供能量。呼吸释放出来的能量，一部分转变为热能而散失，另一部分储存在三磷酸腺苷（ATP）中。当 ATP 在酶的作用下分解时，就把储存的能量释放出来，用于生物体的各项生命活动。节律性呼吸是由延髓和脑桥通过膈神经和肋间神经调节的，体温升高时的呼吸加快就是由于刺激了下丘脑的体温调节中枢引起的。大脑皮层对呼吸运动有调节作用，人可以有意识地控制呼吸深度和频率，当然这种控制是有限度的。此外，如讲话、读书、唱歌等都要依靠呼吸运动的配合，这些也都是由大脑皮层调节的。

经常从事体育锻炼或运动训练，可使呼吸系统的机能产生良好的适应，机体代谢速度加快，体内代谢产物增加，导致血液中的二氧化碳分压、pH 值升高（pH 值为人体内酸碱度，正常值为 7.35～7.45）。这些变化使中枢和外周化学感受器产生刺激，呼吸中枢发放冲动作用于固有呼吸肌，反射性地引起呼吸加深加快，以便运输更多的氧气满足组织代谢的需要。也有研究认为，运动过程中，位于肌肉、关节处的本体感受器受到刺激，传入神经冲动反射性刺激呼吸的加深加快。

长期、合理的运动训练可以使机体在形态、结构和机能方面产生良好的适应性变化，特别是呼吸肌产生的适应性变化：运动中呼吸肌能量节省化，耐力和力量增强。长期适宜的运动负荷可以使呼吸肌（肋肌、肋间肌、腹肌）得到锻炼，呼吸肌发达了，胸围也发达了，而且使呼吸运动的幅度得到了扩展。

（二）运动中的呼吸方法

从生理学角度来讲，人体的呼吸运动是一种随意运动。在中枢神经系统的支配下，人们可以有意识地控制呼吸节奏，调节呼吸的深度、频率和呼吸的方式，从而使机体保持良好的运动状态。运动锻炼中不但要强调改进技术动作，提高机体的专项素质能力，也应该注意掌握合理的呼吸方法。

1. 加大呼吸深度，节制呼吸频率

在运动时，对氧的需求较安静时增长了几倍甚至几十倍，而这是可以通过加强呼吸的深度和频率来实现的。但实际剧烈运动时，呼吸往往出现表浅而急促的呼吸，并产生胸闷和呼吸困难的不适感觉。所以，在运动中应该有意识地加大呼吸深度，控制呼吸频率，提高肺泡通气量，最大限度满足机体对氧的需求，提高运动成绩或锻炼效果。

2. 注意呼吸与技术动作的配合

呼吸形式、时间、速率、深度以及节奏等，应随着技术动作的变化而进行调整，这不仅能保持动作质量，同时还能推迟疲劳的出现。周期性体育运动，应采用有节奏的、混合的呼吸。如耐力跑的呼吸节奏一般是三步一呼，三步一吸，并保持呼吸的深度和均匀。非周期性运动的呼吸，在完成扩胸、外旋、体展时，一般胸廓扩大，肺内压降低，此时应采取吸气较为有利，与上述动作相反练习时，呼气较为顺当。这样做有利于机体运动和呼吸机能合理、协调的发展。

3. 采用口鼻呼吸法，减小呼吸道阻力

运动时，氧气的需要量明显增加，所以仅靠鼻实现通气不能满足人体的需要。低强度运动时可用鼻子或口鼻吸气，运动强度逐渐增大时单用鼻子吸气满足不了机体对氧气的需要量，这时就要采用口鼻呼吸的方式。这样一方面可以减小肺通气阻力，增加通气；另一方面，通过口腔增加体内散热。有研究证实，采用口鼻呼吸方式可使人体的肺通气量较单纯用鼻呼吸增加一倍以上。但在严冬进行体育锻炼时，开口不要太大，以免冷空气直接刺激口腔黏膜和呼吸道而产生各种疾病。

二、体育运动对心血管系统的作用和影响

血管分为动脉血管、静脉血管和毛细血管。它是血液流通和营养运输的通道。血压是指血液对血管壁的侧压力。经常参加体育运动可以使血管壁的弹性增加，减小血流的阻力，提高血流量，有利于血液循环。经常运动还可以增加毛细血管的数量及横截面积，使末梢血流量增加。

由于血液循环，血液的全部机能才得以实现，并随时调整分配血量，以适应活动着的器官、组织的需要，从而保证了机体内环境的相对恒定和新陈代谢的正常进行。经常性的体育锻

炼，可引起心血管系统的形态、功能和调节能量产生较持久的适应，从而提高人体运动能力。

（一）体育运动对心血管系统的调节作用

心血管系统是由心脏、动脉、毛细血管和静脉组成。心脏是连接动脉和静脉的枢纽，是心血管系统的“动力泵”，并且具有重要的内分泌功能。心脏是一个中空的肌性脏器，其内部结构较为复杂，主要由 4 个心腔和 4 组瓣膜组成（见图 2-2）。

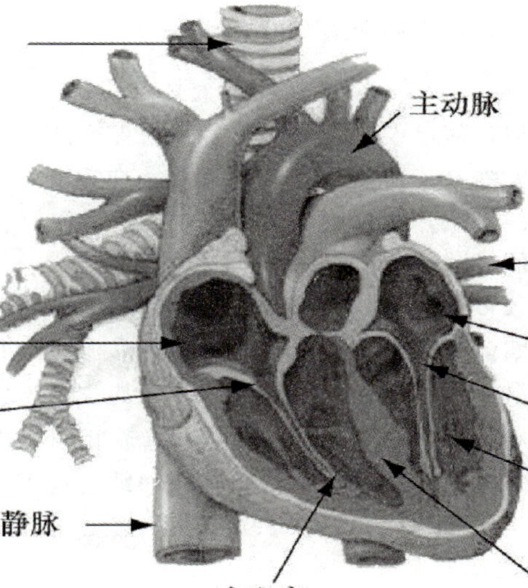

图 2-2　心脏结构示意图

心脏和各部分血管通过机体神经和体液的调节，使血流量在各器官之间分配，从而适应各器官在不同情况下的需要。人在紧张、恐怖、应急、运动等状况下，交感神经兴奋性增强，副交感神经兴奋性减弱；反之，人在安静、睡眠等状态下副交感神经兴奋性增强，交感神经兴奋性减弱。虽然该两种神经支配着心脏的活动，但是它们的活动也是在最高中枢神经大脑皮层的调节下进行的。支配血管平滑肌的神经纤维可分为缩血管神经纤维和舒血管神经纤维两大类，两者又统称为血管运动神经纤维。

心血管活动的体液调节是指血液和组织液中的一些化学物质对心肌和血管平滑肌的活动发生影响，从而起到调节作用。体液因素中，有些是通过血液携带的，有些则是在组织液中形成的，主要作用于局部血管，对局部组织血流量起到调节作用。

（二）体育运动对心血管系统的影响

运动锻炼时，由于体能能量消耗的增加和代谢物的增多，需要提高心肺机能，加快血液循环，以适应运动时机体的需要。这就使血液循环系统得到锻炼，引起心血管系统的形态、功能和调节能量产生较持久的适应，从而提高人体运动能力，特别是有氧耐力。体育对心血管的形态结构和机能都会发生不同程度的良好影响。体育锻炼时，心脏的工作量增大，心肌的血液代谢过程加强。久经锻炼的运动员心肌纤维增粗，心壁增厚，心脏增大，并以左心室增大为多见，而且训练水平越高，这种变化越显著。这样不但使心脏具有更大的收缩力，而且还能增加心脏容量，从而使心脏的每搏输出量和每分钟输出量增加。心容量可由一般人的 765～785mL 增加到 1 015～1 027mL。每搏输出量由安静的 50～70mL，增至 100mL 左右。到中老年时，还可延缓肌纤维退化过程。

（1）体育锻炼影响血管的结构，改变血管在器官内的分布。

(2) 体育锻炼能反射性地引起冠状动脉扩张，心肌的毛细血管数量增加。

(3) 体育锻炼可以促使身体大量贮备着的毛细血管开放。

(4) 体育锻炼可以显著降低血脂含量。

(5) 体育锻炼可以使脉搏徐缓和血压降低。

三、体育运动对运动系统的影响

(一) 运动系统的特性

运动系统是由骨骼、关节和骨骼肌组成，约占人体体重的 60%。全身各骨骼通过关节相连形成骨骼，构成坚硬骨支架，赋予人体基本形态。骨骼支持体重，保护内脏。骨骼肌附着于骨，在神经系统的支配下，收缩时，以关节为支点牵引骨改变位置，产生运动。运动中，骨骼起着杠杆作用，关节是运动的枢纽，骨骼肌是动力器官。所以说，骨骼肌是运动系统的主要部分，骨骼和关节是运动系统的被动部分（见图 2-3）。

人的运动是非常复杂的，包括简单的移位和高级活动如语言、书写等，均在神经系统支配下，由肌肉收缩而实现的。即使一个简单的运动往往也有多数肌肉参加，一些肌肉收缩，承担完成运动预期目的角色，而另一些肌肉则予以协同配合，甚或有些处于对抗地位的肌肉此时则适度放松并保持一定的紧张度，以使动作平滑、准确，起着相辅相成的作用。正常人体中，有名称的肌肉在 600 块以上。每块肌肉皆有紧密连锁的肌肉纤维构成（见图 2-4）。

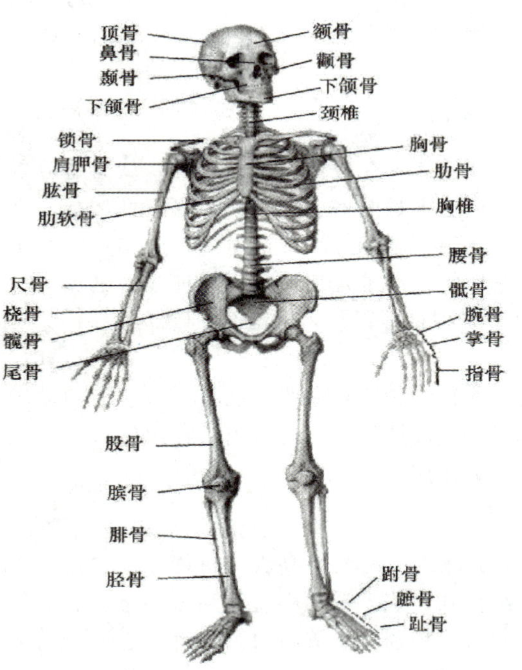

图 2-3　人体骨骼结构示意图

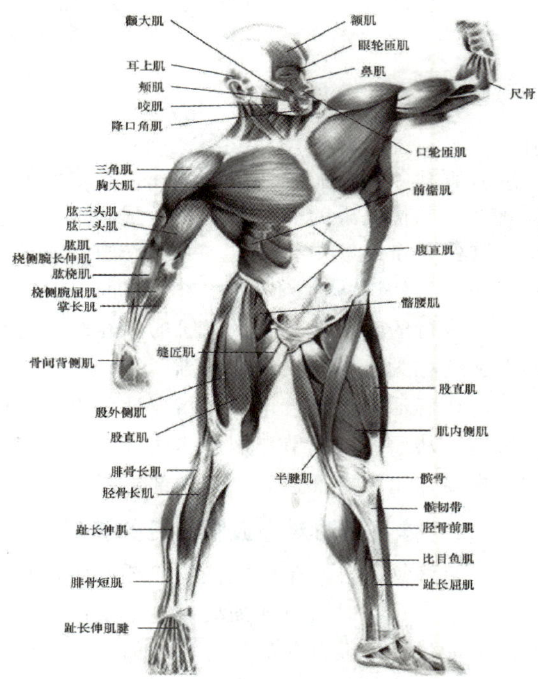

图 2-4　人体肌肉示意图

肌肉完成各种动作，都是通过肌肉收缩来实现的。肌肉在收缩时表现出长度和张力的变化。根据肌肉收缩时长度和张力的变化特点，将肌肉收缩分为以下几种形式：向心收缩、离心收缩、等长收缩和等动收缩。在完成工作或对抗地心引力对身在完成工作或对抗地心引力对身体的作用时，这几种收缩往往同时或按顺序发生。

（二）体育运动对运动系统的影响

体育锻炼时骨的血液供给得到改善，骨的形态结构和性能都发生良好的变化，骨密质增厚使骨变粗，骨小梁的排列更加整齐而有规律，骨骼表面肌肉附着的突起更加明显，这些变化使骨变得更加粗壮和坚固，从而提高了骨的抗折、抗弯、抗压缩和抗扭转等方面的能力。

（1）体育锻炼目的的不同，对人体各部分骨骼的影响也不同。

（2）体育锻炼可增大关节的稳固性，提高关节的灵活性。

（3）体育锻炼可使肌纤维变粗，肌肉体积增大。正常人的肌肉约占体重的35%～40%，经常参加体育锻炼的的人肌肉约占体重的45%～55%。

四、体育运动对新陈代谢的影响

体育锻炼时，由于肌肉代谢的增强，产生的热量也随着增加。虽然神经系统的调节加强了散热过程，但仍然慢于产热过程，因此体温升高。运动时体温适度升高对机体是有利的：首先能提高中枢神经系统的兴奋性，提高酶的活性，促进代谢过程的进行；其次加强了呼吸、血液循环机能；最后还可降低肌肉的黏滞性，从而有助于肌肉收缩的力量及密度的发挥，并可加大关节的活动范围。体温升高程度同运动强度、时间和气象条件以及个体锻炼程度有关。

五、体育运动对消化系统的影响

体育锻炼会增强体内营养物质的消耗，这就需要更多能量来补充，长此以往使整个机体的代谢增强。另外体育锻炼对消化器官的机能有良好的作用，它能使胃肠的蠕动加强，消化液的分泌增多，改善肝脏、胰腺的功能，因而使消化和吸收的能力提高，为人的健康和长寿提供了良好的物质保证。不要食后立即进行比较激烈的运动，更不要在比较激烈的运动后立即进食 。因为在激烈运动时，大脑皮层运动中枢兴奋占优势，以致减弱和抑制了其他部位的活动，使消化中枢处于抑制状态，从而减弱了胃肠的蠕动，并减少了消化液的分泌，这样对消化系统有不良影响。

六、体育运动对人体中枢神经系统的影响

运动是在神经系统控制下进行的，人在进行运动时，在中枢神经系统的统一支配下，必须动员人的其他系统和有关器官的参与，如大脑皮层调节心脏及血管系统，加快全身的血液循环，及时供给能量和氧气，及时排出汗液和二氧化碳。与此同时，长期体育锻炼可以改善和提高中枢神经系统的工作能力，使中枢神经及大脑皮层的兴奋性增强，抑制加深，使得兴奋和抑制更加集中，从而改善神经系统的均衡性和灵活性，提高大脑分析和综合的能力，增强机体适应变化能力和工作能力。如经常从事体育锻炼的人和运动员灵活性高、反应速度快、反应时间短、耳聪目明、精力充沛，这正是神经系统功能提高的表现。

七、体育运动对提高人体免疫能力的影响

从预防医学的角度出发，可把体育锻炼看作是一种增强人体非特异性免疫的手段 。免疫系统对运动的应答反应受多种因素的影响，一般认为，适宜负荷的运动会增强免疫功能。长期反复适宜的运动负荷刺激，可使机体的免疫状态始终维持在一个较高的水平。研究发现一次适宜的有氧运动后，体内的白细胞数量有显著性增加，免疫球蛋白（LGG、A、M）水平也都有显著性增加，这可能与体育锻炼增加机体的抗病能力有关。一般来讲，一次运动对免疫系统机能的影响作用是暂时的，只有经常参加体育活动才能对免疫系统产生持久的影响。

总之，体育运动不仅能强健身体、增强体质，还具有完善身体、发展身体、修炼人生、健

康心灵、健全人格、提高社会适应能力等功能。其重要价值还在于改善人类的生活方式、生命活力、心理品格和实现人的现代化，使人的本质力量得到体现，不仅从身体上，也从精神上、社会适应上达到人的健全、健康状态。

第二节　体育心理学理论基础

一、体育心理学概念

体育教学是一种向学生身心施加影响的过程，有很多方面都要涉及心理学，例如对学生心理年龄特征和个性特征的了解，学生知识的掌握，技能的形成，以及发展体质和培养学生的体育活动能力等，都离不开心理学知识。

体育心理学是研究在体育活动的条件下从事体育活动实践的人的心理现象及发展规律的科学。它的研究内容主要涉及两个方面：一是学校体育范围内的有关心理学问题。二是与从事体育活动有关的心理学问题。体育心理学是心理学的一门分支学科，是在普通心理学主干上滋生出来的，是体育科学和体育教育的一个组成部分，其学科性质属于应用学科。它提示了体育活动中各种心理现象发生、形成和发展的规律，为体育教学和开展体育活动提供心理学和心理学指导的依据。

二、体育心理学的主要任务和内容

体育心理学的主要任务是研究人们在参加体育运动时的心理过程，如感觉、知觉、表象、思维、记忆、情感、意志等在体育运动中的作用和意义。具体到体育心理学研究任务主要概括以下几点：

(1) 研究人在体育运动中心理过程的特点和规律以及人的个性差异与体育运动的关系。比如：在体育活动中存在自信心方面的男女性别差异吗？哪些因素会影响人们参加体育活动的动机？

(2) 研究体育运动对人的心理过程和个性特征产生的短期影响和长期影响。比如：有氧训练对人的焦虑水平有哪些短期效应和长期影响？长期的运动训练会促进或改变运动员的个性吗？体育活动会加强残疾人生活中的独立性和自信心吗？

(3) 研究掌握运动知识，形成运动技能，进行技能训练的心理学规律。比如：如何克服运动技能形成过程中的高原现象？如何利用迁移规律更快地掌握运动技能？哪些影响运动技能掌握、提高的重要心理因素更多地受遗传因素制约？

(4) 研究运动竞赛中人的心理状态问题。比如：比赛中的最佳唤醒水平是什么？如何在比赛中达到最佳唤醒水平？如何区分和评定运动员的心理负荷、心理疲劳？优秀运动员在比赛的关键时刻，运动操作的注意中心是什么？

运动心理学研究的内容十分广泛，如技能学习、竞赛心理、运动对人的意义、从事运动的动机，以及运动员之间、教练员和运动员之间、运动员和观众之间的相互关系，心理训练和运动心理治疗方法，等等。20 世纪初期，研究的问题多集中在技能学习上，包括学习的分配、保持和迁移等，而后深入到运动行为的理论方面。

三、体育心理学在体育教学上的应用

身体是心理的物质基础，有健康的身体才有健全的精神，但是心理对身体又有重大的影响。因此，体育教学在注意到学生的身体发展特点的同时，还必须注意到学生的心理发展特

点。大学生的年龄大体在 17～22 岁，这是一个人生长发育走向成熟的关键时期。大学生的身体形态、生理机能、身体素质和心理素质都遵循着一定的规律不断发展变化，并具有明显的年龄阶段性特点。他们的心理特点主要表现在以下三个方面：

（一）智力水平迅速提高

大学生的智力发展日趋成熟，其观察力、记忆力、想象力和思维能力迅速接近并达到成人水平。感知能力更富有目的性、系统性、深刻性和全面性；记忆力的发展开始进入鼎盛时期，意义记忆快速发展并居主要地位；想象的目的性、有意性发展突出，能够围绕现实问题进行思考；思维方式显著变化，辩证逻辑思维占优势，能运用科学要领对某些事物和现象进行抽象性和理论性思维；思维的独立性和批判性明显增强，喜欢独立地提出问题和寻找解决问题的办法，对事物的认识开始有自己的独立见解，开始用怀疑和批判的眼光看待周围的事物，喜欢争议、辩驳和提出一些新奇的想法 。

虽然这一时期的智力水平提高较快，但由于个人阅历比较浅，知识经验不足，辨别能力尚不够强，思维的独立性和批判性不够完善，因而，容易产生一定的片面性和表面性，缺乏深思熟虑，过分自信，固执己见，易走极端。

（二）情感丰富而强烈

大学生的生活和学习活动范围日益扩大，处在体力和精力旺盛的时期，因此，他们的情感丰富多彩，又带有强烈而瞬息万变的色彩。情感的体验以肯定、乐观与振奋为主要特征。他们的爱国主义、集体主义、责任感、义务感、友谊感、荣誉感等情感均有较高的发展。对美的体验表现得更为复杂而深刻，爱憎分明。情绪的两极化比较突出，极易出现高度的兴奋、激动、热情或是极端的愤怒、泄气、绝望。既有活泼、愉快、奋发向上等积极倾向，又有低沉、悲观、颓废等消极倾向。由于和社会生活的接触日益增多，各种社会行为规范使大学生逐渐具有了调节和节制自己情绪的能力，因而他们的情感又往往表现出内隐性和闭锁性。他们或将自己的真实情感隐蔽起来，表露出一种与内心体验并非一致的情绪状态；或有选择地暴露给不同的对象，这对了解他们的真实思想带来了一定的困难 。

（三）自我意识不断增强

自我意识是指人对于自身的认识。表现在自我认识的自觉性和主动性较强，能根据周围的人对自己的各种态度来评价认识自己，也能将自己与别人进行对比来评价自己，自我评价的客观性有所提高；自我控制的愿望非常强烈，有了明显的自觉性和主动性，并逐渐以社会标准、社会期望、社会条件为转移；自尊心十分突出，表现为对真诚的赞扬和尊重，批评常使自己感到内疚和羞愧，嘲笑更是使他们难以忍受；独立意向十分强烈，要求自主和独立，要求摆脱对成人的依赖，当这种意向因某些原因受阻时，他们会产生不满、对立情绪或反抗行为；自信心、好胜心增强，在接受新任务时表现出跃跃欲试，不甘人后。

根据这些特点，大学生的体育教学还要注意教学内容的具体性、教学组织的灵活性、教学方法的多样性和运动负荷适量，要激发学生的活动兴趣，并注意培养集体活动的良好习惯。

第三节　体育运动原则与方法

科学、合理地进行体育锻炼可以有效地促进身体的生长发育并增进体质，但是如果不科学合理地安排体育锻炼，往往事倍功半，还可能给身体带来伤害。

一、体育运动原则

体育锻炼必须遵循原则，也是参与者安排锻炼计划、选择锻炼内容、运用锻炼方法的基本依据。体育锻炼原则包括：切合实际性原则、自觉主动性原则、坚持恒久性原则、全面发展性原则、循序渐进性原则、适宜合理原则、安全恢复性原则。

（一）切合实际性原则

切合实际性原则就是按照自己的个人身体情况和环境，确定锻炼目的，选择适宜的运动项目，合理地安排运动时间和运动负荷。这是增强身体素质及提高运动水平必须遵循的原则。由于个体性别、年龄、体质和健康状况的差异，体育锻炼要从自己的实际情况出发，在每次锻炼前，都要评估自己当时的健康状况，使运动项目的难度和强度不要超过自己身体的承受能力。违反人体发展这一基本规律，只能损害身体健康。

（二）自觉主动性原则

自觉主动性原则指体育锻炼者有明确的健身目标，充分认识体育锻炼的价值，了解“生命在于运动”的科学道理，自觉积极地从事体育锻炼活动。在体育锻炼过程中，要促进锻炼者深刻认识参加的目的，自觉、积极地进行锻炼。毛泽东在《体育之研究》中指出：“欲图体育之效，非其起主观促进其对于体育的自觉不可。”体育锻炼是一个自我锻炼、自我完善，并需要克服自身的惰性，战胜各种困难的过程。同时，还要有一定的作息制度作保证，把体育锻炼当作生活中不可缺少的一部分，才能奏效。当一个人对某项体育活动产生兴趣时，就会对这项体育活动表现出极大的主动性和自觉性，做到身心融为一体。

（三）坚持恒久性原则

毛泽东在《体育之研究》中着重强调，“运动所宜注意者三：有恒一也，注全力二也，蛮拙三也。他所当注意者尚多，举其要者如此”。为什么要把“恒”放在首位？就是指坚持恒久性原则的重要性，如果在体育锻炼中，三天打鱼，两天晒网的话，根本起不到任何的锻炼效果。

体育锻炼必须经常性进行，并成为日常生活中的重要内容。体育锻炼对机体给予刺激，每次刺激都产生一定的作用痕迹，连续不断的刺激作用才能产生痕迹的积累。这种积累使机体结构和机能产生新的适应，体质就会不断增强，动作技能形成的条件反射也会不断得到强化，而只靠少数几次强化刺激是达不到要求的。若前次锻炼的效果痕迹已经消退，就丧失了对后一次锻炼的积累所产生的积极影响，所以必须持之以恒地进行体育锻炼。如何才能做到体育锻炼持之以恒？首先，根据个人能力所及，确立一个能够实现的体育锻炼目标（不宜太高），制订一个切实可行的锻炼计划。其次，强化锻炼意识，把体育锻炼列为日常生活内容，定期保证有一定的体育锻炼时间，逐步养成习惯，使体育锻炼成为生活的重要组成部分。体育锻炼的效果并非一劳永逸，如果锻炼间隔时间过长，效果就会不明显。因此，每次锻炼要坚持安排合理的锻炼间隔，一般以每周不少于 3 次为宜。

（四）全面发展性原则

体育锻炼必须追求身心全面协调发展，使身体形态、功能、各器官系统功能以及品质等诸多方面，都能得到全面的发展。

人体是一个整体，各器官系统是相互影响、相互制约的。任何局部机能的提高，必然促进机体其他部位机能的改善，当某一运动素质得到发展时，其他运动素质也会不同程度地有所发展，某一方面的锻炼与发展，也会对其他方面产生积极的影响。如果体育锻炼的内容和方法单一，会给锻炼带来很大的局限性，机体不能获得良好的整体效应。因此，在选择体育锻炼的内容和方法时要做到全面发展。一项素质得到发展，将促进其他素质不同程度的提高。但是还应看到，各项身体素质在发展过程中也存在着相互制约的一面。如长期只从事力量练习，心肺功能就不会得到较大提高；长期只从事长跑锻炼，耐力会有很大发展，而速度、力量素质不会有较大提高；长期只从事身体一侧肢体的活动，另一侧肢体就不会得到发展。因此，在体育锻炼中，既要注意身体素质的全面发展，也要有所侧重发展几项素质和弥补自身薄弱的素质锻炼。

（五）循序渐进性原则

循序渐进性原则是指体育锻炼必须遵循人体自然发展、机体适应的基本规律，从不同的主客观实际出发，合理安排运动负荷，在渐进的基础上提高锻炼水平。在体育锻炼过程中，运动负荷的大小直接影响人体机能的变化，负荷是否适宜，对锻炼效果的好坏都起很大的作用。运动负荷的大小因人、因时而异。即便是同一个人，在不同的机能状态、不同的时间，人体对负荷的承受能力也不尽相同。因此，进行体育锻炼时应循序渐进，随时调整运动负荷，逐步提高锻炼水平。

在循序渐进的锻炼中一定要注意以下几点：

（1）体育锻炼力戒急于求成，必须根据锻炼者自身的实际情况确定运动负荷大小，做到量力而行，尤其要注意锻炼后疲劳感的适度。

（2）注意提高人体已经适应的运动负荷，使体能保持不断增强的趋势。一般应在逐步提高“量”的基础上，再逐渐增大运动强度，使之适应感到胜任的愉快，然后作相应的调整。随时加强自我监督，密切注意身体机能的不良反应。

（3）锻炼开始时，重视准备活动；锻炼结束后，做好放松整理活动。

（4）运动负荷应由小到大，逐步提高。开始从事体育锻炼或中断体育锻炼后恢复锻炼时，强度宜小，时间宜短，密度适宜。

（六）适宜合理原则

适宜合理原则是指在身体锻炼中，要根据锻炼者自身的情况，合理地安排运动，既能使身体产生一定的疲劳，又能承受，并能与休息合理地交替。在体育锻炼中一定使身体的承受能力和运动负荷量有机地结合起来，运动负荷量、强度过小，引起机体的反应也小，反之运动负荷的量与强度过大，超过了机体适应能力，会对身体健康不利，甚至陷入伤病的危险状态。“人体欲得劳动，但不当使其极耳，动摇则谷气消，血脉流动，病不得生，譬犹户枢，终不朽。”这一段话是我国汉末医学家华佗说的。运动也是如此。目前欧洲正在兴起一股健身潮流，目的只有一个，就是让自己的身体“菲特”（fit），指适合、协调与能够胜任。这表明，无论是在古代的东方还是现代的西方，人们都把“适宜运动”作为促进健康的最佳选择。

（七）安全恢复性原则

安全恢复性原则是指参与者在体育锻炼的过程中始终注意保护自己，做到安全第一。锻炼者在进行体育锻炼时，承受了一定的运动负荷，身体必然会产疲劳。因此，要想从锻炼中获得较好的效果，在下一次锻炼之前应注意休息，消除疲劳，使体力得以充分恢复。缓解过度锻炼症状的方法是增加两次锻炼之间的休息时间，锻炼时降低负荷与强度。对于严重的过度锻炼者来说，还要增加营养、理疗和按摩，使机体得以恢复。如果体育锻炼安排得不合理，违背科学规律，就可能出现伤害事故。有资料证明：跑 100m 后磷酸肌酸在 2～5min 时可出现超量恢复；在进行大负荷耐力练习后，肌糖元约在第 15min 时便出现超量恢复；力量练习后蛋白质到第 3～4d 出现超量恢复；马拉松跑后，脂肪要在第 3～4d 出现超量恢复；大负荷的游泳练习后，整个身体机能在第 5～8d 才会出现超量恢复。

为了保证体育锻炼的安全和恢复，锻炼者应做到以下几点：

（1）在训练后恢复期，保证睡眠的充足和营养的合理搭配。超量恢复期其实对每个人而言都是不同的，要求我们做好训练和饮食计划，抓准最适合自己的时机进行训练、休息和补充营养，进步会很快。

（2）每次锻炼前必须做好充分的准备活动，克服内脏器官的生理惰性，预防运动损伤的发生。

（3）在有条件的情况下，请体育教师或运动学专家根据你的体质健康状况给你开运动处方，指导你有目的、有计划地进行安全、科学的锻炼。

（4）在制订或实施自己的锻炼计划前，一定要经过体检和医生的认可。如果你患有某种疾病或有家族遗传病史，需要找医生咨询，在有医务监督的情况下按照体育教师和医生的建议进行锻炼。

二、体育锻炼方法

体育锻炼过程中应当遵循锻炼的基本规律，了解体育锻炼过程中所包含的内容，掌握并选择适合自己锻炼的方式、方法和手段，才可实现通过体育锻炼所期望达成的目标。体育锻炼的方法多种多样，应根据自己的年龄、性别、兴趣、爱好、学习环境、身体健康状况和锻炼水平等进行。体育锻炼方法是指运用各种体育手段和身体练习，并结合自然力有效地增强体质的途径和方式。下面介绍几种当代大学生所普遍热爱的体育锻炼方法。

（一）体育锻炼的内容

体育锻炼的内容丰富，根据不同的锻炼目的和要求，生理学认为，人体的运动分为无氧运动、有氧运动两种运动形式（见图 2-5）。

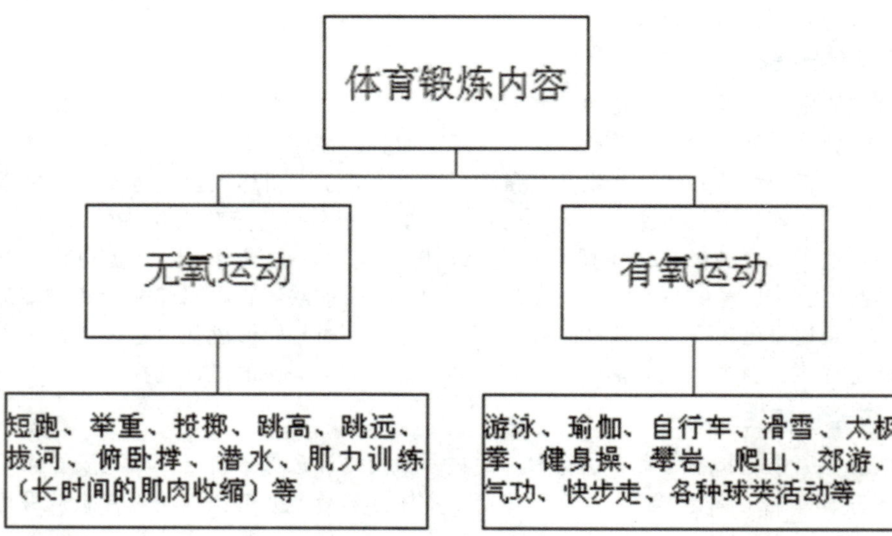

图 2-5 体育锻炼的内容

一般来说，发展有氧耐力的练习强度不要太大，在进行有氧耐力练习时，可以最大摄氧量作为参考指标确定运动强度。对于身体机能状况较好的青壮年人来说，运动强度可相当于80%的最大摄氧量，对老年人则以采用40%～60%的最大摄氧量强度发展有氧耐力较为合适。鉴于最大摄氧量的测试难度较大，也有人提出用心率来衡量有氧运动，一般以运动后即刻心率在120～140次/min较为适宜，心率最好不要超过150次/min。在确定强度的同时要保证足够的体育锻炼时间，一般每天活动的时间不要低于半小时，最好每天锻炼1h左右。长期从事有氧运动锻炼的人，其体内血清TG含量可下降45%左右，机体的脂肪含量明显减少。

无氧运动是指在从事此项运动的过程中人体需要氧气的量大于其摄入氧气的量，机体的运动是处于一种缺氧的状态。有氧运动是指机体从事此项运动时其摄入氧气的量能够满足运动所需，机体的运动是处于一种氧气供应充足的状态。

无氧运动供能方式按供能特点可分为化学能供能系统、乳酸能供能系统和糖的有氧氧化供能系统三种。无氧运动最主要的功效是能增强肌肉力量和增加肌肉围度。美国科罗拉多州立大学的一些研究人员对人体运动后代谢率的变化进行了监测，结果发现：有氧运动练习者的代谢率在锻炼后 1h 恢复到平常水平，而参加无氧运动的练习者，代谢率则在很长时间内都保持着高于平常的水平，直到 15h 后才复原。这意味着无氧运动在 1h 单位时间内所消耗的热量不及有氧运动，但其“后劲”能够在 15h 内继续高水平地消耗热量。研究证明，肌肉型比脂肪型的人每天要消耗更多的热量。

（二）体育锻炼的方法

要想获得好的锻炼效果，必须按照科学的锻炼方法进行练习。锻炼身体的方法很多，练习者可根据自身的年龄、性别、职业、体质、健康状况等进行选择。练习法可分为：重复练习法、间歇练习法、变换练习法、循环练习法等。

(1) 重复练习法。重复练习法是指锻炼者在相对固定的条件下，按照健身计划和要求反复练习同一锻炼内容的方法。这种方法适用于：第一，运动负荷较小或用时较短的练习；第二，动作技术比较复杂，难以掌握的练习；第三，运动负荷较大，难以一次完成的练习。如蛙泳 2 000m,可将练习分成 5 组，组间休息片刻，以保证计划的完成。

(2) 循环练习法。循环练习法是根据身体锻炼的需要，确定循环练习的各项练习内容，在一次练习中依次循环进行练习的方法。这种练习方法可以弥补单一练习对身体发展作用比较单一的不足，使各练习之间的作用互相补充，有利于身体的全面发展。此外，由于锻炼内容多样，能够调动锻炼者的积极性。

采用循环练习法应注意以下几点：①要根据锻炼目的，确定循环练习的各项内容，使之互相配合。②练习的组合一定要兼顾发展身体的不同部位、不同运动素质，使锻炼取得促进身体全面发展的效果。③合理确定各项练习的比例和顺序。④进行循环时，确定一个中心练习，其他练习可围绕着这一中心练习做出适当的安排。⑤合理确定每项练习的间歇时间，应保证能顺利过渡到下一项练习。

(3) 变换练习法。变换练习法是指改变锻炼内容、强度和环境进行练习的方法。如变换练习的项目、提高或降低运动负荷、调整练习要素、改变练习地点等。采用变换练习法，可以提高中枢神经系统的灵活性，发展身体的调节能力和适应能力。

下面简要介绍一下确定运动负荷的方法。运动负荷包括负荷强度和负荷量，无论以哪种体育方式进行健身，适宜的运动负荷是非常关键的。在运动时注意对心率测定，在一组或是一次运动后，立即测定自己的心率，以此来确定运动负荷的大小，一般认为：180 次/min 以上为大负荷运动，150 次/min 为中等负荷运动，130/min 以下为低负荷运动。体弱或是初次参加选择中等强度的体育运动，体质强壮、运动水平较高的人采用大、中运动负荷相结合的体育运动，效果会更好。

如果在运动中过于轻松，说明运动负荷过小，一般人在进行体育运动时，应有一定的疲劳感，表现为呼吸、心跳加快，出汗等，这是比较适宜的运动负荷，但若在运动中感到过于吃力，出汗过多，说明运动负荷过大。这种方法以主观判断为主，虽然不够精确，但由于简便易行，运动者可以根据反馈信息及时调整运动负荷，比较适用。

此外，根据食欲、睡眠、精神状态等主观感觉，来监测运动负荷。在运动的最初阶段会感到肌肉酸痛、身体疲劳，这是一种正常的生理反应。但若持续感疲劳，或是睡眠不好，食欲不振，说明运动负荷过大，应有针对性地进行调整。

第三章　体育运动与大学生身心健康

第一节　大学生身心发展特征

大学生是推动社会进步的栋梁之才，其心理、生理的健康发展十分重要。从心理发展水平来说，大学生正处于半成熟与成熟之间，具有独特的身心发展特征。

一、大学生的生理发展的状态

我国大学生多数处于青年早期（18～24 岁）这一年龄阶段。在这个阶段，个体已具备了成年人的体格及种种生理功能。

（1）形体特征。低年级大学生已经经历了人生最后一个生长发育的高峰期，身体、体重、胸围、肩宽、头围、骨盆等外部形态已逐渐转入缓慢发展阶段。体格体型等已近似成年人，骨骼已基本骨化并坚固。

（2）神经系统特征。大学生正处在脑细胞建立联系的上升期，经过教学训练，特别是专业学习，皮层细胞活动迅速增加，神经元联系扩大，大脑皮层活动的数量增加，大脑发育逐渐成熟。

（3）性机能日趋成熟。青春期是个体生理发展的第二次比较大的飞跃，个体的形体和神经系统高速发展的同时，更重要的是性器官和性机能的逐渐成熟和完善，这时，男、女都出现了比较明显的性别特征。在这一时期，无论男性、女性都开始对异性产生好奇、爱慕、关注和吸引的情感。

二、大学生的心理发展的特征

在生理发展的基础上，大学生的心理发展处于迅速走向成熟，而又未完成真正成熟的阶段。因此，这一阶段在心理发展方面表现出以下明显特征。

（1）具有强烈的自我意识。自我意识，是指人对于自己和自己与他人及社会的关系的认识。大学生正处在社会化的末期，他们希望自己的聪明才智能够得到社会和他人的承认和关注，不喜欢别人指手画脚、干涉指责，或者继续把他们当未成年人对待，这种表现是大学生自我意识进一步增强的反映。由于自身社会生活的知识、能力和经验等的不足，他们对事物的认识表现出一定的片面性和幼稚性，往往带上幻想的色彩，不能十分切合实际。

（2）抽象思维发展但较主观、片面。抽象思维是人们在认识活动中运用概念、判断、推理等思维形式，对客观现实进行间接的、概括的反映的过程，属于理性认识阶段。大学生经过 12 年的学校教育，知识越来越丰富，抽象思维获得迅速的发展。这主要表现在大学生在思考和解决问题时，能够辩证地对待周围的一切，不会轻易去盲从别人的意见。但是，由于大学生社会阅历浅、生活经验少，抽象思维的背后缺少现实的职称，还带有一定的片面性。主要表现在比较固执、感情用事、爱冲动、比较偏激和过分自信。

（3）意志水平提高但不稳定。多数大学生能逐步自觉地确定自己的奋斗目标，有时间紧迫感，并能够根据自己的目标制订行为计划，排除困难去努力实现奋斗目标。独立的生活、自由的学习环境更是锻炼了大学生的意志力。但是其意志水平发展又是不稳定的，这主要表现在大学生有时候还不能形成良好的行为习惯，想的和做的不能达成一致，在做一些比较重要的决定时优柔寡断，特别需要师长的意见。

(4) 情感丰富但情绪波动较大。大学生自身生理、心理方面已经基本成熟，充满青春活力，大学的学业压力不是很大，所以他们有更多的时间去与人交往，其情感体验日益丰富、发展完善。同时，由于许多大学生是离家在外，开始独立的生活，这让他们更加深刻地体会到对父母的感情和对同学、朋友的珍惜之情，情感体验更为丰富。另外，爱情的出现对大学生的心理发展发生着巨大影响。虽然，大学生控制情绪的能力也在不断由弱变强，但如果受到较强烈的刺激，他们往往不太容易掌控好自己的情绪，情绪波动较大。

三、不同阶段大学生的心理发展倾向和规律

(一) 不同阶段大学生的心理发展倾向

大学生从入学到毕业一般经历 2～5 年时间，由于不同的年级面临着不同的发展课题，因此心理状态也呈现出不同的发展倾向特征和规律。

第一阶段是过渡适应阶段。这是大学生进入大学的起步阶段。刚刚进入大学，首先面临着从中学生活到大学生活的急剧转折。由于青年初期独立性不完全、社会阅历浅、过于理想化等特点，整个心理处于动荡之中，表现为对大学生活的多方面不适应。比如，对集体生活不适应，对学习方法不适应，对饮食、气候、语言、环境改变的不适应，从而引起一些心理矛盾和冲突。大学新生的诸多不适应既是心理发展未成熟的表现，也是进入陌生环境的特殊心理反应。大多数学生经过一两个学期的学习生活实践便能逐步适应，但也有极少数学生出现适应困难、压力过大等问题，影响健康和学习。

第二阶段是稳定发展阶段。这是大学生全面成长的阶段，也是学习最紧张、最活跃的时期。经过一年左右的时间，大学生对新环境已逐渐熟悉。加上年龄的增长、知识的扩展、视野的开阔，不再像低年级那样不适应，而是表现出专业思想逐渐稳定，人生思考更加深入，奋斗目标日趋明晰，求知欲望更加强烈，重视各种能力培养，社会责任感增强，政治上要求进步等特点。同时，这一阶段又是大学生分化的阶段，有的学生思想活跃、学习努力、兴趣广泛，而有的学生缺乏明确的学习目标，纪律散漫，学习松懈，或沉溺于玩乐，或沉溺于恋爱，严重的甚至违法违纪。

第三阶段是毕业准备阶段。这是大学生趋于成熟，准备成为社会独立成员的阶段。高年级的大学生经过几年的学习，认识问题、分析问题和解决问题的能力有了较大提高，个性已趋于稳定，面对即将完成学业踏上社会，一方面是对大学生活的深深依恋，一方面也充满了对未来新生活的向往。这一阶段，紧迫感、责任感、焦虑感并存。临近毕业，不少学生在毕业设计、考研、择业等方面感到时间不够用，从而产生紧迫感。即将进入社会，许多学生更加关心国家政治、经济的发展，关心自己所学专业的动态，从而社会责任感增强；围绕求职择业，大学生担心学非所用，为未来的工作能否满足自己的愿望、自己能否适应今后的工作等实际问题而忧心忡忡。

(二) 不同阶段大学生的心理发展规律

从群体上看，当代大学生个性心理面貌出现三大转变，即从闭锁转向开放，从依赖转向独立，以及从关心书本转向关心社会。

(1) 生理成熟期普遍前移。当代大学生一般出生于 20 世纪 90 年代以后，由于物质文化生活条件的普遍改善，他们的生理发展普遍呈现成熟期前移的鲜明特点。生理上的成熟使大学生们对性的渴望程度增加，再加上当今社会文化的变革，使大学生对性的体验提前，大学生同居现象增多。

(2) 心理不甚成熟，性行为轻率。社会的迅猛发展，使人们的思想观念发生了很大的变化，尤其是大学生的性观念变得比较“开放”。但由于性心理成熟滞后，加之大学以前的性教育知识的缺乏，大学生的性行为只是受性本能的驱使，对自己的行为缺乏考虑，行为轻率，在恋爱期间未婚同居，女生怀孕、流产的现象时有发生。

(3) 积极的休闲态度，偶像崇拜的盛行。在闲暇时间，大学生选择了多种休闲方式，他们更能接受那些灵活多样的游戏规则。现在的大中学生很多人都具有某种特长，许多人都有钢琴、围棋、摄影的等级证书。而且，处在青年阶段的大学生，心理仍处在一个尚未健全的时期，他们大多有偶像崇拜和模仿行为。

(4) 心态逐渐复杂多样化。毋庸置疑，健康向上、科学合理的心理状态是当代大学生心理发展的主流。但值得重视的是，当代大学生确实比较普遍地存在着一些消极甚至阴暗的负面心态，这些负面心态的产生和形成，既有思想观念、思维方式、人格心理等方面的主观原因，也有社会文化、家庭影响、教育改革、体质变革等方面的客观原因。

(5) 紧迫感、开拓性和竞争意识逐渐增强。大学生要想毕业后在社会上立足，有所作为，就必须时刻保持紧迫感，具有开拓精神，只有这样，才能跟得上时代的步伐。而且，随着当今大学毕业生就业形势越来越严峻的现状，许多大学生在刚入学时就为自己毕业就业而作准备，当今社会残酷的竞争让他们意识到，不努力就不会有出路。所以，大学生的紧迫感和竞争意识都逐渐增强。总之，大学生是祖国未来的中坚力量，他们的生理和心理的健康成长应该得到学校、家长以及社会的高度关注。只有各个方面的共同努力，为大学生的成长创造良好的环境，才能有助于大学生的成长、成才。

第二节　影响大学生身心发展的因素

一、影响大学生生理发展的因素

（一）遗传

遗传是人身心发育和发展的先天条件，对体质的强弱产生十分重要的影响。据报道，形态受遗传因素的影响占75%，人体的有氧代谢能力和最大摄氧能力有75%～95%是受遗传因素的影响。我们在认识到遗传对人体体质发育发展产生重要影响的同时，也应从遗传与变异的客观规律出发，进一步认识到身体锻炼的积极意义。遗传对人的身心发展的作用只限于提供物质的前提，提供发展的可能性，它不能决定人的发展。如果离开了后天的社会环境和教育，遗传提供的可能性并不会转化为现实。

（二）环境

环境，即围绕在人们周围，对人的发展产生影响的外部世界，它包括自然环境和社会环境两个方面。在人的发展中，社会环境起着更为主导的作用。环境对青少年发展的影响虽然是经常的和广泛的，它对个体身心发展有时可能起有利的、积极的影响，有时可能起不利的、消极的影响。由于人所具有的主观能动性，人在环境面前并不是无能为力的，人不但能正确认识外部世界，还能主动地改造世界，不仅是环境改造人，人也可以反过来改造环境。例如，生活在高原地区与平原地区的人体体质有明显差异；在极地生活的爱斯基摩人与在热带居住的非洲人形态结构上的明显不同，正是各自长期适应自然环境的结果。

（三）锻炼

生命在于运动，运动增进体质。科学的体育锻炼是增强体质的最积极、最有效的途径。当代社会由于生产力的提高，使得体力劳动减少，脑力劳动比重增加，工作时间缩短，物质生活丰富，人们较普遍地伴有肥胖和心血管疾病等“文明病”的出现。这些“文明病”的治疗仅用药物很难奏效，还必须进行体育锻炼。学生时期的合理营养与科学锻炼，比成年人更具有奠定体质基础的重要意义。

长期坚持体育锻炼，心脏会逐渐发达，兴奋性、收缩能力提高，搏动有力，容量加大，使每次搏动输出的血量增加，使其功能储备，有利于健康。经常进行体育锻炼能促进骨骼生长，骨骼长长，横径变粗，而且骨密度增大，骨重量增加；也能使肌纤维变粗，肌肉横断面积加大，肌肉收缩能力和舒张能力增强，从而不断提高肌肉的力量、速度和耐力。

体育锻炼使大脑的兴奋与抑制过程合理交替，避免神经系统过度紧张，消除疲劳，使头脑清醒，思维敏捷。随着神经系统机能的改善，人体各器官系统的控制和调节能力也不断提高和完善。

二、影响大学生心理发展的因素

（一）健康

“健康是身体的、精神的，以及社会的完全良好的状态，不能说没有病、不虚弱，就是健康”。这一概念表明，健康不仅仅是没有伤病，而且还包括精神的完满状态和良好的社会适应力，明确地将人体的健康与生物学、心理学和社会学的因素联系在一起。健康最简单的定义是身体、精神和心灵的健全。健康有很多组成部分：躯体、心理、心灵、社会、智力和环境。我们要将健康看作是一个人生活质量高低的重要标志之一。一般来讲，健康包括以下内容：

（1）具有积极、乐观的态度。

（2）面对应激和烦恼能够控制自我，能够自我放松。

（3）具备能量和活力，没有痛苦或严重的疾病。

（4）有朋友和家庭的支持，亲密无间的关系。

（5）自己的学习生活感到满意。

越来越多的人正在努力达到最理想的健康，即整体健康状态。整体健康指的是有目的、有意义的生活，即以主动、负责、最大限度地提高躯体、精神和心灵的健康为特征的生活方式。在整体健康、身体健康和疾病状态中，心理、身体和心灵的功能有相当大的交叉重叠。正如科学家们在最近几十年来反复证实的那样，心理因素在增进身体健康和预防疾病中起着重要的作用，心理因素也能够引发、加重或者延长躯体的症状。有学者指出：“心理对生理功能的各方面都有深刻的影响。长期悲观、愤怒、焦虑或抑郁的人容易受到应激事件和疾病的打击，包括罹患心脏病和肿瘤。”同样地，在影响病人的生理状态的同时，基本上所有的疾病都能影响病人的心理。

（二）学习

学习紧张与压力，是指人在学习活动中所承受的精神负担。一是来自校方管理层、任课老师和班主任传来的压力及同学间的竞争压力；二是来自社会方面的压力，包括考试、教育体制、社会舆论带来的压力；三是来自家长方面的压力，包括父母、亲戚、朋友的无形压力。

如果学习上存在着紧张和压力的话，在情绪上会表现为容易沮丧低落，经常显得不耐烦，暴躁、易怒；说话冷言冷语，对自己、他人的评价以及对事情的描述都有消极倾向；和家长关系紧张，对父母有抵触情绪或经常与父母发生冲突等；在学习上会表现为敷衍、厌烦监督、抱怨、对自己学业过分苛责、对自己没信心等，在考试时会表现出焦虑不安、考前失眠等。

（三）社会环境

社会环境是人类生存的包含着政治、经济、文化、卫生等诸多因素的外部环境。社会环境因素作用于人时，一直伴随着自然环境因素的影响。两者是密不可分的，如人类的生产环境、运动环境、学习环境都是两者结合的产物。生活在相对宽松的政治环境中的人们，身心两方面都能保持良好的水平。

（四）不良生活方式

生活方式是指人们长期受一定社会文化、经济、风俗、家庭影响而形成的一系列的生活习惯、生活制度和生活意识。生活方式是由个人和社会群体、整个社会的性质和经济条件以及自然地理条件所决定的个人社会群体和整个社会的方式和特点。它包括人们的衣、食、住、行、劳动工作、休息娱乐、社会交往、待人接物等物质生活和精神生活的价值观、道德观、审美观等，这些方式可以理解为在一定的历史时期与社会条件下，各个民族、阶级和社会群体的生活模式。不良生活方式不但会造成人体诸多疾病，也会导致不良的生活关系，甚至不良的社会关系，给家庭和社会带来潜在的隐患，也是严重制约着大学生的心理发展的重要因素。

第三节　体育运动对大学生身心发展的影响

体育运动是指人们根据需要自我选择，运用各种体育手段，并结合自然力和卫生措施，以发展身体，增进健康，增强体质，调节精神，丰富文化生活和支配余暇时间为目的的体育活动。体育运动作为丰富学校文化生活，促进学生身心全面发展的一种有意识、有组织的身体活动，对学生身心发展影响有着重要的积极因素。

一、体育运动能促进学生的智力发展

体育运动是一种积极、主动的活动过程，在此过程中，学生必须在运动中对同伴、对手、体育器械等对象有迅速准确的感知，协调自己的行为以保证动作的完成。这样经常参加体育锻炼能改善学生中枢神经系统，提高大脑皮层的兴奋和抑制的协调作用。同时，能使学生在空间、时间和运动感知能力等方面得以发展，使重力觉、触觉、速度觉、高度觉等更为准确，从而改善大脑皮层系统的均衡性和准确性，促进学生感知能力的发展，使得大脑思维想象的灵活性、协调性、反应速度等得以改善，综合能力得到提高。科学地进行体育运动，能给予健康、欢乐和满足，在学生学习知识、能力培养及增强体质的过程中，始终贯穿着这几种能力综合发展，所有这些不仅是个体的需要，也是提高社会生产的需要，更是保证人体健康地发展和人类正常生活的需要。

二、体育运动在学生生理上的作用

（1）体育运动有利于人体骨骼、肌肉的生长，增强心肺功能，改善血液循环系统、呼吸系统、消化系统的机能状况，有利于人体的生长发育，提高抗病能力，增强有机体的适应能力。

（2）降低患上心脏病、高血压、糖尿病等疾病的机会。

（3）体育运动是增强体质的最积极、有效手段之一，可以减少肌体过早进入衰老期的危险。

（4）体育运动能改善神经系统的调节功能，提高神经系统对人体活动时错综复杂变化的判断能力，并及时做出协调、准确、迅速的反应，使人体适应内外环境的变化，保持肌体生命活动的正常进行。

三、体育运动在学生心理上的作用

（1）体育运动具有调节人体紧张情绪的作用，能改善生理和心理状态，恢复体力和精力。

（2）体育运动能增进身体健康，使疲劳的身体得到积极的休息，使大学生精力充沛地投入学习、工作，舒展身心，有助安眠及消除读书带来的压力。

（3）体育运动能强化学生的自我概念和自信心。自我概念是个体主观上关于自己的看法和感觉的总和，自我概念是相对稳定的，在适应社会和人格的形成方面起很大的作用。在体育运动过程中，由于运动的内容、难度和目的及与其他运动个体的接触，就不可避免地会对自己的行为、形象、能力等进行自我评价。研究表明，体育运动后运动者的自我概念清晰度明显提高，这有助于学生正确认识自我，养成克服困难、持之以恒的精神，同时参加体育运动的学生其选择的内容绝大多数是根据自我兴趣和能力进行的，他们一般都能很好地胜任其运动的内容，从而有利于增强学生的自信心和自尊心，在运动中展示自己的才能和实力。体育运动是增进健康增强体质最积极、最有效的方法，它能促进大学生的正常发育和健康成长，能防治疾病和使身体健康，坚持体育运动能同时收到“健身、健心、健美”的效果。

（4）体育运动能培养学生的意志品质。行动的自觉性、果断性、坚韧性和顽强性是意志健康的重要标志。学生参加体育运动，既是对身体的锻炼，更是对意志的考验，一曝十寒、三天打鱼，两天晒网、懒散、懈怠、无所作为，为体育运动所不耻；而敢于向困难挑战、坚持不懈、锲而不舍、勇于拼搏，则是体育精神的充分体现。如果学生能和紧张、激烈的运动对抗，敢于向自身运动极限冲击，必定产生强烈的生理、心理负荷，它就要求参与者必须动员较大的（有时是极大的）意志力，克服自身心理、生理与运动项目的矛盾，完成预定的任务。而这一运动过程中，学生的意志品质在潜移默化中得到了发展和完善。

（5）体育运动能调节学生不良的情绪。情绪是对心理健康影响的主要因素之一，而不良的情绪是导致生理、心理异常和疾病的重要因素。但通过体育运动可使不良情绪得到调节，使学生从中得到乐趣、振奋精神、陶冶情操。这种积极的情绪状态可以使学生自信、自尊、自强，并使烦恼、寂寞、不安、自卑等不良情绪得以解除，从而改善心理健康。如：1993 年，心理专家麦格尼格尔等人对体育锻炼后的人立即进行测量，发现他们焦虑、抑郁、紧张的心理紊乱等水平显著降低，而在精力和愉快程度上却显著提高。体育运动具有减轻应激反应以降低紧张情绪的作用，因为体育运动可以锻炼人的意志，增强人的心理坚韧性。

（6）体育运动有助于矫正学生某些心理缺陷。人的心理不是孤立的，心理和身体、心理和周围环境、心理和周围的人都是相互联系、相互作用、相互协调、相互影响的。而体育运动则为人提供了一块活动空间，在这一空间中，学生的心理与身体、学生心理与学校环境、学生与教师之间、学生与学生之间能够充分地交融在一起，从而能促进学生对环境的适应，促进学生的人际关系和谐，使某些有心理缺陷的学生达到身心平衡，获得身心健康。

第四章　体育运动营养保障与医务卫生

第一节　体育运动营养保障

一、人体必需营养素的功能与来源

（一）营养素的分类和功能

营养是供给人类用于修补旧组织、增生新组织、产生能量和维持生理活动所需要的合理食物，是提供人体生长发育、维护健康和供应生活及劳动所需要的物质和能量。食物中可以被人体吸收利用的物质叫营养素，营养素又称营养物质，是维持正常生命活动所必需摄入生物体的食物成分。人体通常是以摄取食物的方式来获得营养素，只有在食物被消化、吸收之后，其中的营养素才能被利用。人体所必需的营养素主要包括蛋白质、糖类、脂肪、维生素、矿物质、水和纤维素七大类。前三者在体内代谢后产生能量，故又称产能营养素。

1. 蛋白质

蛋白质又称为生命的载体，它是组成一切生命体的基本物质，也是维持生命、修补机体的重要材料。人体的重要组成成分：血液、肌肉、神经、皮肤、毛发等都是由蛋白质构成的，机体的生长、组织的修复、各种酶和激素对体内生化反应的调节、抵御疾病的抗体的组成等，无一不是蛋白质在起作用，故又是产能营养素。

蛋白质广泛存在于动物性食品（如奶类、蛋类和鱼类等）和植物性食品（如大豆、淀粉和玉米等）中，其产热供给量占人体所需总能量的12%左右。

2. 糖类

糖类又称为生命的燃料，它不是普遍意义上的糖，而是指碳水化合物，是神经系统和脑系统唯一的营养物质。糖类除了起供能作用之外，还能促进其他营养素的代谢。糖是保护肝脏、维持体温恒定的必要物质。组成糖类的三元素是淀粉、蔗糖、葡萄糖。脂肪给人体提供70%的热量，一般每天250～750g的主食，就可以满足人体热量的需求。机体各个组织中都有一定的糖储备，所以，在参加一般性体育活动时，不需要额外补充糖，只有参加大运动量活动，或长时间的耐力活动时，要适当增加主食的摄入。因为运动中热量消耗较大，如果长期供能不足，会导致身体消瘦、机体抵抗力减弱。

糖类广泛存在于米、面、薯类、豆类和各种杂粮中，是人类最重要和最经济的营养素，其在一般膳食中的含量应占每日所吃食物总热能的60%～70%。

3. 脂肪

脂肪是组成人体组织细胞的一个重要组成成分，又称为生命的辅助剂，它是细胞的主要组成部分，没有脂肪的补充，新的细胞就无法产生。脂肪被人体吸收后供给热量，是同等量蛋白质或碳水化物供能量的2倍；脂肪是人体内能量供应的重要的贮备形式；脂肪还有利于脂溶性维生素的吸收；维持人体正常的生理功能；体表脂肪可隔热保温，减少体热散失，支持、保护体内各种脏器，以及关节等不受损伤。

脂肪分为动物脂肪和植物脂肪两种，动物脂肪包括猪油、牛油、奶油等，植物脂肪包括豆油、花生油等。人体每日摄取的脂肪应占一天总热能的20%～25%为宜，且应两种脂肪搭配摄入，但以植物脂肪为主。表4-1列举了一些主要食物中糖类、蛋白质、脂肪的含量，仅供参考。

表 4-1　主要食物中 3 大营养素的含量（可食部分每 100g）

食品名称	糖类/g	蛋白质/g	脂肪/g
鸡肉（净）	0.1	23.3	1.2
草鱼（净）	0	17.9	4.3
猪肉（瘦）	1.0	16.7	28.8
鸡蛋（去壳）	1.6	14.7	11.6
牛奶	5.0	3.3	4.0
面粉	77.8	7.2	1.3
粳米	76.8	6.8	1.3
花生仁	22.1	26.2	39.2
大豆	25.3	36.3	18.4
柑橘	12.8	0.g	0.1
苹果	13.0	0.4	0.5
香蕉	19.5	1.2	0.6

4. 维生素

维生素是维持人体正常生理功能必需的一类化合物，它们不提供能量，也不是机体的构造成分，但膳食中绝对不可缺少，如某种维生素长期缺乏或不足，即可引起代谢紊乱，以及出现病理状态而形成维生素缺乏症。维生素是人体细胞营养吸收的中介剂，没有它，各种营养素就无法被细胞吸收。它对维持人体生长发育起着重要作用，可促进酶的活力或成为辅酶之一。

维生素可分为两类：一类为脂溶性维生素，包括维生素 A、D、E 等，这类维生素可在体内储存，不需每日提供，过量摄入会引起中毒；另一类为水溶性维生素，包括维生素 B、C 等，这类维生素不在体内储存，需每日从食物中摄取。维生素广泛存在于新鲜蔬菜、水果、粗粮和蛋黄等食物中。

5. 矿物质

矿物质（又称无机盐）是指维持正常人体生理功能所需要的矿物质元素，如钙、磷、铁、锌、铜等，它虽不能提供能量，但却是构成骨骼的主要成分，是构成人体组织的重要原料，起到维持渗透压，保持酸碱平衡，维持神经、肌肉的正常生理功能等作用。

无机盐种类较多，根据其在人体内的含量可分为宏量元素和微量元素。无机盐不能在体内合成，必须从体外摄入，因此人体应适当补充无机盐含量较高的食物，如豆腐、鸡蛋、虾皮、绿叶蔬菜、海带和紫菜等。

6. 水

水是维持生命必需的物质，是机体不可缺少的重要营养素，水的重量平均占成年人体重的 60%～70%。水可以转运生命必需的各种物质及排除体内不需要的代谢产物；促进体内的一切化学反应；通过不知觉的水分蒸发及汗液分泌散发大量的热量来调节体温；关节滑液、呼吸道及胃肠道黏液均有良好的润滑作用，泪液可防止眼睛干燥，唾液有利于咽部湿润及吞咽食物。人体若失水达 20%以上，生命活动将无法维持，所以水对于人类生存来说是最为重要的 。

一般成年人每日需水量为 2 000～3 000 mL。人体摄入水的来源主要有 3 种：一是饮水，二是食物中的水，三是脂肪和蛋白质等氧化时产生的代谢水。其中，饮水是主要来源。一般来说，每人每天至少应该喝 1 500mL 的水。

7. 膳食纤维

膳食纤维是指植物中不能被消化吸收的成分，是维持健康不可缺少的因素，它能软化肠内物质，刺激胃壁蠕动，辅助排便，并降低血液中胆固醇及葡萄糖的吸收。

（二）饮食与健康

科学饮食是人类健康长寿的基础和保证，但是很多大学生往往忽略了这一点，没有养成科学的饮食习惯，影响了自己的身体健康，进而影响了学习。因此，科学饮食是促进大学生身体健康、完成学业的重要保证。

1. 平衡膳食

所谓平衡膳食，是指膳食所含的热量适当，营养素种类齐全，数量充分，比例适当，能满足机体生理、生活、劳动等活动对营养的需要。食物的构成与数量要达到理想的动态平衡，若膳食不平衡，某些营养素过多或不足，会影响机体的正常生理机能，甚至引起疾病。俗话说，“早餐要吃好，午餐要吃饱，晚餐要吃少”，这正是将人体一天之内需要的热能和营养素合理分配到一日三餐中去的直观方法。早餐需要保证营养充足，因此主食应以奶类、谷类和蛋类为主，热量应占到一天摄入热量的 30%；午餐是机体一天中营养的主要来源，最好以米饭、面食为主，辅以鱼、肉、蔬菜、豆制品等，热量占全天摄入热量 40%；晚餐不可暴饮暴食，可以选择富含糖类的食物，热量不宜超过全天摄入热量的 30% 。

除了三餐的合理搭配外，保证进食时间的规律也是平衡饮食的重要方面，无规则的进食很容易导致胃溃疡等肠胃疾病。

2. 营养全面

全面是指各种营养素摄入要全面。人体所需的营养有蛋白质、脂类、碳水化合物、维生素、无机盐、水、纤维素等。任何一种单一的食物都不能完全满足人体的需要，因而必须有多种食物来源，要注意荤素、粗细、主副食物全面搭配，花、果、根都食用，才能达到全面营养。

（1）类别多样。人的一日膳食中应包括 5 大类食物：谷类及薯类，动物性食物，豆类和坚果，蔬菜、水果和菌藻类，烹调油及调味品。

（2）荤素搭配。荤素搭配的食物清香可口、营养齐全，氨基酸互补，能提高蛋白质的营养价值。如豆制品、面筋等“素食”可以和肉、禽、虾等“荤菜”搭配食用，做成肉末豆腐、虾仁豆腐或鸡丝炒面筋等菜肴。蔬菜加到肉食中，不仅增加食物的美味，更增加了营养素的协同作用，如青椒炒肉，青椒中的维生素 C 可促进肉中铁的吸收。

（3）颜色多样。不同颜色的食物所含有的营养素有所不同，多种颜色的食物合理搭配，不仅可提高营养价值，还可增加食物的风味，促进食欲。

（4）口味多样。食物要注意烹饪口味多样化，许多食物本身具有特有的酸、甜、苦、辣，在食用时可以进行搭配来增进食欲。

我国三千多年前的医书《黄帝内经・素问》中就提出：“五谷为养，五果为助，五畜为益。”这说明我国古代就有了全面营养、平衡膳食的概念（见图 4-1）。

3. 适量饮食

大学生的活动量大，新陈代谢也比较快，每日需消耗较大能量。由于每个人的饮食习惯各不相同，所以饮食量一般以个人主观感受为主，一日三餐保持在七分到八分饱是比较合理的饮食量。进食过多或过少都不利于身体健康，暴饮暴食或断食少食更是极不可取 。

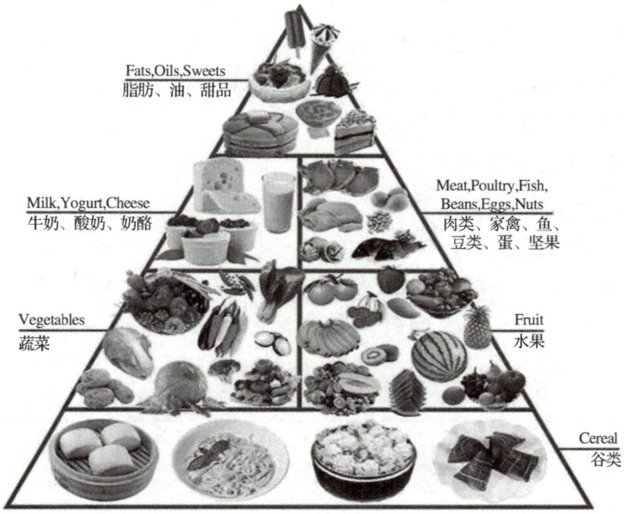

图 4-1　平衡膳食的金字塔

4. 卫生饮食

“病从口入”是人人皆知的常识，注重饮食卫生可以减少各种疾病的发生。除了要判定食品的洁净度和注意个人卫生之外，还要注意禁吃变质的食品，少吃腌制、油炸或高糖高脂类食品，少喝含酒精的饮料，对于隔夜的饭菜要做到彻底加热等。

二、体育运动中的营养消耗与补充

（一）人体内的热量平衡

热量除了供给人们在从事运动、日常工作和生活所需要的能量外，同样也提供人体生命活动所需要的能量，如血液循环、呼吸、消化吸收等等。

热量总是在摄入与消耗间保持着动态平衡。人体活动所需的热量来源于食物中的三大营养素：碳水化合物、脂肪和蛋白质。而人体活动所消耗的热量由基础代谢、劳动代谢、食物的热效应、适应性生热作用（通常可以忽略不计）（见图 4-2）。

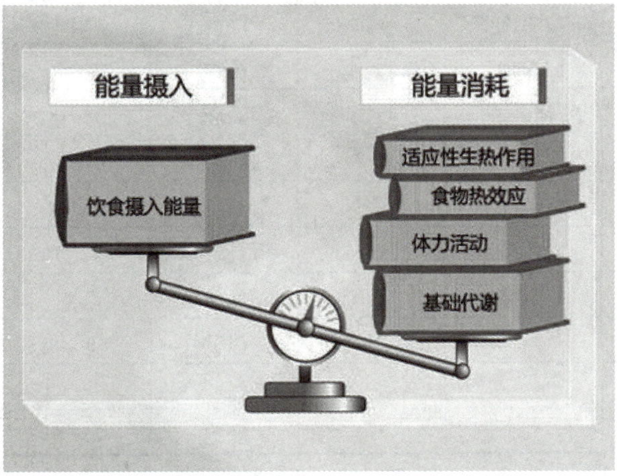

图 4-2　热量天平：摄入与消耗

评价体内热量平衡的公式可表述为：

热量平衡＝摄入热量－消耗热量

当热量摄入量大于消耗量时，热量平衡表现为正平衡，即热量过剩；反之，当摄入热量小于消耗热量时，热量平衡表现为负平衡，即热量不足。

（二）生活和运动的能量消耗

热量天平的右端主要由基础代谢、劳动代谢、食物特殊动力作用所构成人体一天的能量消耗。基础代谢是人体为了维持生命，各器官进行最基本的生理机能消耗的能量，如维持正常体温、基础血流和呼吸运动、骨骼肌的张力及腺体的活动等。劳动代谢包括在生产与生活中全部体力活动的热能消耗。体力活动是影响机体能量消耗的主要部分（见表 4-2）。表 4-3 列出了日常生活中休息、日常活动文体活动、工作学习中的热量消耗。

表 4-2　不同体力活动水平的能量消耗

体力活动水平	体力活动的能耗占基础代谢的百分比/（%）
久坐工作	20～40
轻度体力活动	55～65
中等体力活动	70～75
重度体力活动	80～100
食物的特殊动力	10（基础代谢＋体力活动水平）

表 4-3　日常生活活动热量消耗　　**单位：**KJ/min

休息		日常活动		文体活动		工作学习	
名称	消耗热量	名称	消耗热量	名称	消耗热量	名称	消耗热量
睡眠	2.7	穿、脱衣	7.0	广播体操	11.6	自习	3.5
午睡	3.2	整理床	8.9	乒乓球	14.2	听课	3.4
坐着休息	3.6	洗脸、刷牙	4.5	单杠	16.6	写字	4.7
站着休息	4.0	吃饭	5.0	双杠	18.2	看书	3.6
坐着说话	4.6	上、下楼梯	18.6	跳绳	14.1	整理书信	7.5
站着说话	5.0	站立洗衣	8.9	跳高	22.2	开会	4.3
下棋、打扑克	4.2	扫地	11.4	排球	13.7		
看电影，电视	3.4	拖地板	11.7	篮球	19.0		
		擦窗	8.3	健身操	12.3		
		整理家务	8.9	剧烈跑步	23.6		
		散步	6.2	骑自行车	12.6		
		走路	11.3	桌球	7.4		
				唱歌	9.3		
				跳舞	13.0		
				慢跑	15.7		

（三）提高运动能力的营养补充

1. 补充耗竭能源物质

运动中最直接和迅速的能源物质为三磷酸腺苷（ATP）。ATP 的贮存量极少，需要不断合成。当体内糖原大量消耗时，ATP 的合成速度延缓，运动能力下降。

2. 补水

剧烈的运动会导致机体大量失水，失水会影响运动能力，即使失水只占体重的 1%，也容易引起疲劳和不适，如果失水占体重的 3%，不适感加重，运动能力可下降 20%～30%。

想要知道到底在运动中流失了多少水分，最直接的方法就是计算运动前和运动后的体重变化，每减少 1 kg 体重，就表示至少需要补充 1 L 水，甚至更多，因为在运动后仍然会持续流汗和排尿。若是不方便测量体重，也可以根据口渴的感觉喝水一般来说，即使已经不觉得口渴，至少还需要再喝 2～3 杯的水，才能补充足够的水分。现在市场上有一些运动饮料，一些人在运动中就选择它们来补充水分，表 4-4 列举了 4 种饮料的成分和热量的对比分析。

表 4-4　4 种饮料成分和热量对照

营养量	推荐日摄入量	普通可乐	瓶装冰红茶	橙汁	低脂牛奶
卡路里	2 000kcal	152 kcal	150 kcal	170 kcal	150 kcal
碳水化合物	300g	38g	37.5g	40.5g	18.0g
添加的糖	40g	38g	34.5g		
脂肪	65g			3.9g	
蛋白质	55g			12g	
钙	1 000mg	11g		33mg	450mg
钾	2 000mg	4g		710mg	570mg
维生素 A	800μg		300μg	216mg	
维生素 D	75mg		145.5μg	3.6mg	
维生素 E	5μg			3.7μg	
叶酸	400μg		16μg	20μg	

3. 补充碱性食物

酸性代谢产物使体液的 pH 值下降，影响肌力，因为肌纤维中的乳酸堆积可使肌肉输出功率下降。血液 pH 值的下降，会降低神经传导和骨骼肌的收缩能力。

正常人的体液一般呈弱碱性。人在体育锻炼后，感到肌肉、关节酸胀和精神疲乏，其主要原因是体内的糖、脂肪、蛋白质被大量分解，在分解过程中，产生乳酸、磷酸等酸性物质。这些酸性物质刺激人体组织器官，使人感到肌肉、关节酸胀和精神疲乏。此时，应多食用牛奶、豆制品、蔬菜水果等碱性食物，中和体内的酸性成分，缓解疲劳。

4. 补充电解质

汗液中主要的电解质是钠和氯离子，还有少量的钾和钙 。进行长时间的运动，例如长跑或是在酷热的天气下连续剧烈运动数小时后，可在运动后以淡盐水或运动饮料补充水分和电解质。一般情况下，运动后电解质的丢失在正常的饮食中可得以补充。补充电解质，可保证神经细胞的兴奋及其传导，使骨骼肌正常工作。

5. 补充维生素和微量元素

维生素和微量元素具有调节代谢的功能，缺乏或不足时会使人体内环境的稳定性被破坏。合理营养有助于维持身体内环境的稳定，从而起到提高运动能力的作用。

三、体育运动科学营养膳食

（一）体育运动与营养的关系

运动与营养是健康的促进的两大基本要素，而运动与营养又是相互促进、相互影响、密切相关的。合理营养有助于提高运动能力和促进运动后的体力恢复，使锻炼者保持良好的身体状态，对锻炼者的机能状态、体力适应过程、运动后体力的恢复及防止运动性疾病有良好作用。

1. 合理营养提供运动需要的能源物质

任何形式的运动均以热能的消耗为基础，但体内能源贮备中，如果无充足可利用的能源物，即当体内糖原水平极低而不能满足不断合成能量的要求时，需要注意摄取含碳水化合物丰富的食物，以保证体内有充足的肌糖原贮备。维生素也同样重要，因为维生素和微量元素多数是辅酶Q是组成成分或激活剂，而这些酶对能源物质在人体内的贮存或分解极为重要。

2. 肌纤维中能源物（糖原）的水平与运动外伤的发生有直接的关系

研究报告指出，当肌纤维中糖原耗尽时，人体控制及正运动的能力会受到损害，运动外伤的发生增加。如在运动前提高体内肌糖原的水平及促进运动后糖原的恢复，将起到预防外伤发生的作用。

3. 合理营养有助于剧烈运动后的恢复

运动能力恢复的关键在于恢复身体的代谢能力，这包括肌肉及肝脏的糖原贮备、关键酶的浓度（B族维生素及微量元素等）、体液、微量元素（如铁）平衡及细胞膜的完整性等。这些代谢能力的恢复主要借助合理营养的措施得以实现。

4. 合理营养可减轻运动性疲劳的程度或延缓其发生

引起人体运动能力下降的常见原因如脱水、体温调节障碍引起的体温增高、酸性代谢产物的蓄积、电解质平衡失调所致的代谢紊乱、能源贮备物的耗损等，故若增加合理营养，有助于延缓疲劳的发生或减轻其程度。

（二）体育运动中的合理营养

所谓合理的营养应与每个个体的生长发育、身体机能需求相适应，运动过程中还应适应个体参加体育锻炼或运动训练的需要，提供足够的能量、维生素、水、无机盐等营养素以满足集体的消耗，促进机体的恢复，因此在运动中应该重视运动前、运动中、运动后的营养策略与干预措施。

1. 运动前的营养

胃的排空通常需要2～4h，所以运动前2h不要吃正餐。运动中肌肉需要消耗大量的葡萄糖，血液中的葡萄糖在运动中消耗很快，所以需要肌糖元和肝糖原的补充，摄入足够的主食可以帮助储存更多的糖原以备运动时的消耗。摄入适当的优质蛋白质可以帮助运动中肌肉的损伤及时修复。运动前饮食的注意事项有以下几点：

（1）运动前应以高糖类、低脂肪的食物为主。例如，米饭、面包等食物容易消化，又能提供糖类，通常作为运动时的能量来源 。

（2）如果运动时间少于60min，宜选择富含糖类的食物。例如，面包容易消化，因此可迅速提供糖类 。

（3）高纤维的食物（如全麦面包、高纤维饼干等）不容易消化，易造成腹部不适，因此，应避免在运动前食用 。

2. 运动中的营养

运动超过 1.5h 身体就开始动用蛋白质作为能量物质。所以补充糖类可以减缓蛋白质的消耗，而适量蛋白质补充也可以缓解疲劳，同时需要补充 B 族维生素等，迅速恢复体力，提高运动成绩，同时补充在汗液中大量损失的电解质，防止肌肉痉挛。

3. 运动后的营养

体育锻炼后的恢复是体育锻炼中非常重要的环节，恢复得好坏不仅直接影响到锻炼的效果，而且还关系到第二天的运动能力 。越来越多的研究表明，锻炼后的简单休息仅是恢复手段之一，如果能适当地补充营养，将对体能的恢复有很大帮助 。

汗液中主要的电解质是钠和氯离子，还有少量的钾和钙。进行长时间的运动，例如长跑或是在酷热的天气下连续剧烈运动数小时后，可在运动后以淡盐水或运动饮料补充水分和电解质。一般情况下，运动后电解质的丢失在正常的饮食中可得以补充。

一般情况下，在运动后 15～30min 之内应补充 50～100 g 的糖类（大约是每千克体重补充 1 g），每两小时再补充 50～100 g 糖类，直到进餐为止。正餐及其他运动期间的饮食也应该以富含糖类的食物为主 。

4. 运动后适合食用的食物和应避免的食物

（1）适合食用的食物。一般而言，运动后应以各式饮料或流质食物补充水分和糖类。以下列出含有 50 g 播类的食物，各人可以依照不同的习惯，喜好、需求量加以选择：

1）800～1 000mL 运动饮料。

2）500mL 纯果汁。

3）3 个水果（如苹果、香蕉、橘子等）。

4）6～10 片饼干。

5）两个水果加一杯牛奶。

6）两片面包加少许果脯和一杯牛奶。

（2）应避免的食物。激烈运动后应避免喝酒，因为酒精有利尿的作用，会减少体内的水分，也会减少肝糖的合成，还会影响受损组织的复原，对运动后的恢复有很大的副作用 。运动后也应避免饮用含有咖啡因的饮料，如咖啡、茶等，因为咖啡因也有利尿的作用，会减缓体内水分的补充。

第二节　运动性疲劳概述

一、运动性疲劳的概念

运动性疲劳是指身体在运动过程中出现机体运动能力暂时下降，但经过适当的休息和调整后，可以恢复原有机能水平的一种生理现象。

在 1982 年的第 5 届国际运动生物化学会议上，运动性疲劳定义为：“机体的生理过程不能持续其机能在一特定水平或不能维持预定的运动强度。”力竭是疲劳的一种特殊形式，是在疲劳时继续运动，直到肌肉或器官不能维持运动。这是运动中常见的一种生理现象。在运动的过程中，运动员经过一个疲劳—恢复—再疲劳—再恢复的良性过程，对人体来说又是一种保护性机制。但是，如果人经常处于疲劳状态，前一次运动产生的疲劳还没来得及消除，而新的疲劳又产生了，疲劳就可能积累，久之就会产生过度疲劳，影响运动员的身体健康和运动能力。如果运动后能采取一些措施，就能及时消除疲劳，使体力很快得到恢复，消耗的能量物质得到及时补充，甚至达到超量恢复，就有助于训练水平的不断提高。

二、运动性疲劳的分类

运动性疲劳在人体中可分为躯体性疲劳和心理性疲劳，这两种不同性质的疲劳具有不同表现形式。躯体性疲劳主要表现为运动能力下降，心理性疲劳主要表现为行为的改变。

（一）躯体性疲劳

人体的各个部位，从中枢大脑皮层细胞到骨骼肌基本收缩单位都能产生疲劳。根据研究结果，将躯体性疲劳分为中枢疲劳和外周疲劳。运动性中枢疲劳是指由运动引起的、发生在从大脑到脊髓运动神经元的神经系统的疲劳，即指由运动引起的中枢神经系统不能产生和维持足够的冲动到肌肉以满足运动所需的现象。

外周疲劳是指接点传递、肌肉点活动和肌肉收缩活动能力下降，不能维持预定收缩强度的现象。这两种不同性质的疲劳有其不同的表现，躯体性疲劳表现为动作迟缓，不灵敏，动作的协调能力下降，失眠、烦躁与不安等。

躯体性疲劳是由身体活动或肌肉活动引起的，可分为全身的、局部的、中枢的、外周的等类型。疲劳按程度可分为轻度、中度和重度疲劳。轻度疲劳稍事休息即可恢复，属正常现象；中度疲劳有疲乏、腿痛、心悸的感觉；重度疲劳除疲乏、腿痛、心悸外，尚有头痛、胸痛、恶心甚至呕吐等征象，而且这些征象持续时间较长。躯体性疲劳常因活动的种类不同而产生不同的症状。

（二）心理性疲劳

心理性疲劳，与体育运动后的躯体疲劳不同，是指人长期从事一些单调、机械的体育运动，伴随着肌体生化方面的变化，中枢局部神经细胞由于持续紧张而出现抑制，致使人对这项运动的热情和兴趣明显降低，直至产生厌倦情绪。心理疲劳常常带有主观体验的性质，并不完全是客观生理指标变化的反映。对于产生心理疲劳的人，轻者出现注意力不集中，记忆力障碍，理解、推理困难，脑力活动迟钝、不准确，重者还可出现抑郁症、神经衰弱、强迫行为以及诸如开始吸烟、酗酒等生活习惯改变的现象。

三、体育运动性疲劳的恢复方法

（一）躯体疲劳的恢复

在运动竞赛和运动训练中，躯体性疲劳和心理性疲劳是密切联系的，故运动性疲劳是身心的疲劳。产生疲劳后，一般来说，轻度疲劳时身体会迅速恢复；中度疲劳时则需要较好的调整和休息；重度疲劳时要想尽快使身体的各项生理指标恢复到原水平，或要做到超量恢复。因此，作为一名体育老师，除了在思想上、生活上关心学生之外，应把重点放在不同的训练阶段，把训练手段和恢复手段结合起来。尤其对学生来讲，疲劳在很大程度上和心理因素有关。为此，要根据具体对象的具体情况采用各种不同的恢复手段，以加速恢复过程，消除疲劳，恢复体力。体育运动疲劳的恢复方法很多，可以根据运动疲劳程度选择多样的恢复方法。

1. 整理和放松

整理活动是消除疲劳，促进体力恢复的一种良好方法。剧烈运动后进行整理活动，可使心血管系统、呼吸系统仍保持在较高水平，有利于偿还运动时所欠的氧债。整理活动使肌肉放松，可避免由于局部循环障碍而影响代谢过程。整理活动有慢跑、呼吸体操及各肌群的伸展练习。运动后做伸展练习可消除肌肉痉挛，改善肌肉血液循环，减轻肌肉酸痛和僵硬程度，消除局部疲劳，对预防运动损伤也有良好作用。

运动后也可躺在海绵垫或藤垫上放松休息片刻，平躺时脚放置的位置应略高于头，或是与头的高度持平，切不可躺在有水汽的地上。休息片刻后可进行头手倒立或是靠墙手倒立，时间3～10s，可进行几次，有利于下肢血液回流心脏。然后再抖动四肢，先抖动、拍打大腿或是上臂，后抖动小腿或前臂。

2. 按摩

按摩亦称推拿，可在运动前、运动中、运动后进行，应用范围广，手法多，除能消除肌肉疲劳外，对神经系统也具有较好的调节作用。按摩的主要手法有抖动、点穴、揉捏、叩打、推摩等。首先是抖动四肢，主要是放松肘、膝关节以及四肢肌肉群。上肢常用点按穴位有偏历、曲池、手五里需等穴，可解除手臂、肘部的酸痛和肿痛，以及肩臂痛、颈项痉挛等运动后造成的各种不适症状。下肢常用点按穴位有昆仑、足三里等穴，可解除腰骶臀股部疼痛、腿足挛痛、腰腿拘急疼痛、项强、腰痛、膝胫酸痛等症状。揉捏叩打时，先推摩大肌肉，后推摩小肌肉，一侧推摩后，再推摩另一侧，如是相互间进行全身推摩。几种手法结合可起到良好的放松效果，且恢复快，对人体的五脏六腑也有保健作用。

3. 睡眠

睡眠是消除疲劳、恢复体力的好方式。睡眠时大脑皮层的兴奋程度降低，体内分解代谢处于最低水平，而合成代谢过程则相对较高，有利于体内能量的蓄积。

成年运动员在平时训练期间，每天应有8～9h的睡眠。在大运动量和比赛期间，睡眠时间应适当延长。青少年运动员的睡眠时间，应比成年运动员长，必须保证每天有10h的睡眠。

4. 温水浴

训练后进行温水淋浴是最简单易行的消除疲劳方法。温水浴可促进全身的血液循环，调节血流，加强新陈代谢，有利于机体内营养物质的运输和疲劳物质的排除。水温为42℃左右为宜，时间为10～15min，勿超过20min。训练结束半小时后，还可进行冷热水浴。冷水温为15℃，热水温为40℃。冷水淋浴1min，热水淋浴2min，交替3次。

5. 营养

运动中产生疲劳的重要因素之一，就是能量供应不足，运动中各种营养物质消耗增加，运动后及时补充，有助于消除疲劳，恢复体力。经常从事长时间、高强度训练的运动员应该每天不断地补充所消耗的肝糖、水分和钾。而且，碳水化合物和水分应该尽可能快地在训练后30min内补充上以便迅速恢复体力。疲劳时，还应注意补充能量和维生素，尤其是糖、维生素C及维生素B1，夏季或出汗较多时，应补充盐分与水。食品应富有营养和易于消化，并尽量多吃些新鲜蔬菜、水果等碱性食物，但不同性质的运动项目需要不同营养。速度性的项目应含较多易吸收的糖、维生素B1和维生素C、较多的蛋白质及磷；耐力性的项目要多供给糖以增加糖元储备，同时还要增加维生素B1、维生素C和磷；力量性的项目需要增加蛋白质和维生素B2，因此在运动中适时地补充有关营养物质，既能提高身体的抗疲劳能力，又能帮助运动疲劳的消除。

（二）心理疲劳的恢复

心理疲劳恢复主要是意念活动，通过一定的套语暗示进行导引，使肌肉放松，心理平静，从而调节植物性神经系统的机能，然后再运用带有一定愿望的套语进行自我动员，如暗示性的睡眠休息、肌肉松弛、心理调节训练。实践证明，采用上述方法能促进身体疲劳的尽快消除，加快身体的恢复过程。另外，舒适幽雅的环境、听音乐等可以减弱田径训练的枯燥单调，刺激消除疲劳。

总之，在运动中加强医务监督，及时了解运动员的身体状况，掌握其疲劳程度，对消除疲劳、提高运动成绩有着重要的作用。

第三节　运动性损伤发生的原因与防治

常见运动损伤是指在运动过程中所发生的各种损伤，它是运动医学的重要组成部分。其主要任务是预防和治疗运动中的损伤，研究损伤发生的原因、机理、规律。运动损伤对运动参加者造成的影响是十分严重的，不仅影响运动成绩的提高，缩短运动寿命，而且严重者还可使人残疾、死亡，给人带来极坏的生理、心理影响，妨碍体育运动的正常开展。因此，我们必须对运动损伤的发生加以深入研究，才能提出有针对性的防治措施，把运动损伤发生率及其危害降到最低限度。

一、运动性损伤发生的原因

体育运动中造成损伤的原因是多方面的，既有锻炼者运动基础、体质水平方面的原因，也有运动项目特点、技术难度方面的原因，还有活动内容安排、运动量、运动环境等方面的原因，概括起来主要有以下几个方面。

（一）准备活动不充分

很多人在没有做好准备活动的前提下就投入到紧张的比赛中，此时肌肉、韧带的力量较小，伸展性不够，关节活动的幅度不大，身体协调性差。在这种情况下最容易发生肌肉拉伤和关节韧带损伤。

（二）思想麻痹大意

这是所有运动损伤中最主要的因素，包括对预防损伤的意义认识不足，运动前不检查器械，预防措施不力，好胜好奇，常在盲目和冒失的运动中致伤。运动前不做准备活动或准备活动不足，使人体机能未达到运动状态，肌肉弹性力差，韧带伸展和关节活动范围小，身体协调性低下，可致伤。

（三）缺乏运动经验与自我保护能力

由于缺乏运动经验和自我保护能力而致伤，如摔倒时用肘部或直臂撑地，造成尺骨（或桡骨）或肘关节损伤。由高处跳下时，用脚跟落地或屈膝缓冲不够，易造成腿部、腰部或内脏震伤。

（四）技术上的缺点和错误

如排球传球时，由于手形不正确引起手指扭挫伤。学习跳马（箱）时，助跑速度过快，向前冲力过大，或助跑与踏跳不协调，致使身体前冲摔倒等。身体的弱点与技术动作的特殊要求不适应，如膝关节在处于半蹲位时，周围的韧带较松弛，关节稳定性相对减弱，在完成伸膝发力和屈膝的落地缓冲时易发生伤害，小腿在屈膝情况下外展突然伸直更易发生伤害。

（五）运动量安排过大

经过长时间的运动之后，身体出汗较多，水分丢失很多，脱水使运动能力降低，如不及时补充水分，将导致体内电解质平衡紊乱，引起肌肉兴奋性增加而发生肌肉痉挛。或者在运动锻炼过程中，没有科学地安排好身体各部位练习的组合，导致局部负担过重，再加上运动量过大，造成机体疲劳，对动作控制能力降低而引起受伤。

（六）运动环境不好

运动场地高低不平，器械安装不劳固或年久失修，又缺乏保护措施。运动时的服装不符合要求、场地狭窄、人员拥挤、空气污浊、噪音大、光线暗、气温过高或过低等，都能成为致伤的原因。身体状况不佳，运动情绪低下或存在畏难、恐惧、害羞、犹豫及过度兴奋、过分紧张时，可能发生伤害事故。

身体疲劳或睡眠、休息不好，带伤、带病或伤病初愈，身体机能相对较低，在这些情况下运动，如不适当地降低练习的强度和难度，也很容易致伤。

（七）天气原因

雨雪天气、气温过高或过低等均易引起运动损伤。此外，秋冬季节较易发生损伤，因为天气变冷时，人体肌肉韧带的弹性和运动协调性相对较差，会因肌肉僵硬、动作失调而致伤。

二、运动损伤的预防

预防运动损伤，要加强运动安全教育，克服麻痹思想；要提高预防损伤的意识，认真做好准备活动；对可能发生运动损伤的环节和易伤部位，要及时做好预防措施；还要合理安排运动，做练习时防止局部运动器官负担过重。

此外，要加强保护与帮助。在加强同伴间的相互保护与帮助的同时，特别要加强和提高自我保护能力。如摔倒时，立即屈肘、低头、团身滚动；由高处跳下时，用前脚掌着地，同时屈膝缓冲等。要加强易伤部位的锻炼，这是一种预防效果较高的积极的手段。如为预防关节扭伤，应增强关节肌肉、韧带的力量、强度和柔韧性，以加强关节的稳定性。为防止肌肉拉伤，在发展肌肉力量的同时，还应注意发展肌肉的伸展性。大学生可从以下几个方面预防运动损伤：

（1）在剧烈运动和比赛前做好准备活动。

（2）保持良好的心态，练习或比赛时要控制自己的情绪，不要冲动。比赛时尊重对手和裁判，保持良好的体育道德风尚。

（3）根据自己的情况选择活动内容，适当控制运动量。

（4）掌握运动要领，加强运动技术的学习，提高运动技能。

（5）运动前采取必要的预防措施，如检查运动场地和器材，穿着合适的服装与鞋子等 。

三、常见的运动损伤及其处理

（一）软组织损伤

软组织损伤是皮肤、肌肉筋膜、肌腱腱鞘、韧带、关节囊、滑囊、血管、神经等组织的损伤。根据伤部皮肤和黏膜是否完整，分为开放性损伤和闭合性损伤两类。

1．擦伤

小面积擦伤，可以用碘伏涂抹伤口即可。大面积擦伤，先用生理盐水洗净，再涂抹，再用消毒布覆盖，最后用纱布包扎。面部擦伤最好不用龙胆紫等染色剂涂抹。关节处皮肤擦伤，先要洗净，然后用消炎油膏涂抹，盖上无菌纱布，粘膏固定，必要时缠上绷带。

2．撕裂伤

轻度开放伤，用碘伏涂抹即可；裂口大时，则需止血和缝合伤口，必要时注射破伤风抗毒血清，以防破伤风症。如肌腱断裂，则需要手术缝合。

3．挫伤

在 24h 内冷敷或加压包扎，抬高患肢或外涂中药。24h 以后，可按摩或理疗。进入恢复期可进行一些功能性锻炼。如果怀疑内脏损伤，则临时处理后，送医院检查和治疗。

4. 肌肉拉伤

轻者可即刻冷敷，局部加压包扎，抬高患肢。24h 后可施行按摩或理疗。如果肌肉已大部分或完全断裂者，在加压包扎急救后，固定息肢，立即送医院手术缝合。

（二）关节、韧带扭伤

1. 肩关节扭伤

一般因肩关节用力过猛及反复劳损所致，也有的因技术错误，违反解剖学原理而造成损伤。如投掷、排球扣球和大力发球时常出现这类损伤。症状有压痛、疼痛，急性期有肿胀，慢性期三角肌可能出现萎缩，肩关节活动受限。单纯韧带扭伤，可冷敷、加压包扎，24 小时后可采用理疗、按摩和针灸治疗。出现韧带断裂时，应立即送医院缝合和固定处理。肩关节肿胀和疼痛减轻后，可适当施行功能性锻炼，但不宜过早活动，以防转为慢性伤。

2. 髌骨劳损

髌骨具有保护股骨关节面、维护关节外形和传递股四头肌力量的作用，是维护膝关节正常功能的主要结构。髌骨劳损是膝关节长期负担过重或反复损伤累积而成的，也可一次直接外力撞击致伤，如篮球滑步急停，跳高和跳远时踏跳不合理或摔倒受撞击，都可导致这种损伤，可采用中药外敷、针灸、按摩等。平时加强膝关节肌群力量练习，如采用高位静力半蹲，每次保持 3～5min 即可。伤情好转时，可逐渐增加时间，每日进行 1～2 次。

3. 踝关节扭伤

运动中跳起落地时失去平衡，使踝关节过度内翻或外翻致伤，在准备活动不充分、场地不平坦的情况下，更易造成这类损伤。主要症状为伤处疼痛、肿胀，韧带损伤处有明显压痛、皮下淤血。受伤后，应立即冷敷，用绷带固定包扎，并抬高伤肢 24h 后根据伤情采取综合治疗，如外敷伤药、理疗、按摩等，必要时做封闭治疗。待伤情好转后，施行功能性训练。

4. 急性腰扭伤

运动时，身体重心不稳定或肌肉收缩不协调，腰部受力过重或脊柱运动时超过了正常运动，引起腰部扭伤。伤后一侧或两侧当即发生疼痛，有时听到格格的响声，有时出现腰部肌肉痉挛和运动受限。轻微扭伤当时无明显疼痛感，第二天起床时觉得腰部疼痛，不能前屈，用不上劲，损伤部位有明显的压痛点。较严重的应让患者平卧，一般不应立即搬动；如果疼痛剧烈，应用担架抬送医院诊治。处理后，应卧硬板床或腰垫一枕头，使肌肉韧带处于放松状态，也可针灸、敷伤药或按摩。

（三）关节脱位

关节脱位是指使关节面失去正常的连接位（或称脱臼）。一般因受间接外力作用所致。如摔倒时用手撑地可引起肘关节或肩关节脱位。严重的关节脱臼，伴有关节囊撕裂，甚至损伤神经，与健肢对比不对称。因软组织损伤出现炎症反应，局部疼痛、压痛和关节肿胀，并失去正常活动功能，甚至发生肌肉痉挛等症状。处置时用长度和宽度相称的夹板固定伤肢。如果没有夹板，可将伤肢固定在自己的躯干或健肢上，防止震动，随后及时送医院治疗。必须指出，如果没有把握做整复处置时，切不可随意做整复手术，以免再度伤害。

（四）骨折

运动中，身体某部位受到直接或间接的暴力撞击时，造成骨折。例如在踢足球时，小腿被踢，造成胫骨骨折；摔倒时手臂直接撑地引起尺骨或桡骨骨折；跪倒时可造成髌骨骨折等。骨折是比较严重的损伤，但发病率很低。骨折分不完全性骨折和完全性骨折两种。常见的骨折有肱骨骨折、前臂骨骨折、手骨骨折、大腿骨骨折、小腿骨骨折、肋骨骨折、脊柱骨折等。骨折发生后，患处立即出现肿胀，皮下淤血，有剧烈疼痛，肢体失去正常功能，肌肉产生痉挛，有时骨折部位发生变形，移动时可听到骨摩擦声。严重骨折时，伴有出血和神经损伤、发烧、口渴，甚至休克等全身性症状。处置时若出现休克，应先进行处理，即压人中穴，并进行口对口人工呼吸或心脏外按压术。若伴有伤口出血，应同时实施止血和包扎。骨折后暂勿移动患肢，应用夹板或其他代用品固定患肢，及时送医院检查和治疗。

（五）脑震荡

脑震荡是指头部受到外力打击后，脑神经细胞和神经纤维遭受到震荡所引起的意识和功能的一般性障碍。脑震荡的常见原因是摔倒时头部着地，头部受到外力打击等 。伤后即刻发生意识丧失、呼吸表浅、脉搏缓慢、肌肉松弛，瞳孔稍放大但左右对称，清醒后，常伴有头晕、头痛、恶心或呕吐、失眠、耳鸣和记忆力减退等。处理时应立即让患者平卧，不可坐起或立起，头部冷敷，注意保暖。对昏迷者可用手指掐点人中、内关等穴位或给嗅闻氨水，对呼吸障碍者，可施行人工呼吸，并立即送医院诊治。患者在恢复期要保持环境安静，卧床休息，直至头痛、头晕症状消失，切忌过早地参加体育运动和脑力劳动。

（六）溺水

在游泳时，因肌肉痉挛或技术上的原因导致溺水。溺水时，水经过鼻进入肺内，造成呼吸道阻塞，或者因吸水的刺激，引起喉部肌肉痉挛使气体不能进出，导致窒息和昏迷。如果时间稍长，则因缺氧而危及生命。窒息后，脸色苍白而肿胀，眼睛充血，口鼻充满泡沫，四肢冰冷，神志昏迷，胃腹吸满水而鼓起，甚至呼吸心跳停止。

立即将溺水者救上岸，清除口腔中的分泌物和其他异物，并迅速进行倒水，但不要过分强调倒水而延误了宝贵的抢救时间。立即进行人工呼吸。若心跳已停止应同时施行心脏外挤压法。人工呼吸和心脏胸外挤压以 1∶4 的频率进行，急救者之间应密切配合，进行积极而耐心的抢救，直至自主恢复呼吸为止。清醒后，立即送医院，作进一步检查和治疗。在运送途中必要时继续进行人工呼吸。

第四节　运动性疾病产生的原因与防治

非损伤性运动疾病一般指机体对运动不适应或运动安排不当而造成体内紊乱所出现的一种疾病、综合症或机能异常。在体育运动或身体锻炼中常见的运动性疾病通常包括极点和第二次呼吸、肌肉酸痛、运动中腹痛、运动性昏厥、运动性中暑、运动性低血糖、运动性贫血、运动性血尿、肌肉痉挛等。运动可能使人体生理活动过程的有序性受到暂时的破坏，从而出现这些运动生理反应。正确认识和处理这些生理反应，可以克服盲目性和随意性。体育锻炼中常见的生理反应及处理方法如下。

一、极点和第二次呼吸

在剧烈运动特别是中长跑时能量消耗大，下肢回流血量减少，脑的供血、供氧产生暂时性不足时，就会出现一种极难受的感觉，呼吸急促、胸闷难忍、下肢沉重、动作不协调，这在生理学上称为“极点”。“极点”出现后，情绪要稳定，并适当减慢跑速，加深呼吸，坚持下去，上述生理现象会逐渐缓解与消失。这是由于一方面氧供给逐步得到增加，另一方面机体的适应性使机体功能得到改善，运动能力提高，动作重新变得协调和有力，标志着“极点”已经有所克服，生理过程出现新的平衡。运动生理学称此种现象为“第二次呼吸”。克服极点的方法有以下 3 种：一是准备活动要充分，使神经提前兴奋；二是极点出现后要放慢跑速，减小运动强度，并加深呼吸；三是要注意平时的锻炼，提高呼吸系统和血液循环系统的功能。

“极点”与“第二次呼吸”是中长跑运动中常见的生理现象，无须疑虑和恐惧，即使是一位优秀的中长跑运动员，也常出现“极点”现象，但随着训练水平的提高，上述生理反应将逐步推迟和减轻。

二、肌肉酸痛

在一次运动量较大的锻炼以后，或是隔了很久又开始锻炼之后，往往会出现肌肉酸痛。这种酸痛往往发生在运动结束后 1～2d 内，因此也称为肌肉延迟性疼痛。

肌肉酸痛主要是由于运动时肌肉运动量大，引起局部肌纤维及结缔组织的细微损伤，以及部分肌纤维的痉挛所致。由于这种肌纤维细微损伤及痉挛是局部的，因此就整块肌肉而言仍能完成运动功能，但是存在酸痛感。酸痛后，经过肌肉内部细微损伤的修复，肌肉组织变得较以前强壮，以后同样负荷将不易再发生损伤。在运动中如果出现肌肉酸痛，可在运动后对酸痛的局部肌肉进行热敷或按摩，以促进血液循环及代谢过程。也可对酸痛局部进行静力牵拉练习，保持伸展状态 2min，然后休息 1min，重复进行，每天做几次这种伸展练习，有助缓解痉挛。但做时注意不可用力过猛，以免牵拉时再使肌纤维损伤。或者口服维生素 C，以促进结缔组织中胶原的合成，有助于加速受损伤结缔组织的修复，从而减轻和缓解酸痛。另外，针灸、电疗等手段对缓解酸痛也有一定作用。

预防肌肉酸痛可以根据不同体质、不同健康状况科学地安排锻炼负荷，负荷不要过大，也不宜增加过猛。锻炼时，尽量避免长时间集中练习身体某一部位，以免局部肌肉负担过重。准备活动中，注意充分活动即将练习负荷的局部肌肉，这对损伤有预防作用。整理活动除进行一般性放松练习外，还应重视进行肌肉的伸展牵拉练习，这种伸展练习有助于预防局部肌纤维痉挛，避免酸痛的发生。

三、运动中腹痛

运动性腹痛是指直接由运动引起的腹部疼痛。人体进入运动状态后，下腔静脉压上升，血液回流受阻，致使腹部脏器功能失调，引起腹痛。运动性腹痛的常见原因有以下几种：饭后过早地参加运动，胃受食物充盈引起牵扯痛和胀痛，或运动前饮水过多以及腹部受凉，引起胃肠痉挛导致疼痛；准备活动不充分，运动时过于剧烈，内脏器官功能尚未达到竞技状态，致使脏腑功能失调，引起腹痛；运动时呼吸紊乱，膈肌运动异常，引起肝脾膜张力性疼痛。

如果出现运动性腹痛，一般可通过减速慢跑、加深呼吸、按摩疼痛部位或弯腰跑一段距离等方法处理。若疼痛没有减轻或消失，甚至加重，则应立即停止运动，并按揉内关穴、足三里等穴位。如仍不见效，应及时请医生诊治。

四、运动性昏厥

运动性昏厥是指运动中由于脑部突然供血不足而出现的暂时性知觉丧失现象 。轻度晕厥者一般只昏厥片刻，脑贫血消除后会清醒过来，但清醒后精神不佳，仍感觉头昏。

如在运动中发现同伴出现运动性昏厥时，应立即使患者平卧，使足略高于头部，并进行向心方向按摩，同时指压人中、合谷等穴位。如患者出现呕吐症状，应将其头偏向一侧，以利呼吸道畅通，如呼吸停止，应立即进行人工呼吸。症状较轻者，可搀扶其慢走，症状较重者经临场处理后应及时送往医院治疗。

五、运动性中暑

运动性中暑是指肌肉在运动时产生的热超过身体能散发的热而造成运动员体内的过热状态。轻度中暑者会出现面部潮红、头晕、头痛、胸闷、皮肤灼热、体温升高等症状；严重者会出现恶心、呕吐、脉搏快而细弱、精神失常、虚脱抽搐、血压下降，甚至昏迷。

如发现同伴出现运动性中暑后，应迅速将患者移至通风、阴凉处，解开其衣领，冷敷额部，用温水抹身，并给予含盐清凉饮料。症状严重者，经临时处理后应迅速转送医院治疗。

六、运动性低血糖症

运动性低血糖症是指进行长时间、高强度的体育运动时，人体内的血糖会大量消耗和减少，因而可能出现血糖浓度低于正常值时出现的一系列临床表现 。轻者感到无力、饥饿、极度疲乏、头晕心慌、面色苍白、出冷汗、烦躁不安；重者出现神志模糊、语言不清、精神错乱，甚至惊厥和昏迷。

对于运动性低血糖症患者，轻者可喝浓糖水或进食含糖类食物，平卧休息；重者若已昏迷，同伴可先指掐患者人中、百会、涌泉、合谷等穴位，并迅速送其去医院静脉注射葡萄糖液，以提高血糖浓度。预防运动性低血糖的发生一定要注意以下几点：

（1）尽可能于饭后1～2h内参加运动，这时人体内血糖较高，不易发生低血糖。

（2）不要空腹运动，有清晨锻炼习惯的人，如要空腹运动，在运动前或运动中适当加餐和补充糖分，大运动量的活动结束后，进食量要适当增加。

（3）避免剧烈运动。最适合低血糖患者的运动是持续而有规律的运动，如骑自行车、步行、慢跑、游泳、爬山、打羽毛球、跳舞等有氧运动，运动后以不感到疲劳为宜。

（4）运动结束时不要马上停止，应进行一些恢复性运动，常见的有伸腿、抬腿、弯膝、伸臂、弯腰等，长跑后可步行一段，直到心率恢复到运动前的水平。

（5）进行长时间耐力运动前2h（或赛前15min），可按每公斤体重进食1g的糖补充糖分，运动中还要适量地补充糖饮料。此外，劝告人们应吃早餐，并要注意早餐的质和量，这对预防低血糖症的发生也有一定作用。

七、运动性贫血

我国成年健康男性每100mL血液中含血红蛋白12.5～16g，女性为11.5～15g。若低于这一生理数值，被视为贫血。它不是独立的疾病，仅是一种症状，可由多种疾病引起。运动员发生贫血，除有一般人的发病原因之外，仅是因运动训练因素而导致的贫血，这种贫血称为运动性贫血。

训练因素对机体的红细胞和血红蛋白有一定影响，其中与运动负荷量和运动的训练状态有较大的相关性，与运动项目和训练季节也有一定关联。运动时机体对蛋白质与铁的需求增加，一旦需求得不到满足，即可引起运动性贫血。此外，运动时脾脏释放的溶血卵磷脂能使红细胞的脆性度增加，加上剧烈运动时血流加快，易引起红细胞破裂，导致运动性贫血。此外，如果偏食或爱吃零食，影响正常营养摄入，或长期腹泻影响营养吸收，运动时也会出现贫血现象。

运动性贫血发病缓慢，其主要症状为头晕、眼花、易倦、食欲不振，体力活动差，运动中易出现心悸、气喘、心跳加快、运动成绩下降，主要体征有眼结膜苍白、皮肤发白无血色、安静时心率加快。血液检查时发现红细胞和血红蛋白值低于正常数值。

一般来说男运动员的血红蛋白在100～120 g/L，女运动员在90～110 g/L时，可边治疗边训练，但训练要减小强度，避免长跑等耐力性运动；当低于上限值时，应停止运动训练，以治疗为主。饮食宜富于营养，多摄入含蛋白质、铁质、维生素较多的食物，也可服用抗贫血药物。为了促进铁的吸收，可同时服用维生素 C 和胃蛋白酶合剂。

为了防止运动贫血，一定要合理安排运动负荷和运动量；建立合理的膳食制度，食物加工和烹调要科学，要使食物容易消化，又要尽量避免营养的丢失。运动员每天摄入蛋白质为每千克体重不应少于 2g，克服偏食和吃零食的不良习惯。

八、运动性血尿

肉眼或显微镜下见到尿中有血或血细胞，称为血尿。单纯由运动引起的血尿现象称为运动性血尿。它多发生在长跑、三级跳、球类和拳击项目。

出现运动性血尿的主要原因有以下几种：剧烈运动是主要原因。运动员或锻炼者的肾周围脂肪组织较少，长时间跑跳时，身体震动可使肾脏下垂，使静脉血流受阻，肾静脉压增高，从而导致红细胞渗出；运动时血液重新分配，肾脏缺血缺氧，影响肾脏正常功能，以致红细胞渗出；运动时腰部的猛烈屈伸或蜷缩体位可使肾脏受到挤压损伤，肾内毛细血管损伤，从而引起肾出血；在膀胱排空的情况下跑步，脚落地震动时膀胱后壁与膀胱底部互相触碰，而使该部损伤引起血尿。

运动后即刻出现血尿，其明显程度与运动量和运动强度的大小有关。出现血尿后停止运动，则血尿迅速消失，一般不超过 3d。除血尿外，一般无其他症状，血液化验、肾功能检查、腹部 X 线平片等均正常。

对运动性血尿一定要仔细检查，排除病理性血尿，以免延误诊治。出现肉眼血尿时，不管有无症状均应止运动。对镜下出现少量红细胞而无症状的运动员或锻炼者，应减少运动量。运动性血尿诊断之后，可以参加训练或运动，但要安排好运动量，加强医务监督，医生给以适当治疗。

九、肌肉痉挛

在剧烈运动中，肌肉快速连续性收缩，导致肌肉收缩与放松的协调交替关系被破坏，特别在局部肌肉处于疲劳时，更易发生肌肉痉挛。受到寒冷的刺激或因情绪过于紧张，也可引起肌肉痉挛。

肌肉痉挛时，局部肌肉产生剧烈性收缩并变得坚硬和隆起，疼痛难忍，且一时不易缓解。不太严重的肌肉痉挛，只要以相反的方向牵引痉挛的肌肉，一般都可以使其缓解。牵引时切忌用力过猛，以免造成肌肉拉伤。腓肠肌痉挛时，可伸直膝关节，并做足部的背伸动作，若脚趾的肌肉痉挛时，则用力将足趾背伸。处理痉挛时最好有同伴协助。此外，可配合局部按摩、点穴（承山、涌泉、委中穴等），加速痉挛缓解和消失。游泳中发生肌肉痉挛时，不要惊慌，如自己无法处理或缓解时，可深吸一口气，仰浮于水面，并立即呼救。在水中解救腓肠肌痉挛的方法是：先吸一口气，仰浮水面，用抽筋肢体对侧的手握住抽筋肢体的足趾，用力向身体方向拉，同时用同侧的手掌压在抽筋肢体的膝盖上，帮助将膝关节伸直，待缓解后，慢慢地游向岸边。发生肌肉痉挛后，一般不宜再继续游泳，应上岸休息、保暖、按摩局部。

加强身体锻练，提高机体的耐寒能力和耐力。运动前做好准备活动，对容易发生痉挛的肌肉，可事先进行按摩。冬季锻炼时，要注意保暖；夏季进行剧烈运动时，应注意补充盐分。游泳锻炼下水前，应先用冷水淋浴，游泳时不宜过长。疲劳和饥饿时，不要进行剧烈运动。另外，在运动过程中要学会肌肉放松的能力。

十、游泳性中耳炎

游泳时水进入外耳道后，使鼓膜泡软，可引起鼓膜破损，细菌进入中耳引起中耳炎。此外，游泳时呛水，细菌也可能从咽鼓管进入中耳引起中耳炎。表现为耳内剧烈疼痛，有时还会引起发热和头痛，也可见黄色液体自外耳道流出。这种情况下停止游泳，送医院治疗。

为了预防游泳性中耳炎，游泳时可用耳塞堵住外耳道口，防止水进入耳道。若耳内灌水，可采用头偏向水一侧，用同侧腿进行原地跳的方法使水震动排出，然后用棉花擦干外耳道，切忌挖耳。患感冒、上呼吸道感染时应停止游泳。

第五章　体育竞赛的组织与编排

在现代社会中，体育运动无处不在，体育竞赛更是比比皆是。因此，掌握体育运动竞赛的组织与编排，可以更好地开展体育活动，从而促进高校体育运动事业的发展。本章首先概括介绍体育竞赛的组织与编排，然后分别介绍球类运动和田径运动竞赛的组织与编排方法。

第一节　体育竞赛的组织与编排概述

一、体育竞赛的组织方法

（一）组委会和办事机构的职责

体育竞赛的组织一般有以下几种机构。

1. 组织委员会

组织委员会简称组委会，一般由下列成员组成：

(1) 承办单位负责人；

(2) 有关办事机构负责人；

(3) 各参赛队负责人；

(4) 大会总裁判长。

组委会是体育竞赛组织工作的中枢，是整个竞赛具体组织工作的领导机构，要直接对竞赛的各项具体工作负责。成立组委会的目的是为体育竞赛活动起保证作用，并提供良好竞赛条件，确保竞赛工作顺利进行。组委会的任务是：全面负责竞赛工作，制订竞赛中的各种计划，审批有关竞赛报告、计划、通知等文件，根据工作需要设立各个办事机构。

2. 办事机构

(1) 秘书处。秘书处是组委会的常设执行机构，具体任务有以下几条：

1) 主要负责整个比赛活动的组织和安排、起草和发放文件、组织开幕式和闭幕式；

2) 召开组委会会议，执行组委会决议，检查、督促各项工作的进行；

3) 制定大会工作日程，包括比赛、休息、会议、娱乐等；

4) 负责广告宣传、寻求赞助、筹措经费；

5) 主持体育竞赛期间的日常工作。

(2) 宣传处。宣传处主要负责思想教育、宣传报道工作，印发有关学习文件、参考资料等，协助有关部门组织报告会、参观访问等活动。

(3) 竞赛处。竞赛处主要负责比赛的组织工作，负责编排秩序册、成绩册，组织裁判员记录比赛成绩，统计评定、审查成绩记录等工作，并及时召开有关会议，解决比赛中的有关问题。竞赛处是比赛中业务工作的核心，主要由具有专业知识的人员来担任。竞赛的编排要按编排的有关原则和方法进行工作。

(4) 后勤处。后勤处负责编排预算、保证比赛的物资器械设备供应、安排生活（食宿、搞好医务卫生和防伤、急救等）。

（二）竞赛规程的内容

竞赛规程是指运动竞赛的法规性文件，是竞赛工作的重要依据。竞赛规程要提前发给有关单位，以便各单位做好比赛前的准备工作。在拟订竞赛规程、考虑每项竞赛的具体办法时，应立足于吸引更多的人参加竞赛，同时也要鼓励创最佳成绩。为此，应根据竞赛的具体任务和要求，灵活地运用分组、比赛和评定名次的方法。竞赛规程的内容一般包括以下几个方面。

（1）竞赛（运动会）的名称。

（2）举办竞赛的目的、任务和要求（或总则）。

（3）竞赛日期及地点：要根据比赛的性质、规模、参加人数、场地、设备、项目多少、季节性等特点来确定。

（4）参加单位：根据竞赛任务或性质确定参加单位，在学校的竞赛（运动会）中一般以学院、系或班级为单位参加。

（5）竞赛项目：明确规定比赛的项目或表演项目。

（6）参加办法：根据竞赛的规模和性质，规定各单位参加的总人数（运动员、领队、教练员工作人员等）、每个项目的规定参加人数、年龄组划分（级别组）、运动员年龄、报到日期及地点等。

（7）竞赛方法：根据比赛任务、时间、参加队的数量确定比赛的方法、评定比赛成绩和名次方法以及采用的竞赛规则等。

（8）奖励办法：根据竞赛（运动会）的要求，在比赛成绩的基础上确定奖励名额（如前六名、前八名或前十名等）、奖励方式（如物质奖及荣誉奖等）。

（9）特别规定及注意事项：如运动员的报名成绩、运动服装的规定、各单位旗帜的样式和大小、号码顺序和尺寸、食宿标准、自选动作（体操、武术、艺术体操等）的要求等。

二、体育竞赛的编排方法

（一）体育竞赛的编排原则

编排工作由竞赛处具体负责，重大问题请示组委会决定，编排工作要按全面性和规则的有关规定进行，在运动员分组、场次的安排等问题上要本着公正的原则，尽量做到机会均等。

（二）常用的比赛制度

通常采用的比赛制度有淘汰制和循环制两种。选择和确定比赛制度时，应考虑举办比赛的目的任务、比赛的期限、参加队数的多少及场地和运动员的学习、工作等情况。具体的体育竞赛编排，将在下面两节进行阐述。

第二节　球类运动竞赛的组织与编排

球类竞赛采用什么方式进行编排，要根据规程规定的竞赛办法来进行，而规程中竞赛办法的选择又要根据参加比赛队（人）的数量和比赛的时间来确定。这里以篮球、排球、足球这三大球为例，是由于它们的竞赛办法基本相同，为避免重复，因此特将这几个项目合并编写。根据比赛的宗旨、性质，参加比赛的队数、场地和比赛时间等因素，这几个项目的竞赛组织编排均采用循环制，其中单循环和分组循环使用较多，双循环则使用较少。

一、单循环比赛的编排方法

单循环比赛是指所有参加比赛的队之间均要轮流相遇一次，然后根据各队胜负场次的积分多少来决定名次。

单循环比赛一般是在参加比赛的队数不太多、场地和时间又能保证安排所有参加队在同一天（或两三天内）有比赛的机会的情况下才会采用。这种方法能使所有参加队有相遇的机会，有利于互相学习、互相交流和共同提高。同时，排列出来的名次也比较符合实际，能反映出各队的技术水平。

（一）单循环比赛轮次与场数的计算

计算轮次与场数的目的是计算比赛所需的时间和所需场地的数量，以便于竞赛的日程和场地的安排与经费的预算。

1. 计算比赛的轮次

参加循环赛的各队均比赛一场（包括轮空）则为“一轮”。参加比赛的队数为偶数时，计算轮次的方法为：轮次＝队数－1（若 8 个队参加单循环比赛，则轮次为 8-1）；参加比赛的队数为奇数时，计算轮次的方法为：轮次＝队数（若 7 个队参加单循环比赛，则轮次为 7 轮）。

2. 计算比赛的场数

计算比赛场数的公式为

$$\text{场数}=\frac{\text{队数}\times(\text{队数}-1)}{2}$$

例如，若有 9 个队参加单循环比赛，则比赛场数为

$$\frac{9\times(9-1)}{2}=\frac{72}{2}=36\ (\text{场})$$

（二）单循环比赛顺序的编排

将参加比赛的队数，用阿拉伯数字等量地将参加队数分成左右两列，左列由上往下排，右列由下往上排，然后用横线将相对的两个数相连，这就是第一轮相遇的两个队。若参加比赛的队数为奇数时，可用“0”占位，则与其相对的队为轮空队。从第二轮编排开始，1 号位固定不变，其他位数按逆时针方向轮转一个位置，即可排出下一轮的比赛顺序。

例如，有 6 个队参加比赛的编排方法如下：

第一轮	第二轮	第三轮	第四轮	第五轮
1—6	1—5	1—4	1—3	1—2
2—5	6—4	5—3	4—2	3—6
3—4	2—3	6—2	5—6	4—5

又如，有 5 个队参加比赛的编排方法如下：

第一轮	第二轮	第三轮	第四轮	第五轮
1—0	1—5	1—4	1—3	1—2
2—5	0—4	5—3	4—2	3—0
3—4	2—3	0—2	5—0	4—5

轮次表编排好之后，应召集领队开会。按参加比赛的队数，制作与队数相等的签号，由各队领队抽签；然后将各队抽到的签对号填写到各轮次表中去，再结合比赛日期、时间、场地、服装颜色等，即可排出竞赛日程表。

二、分组循环比赛的编排方法

分组循环比赛一般是在参加队数较多的情况下所采用的方法，即为了不过多地增加比赛的场次和延长比赛的日期，同时每队又能参加一定的比赛场次，而且排列出的各队名次也比较客观，所以运用这种编排方法比较多。

分组循环比赛可根据参加比赛的队数，将其分成若干个平行小组，先在组内进行单循环比赛，并排出各小组的名次。根据具体情况，分组循环可分两个阶段（预赛阶段和决赛阶段）或

三个阶段（预赛阶段、复赛阶段和决赛阶段）进行。

（一）分组循环比赛的编排方法

现以 16 个队参加比赛为例，有以下两种方法进行编排：

1. 分两个阶段比赛的编排方法

（1）预赛阶段：将 16 个队分成两组分别进行单循环比赛，排出各小组的名次。

（2）决赛阶段：有以下三种情况。

1）各组同名次进行决赛。各小组第一名决出第一、第二名，各组第二名决出第三、第四名，各组第三名决出第五、第六名……各组第八名决第十五、第十六名（预、决赛共进行 64 场）。

2）将各组的第一、二名划为一组，进行单循环决出第一至第四名；各组的第三、第四名划为一组，进行单循环决出第五至第八名；各组的第五、第六名划为一组，进行单循环决出第九至第十二名；各组的第七、第八名划为一组，进行单循环决出第十三至第十六名（预、决赛共需进行 80 场，如果预赛中相遇过的两队成绩带入决赛阶段，则可减少 8 场，只需进行 72 场）。

3）将预赛各组前三名划为一组参加比赛，采用单循环赛决出第一至第六名，其他队不再进行比赛（预、决赛共需进行 71 场，如果预赛中相遇过的两个队成绩带入决赛阶段，则可减少 6 场，只需进行 65 场）。

2. 分三个阶段比赛的编排方法

（1）预赛阶段：将 16 个队分成 4 个小组，分别进行单循环赛，排出各组的名次。如规程规定要排出第一至第十六名的名次，则 16 个队需参加复赛和决赛。若只需排出前八名，则预赛各组中的第三、四名就不再进行比赛。

（2）复赛阶段：将第一、三组的第一名和第二、四组的第二名共 4 个队划为一组，再将第二、四组的第一名和第一、三组的第二名共 4 个队划为一组，这两组分别进行单循环赛，排出各小组名次，然后这两组的前两名共 4 个队进入决定阶段，争夺前四名；将预赛中各组的第二、四名按同样的分组方法分成两组，这两组的 8 个队争夺第九至第十六名。

（3）决赛阶段有两种编排方法：

1）将复赛阶段的各组前两名划为一组，进行单循环赛决出第一至第四名；后两名划为一组，进行单循环赛决出第五至第八名（决定第九至第十六名的方法也同此）。

2）将复赛阶段的各组前两名进行交叉赛，决出第一至第四名。交叉赛的办法如下：

第一组第一名　　第二组第二名
第一组第二名　　第二组第一名

两场的胜者再相遇决出第一、第二名，两场的败者再相遇决出第三、第四名。如果规程规定需排出第五至第八名，则将复赛阶段的各组后两名，按此方法进行交叉赛，两场胜者相遇决出第五、第六名，两场败者相遇决出第七、第八名。

总之，比赛采用何种编排方式、取前几名均要根据竞赛规程的规定。

（二）分组循环的种子队确定和位置排列

确定种子队的依据是上届比赛的各队成绩，或者在领队会议上协商确定。种子队的队数一定要等于分组的组数或组数的倍数。如果分 4 个组进行比赛，若确定 4 个种子队，则每组安排 1 个种子队；若确定 8 个种子队，则每组安排 2 个种子队，哪 2 个种子队在一组，则采用下列方法安排种子队的位置。

首先将 8 个队按照水平排列出第一号种子、第二号种子……一直到第八号种子，然后将 8 个队合理安排在各组内：

1　　2　　3　　4

8　　7　　6　　5

即第一号种子与第八号种子编为一组，第二号种子与第七号种子编为一组……依次类推。

（三）分组循环的抽签定位方法

根据分组的组数和每组的队数制作相应的组数和人数的签号，抽签的方法可分为一次性抽签和二次性抽签。一次性抽签就是一次抽签就决定组别和组的顺序号；二次性抽签就是第一次抽签决定组别，第二次抽签决定组的顺序号。

种子队先抽签，以确定各种子队的组别；若种子队数是所分组数的倍数，则将采用“跟种子”的办法，合理地将两个种子队抽入同一组内。以分 4 组 8 个种子队为例，由前 4 个种子队代表后面各种子队抽签，如第一号种子抽入某组则将第八号种子带入同组……然后非种子队再按分组的顺序依次抽签，以确定组别和组的编号。最后，将各队队名对号填入事先编排好的轮次表内。

三、双循环

双循环是指参加比赛的队伍先后进行两次单循环的比赛方法，使参加比赛的队伍均能相遇两次。最后按各队在全部比赛中胜负场数的积分多少排列名次。双循环赛的编排方法与单循环一样。第二次循环赛的编排可以重复，也可以重新抽签编排。

总之，篮球、排球、足球等项目的竞赛方法均采用单循环或分组循环。淘汰制和混合制因很少采用，这里就不再阐述。

第三节　田径运动竞赛的组织与编排

田径运动会，由于竞赛项目、参赛运动员多和赛期时间短的特点，因此组织编排工作的好坏将直接关系到运动会是否能顺利进行与运动员技术水平能否很好发挥的问题。

田径运动会的组织编排工作包括组织与接受报名、编印竞赛秩序册、准备与绘制各种比赛表格、比赛过程中的临场编排、名次录取与成绩公告、编印成绩册等。

一、编排前的准备工作

（一）组织与接受报告

根据竞赛规程的要求，向各单位印发报名表，收到各单位的报名表后要按单位逐项进行审核，如有不符合规程的地方，应立即通知有关单位及时更正。审核报名单位的内容主要有以下三项。

（1）报名单上的姓名、项目是否填写清楚。

（2）每个项目的报名人数是否符合规程要求。

（3）每个运动员的报名项目是否超过规定。

（二）编写与抄写代表队名单

（1）审核完报名单位后，按分配给该单位的运动员号码，按人逐个编号。

（2）填写运动员姓名、号码对照表，并根据报名先后顺序，按下列格式抄写代表队名单：

×××代表队

领队：×××

教练：×××

男运动员：A01：×××；A02：×××

女运动员：A20：×××；A21：×××

（3）填写径赛卡片与各项田赛运动员名单。根据报名名单，把运动员所参加的组别、径赛项目、单位、姓名、号码等填写在“径赛成绩记录卡片”和“全能成绩记录卡片”上，运动员每参加一项填写一张。如果是接力赛，每队要填写一张“接力赛成绩记录卡片”。

田赛项目则分项将运动员号码、姓名、单位填入“田赛高度成绩记录表”和“田赛远度成绩记录表”。

（4）统计参加人数和填写运动兼项统计表。

二、编排竞赛秩序

（一）编排运动会竞赛日程

根据运动会的天数，将所有径赛与田赛项目按上、下午时间编排成一个秩序，使比赛有计划地顺利进行。编排竞赛秩序时，须考虑下列原则：

（1）每天（节）的项目，根据每项参加人数的多少以及竞赛所需时间长短均衡安排。

（2）径赛的长、短距离，田赛的跳、掷类项目以及男、女项目和不同组别交叉编排。

（3）照顾兼项的一般规律，对某些项目分开编排，以减少兼项的矛盾。

（4）跨栏项目一般安排在每个单位时间的第一项，也可以排在长距离比赛的后面进行，以减少摆栏的时间。

（5）决赛项目和精彩项目分开排列。

（6）田赛场地的布局，应照顾全场观众。

（7）短距离项目如100m、200m等，采用预、决赛两个赛次时，最好安排在同一天进行。

（二）各项竞赛的分组编排方法

1. 径赛项目的分组要求

（1）根据各项参加人数和跑道数确定组数，每组人数力求平均。

（2）径赛项目，一般是采用按成绩录取的办法，因此应把成绩好的运动员编在一组，以创造好成绩，且最好安排在第二组或第三组进行。

（3）同一单位的运动员应尽量避免编在同一组。

（4）运动员道次的分配，一般采用运动员抽签或按成绩顺序分配两种方法。若按成绩顺序分配道次，以8条跑道为例，直道项目为4，5，3，6，2，7，1，8，弯道项目为3，2，4，5，6，7，8，1。

（5）不分道跑的径赛项目，如人数多需分组时，应将成绩好的编在第一组进行，其起跑的位置排列可按成绩优次由内向外排列，或抽签决定。

根据上述原则，将分好组的运动员姓名填入竞赛分组表。

2. 田赛项目的分组要求

田赛项目一般不分组，其比赛的先后顺序由运动会编排人员抽签决定。如果参加人数过多，可在正式比赛前举行及格赛；若必须分组时，则比赛场地条件和方向必须相同。对于比高的项目，其每次上升度，两组必须相同，直至比赛结束。

3. 全能项目的分组要求

根据规则要求，全能径赛项目的分配首先由全能编排人员抽签决定，其次由运动员在检录处抽签决定。田赛项目比赛的先后顺序，亦由大会编排抽签决定。

三、编印秩序册

田径运动会的秩序册，一般包括下列内容：
(1) 运动会主席团名单。
(2) 运动会组织委员会名单。
(3) 仲裁委员会名单。
(4) 运动会办事机构名单。
(5) 体育道德风尚奖评选条件。
(6) 运动会竞赛日程。
(7) 运动会开、闭幕式程序。
(8) 裁判员名单。
(9) 运动员人数统计表。
(10) 各代表队名单。
(11) 竞赛日程与运动员竞赛分组表。
(12) 国家等级运动员标准。
(13) 世界、全国、省、市、学校田径最高纪录表。
(14) 竞赛场地平面图。

四、竞赛期间的编排记录工作

(1) 每一单元比赛前将运动员检录单连同运动员成绩记录卡片交检录处。
(2) 临场编排：比赛过程中，根据径赛的预赛结果按成绩及时公布决赛名单。
(3) 及时公布各项决赛成绩（一式三份：一份张贴，一份交成绩宣告，一份留存）。
(4) 登记成绩与计算各单位团体总分。
(5) 核对全能运动员的成绩与得分。
(6) 统计打破纪录的人数。

五、竞赛结束后的工作

（一）编排记录组提供的资料

全部竞赛项目结束后，编排记录组应及时提供下列资料：
(1) 各项前 6 名或前 8 名运动员成绩记录表。
(2) 各单位团体总分记录表。
(3) 打破纪录人数统计表。

（二）编印运动会成绩册

根据编排记录组提供的资料，编印运动会成绩册，并发放、存档。

总之，田径运动会的编排工作是一项烦琐的工作，随着现代科学技术的发展，计算机已经进入各行各业，把计算机技术应用于田径运动会的编排，可以节省时间，操作起来也比较简单。目前田径运动会编排软件已被科技人员开发出来，以供在不同层次的田径运动会的编排中合理应用。

运动实践篇

第六章　篮球运动

第一节　篮球运动概述

一、篮球运动的起源

篮球运动是一项活动者以各种技艺为手段，以主动控制空间为目标，以主动控制篮球为争夺焦点，以主动掌握时间与速度为保证，在空间、地面交叉展开立体型攻守对抗的竞技和娱乐的体育活动。

篮球运动的设计者是美国马萨诸塞州斯普林菲尔德市基督教青年会训练学校体育教师詹姆斯·奈·史密斯博士，他是借鉴其他球类运动项目发明的。起初，他将两只竹篮钉在健身房内看台的T栏杆上，竹篮上沿离地面高于3米，用足球作比赛工具，任何方在获球后，利用传速、运拍将球向篮内投掷，投球入篮得一分，按得分多少决定比赛胜负。

篮球运动是一项富有吸引力的运动项目，在美国发展很快，随后也相继传播到欧、亚、南美洲的一些国家。

20世纪40年代末50年代初，世界男、女篮球锦标赛赛制先后建立，从此，篮球运动逐渐走向世界，开始出现世界性的大普及、大发展，竞技水平通过自身的实践、完善和现代科学技术的渗透影响，得到了很大的提高和发展 。

二、现代篮球运动发展动态

最初的篮球比赛规则比较简单，对于场地大小、参加人数多少、比赛时间长短都每月统一规定。1892年，奈·史密斯制定了第一部13条的原始规则，后来美国制定了全国统一的篮球竞赛规则，并译成多种文字，向全世界推行。

1932年在日内瓦成立了国际业余篮球联合会，制定了统一的竞赛规则。1904年美国基督教青年会男子篮球队在第三届奥运会上进行了表演，1936年在第十一届奥运会上男子篮球被正式列为比赛项目，1976年在第二十一届奥运会上女子篮球被列为比赛项目。

三、篮球运动的特点及锻炼价值

篮球运动是在攻防不断变化中进行的，运动员应具备良好的身体素质，在场上既要不断地快速奔跑，又能急起急停。篮球技术由跑、跳、投等基本技能组成，因而对促进人体的协调性、灵活性和应变能力都会起到良好的作用。篮球运动能促进学生身体各项素质的提高，还可以改善心肺、呼吸、消化等系统功能，促进力量、速度、耐力、灵敏等身体素质全面发展。

篮球运动在我国高校开展尤为普及，深受在校大学生的青睐。

第二节 篮球基本技术

篮球技术是篮球比赛中运动员为了进攻与防守所采用的专门动作方法的总称。主要包括移动、运球、传接球、持球突破、投篮、抢篮板球和防守技术，以及由这些动作各种各样的组合所组成的动作体系。

一、移动技术

（一）移动技术学习

1. 起动

从基本站立姿势开始，向前起动时以后脚、向侧起动时以异侧脚的前脚掌短促有力地蹬地，同时上体迅速前倾或侧转向跑的方向移动重心，手臂协调地摆动，充分利用蹬地的反作用力，迅速向跑的方向迈出。

2. 跑

变向跑（见图 6-1）：从左向右变向时，最后一步右脚着地，脚尖稍内扣，用前脚掌内侧用力蹬地，屈膝，腰部随之左转，上体向左前倾，快速移动重心，左脚向左前方跨出，然后加速前进。

图 6-1

侧身跑：在跑动时，头部和上体转向侧面或有球的一侧，脚尖朝着跑动方向。跑动时，既要保持奔跑速度，又要保持身体平衡，双手自然放在腰侧，密切注意观察场上情况。

后退跑：后退跑时，两脚提踵，用脚前掌交替蹬地提膝向后跑动，上体放松直起，两臂屈肘相应摆动，保持身体平衡，两眼平视，注意场上情况。

变速跑：变速跑时，要利用两脚突然短促而有力地连续蹬地，加快跑的频率，同时上体稍向前倾和手臂相应地摆动加以配合；减速跑时，利用前脚掌用力抵地来减缓快跑的前冲力，同时上体直起，保证身体重心的后移，从而降低跑速。

3. 跳

篮球比赛中很多技术需要队员在空中完成。队员必须能单脚、双脚起跳，会在原地、跑动中和对抗条件下向不同方向跳、连续跳等。跳有双脚跳和单脚跳两种方法。

4. 急停

跳步急停（见图 6-2）：跑动中用单脚或双脚起跳，使双脚稍有腾空。上体稍后仰，两脚平行或前后落地（略宽于肩）形成进攻基本站立姿势，落地时动作轻盈，身体在空中稍向任何一个方向自然侧转，以缓和前冲速度，落地后迅速降低重心，保持身体平衡。

图 6-2

跨步急停（见图 6-3）：先向前跨出一大步，用脚跟先着地并迅速过渡到全脚抵住地面，降低重心，身体稍后仰。第二步落地的同时，两膝深屈并内扣，身体稍侧转，两脚尖自然转向前方向，前脚掌内侧用力抵住地面制动向前的冲力，上体稍后仰，两臂屈肘自然张开，然后上体迅速自然前倾帮助控制身体平衡。

图 6-3

5. 转身

转身时，重心移向中枢脚，另一只脚的前脚掌蹬地，同时中枢脚以前脚掌为轴用力蹬地，上体随着移动脚转动，以肩带动向前、向后改变身体方向。

前转身（见图 6-4）：转身时，中枢脚前脚掌用力碾地，移动脚蹬地并迅速跨步，同时转腰转肩并保持身体平衡。

图 6-4

后转身（见图 6-5）：转身时，中枢脚碾地旋转，移动脚蹬地并向自己身后撤步，同时腰胯主动用力旋转，身体重心随着转移，保持身体平衡。后转身可在原地或行进间运用。

图 6-5

6. 撤步

用前脚的脚前掌内侧蹬地，同时腰部用力向后转动，后脚碾蹬地面，前脚快速后撤，紧接滑步调整防守位置。

7. 滑步

滑步时，两脚平行站立，两膝较深弯曲，上体略前倾，两臂侧伸。向左侧滑步时，左脚向左迈出同时，右脚蹬地滑动，向左脚靠近，两脚保持一定距离。向后滑步时，一只脚向后撤步着地的同时，前脚紧随着向后滑动，保持前后开立姿势。向前滑步时，前脚向前迈出一步。着地同时，后脚紧随着向前滑动，保持前后开立姿势。

（二）移动技术训练

（1）原地做各种脚步动作，听到信号后突然快速起动练习。

（2）全场徒手一对一。做变向、变速、侧身跑摆脱防守练习。

（3）慢跑 3～5 步做跨步急停、跳步急停练习。

（4）由攻转守综合性脚步练习（见图 6-6）。

（5）半场摆脱与防摆脱练习（见图 6-7）。

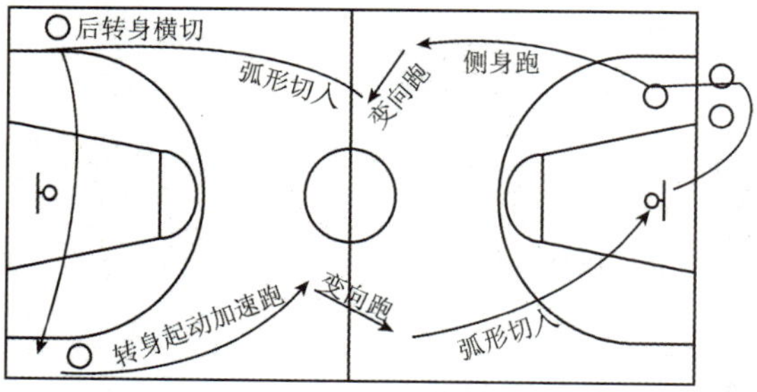

图 6-6

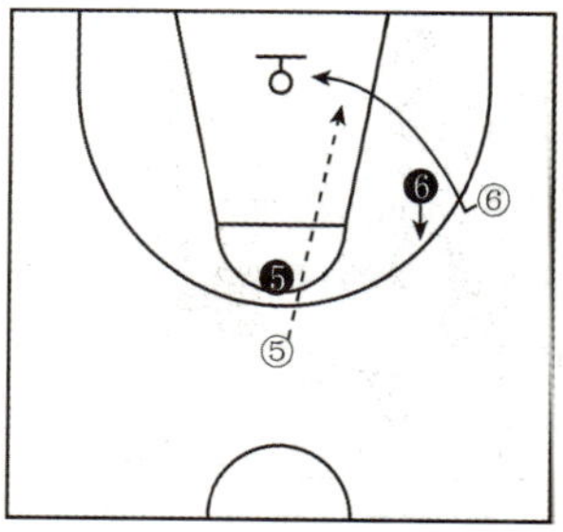

图 6-7

（6）进攻跑动及换位综合性移动练习（见图 6-8）。

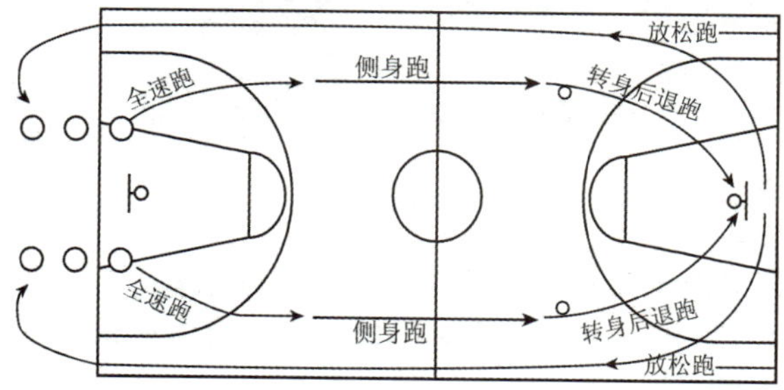

图 6-8

二、运球技术

（一）运球技术学习

1. 低运球（见图 6-9）

运球时，两腿弯屈，降重心，上体前倾，用异侧臂、身体和腿来护球，用手腕和手指力量，短促地按拍球，球反弹的高度在膝关节以下的，以便更好地控制球，摆脱防守，继续前进。

图 6-9

2. 高运球（见图 6-10）

运球时，腿微屈，目平视，上体稍前倾，以肘关节为轴，用手按拍球的正后方向前推进（若为原地高运球，应按拍球的正上方），球的落点在身体的侧前方，高度在胸腹之间，一般拍一次球跑两步。

图 6-10

3. 运球转身（见图 6-11）

当对手堵右侧突破时，迅速上左脚，微屈膝，重心移至左脚，并以左脚前脚掌为轴做后转身，右手将球拉至身体的后侧方，并按拍球落在身体的外侧方，然后换左手运球，加速超越防守。

4. 运球急停急起（见图 6-12）

运球急停时，用手快速按拍球的正上方，同时两脚做跨步急停，并转入低运球，用臂、腿和身体来保护球；运球急起时，后脚用力蹬地，重心迅速前移，按拍球的后上方，加速运球，超越防守球员。

图 6-11

图 6-12

5. 体前变向运球（见图 6-13）

以右手运球为例，运球队员从防守队员左侧变向突破时，向其右侧做变向运球假动作，当对手移动堵截运球时，突然用右手按拍球的右侧后上方，使球经自己体前向左侧前方反弹。同时左脚迅速随球向左侧前方跨步，上体同时向左扭转，身体重心要降低，侧肩贴近防守者，将球压低。当球反弹至腹部高度时，右脚蹬地迅速前迈，左手拍球的后侧上方，超越防守。

6. 背后运球（见图 6-14）

以右手运球为例，当球运至防守者左侧时，右脚在前，右手将球拉到身体右侧后，迅速转腕按拍球的右后方。在左脚上步的同时，将球从身后拍至左侧前方，换左手加速运球超越对手。

图 6-13

图 6-14

7. 胯下运球（见图 6-15）

以右手运球为例，变向时，左脚在前，右手按拍球的右侧上方，将球从两腿之间运至身体左侧，然后上右脚，换手运球，加速前进。

图 6-15

（二）运球技术训练

1. 熟悉球性

（1）原地拍起静止不动的球。原地单蹲，将球放地使之静止不动，然后用腕、指不断地拍球，利用球的反弹作用将球拍起。反复练习。

（2）直臂对墙运球。一手托球于头前上方，利用腕、指力量对墙进行运球。速度由慢到快，两手交替练习，最后双手同时对墙练习。

（3）单臂支撑旋转运球。运球者单臂支撑成侧卧撑，以支撑手为轴，另一手运球旋转移动，然后换手支撑，反复练习。

2. 原地运球

(1) 原地高、低运球，左右手交替进行原地体前左右手变向运球，体会基本动作。反复练习。

(2) 原地双手运两个球，提高控球能力。

(3) 原地“8”字运球，即在两腿的外侧和中间交错运球，提高控制球能力。

(4) 原地胯下左、右运球。运球者两脚前后开立成弓箭步，右手持球加力使球从胯下向左反弹，左手迎引球后，再加力使球从胯下向右反弹回，依次两手交替运球。动作速率可逐渐加快。

(5) 原地背后换手变向运球。运球者两脚左右开立，约与肩同宽，左手持球向左挥摆至体侧，然后用手指、手腕加力，使球经身体左侧向后右下方落于体前，使球向右侧上方反弹，右手在背后右侧控制球，然后再加力向左运拍。依次在背后交替换手运球，反复练习。

3. 行进间运球

(1) 全场直线运球。练习者分成若干组，作直线高、低运球练习。

(2) 弧线运球。沿罚球圈中圈作弧形运球到对面的底线，再沿边线直线运球返回。

(3) 运球急停急起。每人一球，根据老师信号练习急停急起或变速运球。

(4) 全场一攻一守练习。两人一组，进行全场一攻一守的练习，然后分别站到对组的排尾。依次轮流练习。

(5) 全场两防一的练习。一人运球，两人防守，进行全场攻守练习。

三、传接球技术

(一) 传接球技术学习

1. 传球技术

传球是篮球比赛中进攻队员之间有目的地转移球的方法，是进攻队员在场上相互联系、组织进攻的纽带。

(1) 单手传球。

单手肩上传球（见图 6-16）：篮球中常用的中远距离传球方法。传球时，单手持球的后下方，利用蹬地扭腰、转肩动作，向前甩臂、扣腕将球传出。

图 6-16

(2) 双手传球。

胸前传球（见图 6-17）：双手持球于胸腹之间，两肘自然弯曲于体侧，身体成基本站立姿势，眼平视传球目标。传球时后脚蹬地发力，身体重心前移，两臂前伸，两手腕随之旋内，拇指用力下压，食、中指用力拨球并将球传出。球出手后，两手略向外翻。

图 6-17

击地传球：与胸前传球一样，只是球传出时手指向下用力，使球碰地板反弹后，到达接球队友的腰部位置。

（3）行进间传球。

行进间传球是两名队员的配合动作，可以用单手或双手传球。比赛中为加快进攻节奏，缩短传球时间，经常运用行进间传球。

2. 接球技术

接球是篮球运动中的主要技术之一，是获得球的动作，是抢篮板球和抢断球的基础。接球有单手接球和双手接球两种。

（1）单手接球（见图 6-18）。

伸手迎向来球，当手接触球的同时迅速借来球惯性将球后引至胸前，成双手持球姿势。

图 6-18

（2）双手接球。

接球时，两眼注视来球，两臂伸出迎球，手指自然分开，两拇指成八字形，两手撑半圆形。当手接触球的瞬间，双臂随球后引缓冲来球的力量，成双手持球姿势（见图 6-19）。

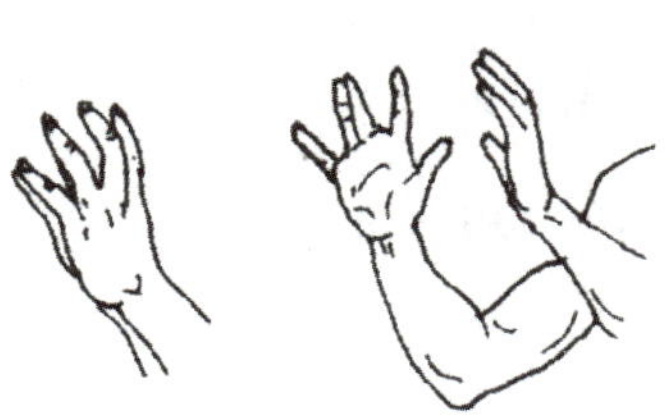

图 6-19

（二）传接球技术训练

1. 徒手练习

（1）原地徒手双手持球动作的模仿练习。体会不持球时，能否正确地做出双手持球的徒手模仿动作。

（2）成双手持球的徒手模仿动作，做向来球方向伸臂→主动回收手臂的徒手模仿接球动作。

2. 原地持球练习

（1）原地双手持球基本姿势的练习。每人一球，双手持球于胸前，体会双手持球的正确动作方法。

（2）每人一球，成基本站立姿势。双手持球于胸前，做传球发力时的抖腕动作，但球不离开手。

（3）两人一组一球。两人四只手共持一球，一人做传球动作，一人做接球动作，两人的手都不离开球，像拉锯一样一传一接连续做。

（4）两人一组一球。两人距离 4m 逐渐扩大到 8m，然后再从 8m 逐渐缩小到 4m，用双手胸前传、接球。

（5）两人一组一球，相距 5m 左右，用双手胸前传、接球，在 1min 内看哪组传球次数多（记两人总次数）。

3. 行进间传接球练习

（1）两人一组一球，一人原地传球，另一人向左、右、前、后移动做接球练习。两人相距 4～6m，传接球一定次数后，相互交换。

（2）迎面上步传接球练习。练习者排成纵队，教师持球距纵队 5～7m。排头队员上步接教师传来的球并回传给教师，然后跑回队尾，接着第二名队员进行练习，以此类推。此练习还可要求练习者跑动接球、急停、上步传球，以加大练习难度。

（3）全场三人传接球练习。每传一次球都要通过中间人。在 3 人传球推进的过程中，要保持好三角队形，中间人保持在稍后，两边在前（见图 6-20）。

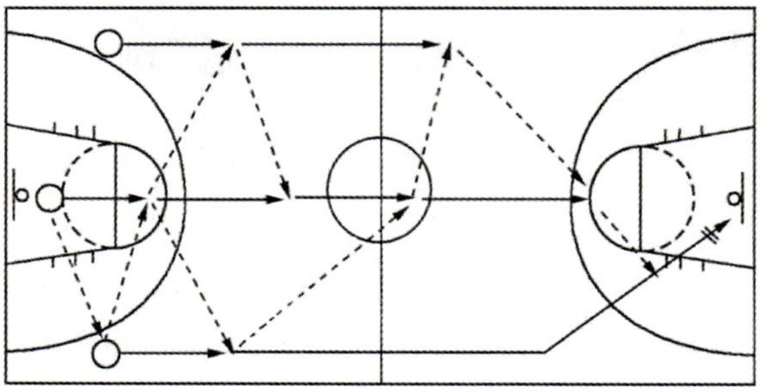

图 6-20

（4）全场四角传接球。④斜插接⑤的球后传给对角的⑥，并跑到⑥的排尾；⑤传球给④后跑向④的排尾（见图 6-21）。依此反复进行。

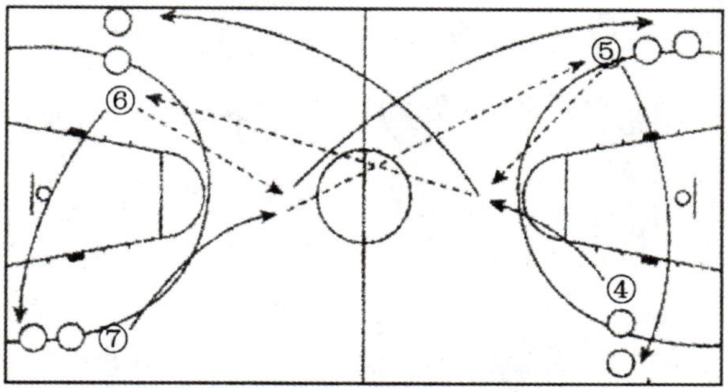

图 6-21

四、持球突破技术

（一）持球突破技术学习

持球突破是持球队员合理运用脚步动作与运球技术，快速超越防守者的一项攻击性进攻技术。

1. 同侧步突破（见图 6-22）

以左脚做中枢脚为例。突破时，左脚内侧蹬地，右脚迅速向对手左侧方跨一大步，同时向右侧转体探肩，重心前移，球移至右手并推放球于右脚斜前方，左脚迅速跨步抢位，加速超越对手。

图 6-22

2. 交叉步突破（见图 6-23）

以右脚做中枢脚为例。突破时，左脚向前方跨出半步，做向左突破的假动作，当对手重心向右移动时，左脚前脚掌内侧迅速蹬地，向对手左侧跨出一大步，同时上体右转探肩，贴近对手；球移至右手，向左脚右斜前方推放球，右脚迅速蹬地跨步，加速超越对手。

3. 前转身突破（见图 6-24）

以左脚做中枢脚为例。突破前的准备动作与后转身准备动作相同。突破时重心移至左脚上，右脚前脚掌内侧蹬地，左脚为轴，右脚随着前转身而向球篮方向跨出，左肩向球篮方向压，右手运球后左脚蹬地，向前跨出，突破对手。

图 6-23

图 6-24

4. 后转身突破（见图 6-25）

以左脚做中枢脚为例。背对篮持球成基本站立姿势。突破时，重心降低。左脚为中枢脚转动，上体向右转，右脚向右侧后方跨步，同时右手向右侧后方放球，左脚前掌的内侧迅速蹬地转动（这时已经面对篮的方向），然后左脚向篮跨出的同时左手抄球三步上篮，或左脚向篮跨出的同时抄球跳投。另一种后转身突破（以左脚为轴）要先做后转身面对篮，这时向右突破时必须是顺步突破；而向左突破时必须是交叉步突破，否则算走步。

图 6-25

（二）持球突破技术训练

1. 无防守情况下持球突破

（1）每人一球，做原地持球交叉步和同侧步的动作练习。体会突破动作的技术要领以及身体各部位的协调配合。

（2）两人一组一球，相距 2m 面对站立。轮流做同侧步、交叉步突破练习，相互检查中枢脚是否移动，跨步、转体探肩是否正确，推按球是否及时。

（3）接球急停突破练习。两人一组一球。无球队员向有球同伴示意接球方向，然后移动接球急停做交叉步或同侧步突破，轮流进行。

（4）突破上篮练习。学生成一列纵队，面对球篮，每人一球，按顺序做原地持球交叉步或同侧步突破接行进间投篮。抢篮板球后运球回队尾。

2. 有防守情况下持球突破练习

（1）一对一接球急停突破练习。如图 6-26 所示，⑤传球给⑥后移动到●面前接⑥的传球急停，并根据●的防守位置，用交叉步或同侧步突破上篮。投篮后自抢篮板球运回队尾，依次进行。

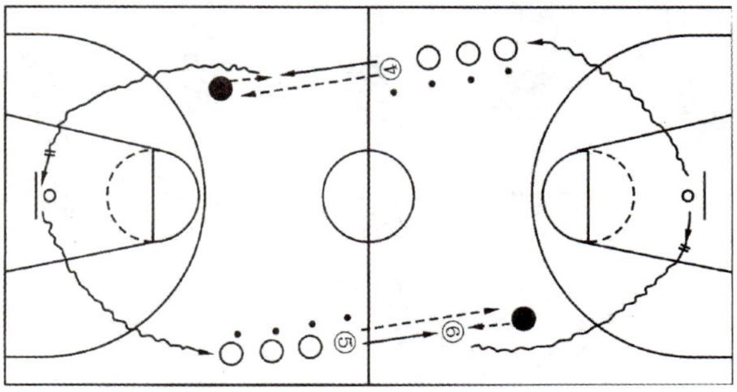

图 6-26

（2）转身突破练习。如图 6-27 所示，④持球观察同伴行动，当⑤提至罚球线附近时，④及时传球给⑤，⑤接球后，转身突破上篮，④跟进抢篮板球。④、⑤交换位置练习。

（3）运球中后转身突破上篮。如图 6-28 所示，后卫队员①接②的传球后欲运球超越防守队员，积橄堵截。①则运用假动作迫使侧重于自己左侧防守，这时，①突然以右脚为轴做后转身上篮。同样的方法，也可以做左转身突破上篮。

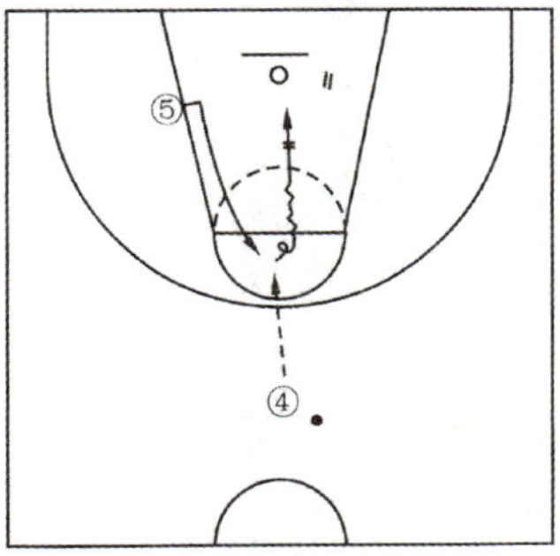

图 6-27

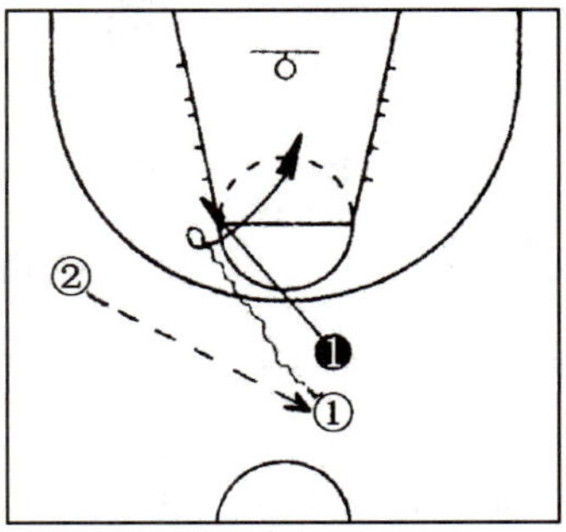

图 6-28

五、投篮技术

（一）投篮技术学习

投篮是在比赛中，队员运用各种专门、合理的动作将球投进对方球篮的方法，是篮球赛中唯一得分的手段，是篮球运动中一项关键性技术。

1. 原地投篮

（1）原地单手肩上投篮（见图 6-29）。

以右手投篮为例。右手五指自然张开，指根以上部位持球于肩上，手腕后屈，左手扶球左侧，右脚在前，左脚在后，脚尖对准投篮方向，右臂屈肘，肩关节放松，上臂与地面平行，前臂与地面垂直。投篮时，两脚用力蹬地，身体向前上方伸展，同时向前上方抬肘伸臂，手腕前屈，手指拨球，通过指端将球投出。球出手后，手臂要随球自然伸直，脚跟提起。

图 6-29

（2）原地双手胸前投篮（见图 6-30）。

双手持球于胸前，肘关节自然下垂，两脚前后或左右开立，两膝微屈，重心落在两脚之间，目视瞄篮点。投篮时，两脚蹬地，上肢随着蹬地向前上方伸臂，两手腕同时外翻，手腕前屈，拇指用力拨球，使球通过食、中指端将球投出。球出手时身体随投篮出手方向伸展。

图 6-30

2. 行进间投篮

以右手投篮为例，当球在空中运行时，右脚向来球方向或投篮方向跨出一大步，同时接球，左脚向前跨出一小步，脚跟先着地，上体稍后仰，并用力蹬地起跳，右腿屈膝，左脚蹬离地面。同时双手向前上方举球，腾空后，右臂向前上方伸展，腕、指动作同原地单手投篮。投篮出手后，两脚同时落地，两腿弯曲，以缓冲落地的力量。

行进间投篮包括高手投篮（见图 6-31）和低手投篮（见图 6-32）。

图 6-31

图 6-32

3. 跳起投篮

(1) 原地跳起投篮（见图 6-33）。

以右手投篮为例。两手持球于胸前，两脚左右或前后开立。两膝微屈，重心落在两脚之间。起跳时，迅速屈膝，脚掌用力蹬地向上起跳，同时双手举球到右肩上方，右手持球，左手扶球的左侧方，当身体接近最高点时，左手离球，右臂向前上方伸展，手腕前屈，食、中指拨球，通过指端将球投出。落地时屈膝缓冲。

图 6-33

(2) 急停跳投。

接球急停跳投：在快速移动中用大跨步或跳步接球急停，急停时要屈膝降低重心，并突然发力向上起跳，同时举球投篮。举球投篮动作与原地单手跳投动作相同。

运球急停跳投（见图 6-34）：在快速运球中，运用跳步或跨步急停，突然向上跳起，同时两手持球上举。当身体接近最高点时，前臂向前上方伸直，手腕前屈，食、中指用力拨球，通过指端将球投出。

图 6-34

（二）投篮技术训练

1. 原地投篮

（1）徒手做原地投篮动作的模仿练习，体会动作方法和用力过程。

（2）两人一组一球，做对投练习，距离由近到远。体会投篮手法和身体各环节的协调配合。

（3）每人一球，原地单手肩上投篮持球基本姿势练习。反复多做几次体会单手肩上投篮持球的手法。

（4）每人一球对墙投篮练习。增加练习次数，反复体会自下而上协调用力的动作及手腕、手指最后投篮出手时扣腕拨球动作。

（5）正面定点投篮练习。每人一球，自投自抢篮板球，依次进行。

（6）不同角度的投篮练习。学生每人一球，分别列队于左、中、右 3 个投篮点。排头开始自投自抢篮板球，然后按顺时针方向排列另一队队尾，依次进行。

2. 行进间投篮

（1）徒手跑做行进间投篮模仿练习。体会起跳、举球、出手、落地等动作方法。

（2）运球做行进间投篮练习。学生每人一球，列队于半场的一侧，运球 2～3 次做行进间投篮，自抢篮板球后运球回队尾。

（3）传切上篮练习。如图 6-35 所示，④传给⑤，然后切入篮下，接⑤的回传球，做行进间投篮后排到⑤组排尾。⑤传球后跟进抢篮板球，运球排列④队尾。依次进行。此练习可在左、中、右及底线附近进行。

（4）运球急停跳投练习。如图 6-36 所示，学生每人一球。运球 2～3 次之后做跳步或跨步急停跳投。自抢篮板球后运球回队尾。

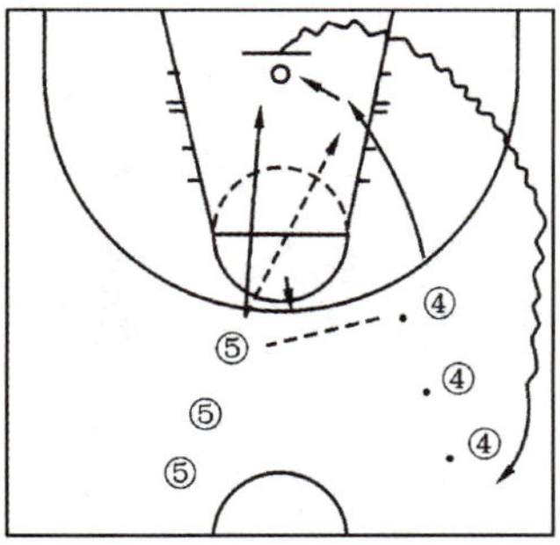

图 6-35

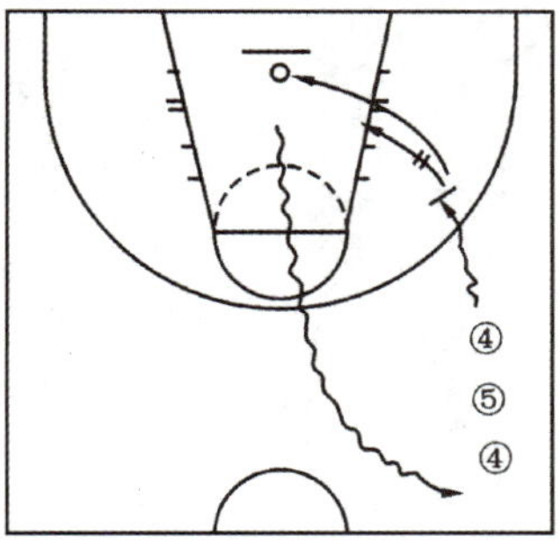

图 6-36

六、抢篮板技术

（一）抢篮板技术学习

比赛中双方队员争抢投篮未中从篮板或篮圈反弹回来的球，成为抢篮板球。进攻队员抢到本队未投中的球成为前场篮板球，防守队员抢到对方未投中的球称为后场篮板球。抢篮板球技术根据动作结构可分为抢进攻篮板球和抢防守篮板球两种。

1. 抢进攻篮板球（见图 6-37）

进攻队员抢篮板球要准确判断时间，绕步冲阻，及时起跳，补篮或组织第二次进攻。进攻队员抢篮板球要强调一个“冲”字。

图 6-37

图 6-37（续）

2. 抢防守篮板球

防守队员首先准确判断球的方向和落点，抢占有利位置运用移动和转身动作，合理地“挡”住对手向篮下冲跑的路线。

（二）抢篮板技术训练

（1）原地连续双脚起跳，单或双手触篮板或篮圈 10～20 次。

（2）前、后转身跨步连续起跳，单或双手触篮板或空中标记 10～20 次。

（3）两人一组，一人向篮板或篮圈抛球，另一队员开始面向持球人，然后转身跨步（上步）起跳用单或双手抢球，数次后交换。

（4）在空中练习抢球转身和传球动作的协调性。队员站在篮下向篮板抛球，然后跳到空中最高点时抢到球，并在空中转身，将球准确地传给教练员（图 6-38）。

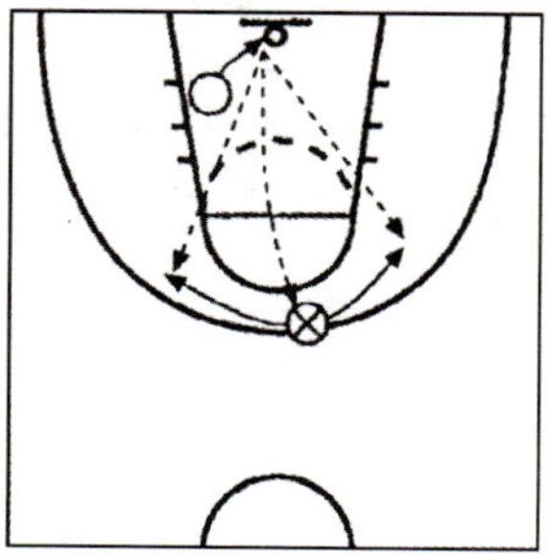

图 6-38

（5）进行一对一、二对二或三对三抢篮板球练习。进攻者投篮后，双方都抢篮板球，要求攻守双方在规则允许的范围内进行挡人或冲抢练习。

七、防守技术

（一）防守技术学习

防守技术是指防守队员为阻挠和破坏对手进攻、合理运用脚步移动、手臂动作和身体姿势，积极抢占有利位置以达到控球目的所采用的各种专门动作的总称。

1. 防守无球队员

（1）防接球。

始终保持对手和球在自己的视线范围之内，要做到“人球兼顾”，在动态中始终保持在对手与球之间偏向对手一侧的断球路线上，同时伸出同侧手臂形成“球—我—他”的钝角三角形的防守选位。

（2）防摆脱。

在人盯人防守情况下，防守队员要根据对手所处的位置不断调整自己的防守位置和距离，始终在自己的视野内注意球的动向和对手的动向，防止对手摆脱防守，进入有威胁的区域或接球进攻。

（3）防切入。

一定要坚持“人球兼顾、防人为主”的原则，一旦对手有所行动，必须采取上步堵截、凶狠顶挤、抢前等防守方法，使其不能及时起动或降低其速度。

（4）断球。

横断球：断球时，重心迅速向断球方向移动，以短而快的助跑，单脚或双脚用力蹬地跃出，身体伸展，两臂前伸，用双手或单手将球截获。

纵断球：当防守者要从对手右侧绕前断球时，右腿先向前跨第一步，然后侧身跨左脚绕到对手前，同时重心前移，左脚（或双脚）用力蹬地向前跃出，身体伸展，两臂前伸，将球截获。

2. 防守有球队员

（1）防投篮。

当对手在离篮 6m 左右的范围内接到球时，防守者要站在对手与球篮之间，采用斜步防守，同对手保持一臂的距离，对手举球准备投篮时，防守人应随之靠近并将前伸的手臂扬起，手掌对准球。当对手投篮出手时，防守者要及时起跳，伸直手臂用手腕封球，干扰其投篮弧度。

（2）防突破。

当对手突破时，要及时用撤步、交叉步或滑步继续防守。

（3）防运球。

当对手开始运球时，防守者应将视线集中于对手运球的手和球上，并抢先快速向运球方向滑动，以身体的躯干对着球的着地点，阻止对手从中路运球突破。

（4）防传球。

防守时要根据其位置和视线，判断其传球意图，上前贴近对手，挥动手臂封堵其传球，或迫使其向攻击威胁弱的位置传球。

（5）抢球（见图 6-39）。

抢球的手法一般是一手在上，一手在下直握，趁其保护球不当出其不意地将球抢过来。

图 6-39

（6）打球。

打原地持球队员手中的球：用手指、手掌击球，用手指、小臂与手腕的短促快速动作弹击，不可挥大臂上步抢打。

打运球队员手中的球：以右手运球为例。当运球队员向前推进时，防守者应在左脚向左滑步抢位堵截的同时，在球从地面弹起的瞬间，突然用左手，以短促有力的动作从侧面将球打出，并及时上前抢球。

打行进间投篮队员手中的球：为了避免犯规，打球的手臂要迅速从对手身旁撤离，跟随移动快，找准时机，迅速出手，手臂撤离要快。

（二）防守技术训练

1. 防守队员训练

（1）防投切选位练习。两人一组，进攻队员原地只做投切结合动作。防守队员快速移动脚步动作，及时调整重心、步法，做好防投防突的选位练习。

（2）两人一组，进攻队员在离篮 6m 左右，防守队员传球给进攻队员后立即对他进行防守。进攻队员则利用投突结合动作来进攻。练习一定次数或防守成功一定次数后，攻守双方交换。

（3）防横切和防溜底线。在半场内两人一组进行练习。外围教师转移球的同时，④横切或溜底线以锻炼△4的防守能力。开始练习时，④接球后不进攻，可及时将球回传给教师，然后再规定④接球后可以进攻。练习一定次数或防守成功一定次数后，攻守双方交换（见图 6-40）。

（4）防与篮板成 45°角区域内的接球和外策应。在半场二分之一区域内，两人一组，一攻一守△4。要防止④在罚球线延长线以内地区接球和外策应。开始时，④接球后可不进攻而回传给教师，然后再持球进攻（见图 6-41）。

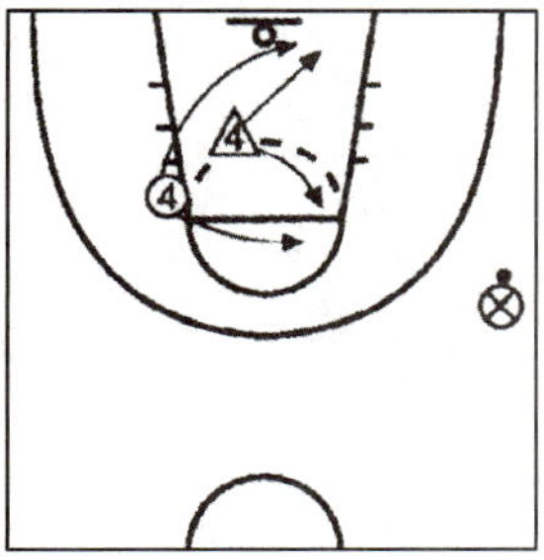

图 6-40

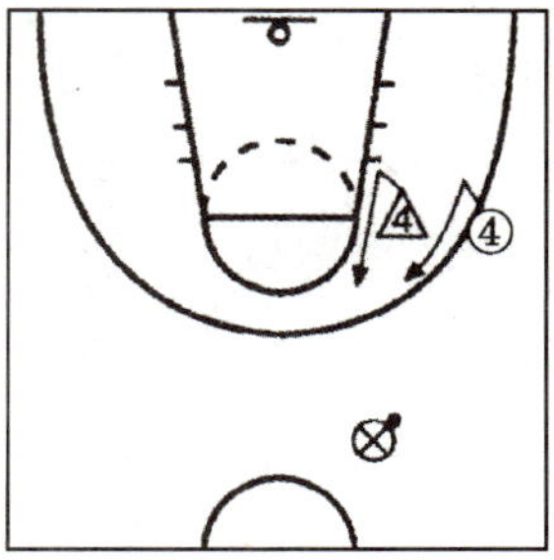

图 6-41

2. 抢球技术训练

(1) 两人一组相距 1.5m，面对面站立，一人双手持球于腹前，另一人按抢球的动作要求，突然上步将球抢夺回来。持球队员由正常握球开始，逐渐加大握球力量，使抢球队员体会和掌握拉抢和转抢的动作方法。每人抢若干次后，攻守交换练习。

(2) 3 人一组，两人相距 1m，中间一人持球向两侧摆动，两侧无球队员根据球的部位，及时抢球。然后持球队员逐步改做转身跨步和摆脱护球动作，另两名队员伺机抢球。完成一定次数后，攻守交换。

(3) 抢地滚球。队员在端线两侧站二列横队，面相对。教练员在端线中点向场内抛球，左右对应的两个队员快速冲向球，抢到球的队员向对面篮进攻，未抢到球的队员进行防守。

3. 打球技术训练

(1) 接球时的打球。两人一组，相距 1.5m。持球人作出传球动作后，另一队员立即上步打球，二人轮流练习。

(2) 抢篮板球下落时的打球。两人一组站在篮下，一人将球抛向篮板，另一人跳起抢篮板球。当得球下落转身时，投球人立刻打球。两人轮流进行练习。

(3) 正面打运球队员的球。在半场或全场一攻一守的练习中，防守队员紧紧跟随运球队员。当球刚从地面弹起时，突然打球，两人轮流攻守练习。

(4) 从背后抄打运球队员的球。两人一组，一人持球突破，一人防守。当进攻队员持球突破的一刹那，防守队员利用前转身上步，从运球队员身后，用靠近运球的手由后向前抄打球，然后上步抢球。两人轮流练习打球。

第三节　篮球基本战术

篮球战术是篮球比赛中队员个人技术的合理运用和全队队员相互协调配合的组织形式和方法。

一、篮球运动进攻战术

(一) 篮球运动进攻战术学习

1. 传切配合

传切配合是指进攻队员之间利用传球和切入技术组成的简单配合。它包括一传一切和空切配合。

一传一切配合：如图 6-42 所示，⑤传球给④后，立刻摆脱对手❺向篮下切入，接同伴④的回传球投篮。

空切配合：如图 6-43 所示，④传球给⑤时，⑥乘其对手❻不备之机，突然横切或从底线切向篮下接⑤的传球投篮。

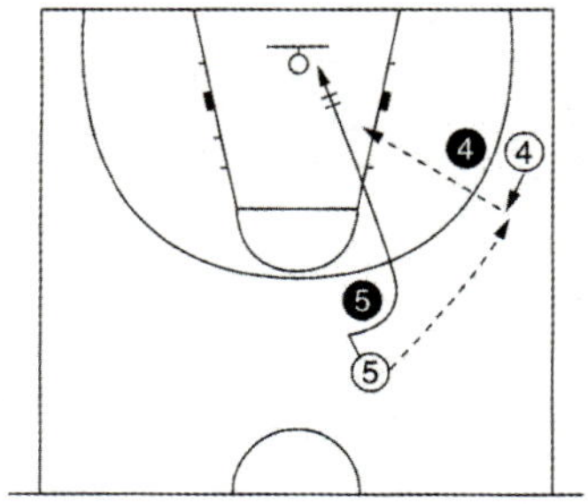

图 6-42

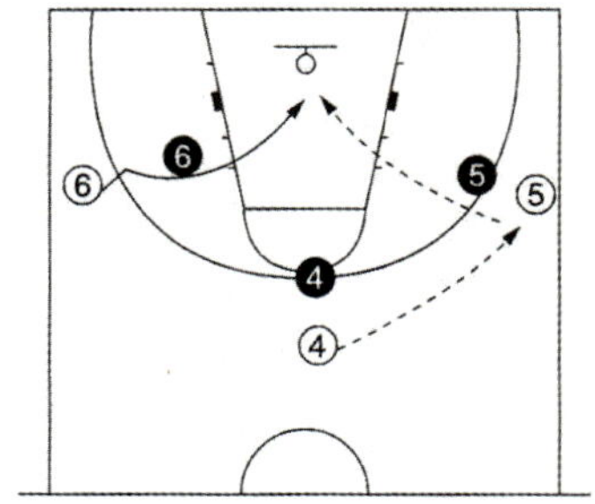

图 6-43

2. 掩护配合

掩护配合是掩护队员采用合理的行动，以自己身体挡住同伴的防守者的移动路线，使同伴借以摆脱防守的一种配合方法。

（1）前掩护配合。掩护者跑到同伴防守者的身前，用身体挡住防守者向前移动的路线，使同伴借机摆脱防守接球进行攻击的一种掩护方法。如图 6-44 所示，⑥跑到❺的前面给⑤做前掩护，⑤利用掩护拉出，接④传来的球投篮或做其他攻击动作。

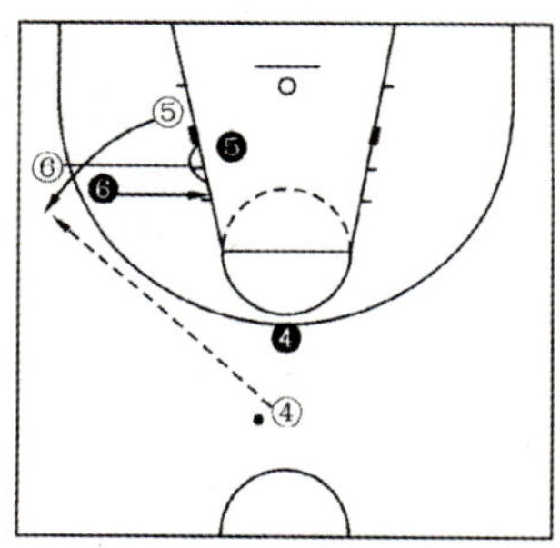

图 6-44

（2）后掩护配合。如图 6-45 所示，④给⑤做后掩护时，❹与❺换防，④及时转身切向篮下，接⑥的传球投篮（掩护后出现的第二次机会）。又如图 6-46 所示，是前锋为后卫做后掩护。⑤传球给⑥时，④跑到❺身后给⑤做后掩护，⑤传球后向左切入假动作吸引❺的防守，当④掩护到位时突然向右侧切入篮下接⑥的传球投篮。

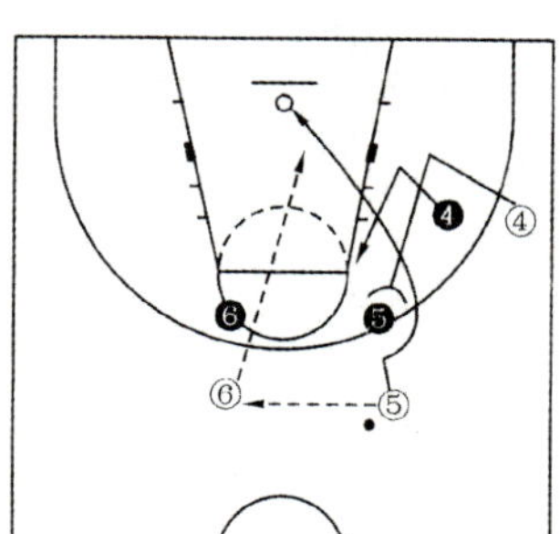

图 6-45

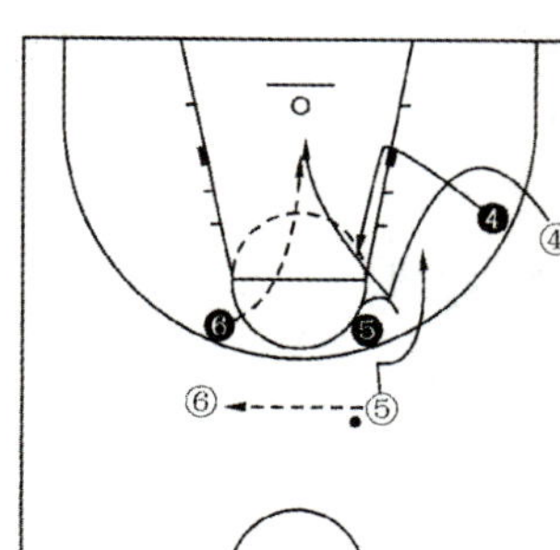

图 6-46

（3）侧掩护配合。给无球队员做侧掩护（反掩护）时，如图 6-47 所示，⑤传球给④后，即向相反方向跑动给⑥做侧掩护，当⑤跑到⑥侧面掩护到位时，⑥摆脱防守切入篮下接④的传球投篮。

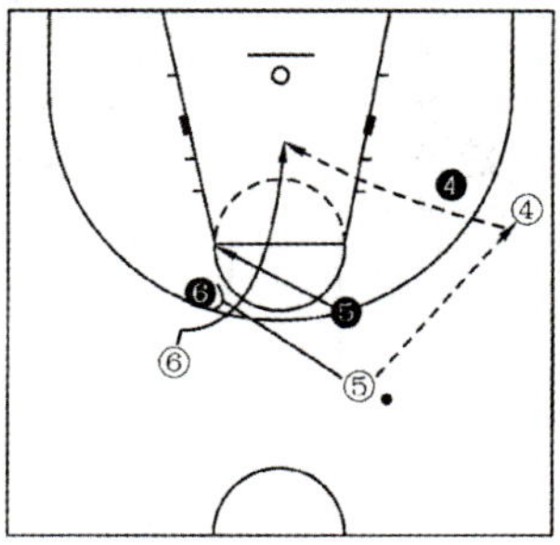

图 6-47

3. 策应配合

策应配合是指进攻队员背对或侧对篮圈接球，以他为枢纽，与同伴配合而形成的一种里应外合的配合方法。如图 6-48 所示，拍拖防守插到罚球线做策应，将球传给，并立即空切篮下，接的策应传球投篮。

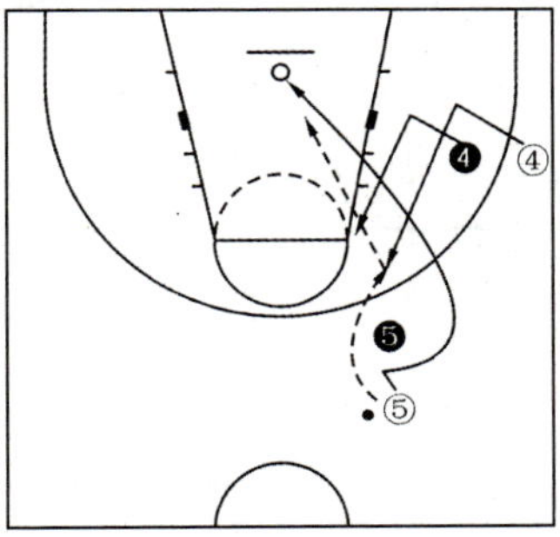

图 6-48

4. 突分配合

突分配合是指持球队员突破对手后，主动地或应变地利用传球与同伴进行攻击的一种配合方法。如图 6-49 所示，持球从底线突破❹遇到❻补防时传球给纵插到有利位置的投篮。

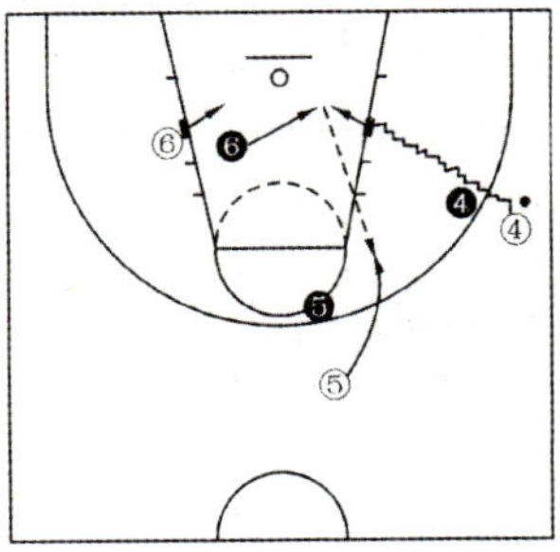

图 6-49

（二）篮球运动进攻战术训练

1. 传切配合训练（见图 6-50 和图 6-51）

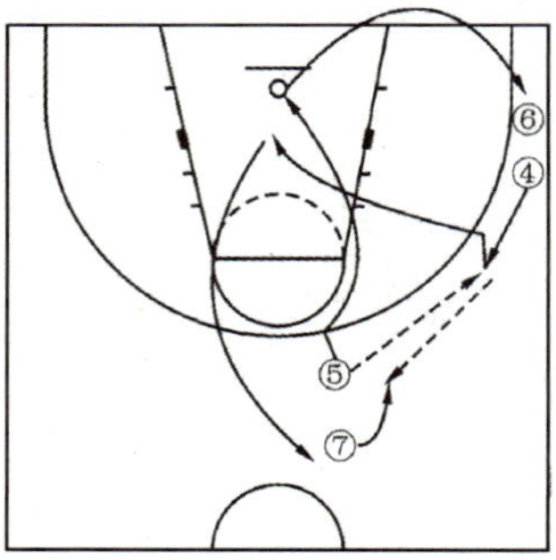

图 6-50

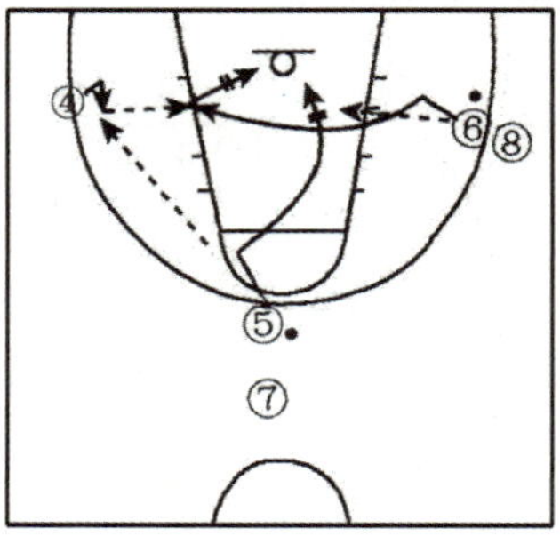

图 6-51

2．突分配合练习方法（见图 6-52 和图 6-53）

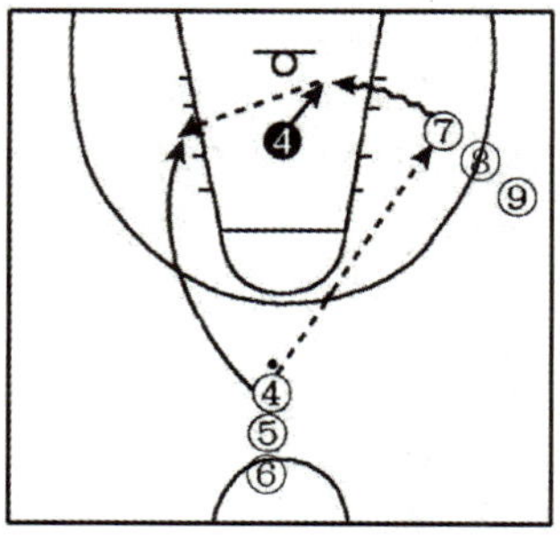

图 6-52

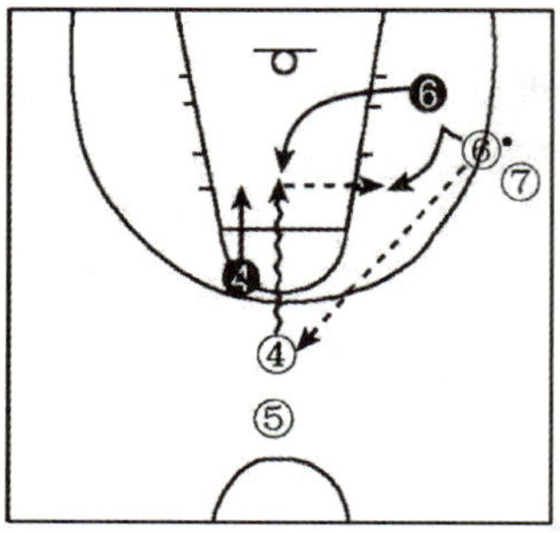

图 6-53

3．掩护配合练习方法（见图 6-54 和图 6-55）

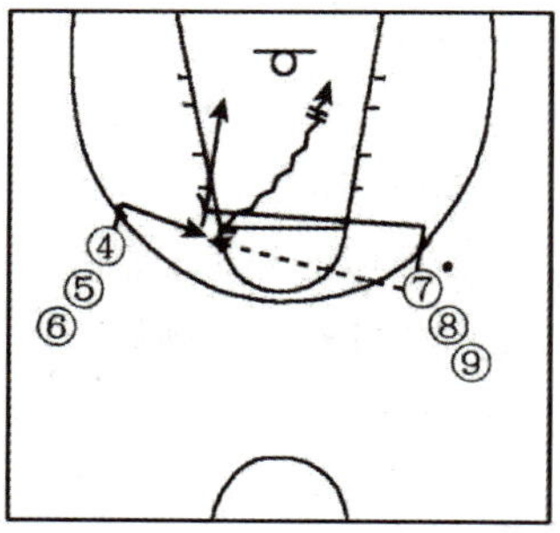

图 6-54

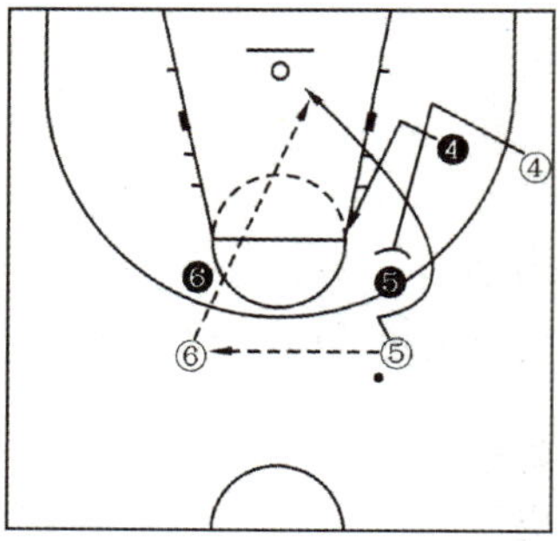

图 6-55

4．策应配合练习方法（见图 6-56 和图 6-57）

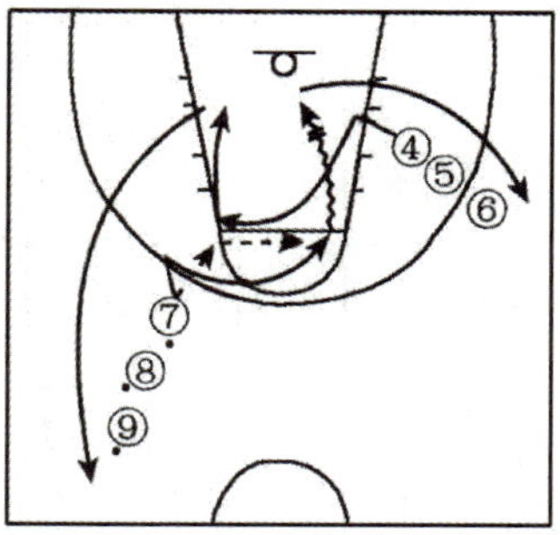

图 6-56

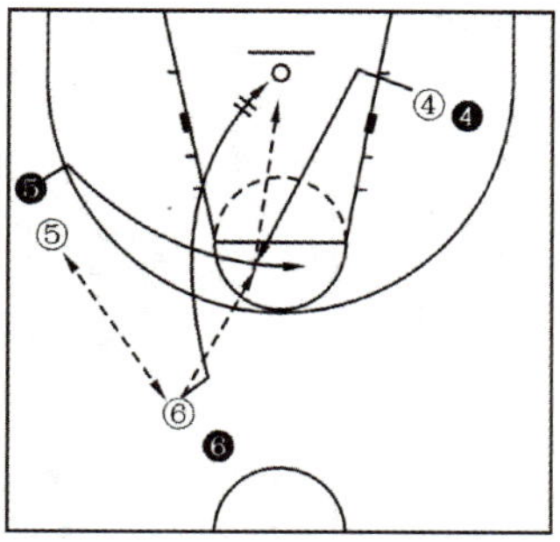

图 6-57

二、篮球运动防守战术

（一）篮球运动防守战术学习

防守战术基础配合，是在篮球比赛中两三人之间为了破坏对方进攻而组成的简单配合，包括挤过、穿过、绕过、关门、夹击、补防和交换防守配合等。

1. 防守掩护配合

（1）挤过配合。防守者在掩护队员临近自己时，要积极向前跨出一步，贴近自己的防守对手，从掩护着前面挤过去，继续防住自己的对手，防守掩护队员的同伴要及时呼应，并配合行动，以备补防。

（2）穿过配合。当进攻队员进行掩护时，防守去做掩护的队员要及时提醒同伴并主动后撤一步，让同伴及时从自己和掩护队员之间穿过，以便继续防住各自的对手。

（3）绕过配合。当进攻队员进行掩护时，防守做掩护的队员主动贴近对手，让同伴从自己的身旁绕过，继续防住各自的对手。

（4）交换防守配合。防守队员之间及时地呼应交换自己所防对手的一种配合方法。

2. 夹击配合

夹击配合时，首先要选择好夹击的位置和时机；运用夹击时，贴近对方身体要适度，不能推、顶，以免造成犯规；已形成夹击后，其他队员要随时轮转补位，严防对方近球区队员接球，远球区的防守队员要以少防多，选好断球位置。

3. 补防配合

补防配合是指防守队员在同伴漏防时，立即放弃自己的对手，去补防那个漏防的进攻者，而漏人的防守队员应及时换防另一进攻者的一种协同防守配合方法。

4. 关门配合

关门配合中，防守队员应积极堵截突破的移动路线，邻近突破一侧的防守者要及时向同伴靠拢进行关门，不给突破者留有空隙。关门配合常用于区域联防。

（二）篮球运动防守战术训练

1. 防守掩护配合练习方法

（1）半场二防二，在对抗的条件下练习。在采用半场对抗的练习时，进攻者可采用不同的掩护配合，由慢到快，由消极到积极，帮助防守者练习防守配合。

（2）半场三攻三守，如图 6-58 所示。

（3）挤过配合练习，如图 6-59 所示。

（4）穿过配合练习，如图 6-60 所示。

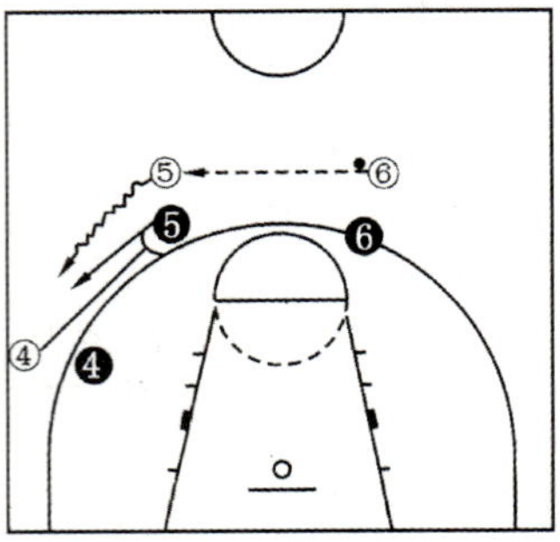

图 6-58

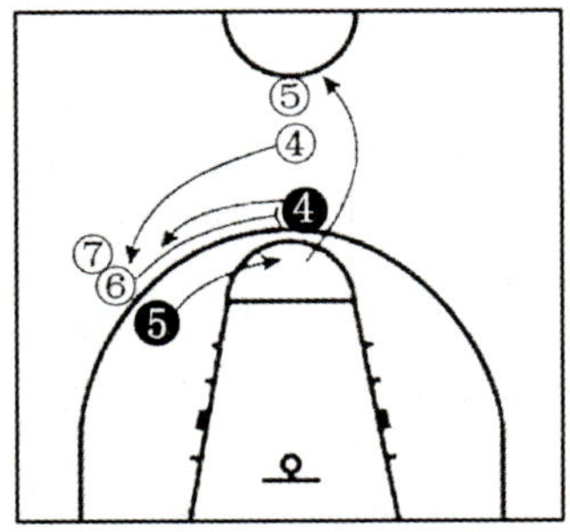

图 6-59

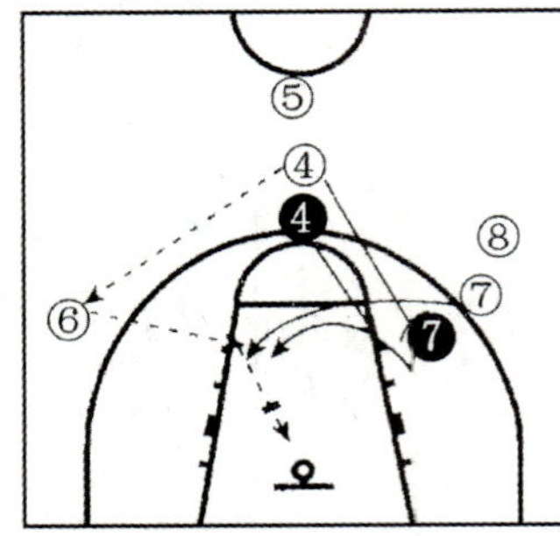

图 6-60

（5）交换配合练习，如图 6-61 所示。

2. 夹击与补防配合练习方法

（1）夹击配合练习，如图 6-62 所示。

（2）补防配合练习，如图 6-63 所示。

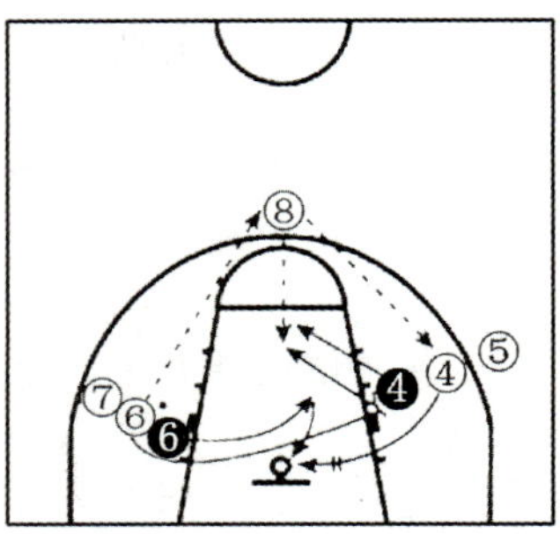

图 6-61

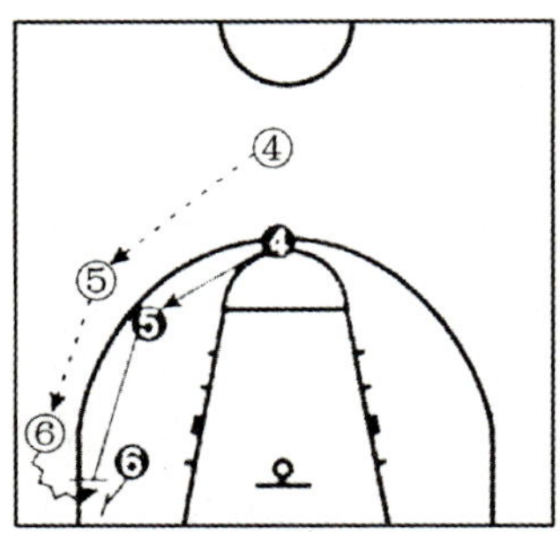

图 6-62

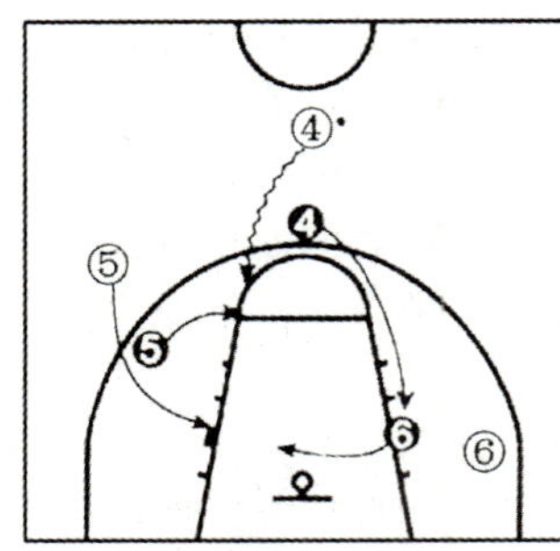

图 6-63

3. 关门配合练习方法（见图 6-64）

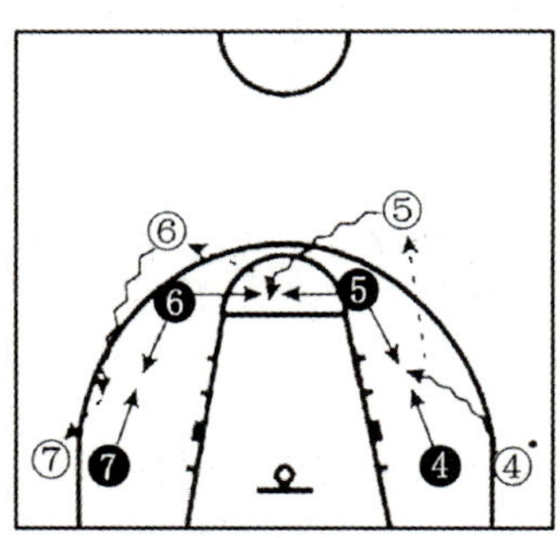

图 6-64

第四节　篮球竞赛规则简介

一、队员人数和号码

每队一般由 12 名队员组成。上场比赛为 5 人。每队队员号码应是 4～15 号，目的主要是避免队员得分（1～3 分）、3s 违例与队员犯规后罚球次数等在判罚手势中的混淆不清。

二、比赛时间

每场比赛分为 4 小节，第 1 和第 2 节、第 3 和第 4 节分别为上半时、下半时。每节比赛为 10min。第 1 和第 2 节、第 3 和第 4 节之间休息时间为 2min，上、下半时中间正常的休息时间为 15min。在头 3 节的每节中，每队可准予 1 次要登记的暂停；第 4 节中准予 2 次要登记的暂停；每一决胜期准予 1 次要登记的暂停。每次暂停时间为 1min，决胜期比赛时间为 5min。

三、跳球（争球）

比赛开始，由双方各 1 名队员在中圈跳球。比赛中，双方队员抢球相持不下，或球由双方队员同时拍出界外，或球卡在篮腰与篮板之间，则执行交替拥有。

四、违例

比赛场上队员出现以下情况时判违例，并判由对方在违例地点附近边线外发界外球。

（一）带球走

带球队员移动，必须以一脚为中枢脚方能转身、跨步等。中枢脚不可离地，若要离地，必须在未离地前将球掷出，否则为带球走。

（二）两次运球

下述情况均为两次运球：两手同时运球；运球时手掌向下时有明显的翻腕动作或球在手中有明显的停留现象；运球结束后，球自行离手而又重新将球拿住（视有意无意）；运球后将球接住又继续运球。

（三）球出界

球或持球队员触及界线或界线以外的区域则为出界。在场外发球，触及界线及场内地面亦为违例。

（四）有关时间的违例

（1）3s 违例：控制球队队员在对方限制区内停留超过 3s。

（2）5s 违例：在罚球、掷界外球和持球队员被夹击时 5s 内未将球掷出。

（3）8s 违例：进攻队从后场控制球开始，未能在 8s 内使球进入前场。

（4）24s 违例：控制球的球队队员在 24s 内未能投篮出手。

五、犯规

（一）侵人犯规

与对方队员发生不合理的身体接触即为侵人犯规。

罚则：对投篮队员犯规判给两次罚球（3 分线外的投篮判罚 3 次）；若投篮命中有效，则追加罚球 1 次；对非投篮队员犯规，则判发界外球。

（二）故意犯规

队员不是为了抢球，而是故意和对方队员发生身体接触，称为故意犯规。

罚则：对不持球或持球没有投篮动作的队员犯规，判罚两次罚球后由罚球一方队员在中场边线外发界外球；对投篮队员故意犯规，则投中有效，判罚球 1 次后；无论投中与否，均由罚球一方在中场发界外球。

（三）双方犯规

双方犯规就是双方队员同时相互犯规。

罚则：应给每一犯规队员登记一次侵人犯规；如犯规时有一方投篮命中，则投中有效，由对方在端线发界外球；如果某队控制了球或拥有球权，应将球判给该队在最靠近犯规的地点掷球入界；如果任一队都没有控制球或拥有球权，则执行交替拥有。

（四）5 次犯规

5 次犯规就是某队员全场各种犯规累计达 5 次。

罚则：自动退出比赛，不得再参加本场比赛，由其他队员替换。

（五）每节全队 4 次犯规

比赛的每节（决胜期作为下半时的继续）中犯规达 4 次以后，每再一次犯规均判罚球。

罚球：对不投篮的队员犯规，判 2 次罚球；对投篮队员犯规，则投中有效，并追加 1 次罚球。

（六）控制球队队员犯规

控制球队队员犯规规则判罚失去球权，由对方在就近的边线外发界外球。

（七）技术犯规

技术犯规即场上队员、场外教练员、替补队员等违反规则，不服从裁判，影响比赛顺利进行的犯规。

罚则：视情节轻重，可判罚为劝告、提醒、警告，判罚球两次后在中场边线外由对方发界外球、直至取消比赛资格。

（八）取消比赛资格的犯规

情节十分恶劣的侵人犯规（含教练员、替补队员严重技术犯规）为取消比赛资格的犯规。

罚则：令其退出比赛，并按故意犯规的罚则进行判罚。

六、得分相等和决胜期

下半时结束如比分相等，应延长 5min 作为决胜期继续比赛。必要时可用几个决胜期，直至分出胜负为止。在所有的决胜期中，球队应朝向第 4 节中相同的球篮继续比赛。每次决胜期前，有两分钟休息时间。决胜期允许有 1 次暂停。另外，决胜期应看做是下半时比赛的继续，或者是下半时的延时。所有决胜期间发生的犯规，都应累加在第 4 节全队犯规栏内和个人犯规栏内。

七、3 人篮球赛

3 人篮球赛是近年来新兴起来的一种休闲运动和比赛方式。由于它具有参加人数少、场地小、时间短等特点，易于在基层开展，现在已经成为深受青少年喜爱的形式。

（一）场地

三人篮球赛场地为标准的半个篮球场地（14m×15m），或按半场比例适当缩小（长度减2m，宽度减1m）；地面坚实；场地界线外有1.5～2m的安全地带。距地面3.05m的球篮是供给男女成年及女子高中以上、男子初中（含初中）以上青年组比赛用的；距地面2.08m的球篮是供给女子初中及男女小学组比赛用的。

（二）工作人员及职责

（1）设1～2名裁判员和1名记录员。

（2）裁判员与记录员着装一致，但其颜色、款式应区别于运动员。

（3）裁判员是比赛中唯一的宣判和终决的人员，负责在记录表上签字，兼管计20s违例。

（4）记录员兼管计时、记分。记录两队累计的分数（包括投篮和罚球的得分）、全队及个人犯规次数以及比赛时间，并按规则要求宣布比赛进行的时间、比分。

（三）除下列特殊规则外，比赛均按照最新国际篮球规则执行

（1）比赛双方报名为4人，上场队员为3人。

（2）比赛时间。初赛、复赛不分上、下半时，全场比赛10min，组织者可根据参赛队多少修订时间为12min或15min；比赛进行到5min和9min时计时员各宣布一次时间；10min内双方都不得暂停（遇有球员受伤，裁判员有权暂停比赛1分钟）；决赛分上、下两个半时，每半时8min；上半时之后休息2min再进行下半时。

（3）比赛开始，双方以掷硬币的形式选发球权。

（4）比赛开始和投篮命中后，均在发球区（中圈弧线后）掷球入场算作发球。

（5）每次投篮命中后，由对方发球；所有犯规、违例及界外球均在发球区发球，发球队员必须将球传给队友，不能直接投篮或运球，否则处以违例。

（6）守方队员断球或抢到篮板球后，必须迅速将球运（传）出3分线外，方可组织反攻，否则判违例。

（7）24s违例的规则改为20s。

（8）双方争球时，争球队员分别站在罚球线上跳球。

（9）比赛中，每个队员允许3次犯规，第4次犯规罚出场；任何队员被判夺权犯规，则取消该队比赛资格。

（10）每个队累计犯规达5次后，该队出现第6次以后的侵人犯规由对方执行两次罚球。前5次犯规中，凡对正在做投篮动作的队员犯规：如投中，记录得分，记对方个人及全队犯规次数，不追加罚球，由对方发球；如投篮不中，则判给攻方1次罚球，罚中得1分，并由攻方继续发球，如罚不中，仍由攻方继续发球。

（11）只能在死球的情况下进行替换，被换下场的队员不能重新替接上场（场上队员不足3人时除外）。

（12）比赛中，队长是场上唯一发言人。

（13）比赛时间结束，以得分多者为胜方。如出现平局，初赛及复赛阶段执行一对一的依次罚球，只要出现某队领先1分时即为胜方，比赛结束；如果在决赛阶段，比赛时间结束，双方打成平局，则加赛3分钟，发球权仍以掷硬币的形式决定；如果加时赛仍打成平局，则以一对一依次罚球的形式决胜，某队领先1分即为胜方，比赛结束。

（14）在使用小篮架的比赛中，不允许队员出现扣篮动作，绝不允许队员将身体任何部位悬挂于篮圈（或篮架）上，否则可被判罚离场并不能再替换进场。

（15）比赛中应绝对服从裁判，以裁判员的判罚为最终决定。

第七章　足球运动

第一节　足球运动概述

一、足球运动的起源与发展

（一）足球运动的起源

足球运动分为古代足球运动和现代足球运动，是一项历史悠久的体育运动，也是目前在世界上开展得最为广泛的项目之一。

国际上公认最早的足球出现在中国。《战国策·齐策》一书中记载，在 2 500 年前，齐国首都的百姓就将“蹴鞠”作为一种流行的消遣和娱乐形式。

到了近代，足球运动开始以一种体育运动的方式出现在英国。不过当时的足球运动还是一种手脚并用的比赛，直到 1862 年第一个足球规则——《剑桥规则》，规定了足球只能脚踢而不可以用手打。1863 年 12 月 26 日，剑桥大学、牛津大学和凯尔波里特专科学校与伦敦周围地区 11 个最主要的俱乐部和学校，在伦敦女王大街共济会酒家举行联席会议，创立了英格兰足球协会，它的成立标志着近代足球的正式形成。

（二）足球运动的发展情况

现代足球运动在英国兴起后，逐渐传播到欧洲大陆和世界各地。到 19 世纪末期，新西兰、阿根廷、智利、比利时和意大利等国相继成立了足球协会。1904 年 5 月 21 日，在巴黎由法国、瑞士、瑞典、比利时、西班牙、丹麦等国发起成立了国际性的足球组织——国际足球联合会，简称国际足联（FIFA），以协调各国足球运动的开展，组织世界各国的足球竞赛活动。1908 年，足球被正式批准为奥运会项目。目前，国际足联会员国有 209 多个，足球运动也成为世界第一运动。

此外，现在世界足球运动也正朝着职业化、产业化和全球化的方向发展。

二、足球运动的特点与价值

（一）足球运动的特点

足球运动是一项技术上多彩多姿、战术上变幻莫测、胜负结局难以预测的非周期性运动项目，但其竞赛规则简练明了，器材设备要求简单，易于开展。

足球比赛是以每队 11 名运动员上场参赛的集体球类项目，只有形成整体的攻守，队伍才有战斗力，才能取得比赛的主动权。当今足球比赛，攻守转换快速而频繁，运动员位置和职责随着比赛进程的变化而变化，技术能力的全面提高和多变的战术打法，使比赛充满活力和悬念，运动员在比赛中要奔跑 90min，跑动距离少则 6 000m，有时甚至达 10 000m 以上，而且对抗激烈，双方因争夺和冲撞倒地次数达 200 次以上，因而运动员的能量消耗是非常大的。

（二）足球运动的价值

（1）有利于增强体质。经常参加足球运动，能够全面提高人体的速度、力量、耐力、灵敏、柔韧等身体素质，改善人体的神经系统、心血管系统、呼吸系统等内脏器官系统和肌肉、骨骼等运动系统的功能，达到增强体质、促进健康的目的。

（2）有利于培养良好的个性品质。长期参加足球运动可以培养人的意志力、自制力、责任感，及机智果断、勇敢顽强、坚韧不拔、勇于克服困难、团结协作、密切配合、集体荣誉感、守纪律等思想品德。

（3）有利于创造社会财富。足球运动以其影响力和自身价值，促进了足球资源、信息技术、中介服务等市场体系的形成；并通过彩票、门票、转会、广告、电视转播等获得丰厚利润；同时，足球运动的发展还可带动运动器材、服装、饮食、中介、纪念品、旅游等相关产业的发展，提供更多的就业机会，促进国民经济发展，为社会创造财富。

（4）有利于振奋民族精神。足球运动关系到一个地区或一个国家的形象，重大国际比赛中取胜，可以激发人民团结拼搏、进取向上的精神和爱国主义热情。

（5）有利于国与国之间的交往。通过足球比赛不仅可以传播友谊，扩大交往，还能宣传展示国家和民族的精神风貌。

（6）有利于我国社会主义精神文明建设。人们从踢足球中得到情感体验，从看足球中得到艺术享受，从谈论足球中得到思想交流，足球运动丰富了人们的业余文化活动，提高了人们的生活质量。

第二节　足球基本技术

一、踢球技术

（一）踢球技术学习

常见的踢球技术主要有脚背正面踢球、脚内侧踢球、脚背内侧踢球、脚背外侧踢球、脚尖踢球和脚跟踢球等。

1. 脚背正面踢球

脚背正面踢球又称正脚背踢球，其踢出去的球力量大，准确性较强，但出球的方向及性质相对变化较小，球的性质多为不旋转的直线球。

（1）脚背正面踢定位球。直线助跑，最后一步要稍大些，支撑脚积极着地支撑，在球的侧面 10～12cm 处，膝关节微屈，小腿屈曲，脚尖正对出球方向，踢球腿随跑动向后摆动，支撑的同时踢球腿以髋关节为轴，大腿带动小腿由后向前摆动，当膝关节摆至接近球的正上方时，小腿做爆发式的摆动，脚趾屈，以脚背正面部位击球的后中部，击球后身体和踢球腿随球前移（见图 7-1）。

图 7-1

（2）脚背正面踢地滚球。直线助跑，最后一步稍大，支撑脚积极着地，踏在球的侧方 10～15cm 处，脚尖正对出球方向，膝微屈，同时踢球脚向后摆起，膝弯屈，在支持脚着地同时，以髋关节为轴，大腿带动小腿由后向前摆，当膝盖摆至接近球的垂直上方的刹那，小腿加速前摆，脚背绷直，脚趾扣紧，以脚背正面击球的后中部，踢球后，身体要有随前动作并跨出一两步。

2. 脚内侧踢球

脚内侧踢球亦称脚弓踢球，它是用脚内侧部位踢球的一种方法。脚内侧踢球，出球准确平稳，易于掌握，但出球力量相对较小。

（1）脚内侧踢定位球。直线助跑，支撑前的最后一步稍微大些，支撑脚站在球的侧面约15cm处，脚尖正对着出球方向，支撑腿膝关节微屈，在支撑脚着地时，踢球腿大腿带动小腿由后向前摆动，在前摆的过程中大腿外展，当膝关节的摆动接近球的正上方时，小腿做爆发式摆动，在触球前将脚跟送出，使得脚内侧部位所形成的平面或出球方向垂直，踢球脚脚底与地面平行，脚尖微微翘起，踝关节功能性地紧张使脚型固定，触（击）球后身体跟随移动，髋关节向前送（见图7-2）。

图 7-2

（2）脚内侧踢地滚球。迎球支持脚踏在预计踢球的侧方约15cm处，膝盖微出，踢球脚以髋关节为轴，稍向后摆，前摆时，膝外转，脚迅速外转90°，脚尖稍翘起，脚掌与地面平行，踢球时脚腕用力绷紧，脚内侧触球的后中部，踢球后，脚随球前摆，但不宜过大。

3. 脚背内侧踢球

脚背内侧踢球又称内脚背踢球，这是一种用第一跖骨和跖趾关节部位触击球的踢球方法（见图7-3）。它的技术结构和前两类踢球方法相同，但技术细节则有所差别。

图 7-3

（1）脚背内侧踢定位球。斜线助跑，助跑的方向和出球的方向约成45°，最后一步要稍大，支撑脚底积极着地，脚尖指向出球方向，距球内侧后方20～25cm，膝关节微屈，在支撑同时，踢球腿已完成后摆，并且开始以髋关节为轴大腿带动小腿由后向前摆动，当大腿摆至支撑腿接近同一平面时，小腿做爆发式摆动，此时脚背绷直、脚尖外转，以脚背内侧部位触击球的后中部，击球后踢球腿及身体继续随球向前（见图7-4）。

图 7-4

(2) 脚背内侧踢过顶球。踢过顶球的动作要点基本与踢定位球相同。支撑脚踏在球的侧后方，踢球时，用脚背内侧踢球的后下部，使球成抛物线运行，越过防守者头顶，准确地传到同伴脚下。

4. 脚背外侧踢球

(1) 脚背外侧踢定位球。助跑、支撑脚站位和踢球腿摆动均与脚背正面踢球技术的三个环节相同，脚触球是用脚背外侧部位，要求膝关节与脚尖内转，脚背绷紧，脚趾紧屈并提膝，触(击)球后身体随踢球腿的摆动前移。

(2) 脚背外侧踢地滚球。踢球的动作规格要求和踢定位球相同，但支撑脚站位时应考虑球的滚动速度，以保证在脚触球的瞬间支撑脚与球的相对位置符合规格要求。这种踢法可用于踢前方、侧前方以及正侧方和侧后方来的地滚球。

(二) 踢球技术训练

1. 基本踢球技术训练

(1) 踢定位球训练。可对足球墙、足球网自己练习，也可采用各种形式的对练，训练的距离由近至远，这一阶段练习的重点应放在动作的协调性和准确性上，而不是放在踢球的力量上。

(2) 无球模仿训练。在地面上设想有一目标，跨步上前做踢球动作，然后过渡到几步慢速助跑的踢球模仿动作练习，最后可做快速助跑踢球的模仿动作训练。训练中应注意要有设想球，尤其是设想触球一瞬间踢球脚踝关节的固定和脚背绷紧。

(3) 踢固定球训练。可一人把球踩在脚下，另外一人用脚的不同部位踢球，体会脚的触球部位。

2. 各种踢球技术动作的模仿训练

在地面设想有一目标(足球)，跨步上前做踢球动作，然后过渡到几步慢速助跑的踢球模仿动作练习，最后可做快速助跑踢球的模仿动作训练。

3. 踢地滚球训练

通过观察、判断来球的速度和方向，调整自身的控制能力，并根据出球目标选择支撑脚的位置。可以踢从正面、侧面或侧后方传来的球；可以限定脚法，也可视来球任意选用脚法进行训练。

4. 各种脚法的两人训练

不论是传球还是射门练习，都可两人进行，若两人练习踢定位球，则辅以接球练习；若进行踢活动球训练，则可相隔一定的距离进行不停顿的连续传球训练。

5. 利用足球墙和标杆做踢旋转球训练

可将标杆插在踢球者与墙之间，标杆与人及墙的距离视需要而定，开始可大些，当技术掌握后再逐步缩小。

各种旋转球的练习都可以利用足球墙进行，尤其对初学者，使用足球墙既可充分利用训练时间增加练习次数，又能使练习者较好地集中注意力掌握技术规格。对于要求提高技术的练习者，足球墙同样也是一个有力的帮手。

6. 踢墙训练

(1) 距墙 5m 进行踢球打墙练习。主要强调小腿的摆动、脚与球接触面、支撑环节是否正确。

(2) 距墙 5m 踢墙练习一段时间后，可将距离加到 25m 左右，再进行中等力量训练，此时大腿的摆动更应引起重视。

(3) 在踢静止球有一定基础后，可逐步增加踢个人控制的活动球及球墙所碰回来的活动球。

二、运球技术

(一) 运球技术学习

1. 脚背正面运球

运球时，身体保持正常跑动姿势，上体稍前倾，步幅不宜过大，运球脚提起，髋关节前送，膝关节稍屈，提踵，脚尖下指，在着地前脚背正面部位触球后中部将球推送前进。

2. 脚内侧运球

运球前进时，支撑脚位于球的侧前方，肩部指向运球方向，支撑腿膝关节微屈，重心放在支撑腿上，另一条腿提起屈膝，用脚内侧推球前进，然后运球脚着地。由于肩部指向运球方向，身体侧转，虽然移动时速度较慢，但身体前倾有利于将对方和球隔开，因而这种技术多用在运球寻找配合传球时，或有对方阻拦需用身体来做掩护时。

3. 脚背内侧运球

运球时，身体稍侧转并且自然协调放松，上体前倾，步幅小，运球腿提起外展，膝微屈外转，提踵，脚尖外转，使脚背内侧正对运球方向，在运球脚落地前用脚背内侧推拨球，使球随身体前进。脚背内侧运球中，由于身体稍侧转，不能采用正常跑动姿势，因而不适用于高速运球，但由于接触部位与支撑位置的特点易于完成向支撑脚一侧的转动，所以多用于向支撑脚一侧的转动变向运球。

4. 拉球

拉球时，前脚掌放在球的上部或侧上部，另一脚放在球的侧后方支撑，然后触球向后下方用力将球拉回。

5. 脚背外侧运球

运球时，身体保持正常跑动姿势，步幅不宜过大，上体稍前倾，运球腿提起，髋关节前送，膝关节稍屈，提踵，脚尖绕矢状轴向内旋转，使脚背外侧正对运球方向，在运球脚落地前用脚背外侧推拨球的后中部。脚背外侧运球可以发挥出较快的速度，与脚背正面运球有相同的用途。另外，利用脚腕的动作可以很快改变脚背外侧所对的方向，故在运球脚一侧改变方向时也多采用这种运球方法。这种方法能用身体将对手和球隔开，所以在掩护时也常使用。

6. 颠球

颠球是指在运球过程中，有时球在空中或地面上跳动，根据对手抢截时所处位置或实施抢截时间，用恰当的部位将球颠起，越过对手可以达到过人的目的的方法。

7. 拨球

拨球利用脚踝关节向侧的转动，来达到脚背内侧或脚背外侧触球，将球拨向身体的侧前方、侧方、侧后方。在过人时若使用拨球，还要在拨球后立即跟上推球，使球按预定方向运行。

8. 挑球

挑球是指用脚背部位触球的下部并突然向上方挑起，在对手来不及实施挡球动作时球就已越过，运球者随球迅速跟进的运球方法。运用挑球是要注意一般球不要挑得太高。

9. 扣球

扣球和拨球的运用差不多，不同的是它的用力是突然的并伴随着突然转身或急停，使对手在来不及调整重心的瞬间，突然从反方向迅速送球越过对手的防守。

（二）运球技术训练

（1）在慢跑中双脚交替用脚背内侧运球沿折线运行。

（2）慢跑中单脚交替用脚背内侧和脚背外侧运球沿折线运行。

（3）在慢跑中分别用单脚脚内侧运球、脚背正面运球、脚背外侧运球、运球方向沿直线进行。

（4）在慢跑中沿弧线运球。用脚内侧、脚背内侧、脚背外侧沿中圈线做顺时针、逆时针运球练习。

（5）拨球训练。在一定范围内自由运球，按手势用一只脚做支撑，另一只脚用脚背内侧或外侧拨球绕支撑脚做圆周运球，两脚轮流练习。

（6）拉球训练。在一定范围内自由运球，听哨音后用一只脚做支撑脚，另一只脚用脚前掌触球顶部，拉球绕支撑脚做圆圈运动。一步一拉球。

（7）拉球转身 180°运球训练。在一定范围内自由运球，听哨音后用一只脚支撑，另一只脚拉球至身后，沿拉球脚一方转体 180°继续运球。

（8）单脚交替后拉球转体 180°训练。如先用左脚支撑，右脚拉球向后转体 180°，右脚迅速着地做支撑，左脚踏在球顶部，如此交替进行。

（9）扣球转身变向运球训练。在一定范围内自由运球，听哨音后用一只脚支撑，一脚用脚背内侧做扣球，使球改变方向应在 90°以上，身体随其转动沿改变后的方向继续运球。

（10）拉、推（拨）组合训练。用右脚将身前的球拉到身后，接着用脚内侧（或脚背外侧）向同侧斜前方推（拨）出，跟上后继续运球，重复上述动作，两脚轮流进行。

（11）运球中扣球变向 180°再运球训练。练习者成一路纵队，第一人向标志杆运球越过标志杆后扣球急停转身 180°，然后从标志杆另一侧运球返回，在返回时第二人可开始运球。

（12）运球绕杆训练。队员成一路纵队。第一人依次过杆后传球给后人，后人重复第一人的动作，依次进行。若每人一球则可在前一人运球后，后一人即开始，依次运球绕杆到排尾。

（13）抬头运球训练。队员站在教练员对面成一列横队（或不成队形），相距 15 米以外。教练员给手势后，队员按教练员手势所指方向运球前进，队员要随时注意教练员不断变换的方向和不断变化的位置。

（14）扣拨组合训练。每人一球沿折线向前运球，运球中用右脚脚背内侧扣球，扣球后用右脚支撑，接着左脚脚背外侧立即向斜前方拨球，可继续运两步球（或不运球），然后右脚支撑，左脚脚背内侧向右斜前方扣球后成左脚支撑，接着用右脚脚背外侧向斜前方推拨球，依次进行。进行这种练习应注意扣球方向能保证运球路线沿折线行进，扣球变向的角度不可太大，扣球后另一只脚应立即用脚背外侧拨球。

（15）扣推组合训练。运球中，右脚脚背内侧侧向（或侧后向）扣球，左脚脚内侧推直线球。以此交替进行。

（16）训练同上。推球时用脚内侧由支撑脚的后面向异侧将球推出，身体跟上后再运球，并用相同的方法，用另一只脚做相同训练。

1）右（左）跨左（右）拨练习。直线运球过程中，右腿从球的上方跨过，着地后变支撑脚接着用左脚脚背外侧向左侧前方拨球。

2）左（右）晃右（左）拨练习。运球中上体向左（右）晃动，同时用右（左）脚脚背外侧向右（左）拨球，身体跟上。

三、接球技术

（一）接球技术学习

1. 脚部接球

（1）脚内侧接球。

1）脚内侧接地滚球。支撑脚正对来球，膝关节微屈，同侧肩正对来球。接球腿提膝大腿外展，脚尖微翘，脚底基本与地面平行，脚内侧正对来球并前迎，当脚内侧和球接触的一刹那迅速后撤，把球接在脚下（见图 7-5）。

图 7-5

2）脚内侧接空中球。根据来球及时移动到位。抛物线较小的平空球应该根据临场的实际情况选择适当高度的接球点，将接球腿抬起，使脚内侧部位对准来球的方向并前迎，脚在接触球的一瞬间后下方撤，并将球接在所需的位置上（见图 7-6）。

图 7-6

3）脚内侧接反弹球。接球时脚尖微翘，接球腿提起小腿且放松，脚内侧对着接球后球运行的方向并和地面成一锐角，当球落地反弹刚离地面时，大腿向接球后球运行的方向摆动，用脚内侧部位轻推球的中上部。

（2）脚背外侧接球。

1）脚背外侧接地滚球。将接球点放在接球腿一侧，支撑腿膝关节微屈，接球腿提起屈膝，脚内翻使小腿与脚背外侧与地面成一锐角，并对着接球后球运行的方向，脚离地面的高度应略等于球的半径，然后大腿向接球后球运行的方向推送，同时身体随球移动（见图 7-7）。

图 7-7

2）脚背外侧接反弹球。根据来球的落点及时移动到位，支撑脚站在来球落点的侧后方，除触球部位外，其他环节均和脚背外侧接地滚球相同。

（3）脚底接球。

1）脚底接地滚球。身体正对来球方向，移动前迎，支撑脚站在球的侧面（或前或后均可），脚尖正对来球方向，膝关节微屈，同时膝关节微屈，接球腿提起，脚略背屈，使脚底和地面约小于45°角，且脚跟离开地面，一般以前脚掌接触球的后上部为宜，在触球瞬间接球脚前掌轻微下点，将球停住，或者根据需要在接球同时将球推向前方或拉向身后。

2）脚底接反弹球。根据来球落点，及时前移迎球，支撑脚站在落点侧后方，脚尖正对来球方向，球落地瞬间，微伸膝，用前脚掌去触球的中上部，将球接在体前。若需接在身后则应在触球瞬间继续屈膝，将球回拉，并伴随支撑脚以前脚掌为轴旋转90°以上。

2. 大腿接抛物线较大的高空球

面对来球方向，根据球的落点迅速移动到位，接球腿大腿抬起，当球和大腿接触的瞬间大腿下撤将球接到需要的位置上（见图7-8）。

图 7-8

3. 挺胸式接球

面对来球，两脚左右或前后开立，两膝微屈，重心置于支撑面内，上体后仰，下颌微收，两臂自然张开，维持身体平衡。接触球的瞬间，两脚蹬地，膝关节伸直，胸部轻托球的下部使球微微弹起于胸前上方（见图7-9）。

图 7-9

（二）接球技术训练

1. 个人训练

（1）个人将球踢高，然后进行接反弹球的各种训练（用手抛起后再进行练习也可以）。

（2）利用足球墙进行训练。采用足球墙训练各种方法接地滚球，由开始原地接逐渐过渡到迎上去接，或开始接在脚下，逐渐过渡到接到所设想的适宜的位置上去。根据需要可加大踢球力量，提高反弹球速，增加接球难度。另外，也可训练接反弹球与空中球，但利用足球墙进行接旋转球的练习效果不佳。

2. 多人训练

（1）正面接地滚球训练，两人面对站立，相距 10m 左右，一人踢地滚球，另一人迎上去接球。

（2）2 人一组面对站立，相距 5m 左右，一人用手抛球，一人接各种空中球的练习（如大腿、腹部、胸部、头部），可逐渐加大距离、加大力量（或增加旋转）以适应各种变化的来球。

（3）2 人在跑动中进行传接球训练，2 人一组使用一球，在一定范围内跑动中练习，要求接球时尽量使用多种方法，传球时可传出各种性质的球，距离近时以地滚球为主，距离远时以空中球为主，以提高接球能力。

（4）3 人一组进行接球转身训练，每人相距 10m 站成一条直线，甲传球给中间的乙（正对接球人传，或传到接球人附近），乙迎上来接球转身，传给另一端的丙，丙迎上接球然后再回传给乙，乙接球转身传给甲，如此循环往复。中间位置的人可轮流交换，也可采用这种方法训练接反弹球与空中球，并要适当地加大距离。这种形式也可用来交叉训练接地滚球、反弹球与空中球，若甲传给距离 20m 外的丙（越过乙的头顶），丙就可以练习接反弹球与空中球，再传地滚球给乙，乙练习接地滚球转身后再传给甲，甲接地滚球后再传给乙。乙的位置可轮流交换，甲、乙位置和传出的球也可变换。

四、抢断球技术

（一）抢断球技术学习

1. 正面抢球

（1）正面跨步堵抢。抢球者两脚前后开立，迎着运球者而站，两膝微屈，身体重心下降并置于两脚间，当运球者与抢球者间的距离缩小到一定范围（即抢球者上前跨一大步可能触及球），运球者脚触球后即将落地或刚刚落地时，抢球者后脚用力蹬地并跨步向前，以脚内侧去堵截球，当已堵住球时，另一只脚应迅速上步。若抢球脚堵住球，而对手也堵住球时，则抢球者应将另一只脚迅速前移做支撑脚，抢球脚在不脱离球的情况下迅速向上提拉，使球从对手脚面滚过，身体重心也迅速跟上并将球控制好（见图 7-10）。

（2）正面铲球。接近控球者，膝关节微屈，重心下降。当控球者触球脚触球后尚未落地时，抢球者双脚沿地面向球滑铲，随即用手扶地做向一侧的翻滚，并尽快起身。

2. 合理冲撞抢球

当防守者并肩与运球者跑动追球时，防守者重心稍下降，靠近对手一侧的手臂紧贴身体，利用对方同侧脚离地的过程，用肘关节以上部位适当冲撞对手同样部位，使对手身体失去平衡，趁机将球控制住（见图 7-11）。

图 7-10

图 7-11

（二）抢断球技术训练

1. 2 人一球训练

(1) 原地抢球训练。将球放在队员甲脚前，队员乙与其相距 2m，队员乙上步做正面脚内侧堵抢训练，当队员乙触球瞬间队员甲也用脚内侧触球。让抢球队员乙体会上步动作及触球部位，2 人可轮换做抢球。

(2) 运动抢球训练。甲、乙队员相对站立，队员甲运球跑向乙（慢速），队员乙选择好时机实施正面脚内侧堵抢技术。

当甲、乙队员在训练中同时触球时，抢球队员乙立即提拉球，将球拉过队员甲的脚面并控制住球。经过一段训练后，可在触球瞬间 2 人同时提拉，体会掌握提拉的时机。

2. 综合训练

将抢截球技术训练与射门或传球等训练结合起来进行，根据训练任务，对攻守方分别提出不同的要求。

3. 侧后追赶抢球训练

一人直线运球前进，另一队员由后赶至成并肩时伺机实施合理冲撞并控制球。训练时要求运球者能给予抢球者配合，让抢球者得到训练，速度可以由慢到中速循序进行。

4. 慢跑合理冲撞训练

2 人同方向慢跑，在跑的过程中 2 人可做适当的合理冲撞，体会冲撞的时机和冲撞的部位以及冲撞时如何用力等。

5. 争抢球训练

在 2 队员前 5m 处放一球，听哨音后 2 人同时向球跑去。要求 2 人同时跑动，选择适当的位置和时机合理冲撞将球控制。经过一段训练后，可将静止球变为活动球，即教练员持球站立，2 队员站立在其两侧，球沿地面抛出后，2 队员同时起动追赶球，利用合理冲撞将球控制住。

此训练也可在冲撞的瞬间做身体超前和迟后的突然躲闪后控制球。训练时，事先应明确练习不一定用冲撞后控球的方法，让练习者在追抢过程中自由选择抢球方法，达到控球的目的。

五、前额正面头顶球技术

前额正面头顶球是由额肌覆盖着的额骨正面部分去击球的一种动作方法，接触部位如图 7-12 中前额的阴影部分。

图 7-12

1. 前额正面原地头顶球

身体正对来球方向，两脚左右开立（或前后开立），膝关节微屈，重心置于两脚间的支撑面上（或后脚上），两臂自然张开。当球运行到将垂直于地面的垂线时，迅速向前摆体，两腿用力蹬地，微收下颌，在触球瞬间颈部做爆发式的振摆，用前额正面击球中部，上体随球前摆（见图 7-13）。

图 7-13

2. 前额正面原地跳起头顶球

两膝屈，重心下降，然后两脚用力蹬地起跳，同时两臂屈肘上摆，在身体上升阶段展腹挺胸，眼睛注视来球，两臂自然张开，身体自然成背弓。当球运行至身体额状面时，迅速收腹，上体前摆，触球瞬间颈部做爆发性振摆，用前额正面将球顶出，同时两腿向前做振摆，球顶出后两腿屈膝屈踝落地（见图 7-14）。

图 7-14

3. 前额正面跑动头顶球

顶球的动作要领和原地顶球相同，只是第一环节应正对来球跑动抢点，球顶出后，由于跑动速度较快，身体应该随球向前移以保持平衡。

六、掷界外球技术

1. 原地掷界外球

面对出球方向，两脚前后或左右开立，每脚均应有一部分站立在边线上或边线外。膝关节弯曲，上体后仰成背弓，重心移到后脚上（左右开立时，重心在两脚间），两手自然张开，拇指相对，持球的侧后部，屈肘将球置于头后。掷球时，后脚用力蹬地（或两脚用力蹬地），两腿迅速伸直，身体重心由后脚移到前脚，收腹屈体，同时两臂急速前摆，当球摆到头前上方时用力甩腕将球掷入场内。掷球时，后脚可沿地面向前滑动，两脚均不得离地（见图 7-15）。

图 7-15

2. 助跑掷界外球

两手持球放在胸前，在助跑迈出最后一步时，上体后仰成背弓，同时将球上举至头后，掷球时的动作与原地掷界外球动作相同。将球掷出后，后脚可在地面上向前滑行，但不得离地。

七、守门员技术

1. 接球

（1）上手接球。面对来球，两臂上伸，两手拇指相对呈八字形，其余四指微屈，手掌对球（见图 7-16）。在最高点手触球瞬间，手指、手腕适当用力，缓冲来球并将球接住，顺势转腕屈肘、下引将球抱于胸前。

图 7-16

（2）下手接球。

1）直腿式下手接球。面对来球，弯腰时两膝伸直，两腿分开，距离不得超过球的直径，两手掌心向上，前迎触球后将球抱于怀中。

2）跪撑式下手接球。以接左侧球为例，左腿屈，右腿跪撑于左脚附近，距离不得超过球的直径，其余动作与直腿式接球相同。接右侧球时，动作相同，方向相反。

2. 托球

近球侧手臂伸出迎球，触球刹那，手腕后仰，用掌跟部顶推发力，将球向侧或上托出。

3. 拳击球

（1）单拳击球。屈肘握拳于肩前，身体跳起接近来球，在击球前的一刹那，快速冲拳，以拳面将球击向预定的目标。

（2）双拳击球。两臂屈肘握拳于胸前，两拳并拢，拳心相对，当跳起接近最高点即将触球的一刹那，两拳同时快速冲击，以拳面将球击向预定的目标。

4. 扑球

（1）倒地侧扑球。

1）扑两侧球。注视来球，身体重心置于两腿之间，两脚时刻准备蹬地，精力集中。扑球时，异侧脚内侧侧蹬发力，同侧脚屈膝迎球跨出，上体顺势压扑以加速重心的前移倒地，双臂同时迎出接球，腕关节稍内扣，用手掌挡压控球。触球后屈臂收球于胸前，并快速抱球起身。侧倒过程以小腿、大腿、臀部、肩和手臂外侧顺序缓冲着地。

2）扑脚下球。注视并判断对手将要起脚射门的方向，扑球时重心降低出击迎球，在对手起脚射门的刹那，快速倒地侧扑封堵球路，将球接住或挡出，随即做屈膝团身动作进行自我保护。

（2）腾空跃起侧扑。确定来球路线后，迅速降低重心，身体向球侧倾斜移动。同侧脚侧上步，用脚掌外侧蹬地发力，使身体呈水平状腾空，两手同时快速迎球，身体展开。接球手形成球窝状，靠压腕和手指用力将球控住。落地时，两手按球，随即屈肘，以前臂、肩部、上体侧面和下肢依次着地。注意屈膝团身护球，并顺势抱球起身。

5. 发球

（1）抛踢球。抛踢球是守门员把获得的球直接给远离自己同队队员的技术动作。抛踢球有踢自抛的下落空中球和踢自抛的反弹球两种方法，踢自抛的下落空中球和踢自抛的反弹球的动作与脚背正面踢球基本相同。

（2）手掷球。

1）单手肩上掷球。两脚前后开立，两膝弯屈，单手持球，屈臂于肩上。掷球前，持球手臂后引，同时身体随之侧转，重心移到后脚上。掷球时，利用后脚用力蹬地、转体和挥臂、甩腕的力量将球掷向预定的目标。

2）单手低手掷球。两脚前后开立，两膝弯屈，单手持球于体侧，掷球前持球手臂后摆，同时身体随之侧转成侧前屈，重心移到后脚上，掷球时，利用后脚向后蹬地和挥臂、甩腕、手指拨球的力量将球掷向预定的目标。

3）勾手掷球。两脚前后开立，身体侧对出球方向，单手持球后引，臂微屈，同时重心移到后脚上。掷球时，后脚用力向后蹬地，同时转体，重心由后脚移向前脚，当持球手臂由后经体侧沿弧线摆至肩上时，手指和手腕用力将球掷向预定的目标，球出手后，掷球手臂继续前摆，上体前倾后脚向前迈出，维持身体平衡。

第三节　足球基本战术

一、进攻战术

（一）个人进攻战术

1. 传球

（1）传球的方法。

1）选准时机。比赛中通常有两种情况：一是传球在前，跑位接应在后，以传球指挥跑位；二是跑位在前，传球在后，以跑位促使传球。

2）明确目的。传球的目的一是将球传向同伴的脚下，二是向有利于同伴的空当传球。

3）控制好力量、落点、旋转度。传球落点准确，控制好各种弧线，才有利于接球人控制和处理球。

（2）传球的要点。

1）及时把握向前传球的机会。

2）传球弧线一般要与接球者跑动切入的方向一致。

3）传中球的弧线要与冲顶射门的同伴的跑动方向相反。

4）传球路线应尽量避开对方的抢截半径和断球的可能。

5）多考虑采用中距离传球。因为中距离传球可以加快进攻推进速度，失误又相对较少。

6）顺风进攻时少传直传球和长传球，传球力量适当小些；逆风进攻时多采用短传球和低球，力量适当大些；下雨地滑时多传脚下球；场地泥泞时少传地滚球，多传空中球。

2. 射门

射门是一切进攻战术配合的最终目的和进攻得分的唯一手段。射门时，队员首先应通过快速的观察作出及时正确的判断，然后根据来球的速度、落点和防守队员及守门员所处位置的情况采用有效的射门方法射门。

3. 运球突破

（1）运球突破的时机。

一般来说，应在以下情况运用运球突破：控球队员在没有射门、传球可能时；同伴处于越位位置而又没有其他更好的传球选择时；控球队员在对手贴身紧逼，失去传球和射门的角度时；在攻守转换过程中，控球队员在进攻范围内，面对最后二名防守队员，而且防守队员身后又有较大空当时。

（2）运球突破的要点。

1）控好球，护好球。能突则突，不能突也不要丢失球权，使全队陷入被动。

2）掌握好运球突破的时机、距离和方向。在对手抢截半径以外，当对手犹豫不决或身体重心移动时，从其身体重心移动的反方向果断运球突破。

3）运球逼近、调动、超越、摆脱对手的技术环节应衔接紧凑，一气呵成。

4）一旦突破对手，应及时射门或与同伴进行传球配合。

5）机动灵活地运用运球突破战术。当对手紧逼防守时应多采用假动作；当对手松动防守时，应诱使其出脚犯错误；当对手速度快时，多采用变向突破；当对手速度慢时，多采用变速突破。

6）在本方后场切不可滥用运球突破，以免贻误进攻战机或造成本方被动。

4. 跑位

跑位是指比赛中队员在无球的情况下，通过有意识的跑动，为自己或同伴创造进攻机会的行动。跑位是整体进攻战术的基础，是本队获得球权的准备行动，也是拉开对方防线，获得必要进攻时间和空间的重要手段。

（二）局部进攻战术

局部进攻战术是指进攻中 2 个或几个队员之间的配合方法。它是集体配合的基础。

1. 传切配合

按传切的线路可分为直传斜切、斜传直切。斜传直切（见图 7-17）和直传斜切（见图 7-18）都是只通过一次传球和穿插就越过一名防守队员，配合十分简捷和实用。在进行配合时，2 名进攻队员要保持适当的距离，控球队员可采用运球或其他动作，诱使防守者上前阻截，插入的队员必须突然、快速起动，但应避免越位。

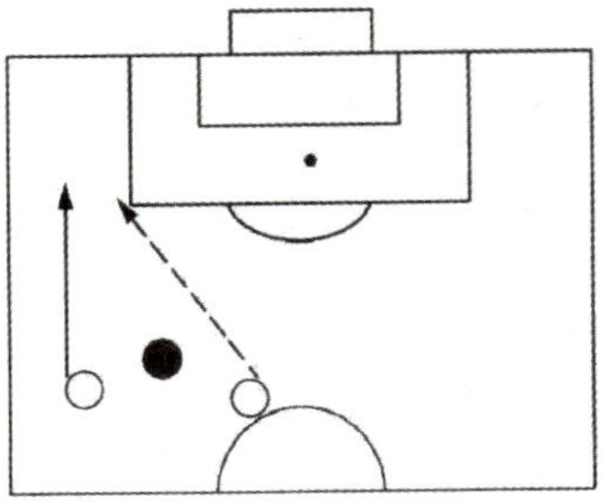

图 7-17

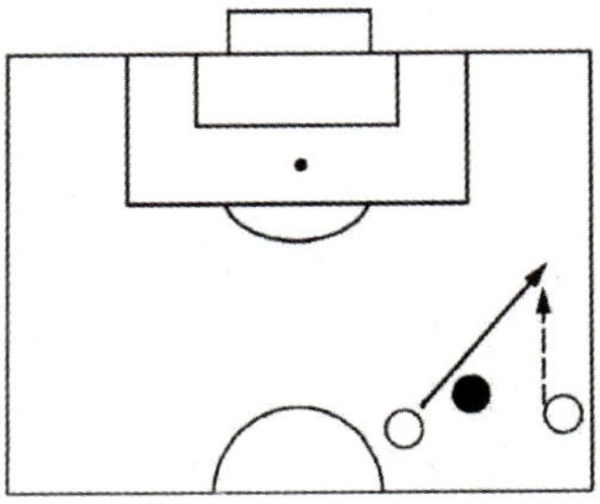

图 7-18

2. 长传转移切入

一侧进攻受阻，长传转移到另一侧，切入队员得球后展开进攻（见图 7-19）。

图 7-19

3. 交叉掩护二过一配合

交叉掩护配合是指在局部地区两名进攻队员在运球交叉换位时，以自己的身体掩护同伴越过防守队员的配合方法（见图 7-20）。

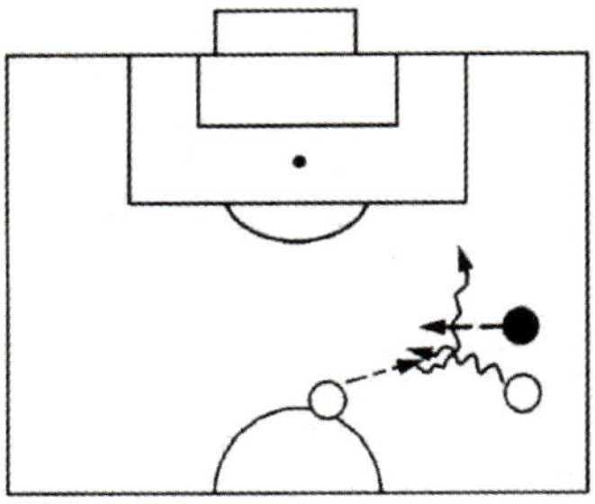

图 7-20

4. 二过一配合

（1）斜传直插二过一。如图 7-21 所示，⑥运球前进并吸引对手上前逼防，⑥斜线将球传给⑨，⑥直线插入接⑨斜传球。

（2）直传斜插二过一。如图 7-22 所示，⑤将球斜传给⑦，⑦再直传球给斜线插入的⑤。

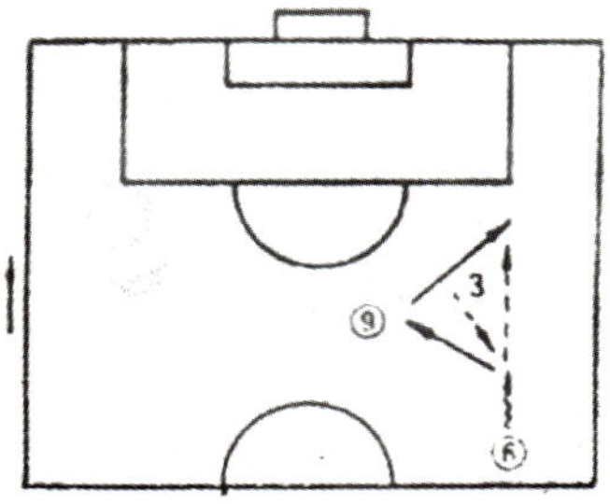

图 7-21

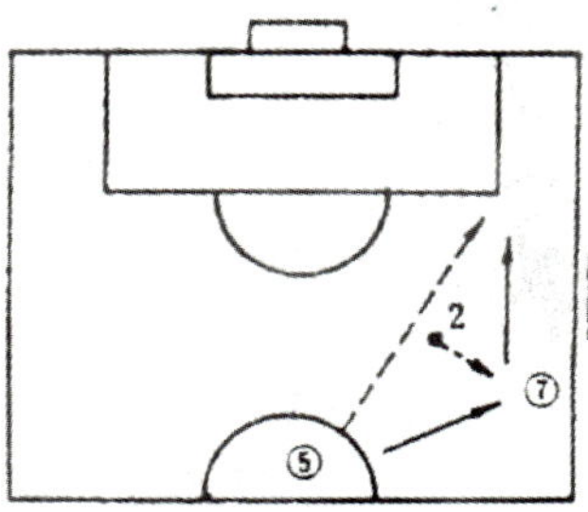

图 7-22

(3) 斜传斜插二过一（踢墙式二过一）。如图 7-23 所示，斜传斜插二过一是 2 名进攻队员通过两次传球越过一名防守队员的配合方法。斜传斜插二过一要求持球队员带球逼近防守队员，把防守队员吸引过来，距离 2～3m 处传球。传球时最好传地滚球，力量适度，方向准确，传球后，立即快速插入，准备接球。

(4) 回传反切二过一。

如图 7-24 所示，回传反切二过一是通过三次传球组成的配合方法。

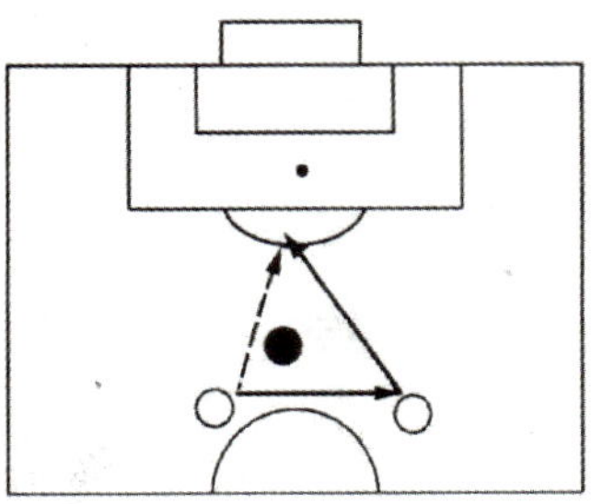

图 7-23

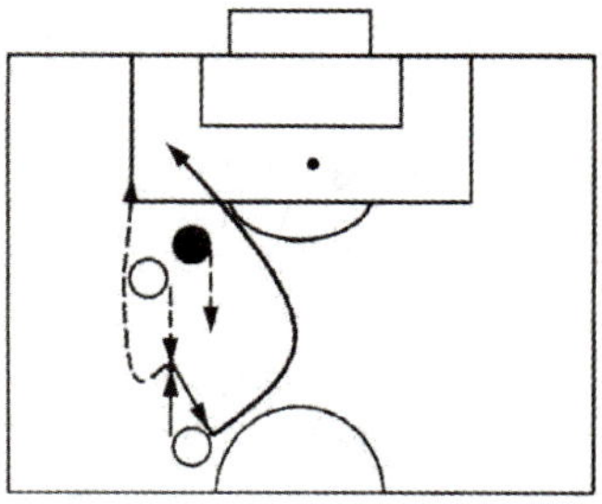

图 7-24

5. 三过二配合

“三过二”是在比赛中局部地区 3 个进攻队员通过连续配合突破两个防守者的防守。

如图 7-25 所示，⑦持球，⑥假接应，⑨斜插把防守支开，⑥插上至⑨制造出的空当接⑦的传球，突破防守。

如图 7-26 所示，⑨向后跑动接球，再将球传给⑥，⑦假动作并伺机从内线切入接⑥的传球突破防守。

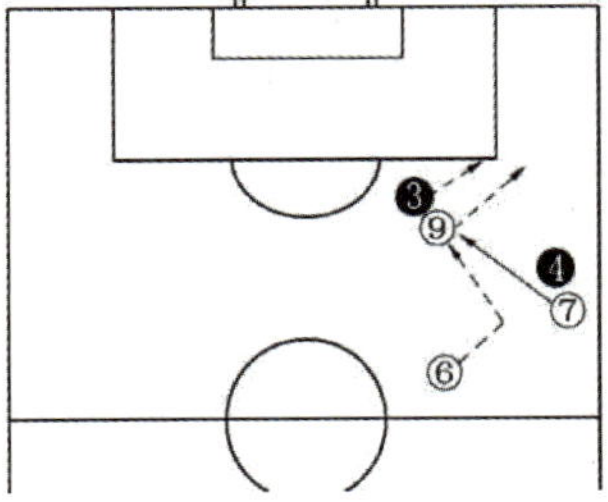

图 7-25

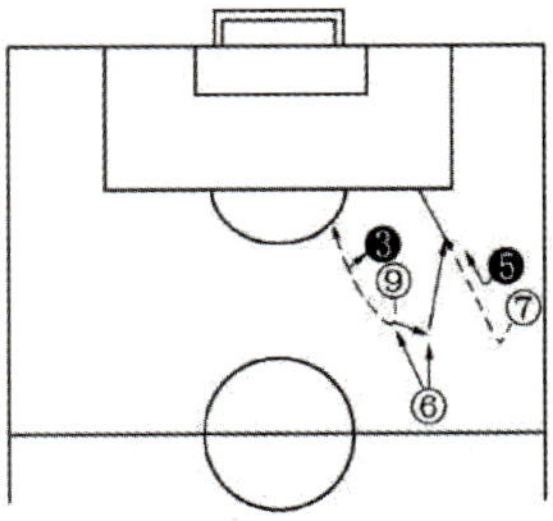

图 7-26

（三）集体进攻战术

1. 边路进攻

边路进攻一般是指进攻的最后阶段发生在前场罚球区线以外靠近边线区域的进攻。

（1）边锋在边路运球突破（图 7-27）。

（2）边锋与中锋或前卫二过一配合（图 7-28）。

图 7-27

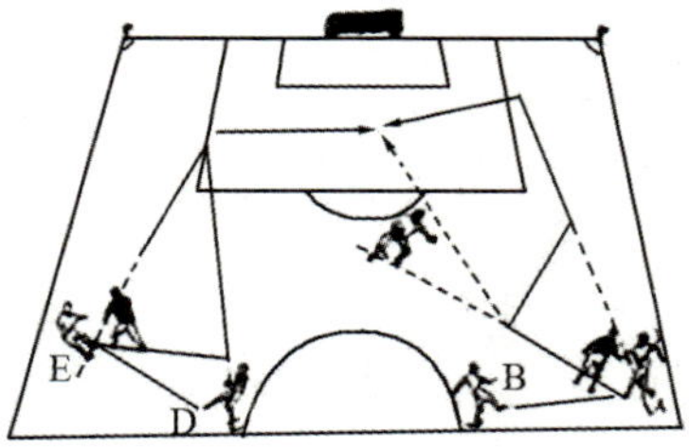

图 7-28

（3）边锋与中锋交叉换位配合（图 7-29）。

（4）前卫套边配合（图 7-30）。

（5）后卫插上套边配合（图 7-31）。

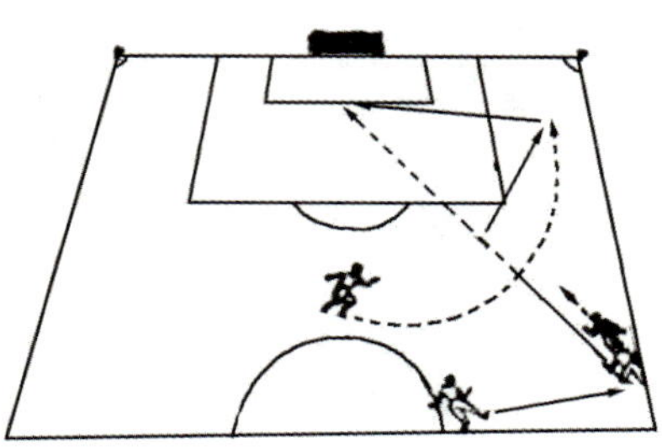

图 7-29

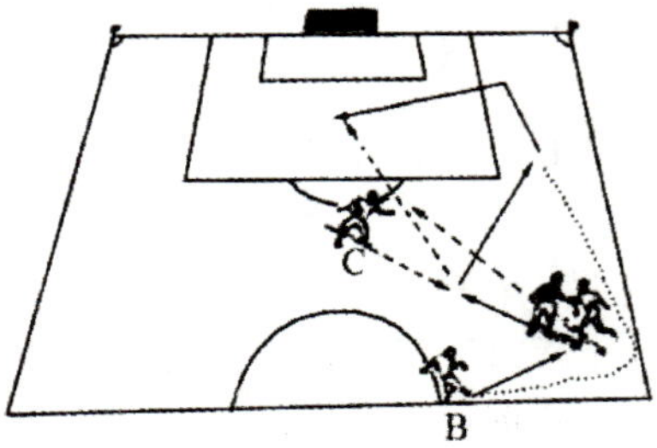

图 7-30

图 7-31

2. 中路进攻

中路进攻是利用球场中间区域组织的进攻，这种进攻虽能直接射门，但难度最大，因中路防守最为严密。

（1）中锋回撤将对方中卫拉出来再反切接球突破射门。

（2）任意球战术配合。前场中路距门 30m 以内的任意球战术配合进攻。

（3）运球突破中远距离施射，或利用个人娴熟控运技术突破后冷静射门。

（4）中锋与前卫或边锋利用斜向运球交叉换位，掩护同伴突破防守并射门。

（5）中场突破空间小、时间短，在对方人缝中利用二过一配合或传切配合突破防守并射门。

（6）横扯插上配合，由中锋跑位扯动，拉开防守队员，制造出第二空当，前卫队员突然插上射门（图 7-32）。

（7）头球摆渡配合。当地面配合难以突破对方防守时，可运用外线吊球，利用中路攻击手的身高和头球优势，争顶摆渡，边锋或前卫插上射门（图 7-33）。

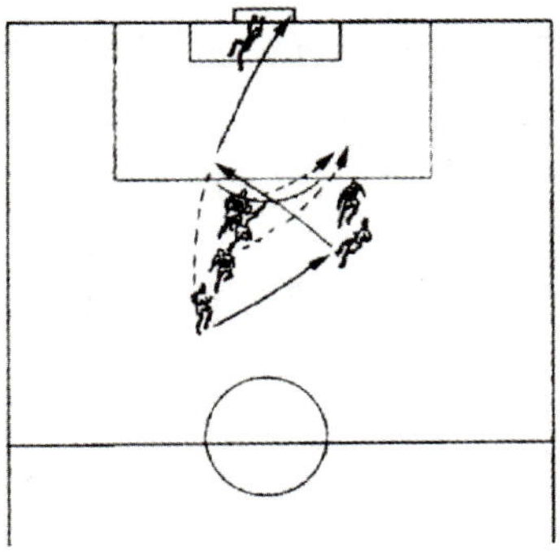

图 7-32

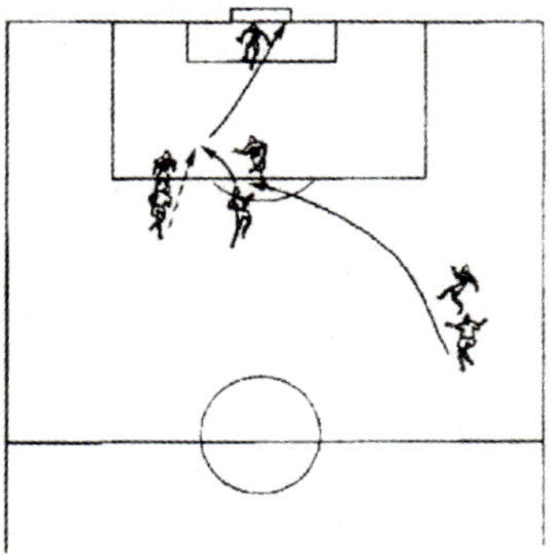

图 7-33

3. 快速反击

比赛中当攻方进攻时，后卫线往往压至中场附近，防守人数也由于插上进攻和助攻而相对减少，此时如能抓住对方防区空隙较大和回防较慢的机会，乘其失球发动快速反击，往往能取得良好的效果。

4. 转移进攻

转移进攻是指由一个区域转向另一个区域的进攻配合。一般有中路进攻受阻时转移到边路组织进攻，或边路进攻受阻时转移到中路组织进攻，或一侧边路转移到另一侧边路的进攻。

二、防守战术

（一）个人防守战术

1. 选位与盯人

选位是指防守队员根据位置职责和临场情况，选择适当的防守位置。盯人是指在正确选位的基础上，对防守的对手实施监控或严密控制其进攻行动。一般来说，选位与盯人要注意以下几点。

（1）选位要先于进攻队员。

（2）选位的基本原则是进攻队员、防守队员和本方球门中点三点成一线，并保持适当距离。

（3）选位以盯人为主，同时兼顾球和空间情况的变化。

（4）选位要组成纵横交错的三角或菱形网络队形。

（5）以多防少或以少防多时，要根据具体情况和任务目的灵活选位。

（6）在正确选位的基础上，根据不同的场区和任务，对进攻队员实施紧逼盯人或松动盯人。

2. 断球

断球是指将对方的传球从途中截下来或破坏掉的战术行为。断球是转守为攻最主动、最有效的战术行动。

(1) 断球的要点。

1) 正确判断持球队员与接应队员的意图，预测传球的时间和路线。

2) 在正确选位的基础上，偏向有球一侧移动，并“松动”防守。

3) 对方传出球的一刹那，先于接球队员快速插向传球路线，将球截断下来。

(2) 运用断球时的注意事项。

1) 隐蔽断球意图。不要紧逼盯防接球队员，这样既可防止对方传切自己身后空当，又可诱使对方向自己身前的对手传球，陷入自己断球的圈套。

2) 顾全防守全局。断球前要分析攻防全局的态势，以少防多时，断球一定要慎重，一旦失误，将造成全局的被动。

3) 断球后反击。断球后要抓住时机，发动快速反击。

3. 抢球

抢球是指将对方控运的球抢过来或破坏掉的战术行动。抢球是重要的个人战术，是个人防守能力的重要标志。

(1) 抢球的要点。

1) 抢球首先要选择在持球对手与球门中点之间站位，这是对方运球突破的必由之路。对方运球向两侧扯动时，即为抢球创造了有利条件。

2) 通过移动与持球对手保持最适宜的距离。

3) 在对手接控球未稳或控、运球两个触球动作之间的时机，将球抢下来或破坏掉。

(2) 运用抢球的注意事项。

1) 不要受对方假动作的迷惑，盲目出脚而被对方突破。

2) 抢球动作要勇猛，既抢球又卡位。

3) 抢球后衔接动作要快，及时控球发动进攻。

4) 如果抢球不成功，要快速转身及时换位回防。

(二) 局部防守战术

局部防守战术是指 2 个或 2 个以上防守队员之间的配合方法。其基本配合形式有保护、补位和围抢。

1. 保护

保护是指给逼抢持球队员的同伴心理和行动上的支持，使其无后顾之忧，全力以赴紧逼对手。一旦被持球队员突破，保护队员可及时补防，堵住进攻路线或夺回控球权。如果逼抢队员夺得了控球权，保护队员可以及时接应发动进攻。

2. 补位

补位是指防守队员弥补同伴在防守中出现漏洞时所采取的相互协助的战术配合。

3. 围抢

围抢是指 2 个以上的防守队员从多方位夹击对方的控球队员，把球抢夺回来或破坏掉的战术配合。

(三) 整体防守战术

整体防守战术是指全队所采取的防守配合。整体防守战术按形式分为人盯人防守、区域盯人防守和混合盯人防守，按打法分为向前逼压式打法、层次回撤式打法和快速密集式打法。

1. 整体防守战术的形式

(1) 人盯人防守。人盯人防守是一种除自由人以外，其他每个队员都有固定盯人对象的防守形式。

通常情况下，运用人盯人防守时应注意以下几点。

1）要求每一个队员必须具有较强的个人作战能力。

2）要求同伴之间要相互协作。当同伴盯人失误时，邻近队员根据场上情况，进行迅速、灵活补位，以保全整体人盯人防守的严密性。

3）要求每一防守队员必须有较强的体力素质。因为在全场范围内，防守队员需始终不停地奔跑和逼抢。

（2）区域盯人防守。区域盯人防守的基本含义是，每一防守队员占据一定的活动区域，当进攻者进入该防区时，区域防守队员实施严密盯人，以控制进攻者在此区域的一切有效行动。

（3）混合防守。混合防守是人盯人防守和区域盯人防守两种形式交织在一起的防守打法。它的最大特点是能根据对手情况，灵活地将人盯人防守和区域盯人防守的优点充分运用，以提高全队防守的效益。

2. 整体防守战术的打法

（1）向前逼压式打法。向前逼压式打法是指丢失控球权后，不是回撤消极防守，而是立即对球、对空间进行逼压，降低对方的进攻速度，迫使对手犯错误，将球破坏或夺回来。

（2）层次回撤式打法。层次回撤打法是一种分层次、有步骤、有组织的防守打法。第一层次是在丢球后离球最近队员立即逼抢，附近队员堵截传球路线，延缓进攻，争取时间；第二层次是其他队员迅速回位，既要选位盯人，又要以球为中心，按场区分主次，组成相互支持与保护的纵深防守队形和体系；第三层次是在稳固防守的基础上，变被动防守为主动争夺球权，即变防守为进攻。

（3）快速密集式打法。密集防守是一种缩小防范区域、集中防守主要力量于门前危险地带，仅留1～2名队员于中场附近的防守形式。

三、足球战术训练

（一）个人战术训练

1. 传球与跑位训练

（1）摆脱接球训练。如图7-34所示，△6用各种方法摆脱②的防守并去接△8的传球，②则尽力阻止其接球，接到球后回传给△8，反复进行训练。

（2）前后移动传球训练。2人1组，面对面站立，相距8～10m，一人向前移动传球，另一人后退回传球，由一侧端线到另一侧端线，反复训练。要求传地滚球、传脚下球，传球后立即移动。

（3）跑动传球训练。如图7-35所示，△1与△2相距10m左右，向前跑动连续传球直至射门。要求传球后快速跑动，向跑动者前面传地滚球。

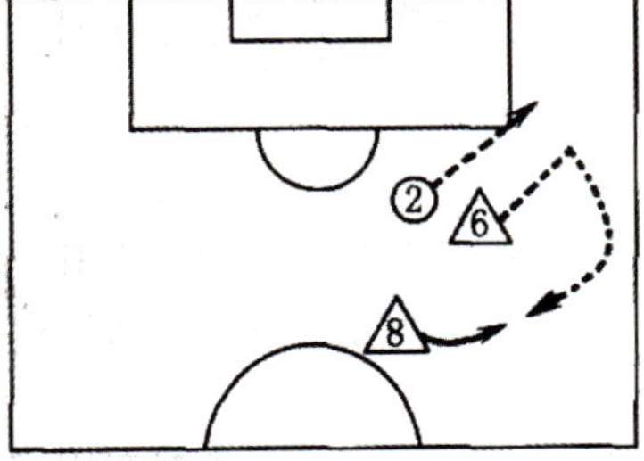

图7-34

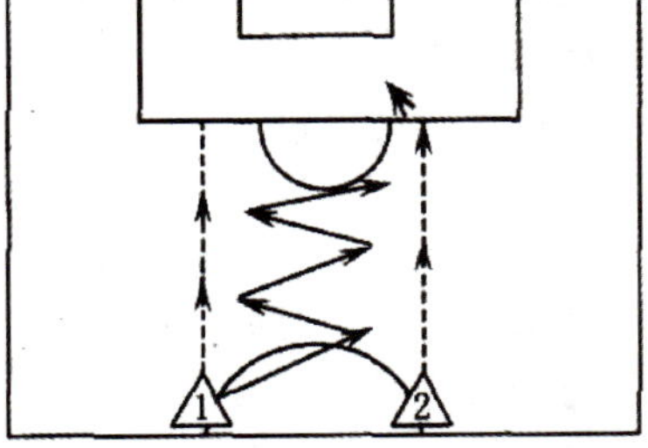

图7-35

(4) 交叉跑动传球训练。如图 7-36 所示，△1慢速运球，△2突然加速交叉向△1前面跑动并接△1的直传球，△1传球后，快速交叉跑动，依次进行，直至射门。

(5) 2 人 1 组接运球训练。如图 7-37 所示，△4向斜前方运球，△5从△4身后交叉跑动，△4传给△5，依次进行，直至射门。要求运球队员与同伴交叉后要突然加速。

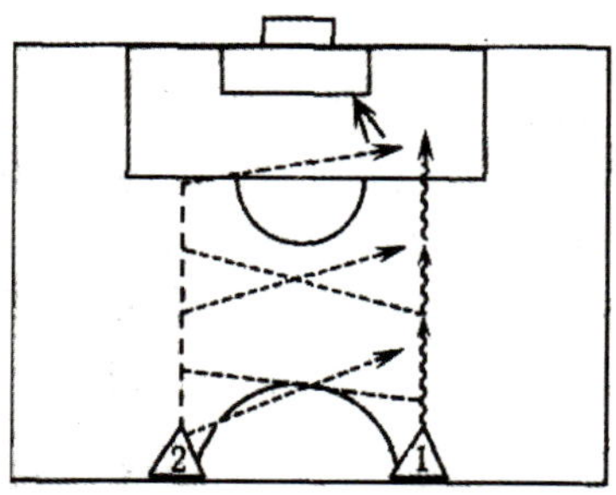

图 7-36

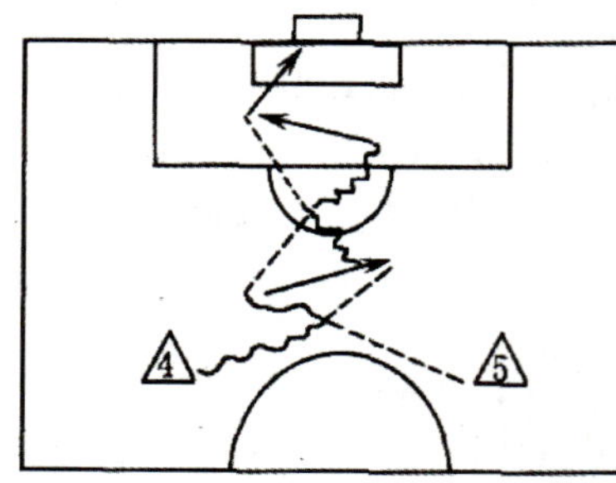

图 7-37

(6) 2 人相距 10m，3 人交叉跑动传球配合训练（见图 7-38）。

(7) 传球跑动距离为 15m，按△5传△7，△7传△4，△4传△6，△6传△8，△8传△9的路线连续传球、跑动（图 7-39）。

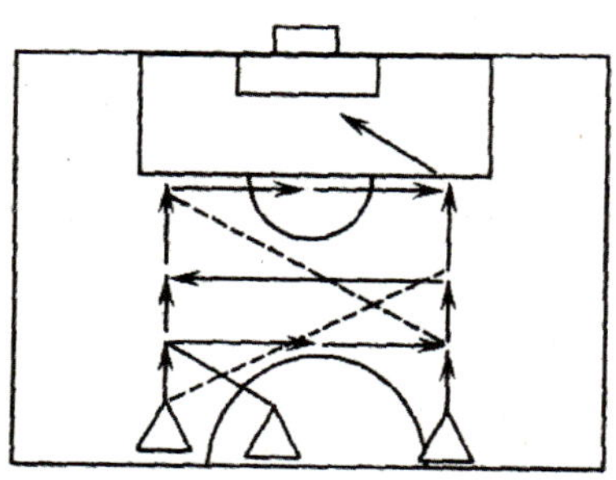

图 7-38

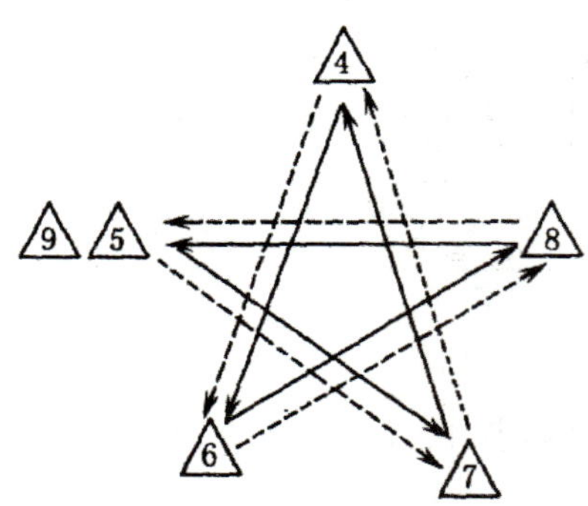

图 7-39

(8) 如图 7-40 所示，△4与△8相距 30m，△4传△6后反切，△6传△4，△4长传球给△8，△6接应△8，△8传△6后重复△4的动作。

2. 选位与盯人训练

(1) 无球的选位与盯人训练。2 人一组，面对面站立，相距 2m，一攻一守，进攻队员做摆脱跑动，防守队员做选位盯人训练。要求进攻队员可由慢到快做各种摆脱跑动；防守队员快速移动选位，不让进攻队员跑到身后。

(2) 诱导性选位训练。如图 7-41 所示，在离球门 16～20m 距离内进攻队员横运球，防守队员练习选位。

(3) 防运球的选位与盯人训练。在半场内 2 人 1 组，进攻队员向球门做变向与变速运球，防守队员做选位与盯人练习。

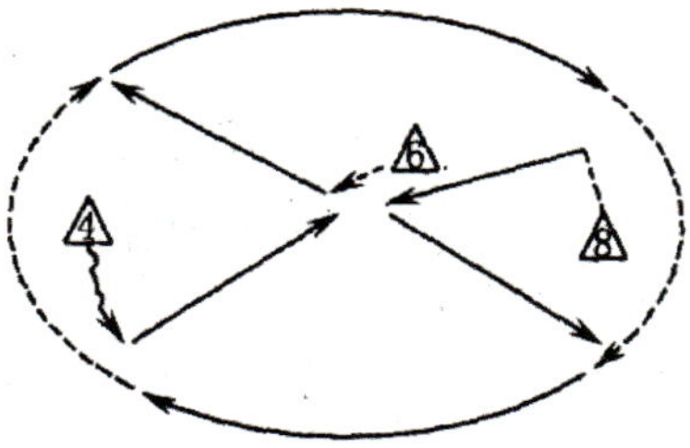

图 7-40

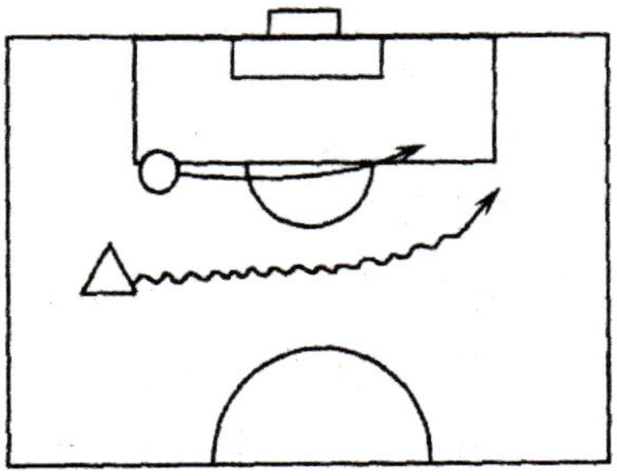

图 7-41

（二）局部攻守战术训练

1. 传切配合训练

（1）传切射门训练。如图 7-42 所示，队员分成 2 组成纵队面向球门，△5传球给切入的△2，△2接球后射门。△5传球后跑至△2队排尾，△2射门后运球至另一队尾。

（2）▲向△7长传球，△7切入接运球传中，△6切入射门（图 7-43）。

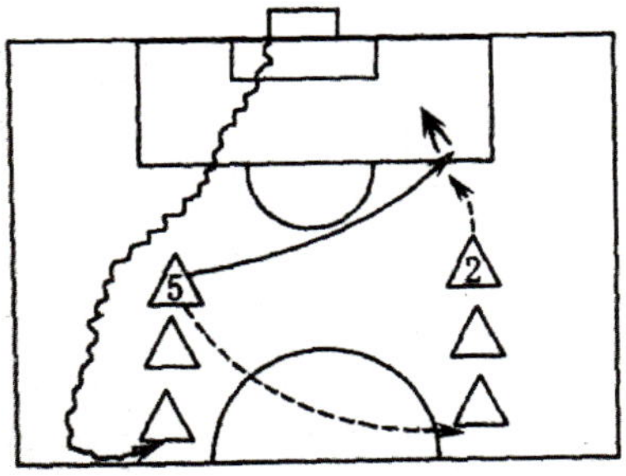

图 7-42

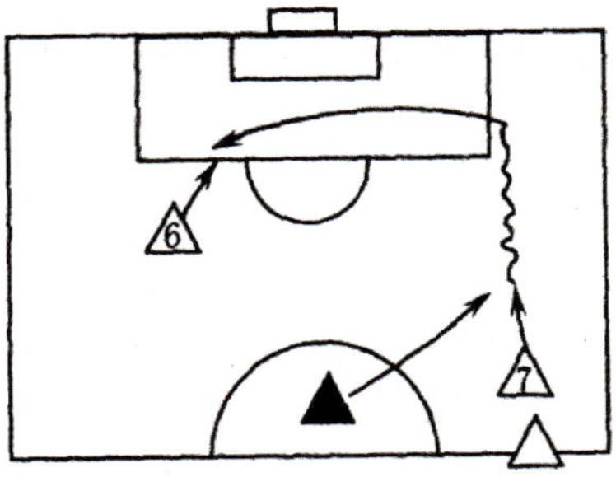

图 7-43

2. 二过一配合训练

（1）固定标志物做二过一配合训练。

每组 8～10 人，分成 2 队相距 10m 左右，2 人为一组，进行二过一配合训练（图 7-44）。

（2）踢墙式二过一训练。如图 7-45 所示，△6运球中将球传给固定的传球者△后，△6切入起脚射门。

（3）长传转移二过一训练。

如图 7-46 所示，△5长传给右侧的△3，△3接运球后与△8进行二过一配合后射门。

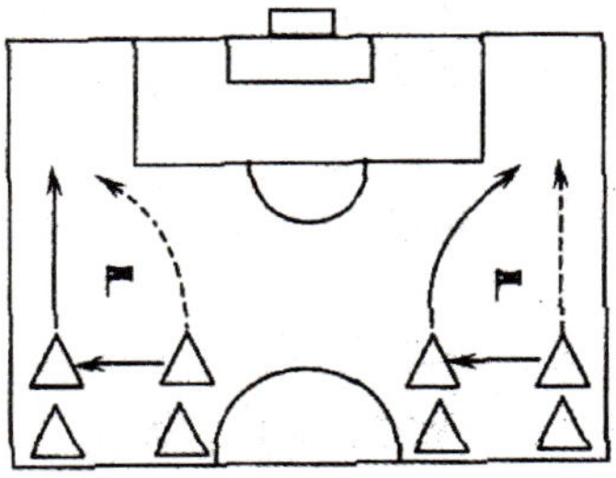

图 7-44

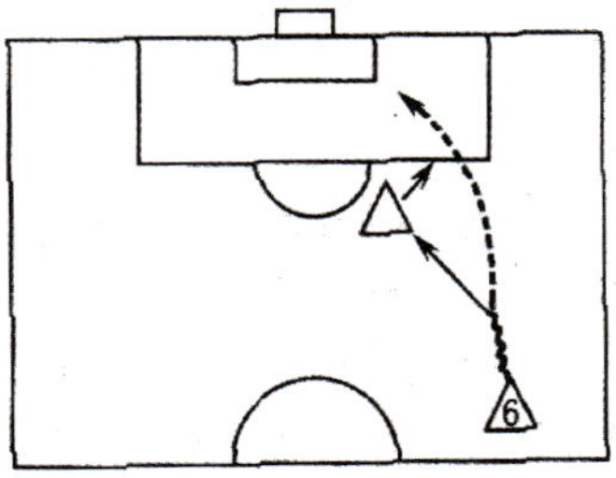

图 7-45

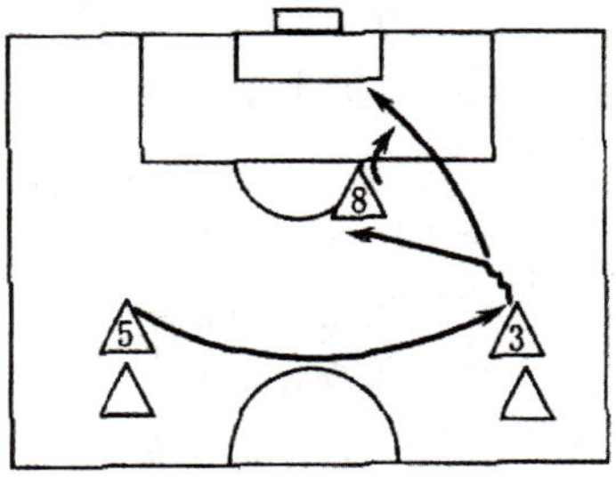

图 7-46

3. 方形游戏训练

（1）不设球门的方形游戏训练。

1）在 $10m^2$ 的场地内，3 人传球，1 人抢球。抢球者触球或传球者传球出界即互换攻守。可酌情规定传球者的触球次数。

2）场地同上，2 人传球，1 人抢球，记录单位时间内 1 人抢触球次数和传球失误次数之和；或记 2 人连续传递的次数，借以检查战术练习的质量。

3）在 $20m^2$ 左右的场地上，进行三传二抢练习。规则要求同①。

④场地同上，一对一或二对二攻守练习。在边线上安排 2～4 名接应人，其任务是沿边线接应与直接传球。

（2）设球门的方形游戏训练。

1）设一个球门的练习。在 $40m^2$ 左右的场地中间有一个 3m 宽的小球门。甲、乙双方各 2～3 人，做攻守对抗练习，攻方可在任何方向和地点射门。

2）设两个球门的练习，场地大小同上，但球门设在两边的线上，每方负责防守各自的球门。

3）设四个球门的练习，在边长 20m 的场地上，每边均有一个 3m 宽的小门，每组 6～8 人相互攻守对抗，有 2 人专门守本方的 2 个球门（图 7-47）。

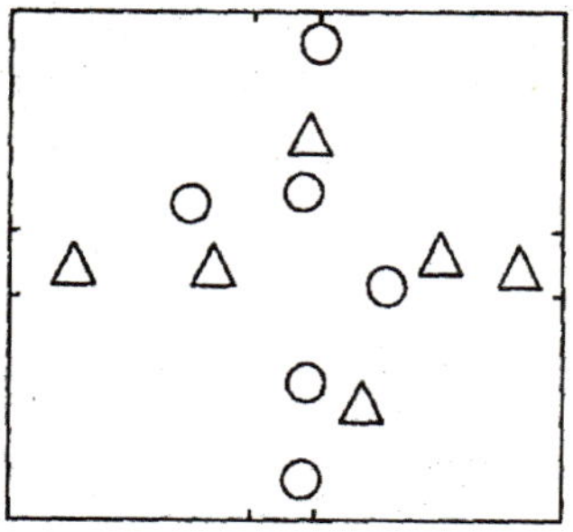

图 7-47

4. 小场地比赛训练

在篮球场上进行 3 对 3 比赛，篮架两立柱或另设标志物为门，不准大力踢球和远射，界外发球用脚踢。

5. 半场攻守训练

可进行 3 对 3 至 10 对 10 的各种局部半场攻守和整体半场攻守练习。可安排守门员守门，体育教师可在中场组织进攻并接应防守一方抢断球后的反攻球。半场攻守是使局部与整体攻防战术有机结合的练习形式，也是整体攻防战术训练的有效方法。

（三）整体攻守战术训练

整体战术训练首先要组织好整体防守体系。在此基础上，重点训练边路和中路的套路配合，并将两者通过转移进攻有机地联系起来，这无疑对边路和中路整体防守配合能力互相限制，也是互相促进的。

在整体攻守训练中，要求队员既要以攻守战术原则为指导，按照全队整体战术要求去训练，又要注意发挥队员的创造性。要求队员以实战精神状态投入训练，通过训练不断发展各位置间、各条线间的了解和默契配合，不断增强队员整体战术意识，了解和掌握多种战术打法形式，有意识地逐步形成本队的基本战术打法与风格。

（1）如图 7-48 所示，▲传球给△10，所有队员按防守原则向△10移动和保护。△10回传给▲，所有防守队员向▲移动，▲传向另一侧的△8，所有防守队员按防守原则向△8移动和保护，如此反复训练。在训练过程中，教师要根据队员的练习情况随时进行针对性的指导。

（2）站位方法如图 7-49 所示，进攻增加一名中锋，训练两中卫的盯、补、替换及全队的协同防守。▲传球给△10，△4从①跑到②位置，①不跟过去，要②盯△4，①保护②，△10传球给▲，▲再传给△8，△4从②的位置跑到①位接应。②不跟过去，由①盯△4，②保护①。

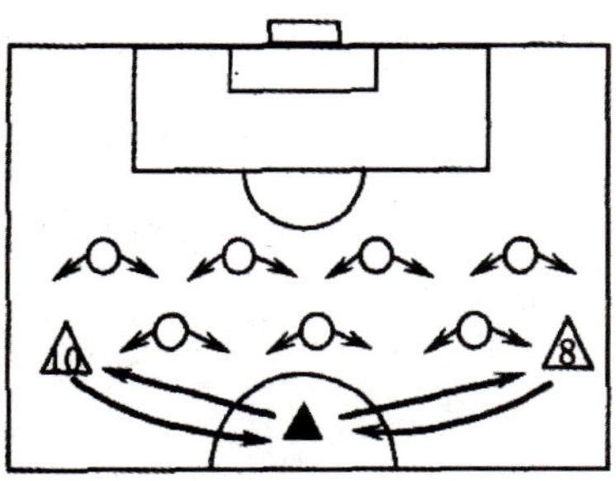

图 7-48

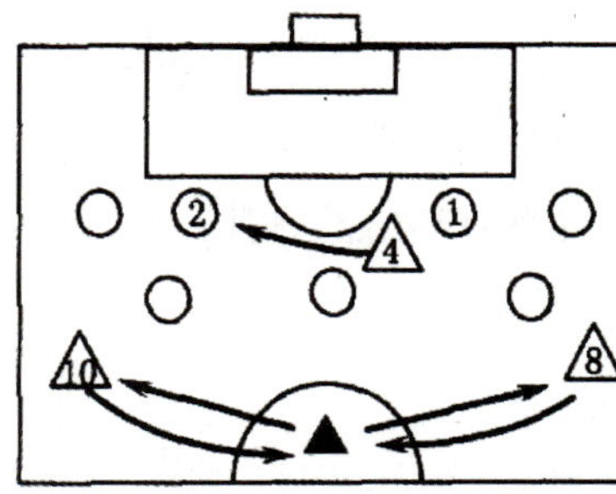

图 7-49

（3）后场发动的边路进攻。如图 7-50 所示，△2拉边接守门员球并传给△7，△7传△6后立即内插，△8套边，△6长传△8，△8运球传中，△10、△9、△4交叉包抄射门。

（4）中场发动的边路进攻。如图 7-51 所示，△8传给前插接应的△2，△2传△10，△10传给切入的△7，△7下底传中。

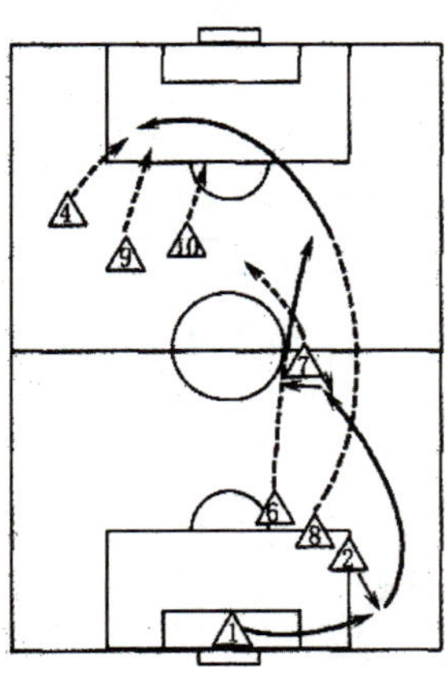

图 7-50

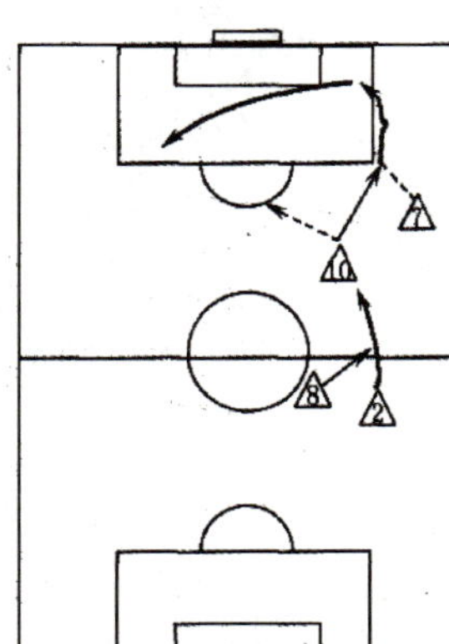

图 7-51

（5）前场发动的边路进攻。如图 7-52 所示，△6前场抢球后运球，△8交叉掩护得球后传△7并切入接△7的直线球传中。

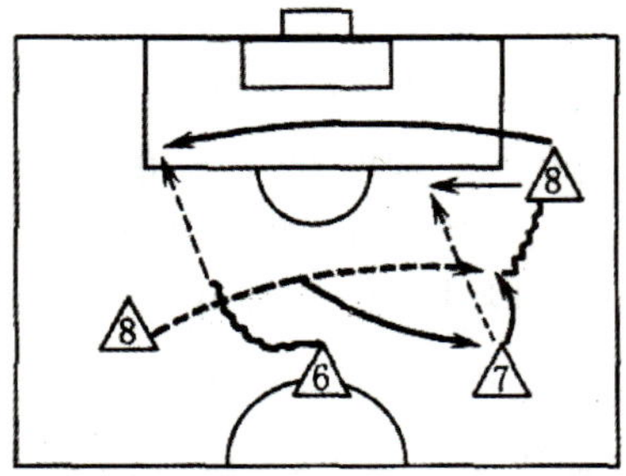

图 7-52

（6）后场发动的中路进攻。如图 7-53 所示，△3 传给接应的 △10，△10 与 △8 二过一配合突破并在快速运球中将球传给 △7 射门。

（7）中场发动的中路进攻。如图 7-54 所示，△5 传球给 △8，△4 切入由 △9 扯出的空档，接 △8 的传球射门。

（8）前场发动的中路进攻。如图 7-55 所示，△6 传球给回撤的 △9，△9 转身传球给切入的 △10，△10 得球射门。

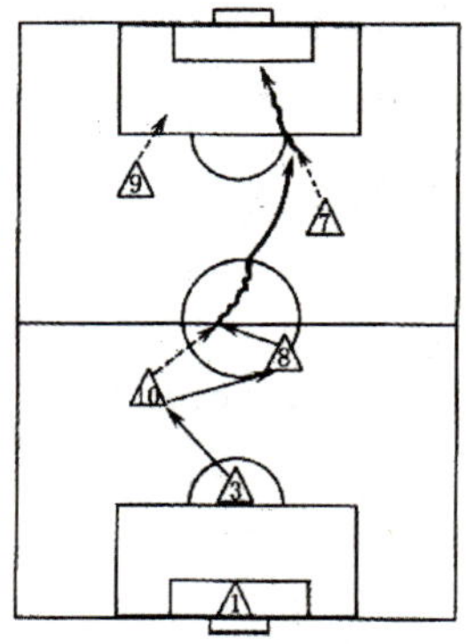

图 7-53

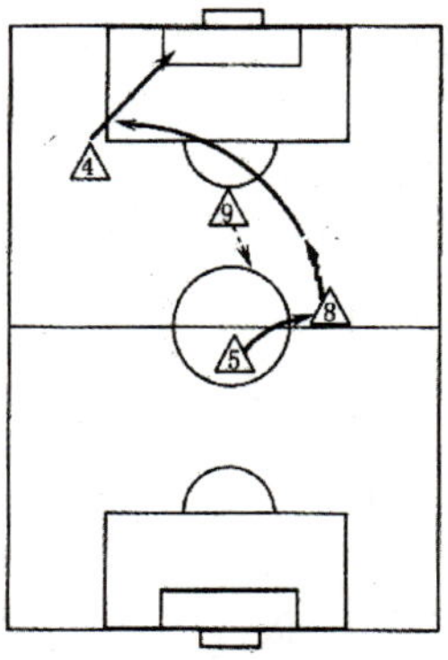

图 7-54

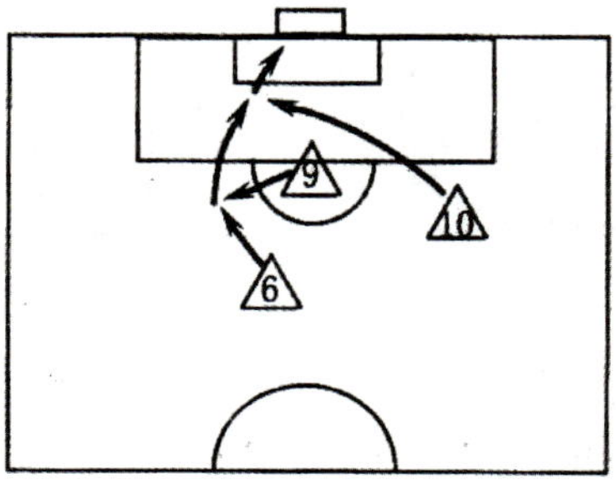

图 7-55

（9）全场攻守对抗训练。要求进攻时训练适合本队特点的各种配合打法，加强队员对各位置打法特点的了解和建立默契联系；防守时练习整体组织布防和各位置配合能力；应用攻守战术原则，培养整体攻守意识。

第四节　足球竞赛规则简介

一、比赛场地、器材

（一）比赛场地

比赛场地是用线来标明的，这些线作为场内各个区域的边界线应包含在各个区域之内。所有线的宽度不超过 12 cm（见图 7-56）。

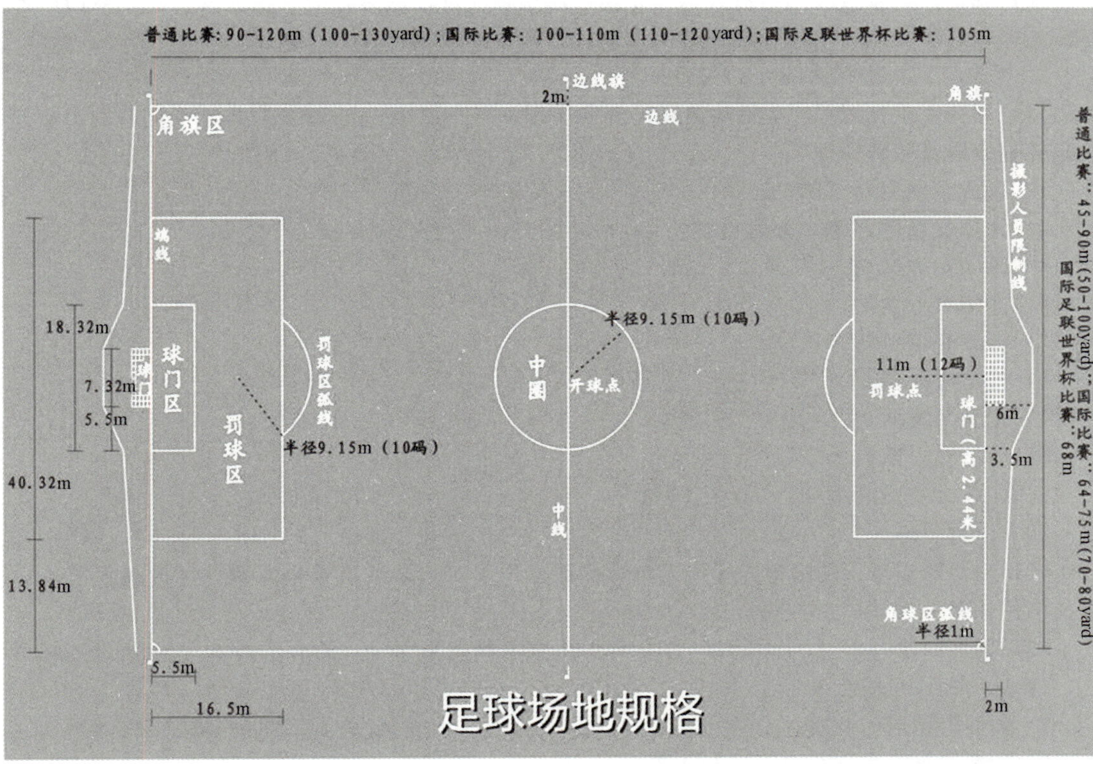

图 7-56　足球比赛场地

（二）球

比赛用球必须为圆形，用皮革或其他适当的材料制成，圆周不长于 70 cm、不短于 68 cm，重量在比赛开始时不大于 450 g、不小于 410 g，压力在海平面上等于 0.6～1.1 个大气压力。

二、比赛方法

1. 队员人数

一场比赛应有两队参加，每队上场队员不得多于 11 名，其中必须有一名守门员。如果任何一队少于 7 人，则比赛不能开始。

2. 比赛时间

比赛分为两个时间相等的半场，每半场 45min。队员可以中场休息，但时间不得超过 15min。

三、规则简介

1. 越位

当队员踢或顶球时，同队接球队员在对方半场内所站的位置在球的前面，并且他与对方球门线之间，对方队员不足两名时，就是越位。

越位犯规：处于越位位置的队员在同队队员踢或触球的一瞬间，裁判员认为有干扰比赛、干扰对方球员和利用越位位置获得利益的行为属于越位犯规；若队员直接从球门球、界外球或角球情况下接到球时，不属越位犯规。

处罚规则：裁判员应判给对方队员在越位地点踢间接任意球。如果该队员在对方球门区内越位，那么这个任意球可以在越位时所在球门区内任何地点执行。

2. 犯规与不正当行为

(1) 判罚直接任意球。如果队员在比赛中出现下列情形之一，将被判为犯规，并判由对方在犯规地点踢直接任意球：

1) 踢或企图踢对方队员。

2) 绊摔或企图绊摔对方队员。

3) 跳向对方队员。

4) 冲撞对方队员。

5) 打或企图打对方队员。

6) 推对方队员。

7) 抢截对方队员。

8) 拉扯对方队员。

9) 向对方队员吐唾沫。

10) 故意手球。

(2) 判罚球点球。在比赛进行中无论球在什么位置，如果队员在本方罚球区内违反了上述犯规中的任意一种，应被判罚点球。

(3) 判罚间接任意球。如果队员在比赛中出现下列情形之一，将判给对方踢间接任意球：

1) 队员动作具有危险性。

2) 队员阻挡对方队员。

3) 队员阻挡对方守门员从其手中发球。

如果守门员在本方罚球区内出现下列情形之一，将判给对方踢间接任意：

1) 手控制球时，在发出球之前持球超过 6s。

2) 在发出球之后未经其他队员触及再次用手触球。

3) 用手触及同队队员故意踢给他的球。

4) 用手触及同队队员直接掷入的界外球。

3. 掷界外球

当球的整体不论从地面或空中越过边线时，从球越出边线处掷界外球，判给最后触球队员的对方。在掷出球的一瞬间，掷球者应，面向比赛场地；任何一只脚的部分站在边线上或站在边线外的地上，使用双手，将球从头后经头上掷出。掷球队员在其他队员触球前不得再次触球。球一进入比赛场地，比赛即为进行。掷界外球不能直接进球得分。

4. 球门球

当球的整体不论从地面或空中越过球门线，而最后触球者为攻方队员，且根据规则不是进球得分时。球门球可以直接射入对方球门而得分。

球门球的程序：由防守方从球门区内的任何一点踢球；对方应在罚球区外直至比赛进行；踢球队员在其他队员触球前不得再次触球；当球被直接踢出罚球区，比赛即为进行。

5. 角球

当球的整体不论在地面或空中越过球门线，而最后触球者为守方队员，且根据规则不是进球得分时。角球可以直接射入对方球门而得分。

角球的程序：将球放在离球出界处最近的角旗杆的角球弧内；决不允许移动角旗杆；对方必须在距角球弧至少 9.15m 以外，直至比赛进行；由攻方队员踢球；当球被踢并移动时比赛即为进行；踢球队员在其他队员触球前不得再次触球。

第八章　排球运动

第一节　排球运动概述

排球运动于 1895 年起源于美国。最早的比赛场上每队 16 人，分成 4 排，随着技术、战术的发展和提高，逐渐演变为“12 人制”“9 人制”，最后确定为“6 人制”。在许多国家共同努力下，1947 年在巴黎由 14 个国家发起成立了国际排球联合会。从此，排球成为世界性竞技体育运动。

排球运动于 1905 年传入中国。1949 年以前，我国的排球采用“9 人制”比赛。中华人民共和国成立以后，决定采用“6 人制”排球，并继承和发展了“9 人制”排球的各项技术，如快球和快攻战术为我国首创，成为我国排球技术、战术打法的主要特点。1953 年，我国成立了排球协会。1954 年，我国加入国际排球联合会。

目前，世界性最高层次的排球比赛有世界锦标赛、奥运会排球赛、世界杯排球赛等。

现代排球运动由于规则的改变、自由防守人登场、比赛时间缩短、对失误判罚加重，使进攻和防守的两重性更加显现。运动员必须全面掌握各项攻防技术，在技术全面的基础上，才能队有特点、人有特长；技术战术的掌握和运用要准确、熟练、成功率高、失误少；进攻中各种快攻打法的速度和配合节奏更快，变化更多；争取网上优势，不断发展高度，要求运动员身材高、弹跳高，拦网和强攻击球点高。因此，技术全面、特点突出、准确熟练、快速善变、发展高度、不断创新，成为现代排球运动的发展趋势。

排球比赛场地长为 18m，宽为 9m，以一条中线把球场分为两个半场，在中线上空设长 9.50m、宽 1m 的球网将两个场区分开。正式比赛的男子网高为 2.43m、女子为 2.24m。比赛前，场上 6 个队员分别按照场上 6 个区域站位，由双方队长抽签确定谁先发球。球发出前，双方队员按 6 个区站好位，不得越位。发球时，由站在 1 号位的队员发球，如果失误，则对方得分，由对方按顺时针方向轮转一个位置后再进行发球。每一方只允许击球 3 次（拦网除外）。比赛满 25 分为一局。如果遇双方比分均为 24 分时，必须有一方多得 2 分时才算胜局（决胜局第 5 局除外）。正式比赛一般采用 5 局 3 胜制。如果 2 比 2 平时，第 5 局打至 15 分并领先对方 2 分获胜。

排球运动可以增强人体的神经、呼吸、血液循环等系统的机能，培养学生机智灵活、勇敢顽强、奋发向上的拼搏精神和组织纪律性，增强团结协作、密切配合的集体主义思想，是青少年所喜爱的体育项目之一。

第二节　排球运动基本技术

排球技术是在规则允许的条件下所采取的各种合理的击球动作。常用的基本技术有准备姿势、移动、发球、垫球、传球、扣球和拦网。

一、准备姿势

根据腿部的弯曲程度和重心高低，准备姿势可以分为稍蹲、半蹲及低蹲三种。其中半蹲姿势是最基本、最常用的一种。

半蹲准备姿势要求两脚开立稍宽于肩，两脚尖适当内收，脚跟稍提起，膝关节保持一定的弯曲程度，上体稍前倾，重心在两脚之间稍偏前；两臂自然弯曲，双手放在腹前，身体成半蹲姿势；全身肌肉适当放松，两眼注视来球，两脚保持微动。

二、移动

移动是接好来球的重要条件。移动身体与球保持合理位置，是有效地完成垫、传、扣球及拦网等各项技术的关键。常用的移动步法有以下几种。

（一）并步移动

当来球距身体 1m 左右时，可采取并步移动。用并步移动时，移动方向的同侧脚先向移动方向跨出一步，当跨出脚落地时，另一只脚迅速并上成击球前的准备姿势。并步移动可向前、后、左、右各个方向移动，主要用于传球、垫球、拦网等技术。

（二）跨步移动

当来球较低，离身体 1m 左右距离时，可采用跨步移动。跨步移动时，一脚用力蹬地，一脚向来球方向跨出一大步。跨出腿膝部弯曲，上体前倾，臀部下降，身体重心移至跨出腿上，后腿在蹬地后膝部也要微屈。

（三）交叉步移动

当来球在体侧或体前侧距离身体 3m 左右时，可采用交叉步移动去接近球。若向右移动，起动时身体应向右转，同时右脚自然地向右先移动一小步，使脚尖指向右前方；左脚在右脚前面向右交叉迈出一步；然后右脚再向右跨出一步，落在左脚的右侧；同时身体转动对准来球方向，保持击球前的准备姿势。向左移动时，动作方向相反。

（四）跑步移动

当来球距身体较远，不适宜采取其他步法去接近球时可采用跑步移动。跑步时，起动的步子要小，然后再逐渐加大步幅、加快步频，两臂要用力摆动；在准备接近球时再减速制动，逐渐降低重心做好击球前的准备姿势。

（五）准备姿势和移动的练习方法

（1）在慢跑的过程中，听到或看到信号立即做好准备姿势。

（2）做好准备姿势后，看到向前、后、左、右的不同信号做各种步法移动的练习。

（3）看或听不同信号做准备姿势及各种步法移动的练习。

（4）在排球场边线、端线做各种不同步法移动触线练习。

三、发球

发球是指队员在发球区内将球抛起后，用一只手将球击出，直接从网上两标志杆内进入对方场区内的一种击球方法。发球主要有正面下手发球、侧面下手发球、正面上手发球、勾手发球、正面上手和勾手发飘球等。

（一）正面下手发球

面对球网两脚前后开立，左脚在前（以右手发球为例），两膝微屈，上体稍前倾，左手持球于腹前；左手将球上抛在右肩前约 40cm，离左手约 20cm 的高度；同时右臂伸直后摆，身体重心适当后移；以肩为轴，手臂由后经下方向前摆动；身体重心也随之前移，在右肩的前下方腹前用全掌、掌根或虎口击球的后下部；击球后，随着身体重心前移之势迅速跨步入场，如图 8-1 所示。

图 8-1　正面下手发球动作分解示意图

（二）正面上手发球

面对球网两脚前后开立，左脚在前（以右手发球为例），左手持球于腹前；左手托球上送，将球平稳上抛于右肩前上方约 1.2m 处；同时身体稍右转，右臂抬起，屈肘后引，肘部与肩平齐，手掌自然张开；上体稍向右侧转动，抬头、挺胸、展腹、身体重心移至后脚；击球时，利用蹬地转体和快速收腹的动作，带动手臂迅速而猛烈地向前上方挥动；手臂挥直在右肩前上方最高点，以全手掌击球的后中下部；身体重心随着前移至左脚；手掌触球时，手腕继续有一个向前推压的动作，使球向前旋转飞行；击球后，右脚随着上体前压动作自然前移，并迅速入场，如图 8-2 所示。

图 8-2　正面上手发球动作分解示意图

（三）发球的练习方法

（1）不隔网或对墙发球练习。两人相距 10m 左右，互相发球。

（2）在 3m 线后做发球过网练习。两人一组分别站在 3m 线后互相做对发球练习。

（3）在端线做发球练习。两人一组在各自半场端线后做发球练习，规定区域落点，互相经对方规定的区域中发球。

（4）发球比赛。分组进行发球比赛，看哪一组成功率高、哪一组准确性高。

四、垫球

垫球是接发球、接扣球和接拦回球的主要方法，有时也可用来组织进攻，因而是排球运动中运用最多的主要技术之一。垫球分为正面双手垫球、体侧双手垫球、单手垫球、鱼跃垫球、滚翻垫球和挡球等。

（一）正面双手垫球

正面双手垫球是各种垫球的基础。它是在准备姿势的基础上，判断来球的路线与落点，迅速移动取位，把来球保持在腹部的正前方，两臂插入球下并对准来球；垫球时，利用蹬腿抬体和提肩抬臂的协调动作，以两前臂所组成的平面击球的后下方，同时身体重心伴随击球动作向前移，将球向前上方垫出，如图 8-3 所示。

图 8-3 正面双手垫球动作分解示意图

1. 垫球手型

（1）叠指法：叠指法是指两手手指上下相叠，两拇指对齐平行相靠压在上面一手的中指第二指节上，掌根紧靠，两臂伸直相夹，注意手掌部分不能相叠。

（2）抱拳法：抱拳法是指两手抱拳互握，两拇指平行放于上面，两掌根和两小臂外旋紧靠，手腕下压，使前臂形成一个垫击平面。

2. 击球点、击球部位

正面双手垫球的击球点，一般应尽量保持在腹前约一臂距离的位置，用腕上 10cm 左右的两小臂挠骨内侧构成的平面击球。为了便于体会正确的动作方法，可以把垫球动作按连贯的顺序概括为插、夹、提 3 个动作要领。

（1）插：及时移动取位，降低重心，两臂前伸插至球下，使两前臂的垫击面对准来球，并初步取好手臂的角度。

（2）夹：夹是指两手掌根紧靠，手臂夹紧，手腕下压，用平整而稳定的击球面去迎击球。

（3）提：由下肢蹬地、提肩、顶肘、压腕的动作去迎击来球，身体重心要随球前移，两臂在全身协调动作的配合下送球。

（二）挡球

当来球速度快且较高，用垫球、传球动作有困难时，可采用挡球。挡球分为双手挡球和单手挡球两种。

(1) 双手挡球的手形有并掌法和抱拳法两种。并掌法是由两肘弯曲，两手虎口交叉，用手掌外侧向前组成勺形的击球面击球；抱拳法是指两肘弯曲，一手半握拳，另一手外包，用两手掌外侧所组成的击球面击球。双手挡球的击球点应保持在额前上方或左、右肩的上方。

(2) 单手挡球时手半握拳，手腕放松，触球瞬间后仰并保持一定的紧张度，用拳心和掌根部位击球的后下部。

(三) 垫球的练习方法

(1) 徒手模仿练习。模仿垫球手型及垫球的完整动作。

(2) 垫击固定球。两人一组，一人持球在小腹高度，另一人做垫球动作。

(3) 垫抛来的球。两人一组，一人抛球一人垫，可以从一个方向开始至不同方向抛球。

(4) 对垫。两人一组或多人一组练习垫球。多人一组成纵队练习垫球，每人垫一次后交换。

(5) 接发球、接吊球、接扣球组合在一起练习。

五、传球

传球是排球运动中的一项重要技术，比赛中由防守到进攻，主要靠二传衔接。因此，传球是组织各种进攻战术的基础。传球的方法主要有正面传球、背面传球、侧面传球和跳起传球等。

(一) 正面双手传球

传球前及时判断来球方向，迅速移动到球的落点上，对准来球，准备姿势稍蹲。双手自然抬起，放松置于脸前。当来球接近额前时，开始蹬地、伸膝、伸臂，两手微张从脸前向上方迎球；球来到额前上方约一球距离处，利用伸臂和手指手腕的反弹力、配合蹬地的力量将球击出；当手触球时，两手指自然张开成半球形，两拇指相对成“一”字形和两食指成“八”字形；手腕稍后仰，以拇指、食指和中指托住球的后下部，手指手腕保持适当的紧张，以承担球的压力；无名指和小指在球两侧辅助控制传球方向；传球时要根据来球力量的大小和传出的远近而适当地控制伸臂速度和手指手腕的紧张程度，并有意识地运用手指手腕适度的紧张，缓冲来球的压力。通过这个缓冲过程，加强对球的控制，使之柔和而准确地将球传到所需要的位置，如图 8-4 所示。

图 8-4 正面双手传球动作分解示意图

(二) 背面传球

传球前身体背面要对正传球目标，上体保持正直或稍后仰，击球点比正面传球要稍高。迎球时，微微仰头挺胸，在下肢蹬地的同时，上体向后上方伸展；击球时，手腕适当后仰，使掌心向后上方，手指击球的底部，利用抬臂、送肘的动作和手指、手腕主动向后上方用力及两拇指主动上挑的力量将球向后上方传出。

（三）传球的练习方法

（1）模仿动作练习，着重学习传球前的准备姿势、协调的伸展动作、传球前的手形。

（2）持球模仿练习，着重学习击球时的手形、击球点的位置、身体协调的迎送动作。

（3）原地传抛来的球，着重练习传球的完整动作和手指、手腕的击球动作。

（4）两人一组对传练习，做各种移动后的传球练习。

六、扣球

扣球是最积极有效的一种进攻手段，是完成战术配合的最后一击，是得分和得发球权的主要途径，在比赛中有很重要的地位。扣球分为正面扣球、勾手扣球、快球、调整扣球等。

（一）正面扣球

身体放松略前倾，成稍蹲姿势；左脚先向前迈一步，紧接着跨出右脚（步幅要大些），并以脚跟先着地，左脚迅速并上，落在右脚之前，两脚尖稍向右转；两臂由后下方主动有力的向前上方摆动，抬头挺胸，两臂举起高于肩，上体向击球臂一侧稍转，击球臂屈肘后引，身体成反弓形；击球时，利用迅速转体收腹动作带动肩、肘、腕等各关节成鞭打动作向前上方挥动，用全掌击球的后中上部，腕跟着用力前推下甩；落地时，脚前掌先着地并屈膝，稍收腹，以缓冲下落的力量，如图 8-5 所示。

图 8-5　正面扣球动作分解示意图

（二）快球

快球是我国的传统打法。快球是扣球者在二传队员传球前或传球时同时起跳，并迅速把二传队员传来的球击入对方场区。这种扣球速度快、时间短、突然性强、牵制性大。

（三）扣球的练习方法

（1）徒手练习挥臂动作，利用吊球做原地手臂挥摆击球的动作。

（2）利用网前抛球进行助跑起跳接球和扣球的练习。

（3）结合二传，做扣球的练习；结合比赛，做扣球练习；连续扣球练习；在拦网情况下做扣球练习；扣一定区域球的练习等。

七、拦网

拦网是排球运动中的基本技术之一，是进攻和防守的重要手段，在比赛中成功的拦网既可拦住对方的扣球、减轻后排防守的压力，又可直接得分，给对方心理造成威胁。拦网水平的高低直接影响到比赛的胜负。拦网技术分为单人拦网和集体（两人或三人）拦网。单人拦网是拦网的基本形式，是集体拦网的基础。

（一）单人拦网

两脚左右开立与肩同宽，两膝微屈，上体稍前倾，重心落在两脚之间和前脚掌上，两臂自然弯曲放于胸前，眼睛注视球；两脚用力蹬地，两臂经体侧向前上方摆动，借助两臂上摆迅速起跳；身体腾空后，两臂从额前平行球网向上缘的前方伸出，两手自然张开，两手距离以不漏球为宜，在拦击球时向上提肩使两臂尽量上伸；触球时手腕用力下压，盖住球的上方；拦击后要含胸制动，手臂不能放松随意下拖；落地时应以前脚掌先着地，顺势屈膝下蹲，及时做好下一动作的准备姿势，如图 8-6 所示。

图 8-6　单人拦网动作分解示意图

（二）集体拦网

集体拦网又分为双人拦网和三人拦网两种。具体应根据对方采用的进攻战术和扣球队员的特点，采取相应的拦网方法。集体拦网时应注重相互配合。

（三）拦网的练习方法

（1）徒手练习，每人一球做自抛自拦练习；利用低网进行练习。

（2）二人一组隔网对面站立，抛球人距网 1m 向网口抛球，另一人原地起跳拦网。

（3）原地起跳拦扣固定球、拦扣抛球、拦扣传球。

第三节　排球运动基本战术

排球战术是队员在比赛中，根据临场竞赛情况的发展变化，以及排球运动规律，采用合理技术，互相之间有意识、有目的、有组织的个人和集体配合行动。

一、个人战术

个人战术是指运动员根据临场情况有目的地应用技术动作，以达到有效地进攻和防守的目标，包括发球、一传、二传、三击、拦网及后排防守的个人战术。

二、集体战术

集体战术是指运动员为了突破对方防守或抑制对方进攻所采用的有意识、有目的、有组织的集体配合行动。

（一）阵容配备

根据队员的特长及本队的战术思想，安排队员在场上的位置，以便最大限度地发挥该队技术和战术水平。

（二）阵容配备的主要形式

（1）“四二配备”：场上有 2 个二传手、2 个主攻手、2 个副攻手。

（2）“五一配备”：场上有 1 个二传手，其余全是主攻手。

（3）“三三配备”：场上有 3 个二传手、3 个主攻手。

三、进攻战术

进攻战术由一传、二传和扣球 3 个环节组成，主要有“中一二”“边一二”“插上”3 种形式。

（一）“中一二”进攻阵形

由 3 号位队员担任二传，将球传给 2 号、4 号位进攻。这种进攻形式简单、便于组织，但战术变化较少，如图 8-7 所示。

图 8-7 “中一二”进攻阵形示意图

（二）“边一二”进攻阵形

由 2 号位将球传给 3 号、4 号位进攻，这种阵形战术配合较复杂，除组织 3 号、4 号位定位扣球外，还可组织“快球”“掩护”“拉开”“交叉”等战术变化，如图 8-8 所示。

图 8-8　“边一二”进攻阵形示意图

（三）“插上”进攻阵形

后排一队员在对方发球后跑到网前作二传，将球传给 2 号、3 号、4 号位进攻，如图 8-9 所示。

图 8-9　“插上”进攻阵形示意图

四、防守战术

防守战术是指接对方扣、传、垫、拦网或处理过来的球所组织的进攻，包括后排防守、拦网、调整二传、反击扣球和保护等环节。

（一）接发球站位阵形

通常采用 5 人接发球（见图 8-10）和 4 人接发球（见图 8-11）站位阵形。

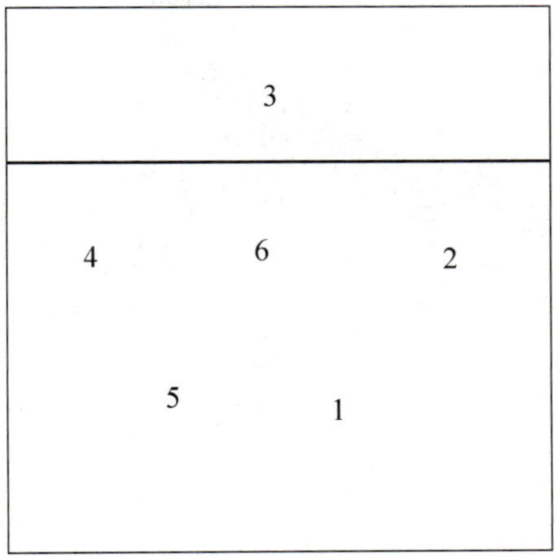

图 8-10　5 人接发球示意图

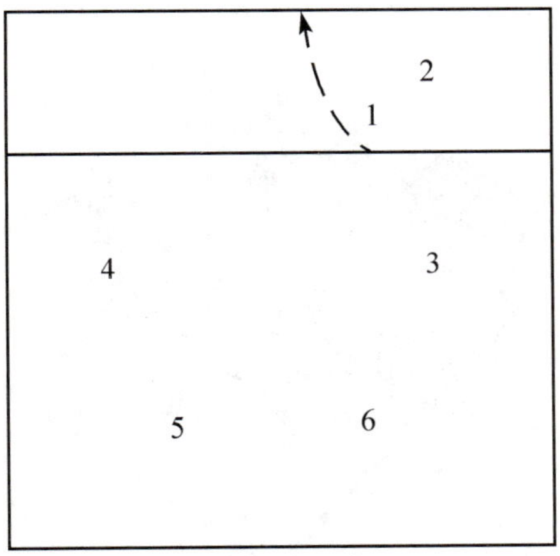

图 8-11　4 人接发球示意图

（二）接扣球防守阵形

接扣球防守阵形主要有无人拦网的防守阵形（站位方法与 5 人接发球的站位基本相同）、单人拦的防守阵形（见图 8-12），以及双人拦网的“心跟进”（见图 8-13）、“边跟进”防守阵形（见图 8-14）等。

图 8-12　单人拦网防守阵形示意图

图 8-13　“心跟进”防守阵形示意图

图 8-14　“边跟进”防守阵形示意图

第九章　田径运动

第一节　田径运动概述

田径运动在世界上有着悠久的历史和广泛的群众基础，具体包括跳跃、投掷类，以有效成绩距离大者名次列前的田赛和跑、走、跨（含 3 000m 障碍）类，完成全程时间短者名次列前的径赛，以及由上述田、径两类各部分项目组成的全能项目和短跑团体接力项目。田径项目或要求在很短的时间内表现出最大的速度和力量，或要求在很长的时间内表现出最大的耐力，最能体现奥林匹克“更快、更高、更强”的精神。

1894 年，在英国举行了最早的现代田径运动国际比赛，比赛共分 9 个项目。真正的大型国际比赛是 1896 年开始举行的现代奥运会，它沿用古代奥运会每隔 4 年举行一次的制度，每届奥运会上，田径运动都是主要的比赛项目。从 1928 年第 9 届奥运会起，才增设了女子田径项目。

目前，田径运动仍然是体育比赛中观赏性极强的运动项目之一。田径与游泳、射击被视为奥运金牌三大项目，是产生奥运金牌最多的项目，“得田径者得天下”也由此而来。

一、田径运动的特点

田径运动项目作为人类最古老的运动项目能延续至今，正是由于它有自己的特点，田径运动项目是在走、跑、跳、投等基本活动技能的基础上演变而来的，而且也是由这些基本活动技能构成的。田径运动具有以下几个特点。

（一）与日常生活紧密联系

田径运动是由基本生产、生活技能演化发展而来，具有浓厚的生产、生活色彩。从现在田径运动的一些动作中仍然可以看出其在人类社会初期作为生产劳动技能的特征，是人类基本活动的运动化。

（二）激烈的竞争性

田径运动竞赛是能力、技术和心理的较量。这在高水平的比赛中表现得更为明显，尤其是运动员的成绩越来越接近，你追我赶、相持不下，经常以微弱之差决定胜负。田赛项目的成败取决于运动员瞬间发挥的水平；而径赛项目运动员在同一条起跑线开始，进行全程的拼搏。因此，田径运动竞赛非常紧张而激烈，运动员不仅要精力高度集中，还要不畏强手，充分表现出自己的最高水平，在实力的较量中激烈的竞争气氛贯穿全过程。

（三）严格的技术性

田径运动项目有周期性和非周期性两种。就其各项技术动作而言，不同于技巧性项目，也不同于其他一些直接对抗性的项目。比赛中的田径技术相对稳定，动作结构也不是非常复杂，但是它对技术的要求却特别高。

（四）能力的多样性

田径运动的基本动作形式为走、跑、跳跃、投，有个人和集体项目，它们反映了人的速度、力量、耐力三方面的能力。而每个项目都有其本身的特点，突出地反映了某一方面的能力，优秀运动员的训练和比赛大多围绕某一个专项。若能较全面地参加田径项目，可使人的运动能力得到普遍提高。

二、田径运动的分类

田径运动是人类在长期的社会实践的基础上发展起来的，包括男女竞走、跑、跳跃、投掷等 40 多个单项，以及由跑、跳跃、投掷部分项目组成的全能运动。以时间计算成绩的竞走和跑的项目叫“径赛”，以高度和远度计算成绩的跳跃、投掷项目叫“田赛”。田径运动是径赛、田赛和全能比赛的全称。表 9-1 是田径运动的主要种类。

表 9-1　田径运动项目一览表

		男　子	女　子
径赛项目	短距离跑	100 m，200 m，400 m	100 m，200 m，400 m
	中距离跑	800 m，1 500 m，3 000 m	800 m，1 500 m
	长距离跑	5 000 m，10 000 m	3 000 m，5 000 m，10 000 m
	超长距跑	马拉松（42.195 km）	马拉松（42.195 km）
	接力跑	4×100 m，4×400 m	4×100 m，4×400 m
	跨栏跑	110 m，400 m，	100 m，400 m
	障碍跑	3 000 m	3 000 m
	竞走	25 km，50 km	10 km，20 km
田赛项目	跳跃项目	跳远，三级跳远，跳高，撑竿跳高	跳远，三级跳远，跳高，撑竿跳高
	投掷项目	铅球，铁饼，标枪，链球	铅球，铁饼，标枪，链球
全能项目		十项全能：100 m，跳远，铅球，跳高，400 m，110 m 栏，铁饼，撑竿跳高，标枪，1 500 m	七项全能：100 m 栏，跳高，铅球，200 m，跳远，标枪，800 m

第二节　跑

一、短距离跑

短距离跑是田径径赛项目中的一类，一般包括：50m 跑、60m 跑、100m 跑、200m 跑、400m 跑、4×100m 接力跑、4×400m 接力跑等。

短距离跑的动作过程包括起跑、起跑后的加速跑、途中跑、终点跑等紧密联系的几个部分。

（一）起跑

1. 起跑器的安装

起跑器的安装有两种方式，如图 9-1 所示。第一种是普通式，即前起跑器距起跑线的距离为 1.5 脚长，后起跑器距前起跑器为 1.5 脚长；第二种是拉长式，即前起跑器距起跑线 2 脚长，后起跑器距前起跑器为 1 脚长。起跑器与地面的角度是，前起跑器为 45°左右，后起跑器为 60°～70°。两个起跑器的中轴线间隔约 15cm。

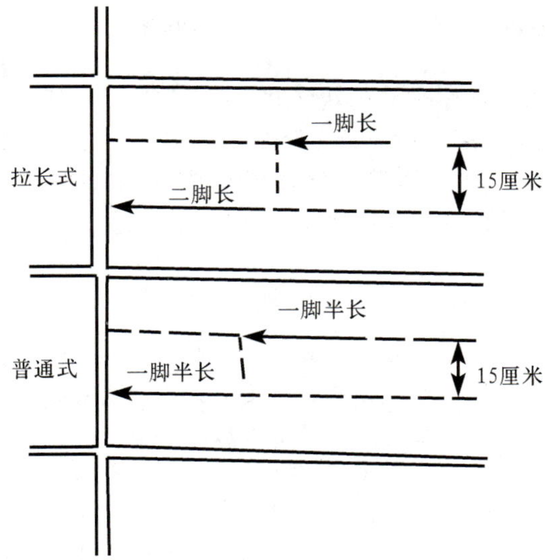

图 9-1 起跑器的安装方式

2. 起跑技术

起跑技术包括“各就位”“预备”“鸣枪”和“跑”四个阶段，如图 9-2所示。

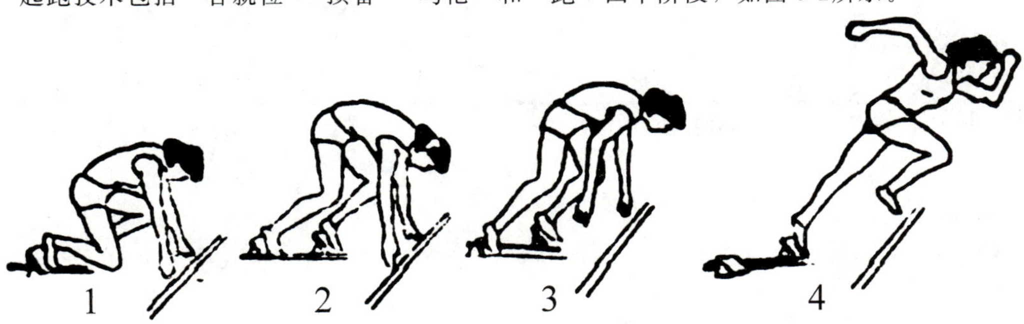

图 9-2 起跑的四个阶段分解示意图

(1)“各就位”：动作前可以做 1～2 次深呼吸；听到口令后，身体放松，情绪稳定地走向起跑线，两手撑在起跑线前的跑道上，两脚依次在起跑器或起跑穴的支撑面上踏紧，后膝跪地；两臂伸直与肩同宽或比肩稍宽，两手拇指张开，其余四指并拢，手成拱形，两拇指相对支撑于起跑线的后缘；身体重心前移，两臂约与地面垂直，颈部放松，身体重量在两臂和两腿上，镇静而放松。

(2)“预备”：听口令后，重心稍前移，臀部慢慢抬起，稍高于肩，后膝离地；两脚蹬紧起跑器，高度集中注意力听信号。

(3)“跑”（鸣枪）：两脚用力蹬起跑器，后腿积极前摆，两手积极推地摆动；前腿用力蹬起跑器，蹬伸髋、膝、踝关节，使身体迅速向前跑出，并保持较大的倾斜角度。

弯道起跑的动作过程同上，只是向前加速的方向应沿着内缘弧线的切线方向跑进。

（二）起跑后的加速跑

起跑和起跑后的加速跑是一个不可分割的整体。起跑开始后，当后腿前摆脚着地的瞬间即开始了起跑后的加速跑。起跑后的加速跑第一步不宜过大，身体要保持适当的前倾，后蹬充分、积极有力，大小腿折叠较小，前摆积极、幅度较大，同时两臂积极有力地摆动，且幅度也较大，步频较快；随着跑速的加快，上体逐渐抬起，步长也逐渐加大。起跑后加速跑的距离一般为 20～25m，而后即进入途中跑阶段，如图 9-3 所示。

图 9-3　起跑后的加速跑动作分解示意图

（三）途中跑

途中跑是全程跑的主要部分，也是全程跑中距离最长、速度最快的一部分。途中跑能否一直发挥和保持较快的速度，是决定全程跑成绩的关键。

途中跑时，头、上体保持正直或稍前倾；摆动腿时，大腿高抬、屈膝积极前摆，带动同侧髋向前；然后大腿积极下压，小腿自然前伸；以前脚掌向后扒地着地、略有缓冲；当身体移过着地点时，即开始后蹬；后蹬时，快速有力蹬伸膝，踝关节，推动身体向前；两臂屈肘，以肩为轴、协调前后摆动，如图 9-4 所示。

图 9-4　途中跑动作分解示意图

（四）终点跑

终点跑一般是指全程跑最后 15～20m 的距离。此时体力下降，在保持途中跑技术和速度的基础上，应有意识地加大上体的前倾，加强摆臂，尽量保持最快的速度冲过终点。

（五）提高短跑速度的手段与方法

1. 短跑的训练手段

（1）高速大幅度地前后摆动腿练习。要求在快速摆动中完成合理的折叠技术；摆动腿时，大小腿折叠得越紧、半径越小，摆速就越快。

（2）加快脚掌着地速度练习。要求尽可能地缩短腾空时间。

（3）快速摆臂、摆腿练习。要求腿臂动作协调进行。

2. 短跑的训练方法

（1）20～40m 行进间快跑练习。

（2）4×（25～50）m 接力跑、加速跑、追赶跑练习。

（3）下坡跑 30～60m，（3～4）次×（2～3）组。

（4）顺风跑 30～60m，（3～4）次×（2～3）组。

（5）短距离变速跑 100～150m（30m 快跑＋20m 惯性跑＋30m 快跑＋20m 惯性跑），3 次×（2～3）组。

（6）胶带牵引跑 30～60m，（4～5）次×（2～3）组。

（7）反复跑 30～60m，（4～5）次×（2～3）组。

（六）跑的专门练习

（1）小步跑。上体正直肩放松，两臂前后自然摆动；髋、膝、踝关节放松，迈步使膝向前摆出，髋稍有转动；在摆腿的膝向前摆动的同时，另一条腿的大腿积极下压，足前掌扒地式着地，着地时膝关节伸直，足跟提起，踝关节有弹性。

（2）高抬腿跑。上体正直或稍前倾，两臂前后摆动，大腿积极向前上摆到水平，并稍稍带动同侧髋向前，大小腿尽量折叠，脚跟接近臀部；在抬腿的同时，另一腿的大腿积极下压，直腿足前掌着地，重心要提起，用踝关节缓冲。

（3）后蹬跑。上体正直或稍前倾，两臂自然摆动；摆动的腿积极向前上方摆出，由于躯干扭转，同侧髋带动大腿充分前送；在摆一条腿的同时，另一条腿的大腿积极下压，足前掌着地，膝、踝关节缓冲，迅速转入后蹬；后蹬时摆腿送髋动作在先，膝踝蹬伸在后，腾空阶段重心向前性好，腾空时要放松，两腿交替频率要快。

（4）后踢小腿跑。上体正直或稍前倾，两臂前后自然摆动；足前掌着地，离地时足前掌用力扒地，离地后小腿顺势向后踢与大腿折叠，膝关节放松，足跟接近臀部。

（5）折叠腿跑。上体正直或稍前倾，两臂前后摆动；后蹬结束立即向前上方抬大腿和收小腿，膝关节放松，大小腿充分折叠，边折叠边向前摆动；在摆动的腿折叠前摆的同时，另一条腿的大腿积极下压，足前掌着地，膝关节缓冲。

（6）小车轮跑。前三点要领同折叠腿跑；加大大腿的幅度，当大腿摆到一定程度时，小腿随惯性向前摆出，随着大腿积极下压，小腿主动做扒地式的动作，用足前掌扒地式着地。

（7）大车轮跑。要点同高抬腿跑；摆动大腿抬到水平，小腿随惯性向上方摆出，然后随着摆动大腿的积极下压，小腿积极向下刨扒，着地时膝关节可以稍有弯曲，上体可以稍有后仰，特别是做的距离比较长时；用踝关节缓冲，有扒地动作。

二、接力跑

接力跑是由几个人组成接力队，每人跑完一定的距离，用接力棒或接力带进行传递，相互配合跑完全程的集体径赛项目。

（一）传接棒方法

（1）上挑式。接棒人的手臂自然向后伸出，手臂与躯干成 40°～50°角，掌心向后，拇指与其他四指自然张开，虎口朝下；传棒人将棒向前上方送入接棒人的手中，如图 9-5 所示。

图 9-5　上挑式传接棒示意图

这种传棒方法的优点是接棒人向后下方伸手臂的动作比较自然，传棒人传棒动作也比较自然，容易掌握；缺点是接棒后，手已捏在接力棒的中部，如不换手再传给下一棒时，则只能握住接力棒的前部，容易造成掉棒和影响快速前进。

（2）下压式。在传棒时，手臂不要太高，而是用手腕动作将棒向前下方推送入接棒队员手中，传棒人可以用手腕动作来调整传棒动作的准确性；在做此动作时，接棒人的手臂向后伸出，手臂与躯干成 50°～60°角，手腕内旋，掌心向上，拇指与其他四指自然张开，虎口朝后，传棒人将棒的前端由上向下传给接棒人手中，如图 9-6 所示。

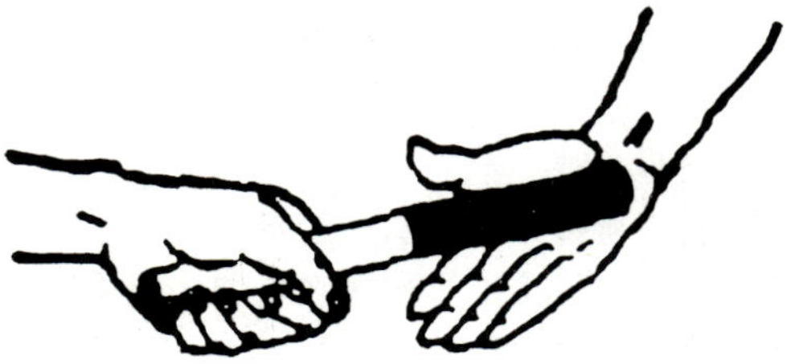

图 9-6　下压式传接棒示意图

下压式传接棒技术的优点是每一棒次的接棒都能握住棒的一端，便于持棒快跑；缺点是接棒时，接棒人的手臂比较紧张，不够自然。

（二）各棒队员的配合

4×100m 接力跑在安排各棒队员时，必须考虑发挥每个人的特长。一般第一棒应安排起跑好、善于跑弯道的运动员；第二棒应是速度快、专项耐力好，善于传、接棒的运动员；第三棒除应具备第二棒的长处外，还要善于跑弯道；通常把全队成绩最好、冲刺能力最强的运动员放在第四棒。对于 4×400m 接力跑，由于 400m 后程的跑速明显地降低，传接棒的技术比较简单；各棒之间的配合以第一棒和第四棒的安排为主；一般将速度较快的运动员放在第一棒，争取获得领先地位；第四棒安排速度耐力好，意志品质较顽强的运动员，一旦前三棒落后，可奋起直追，一拼到底。

三、中长距离跑

中长距离跑运动是一项需要速度和耐力的综合性项目。一般把 800～10 000m 统称为中长跑项目，它需要人体能在较长时间内保持较高的跑步速度。

（一）呼吸

呼吸必须有一定的频率和深度，还必须与跑的节奏相配合，一般采用两步两吸，两步两呼；呼吸时采用口进行呼吸的方法；随着速度的加快和疲劳的出现，呼吸的频率有所增快。

（二）起跑

中长距离跑采用站立式起跑。各就位时，运动员从集合线走到起跑线处，两脚前后开立，将有力的腿放在前面，前脚尖紧靠起跑线后沿，后腿距前脚 1 脚距离左右，两脚的左右距离自然开立。上体前倾，两膝弯曲，两臂一前一后，身体重心主要落在前脚上，保持稳定姿势，集中注意力听发令枪声。

（三）训练方法

（1）持续跑的方法。要求在 60％～85％左右的强度下匀速跑完 2～3km。

（2）重复跑的方法。在规定时间内完成，间歇 5min；采用重复跑练习，选择的段落应短于专项距离，如 800m×2。

（3）间歇跑的方法。间歇跑与持续跑、重复跑的区别在于训练的休息时间不同。间歇跑的休息时间短，体力不能充分恢复。例如，6×200m，要求每 200m 在一定时间内完成，两次跑之间慢跑 200m 作为间歇。

第三节 跳 跃

一、跳高

跳高是由有节奏的助跑、单脚起跳、腾空过杆与落地等动作组成的，以其最后成功地越过横杆上缘的高度计算成绩并以此判定名次。常见的跳高姿势有跨越式、俯卧式和背越式三种。本节重点介绍背越式跳高。背越式跳高采用的是弧线助跑，其距离长、速度快、动作自然。

（一）助跑

（1）走步法丈量助跑距离（见图 9-7）；

（2）用先跑直线后跑弧线的方法；

（3）弧线段助跑加速积极，动作放松；

（4）弧线段助跑身体向圆心方向倾斜，步幅开阔，节奏快；

（5）直、弧段助跑衔接流畅，向横杆“进攻”。

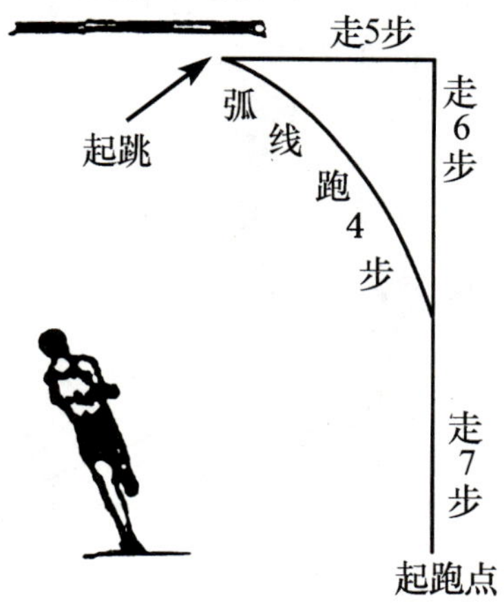

图 9-7 跳高弧线助跑丈量示意图

（二）起跳

（1）迈步放脚：身体保持向心倾斜；

（2）起跳脚向助跑切线方向落放；

（3）紧腰挺髋、以全脚掌快速滚动落地；

（4）缓冲：在摆动腿前摆配合下，起跳腿屈膝、屈踝、稍屈髋，伸肌拉长，准备蹬伸动作；

（5）蹬伸起跳：摆动腿和两臂同时前上摆，伸展起跳腿的髋、膝、踝关节；

（6）身体由向里倾斜转为正直；

（7）起跳结束时，拔腰提肩、摆动腿大腿抬平并稍向里，起跳腿充分伸展，脚跟内转，用脚尖蹬离地面，身体半背向横杆（见图 9-8）。

（三）腾空过杆

（1）身体背向横杆；

（2）抬头，肩下潜，展腹挺髋，两腿分开，膝放松，小腿自然下垂，身体呈背弓形；

（3）上体过杆后，低头，收腹屈髋，落腰，使臀部过杆（见图 9-9）；

图 9-8　起跳示意图

图 9-9　过杆示意图

(4) 最后伸膝上举小腿过杆；

(5) 过杆时臂部配合动作：置于体侧或自然平伸张开，或从头上伸出向杆后下潜。

(四) 落垫缓冲

以肩、背落在海绵包上缓冲（见图 9-10）。

图 9-10　落垫缓冲示意图

(五) 锻炼方法

(1) 沿直径为 15m 的圆圈做加速跑；

(2) 直线助跑转弧线助跑练习；

(3) 迈步助跑跑向起跳点；

(4) 助跑 2～3 步的起跳练习；

(5) 弧线助跑起跳练习；

(6) 走步法丈量步点；

(7) 全程助跑练习；

(8) 全程助跑起跳练习；

(9) 杆上动作练习：原地站立后倒背弓形倒向海绵包的练习；

(10) 短助跑过杆练习；

(11) 加长助跑步数的过杆练习；

(12) 蹬地跃起后倒练习；

(13) 垫上做“桥”；

（14）跳“高包”练习；

（15）发展弹跳能力的练习：单脚跳、分腿跳、全蹲跳，助跑后起跳用手、头、肩触悬挂物。

二、跳远

跳远由助跑、起跳、腾空和落地四部分组成，它们之间相互联系，不可分割。快速、准确的助跑是获得优异跳远成绩的前提。如何利用助跑速度，正确地完成起跳，创造合理的腾起角度和尽可能大的腾起初速度，是跳远技术的关键，也是跳远技术教学训练的重点和难点。

（一）助跑

助跑的任务是获得最大的水平速度并为准确踏板起跳创造条件。为了获得较高的助跑速度，必须有相应的助跑距离，而助跑距离（步数）的确定与运动员短跑能力密切相关。助跑距离的长短还要受运动员助跑方法和步长大小以及跑道、风向及身体状况的影响。要学会适应各种条件并具备随机应变的能力，以保证在任何情况下都能正确地进行助跑起跳；加大起跳前倒数第二步的步长、缩短起跳前倒数第一步的步长是顺利进入起跳前的一个关键环节。

（二）起跳

起跳的任务就是在保持助跑速度的前提下，获得尽可能大的腾起初速度和适宜的腾起角度。在起跳时，起跳腿几乎是伸直上板（腾起关节角度 170°），稍稍屈膝后，充分蹬伸，此时上体保持正直，摆动腿快速向前摆出，接近水平；缓冲时，膝关节弯曲角度要适宜，一般为 135°～145°。此时，上体要保持正直，使身体重心处于相对较高的位置。

（三）空中动作

空中动作的任务是减缓由于起跳所产生的身体向前的旋转力，有限度地利用身体重心抛物线轨迹，为合理落地做好准备，如图 9-11 所示。

为了维持身体平衡，起跳腾空后，摆动腿下放、伸髋与稍稍顺势前移的起跳腿靠拢。在腾空最高点时，身体充分伸展，形成“挺胸展髋”的姿势，两臂上举或后摆，然后收腹举腿，双腿前伸，完成落地动作。挺身式空中动作的优点在于：落地前能充分地拉长躯干前面的肌肉群，有利于完成收腹举腿和落地伸腿动作；在腾空后，由于摆动腿不需要在体前久留，有利于身体伸展维持身体的平衡。缺点是空中动作的形式和用力特点与起跳动作的衔接不太紧密。

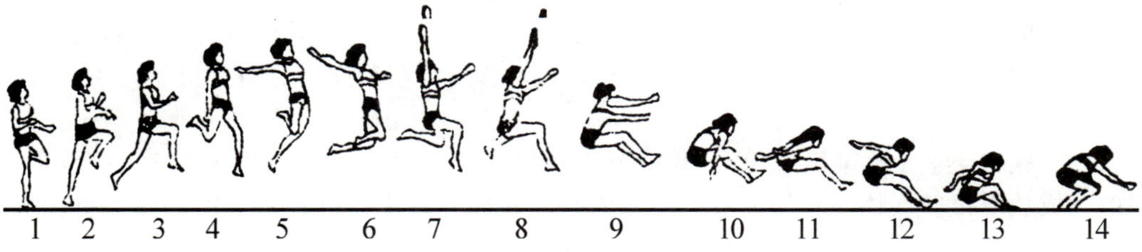

图 9-11　跳远的空中动作示意图

（四）落地

落地的任务是选择合理的落地技术，充分利用身体重心腾起的远度，创造尽可能远的跳跃距离，防止伤害事故的发生。落地的方法有折叠式和滑坐式两种。

（1）折叠式落地法。运动员在腾空阶段经过最高点后，开始将两腿向上、向前伸出，上体向下折叠，两臂从上面向前并在落地前向后快摆。使用蹲踞式和挺身式动作的运动员多采用这种方法。

（2）滑坐式落地法。在腾空最高点就开始做折叠动作。及早做折叠动作，不影响和改变腾空路线，到最后把腿及骨盆前移，上体稍后仰。因为落地时好像坐着，故称滑坐式。

（五）跳远教学的步骤与方法

1. 助跑技术教学

（1）练习 30～80m 不同段落的加速跑，培养学生跑的速度感和放松技巧。

（2）练习 20～30m 行进间计时跑，速度控制在最高速度的 80%～90%，反复体会快速跑时的肌肉感觉。

（3）练习 15～20m 固定助跑步数的高频率行进间跑，逐渐提高跑的频率（计时或不计时）和助跑的准确性。

（4）进行设立标志物的助跑练习。

2. 起跳与助跑相结合的教学

（1）原地模仿起跳：原地模仿起跳时的摆臂、摆腿和起跳腿的蹬伸动作，注意体会起跳时起跳腿的着地蹬伸和臂与腿的摆动路线和用力顺序，理解和掌握跳远起跳中的蹬伸与摆动技术。

（2）上步起跳。

1）预备姿势。摆动腿伸直在体前约 30cm 处用全脚掌支撑，起跳腿在后用前脚掌撑地，两臂相应屈肘于体侧；由摆动腿积极支持，起跳腿向前迈出做放腿起跳，以体会摆动腿积极前摆和起跳腿快速着地蹬伸的完整起跳动作，强化起跳过程中各主要环节的配合与神经通道的沟通。

2）练习要求。摆动腿要积极蹬伸，快速摆动；起跳腿迅速前摆，积极下压，小腿和脚向下扒地，并迅速转入蹬伸，两臂协调配合，规格同（1）。

（3）连续 3 步助跑起跳。连续进行每跑 3 步做一次起跳，以强化助跑与起跳相结合的技术和建立正确的起跳动力定型，提高快速起跳的技能。

3. 空中动作教学

学习挺身式跳远的手段与方法一般有以下 3 种。

（1）原地模仿空中挺身动作：原地模仿起跳腾空步后，接着完成摆动腿下放、两臂绕摆与挺身的动作，以学习和强化挺身式跳远空中动作的用力顺序和动作路线；要求上下肢要协调配合，摆动腿下放与挺胸展髋和双臂下放绕环同步进行，髋部充分伸展，用摆动腿支撑成反弓形；此时头可略向后仰，目视前上方；然后用双臂向上向前绕摆，与起跳腿的前摆上踢做相向运动，到手脚相触为止；最后的动作应用摆动腿蹬离地面，两腿同时迅速前摆并向前上举腿，同时收腹，上体略前倾，双臂加速向前上绕摆，在两脚落地前瞬间用力向后甩摆，跳入沙坑或海绵垫上。

（2）助跑腾空下放摆动腿练习：助跑 3～4 步起跳，以学习和强化挺身式跳远的空中技术和空中完成放腿挺髋展体动作。练习中要求助跑起跳成腾空步后迅速下放摆动腿、挺胸展体、双脚落地。

（3）起跳触吊球练习：4～6 步助跑起跳、保持腾空步，用手触吊球后开始放腿，使身体在空中伸展，以强化空中展体动作的运动条件反射，发展快速起跳能力，改进起跳技术。练习中要求 4～6 步助跑，快速完成起跳与腾空步，接着摆动腿向后下方摆动、挺胸展髋，两腿自然下放在空中，上体保持正直，双脚落地。吊球的高度和远度以腾起至最高点时手触到为宜。练习时必须严格遵循助跑起跳的技术要求，尽量向前上方跳出，切勿只贪图高度而破坏正常的助跑起跳技术。

三、三级跳远

三级跳远是指在比赛时，运动员助跑后应连续做 3 次不同形式的跳跃。第一跳为单足跳，用起跳腿落地；第二跳为跨步跳，用摆动腿落地；第三跳为跳跃，必须双脚落入沙坑。

常用的三级跳远训练方法和手段有快速力量练习手段和快速跳跃练习方法。

（一）快速力量练习手段

快速力量练习手段有壶铃蹲跳、杠铃蹲跳、杠铃弓步跳、负重沙背心单脚跳栏架、负重沙背心双脚跳栏架、负重沙背心跳跳箱、负重沙背心跳深坑、负重沙背心跨步跳、负重沙背心单足跳、负重沙背心双脚跳台阶、负重沙背心单脚跳台，以及负重沙背心在沙坑中做各种跳跃练习等。

（二）快速跳跃练习方法

快速跳跃练习方法有助跑五级跨步跳、助跑五级单足跳、助跑十级跨步跳、助跑十级单足跳、50～60m 计时跨步跳、50～60m 计时单足跳、50～60m 计时两单一跨等。

第四节　投　掷

一、推铅球

（一）原地推铅球

握球手的手指自然分开，把球放在食指、中指和无名指的指根上，大拇指和小指支撑在球的两侧，以防止球滑动和便于控制出球的方向，掌心不触球。

握好球后，身体左侧对着投掷方向，两脚左右开立比肩稍宽，左脚尖指向斜前方并与右脚弓在一条直线上；右膝弯曲，上体向右倾斜扭转，重心落在右腿上；左臂微屈于胸前，使球的垂直线离开右脚外侧，以加长用力距离和拉紧左侧肌肉。

推球时，右脚迅速用力蹬地，脚跟提起，右膝内转，右髋前送，使上体向左侧抬起，朝着投掷方向转动；当身体左侧接近于地面垂直一刹那，以左肩为轴，右腿迅速伸直，身体转向投掷方向，挺胸，抬头、右肩用力向前送，右臂迅速伸直将球向前上方约 40°～42°角左右推出；球离手时手腕要用力，并用手指拨球，在推球的同时，左腿用力向上蹬直，以增加铅球向前和向上的力量；球出手后，右腿迅速与左脚交换，左腿后举，降低身体重心，以缓冲向前的力量，维持身体的平衡。

（二）背向滑步推铅球

以右手推球为例的背向滑步推铅球技术动作分解如图 9-12 所示。

1. 握持铅球

（1）握球方法：五指自然分开，把铅球放在食指、中指和无名指的指根上，拇指和小指扶在球体两侧，手腕背屈。

（2）持球方法：握持好铅球后，将铅球放在肩上锁骨窝处，贴紧颈部，食指、中指和无名指处在球体的后面，拇指处在锁骨窝的上面与球体的下面，小指处在球体的前上方，掌心向前，右臂屈肘。

图 9-12　背向滑步推铅球技术动作分解示意图

2. 滑步前的预备姿势

滑步前的预备姿势分为高姿势和低姿势两种。

(1) 高姿势：持好球后，背对投掷方向，站在投掷圈内靠近后缘处，两脚前后站立，右脚指向投掷相反方向并靠近投掷圈后部的内缘，左脚位于右脚后约 20～30 cm 处，用前脚掌或脚尖着地，体重放在自然伸直的右腿上，左臂位于体前平举或上举，持球臂的肘略低于肩，目视投掷相反方向。

(2) 低姿势：持好球后，背对投掷方向，站在投掷圈内靠近后缘处，两脚前后站立，右脚尖指向投掷相反方向并靠近投掷圈后部的内缘，左脚位于右脚后 50～60 cm 处，以前脚掌或脚尖着地。两腿弯曲，体重基本上落在右腿上，上体前俯，左臂自然下垂，目视前下方。

3. 预摆与准备滑步

做好预备姿势后，眼看前下方，肩部稍右转，上体前俯，使躯干接近水平位置，左腿向后上方抬起，右腿微屈，使体重均匀地分布在整个右脚掌上；运动员完成预摆动作并维持好身体平衡后，紧接着低头、扣左肩、含胸收腹、前俯上体，右腿屈膝下蹲，左腿左膝回收至靠近右腿处；随着屈腿团身动作，准备向投掷方向平移臀部，完成准备滑步动作。

4. 滑步动作

在完成准备滑步动作且当臀部向投掷方向开始平移、身体重心移离支撑点时，左腿向抵趾板方向有力摆伸；与此同时，左膝和左脚稍向外转动，右腿积极有力地向投掷方向蹬伸；躯干仍保持很好的前倾姿势，左臂向投掷方向的后下方伸出，低头、眼看投掷方向的后下方；当右腿蹬直、右脚跟或右脚掌即将离地时，两大腿的分腿夹角约为 125°，躯干与大腿夹角约为 80°；紧接着向投掷方向收拉右腿和右脚，以右脚掌着地于投掷圈中心附近，右脚尖方向与投掷方向夹角约 120°；右腿弯曲，右膝方向同右脚方向，体重落在弯曲的右腿上；左腿稍弯曲，左脚很低但尚未着地；左髋稍外转，腹部微收，肩部稍右转；稍低的头部仍然尽力目视投掷的相反方向，完成滑步动作。

5. 过渡阶段动作

完成滑步动作后，从右脚着地至左脚着地为过渡阶段。右脚以前脚掌着地，右脚顺势内扣；左脚低而快地以前脚掌内侧贴紧抵趾板内下缘处压插着地；左脚尖与右脚跟在一条直线上，左膝微屈适度用力支撑；投掷者仍微收腹、稍含胸，肩部开始右转；左臂前臂内旋，扣紧左肩并稍向前运动，但仍指向投掷方向的后下方，两眼则仍目视投掷方向的后下方；此时，身体左侧肌群适度拉紧，肩、髋扭紧右腿压紧整个身体为形成一个良好的后继“侧弓形”姿势打下了坚实的基础。

6. 最后用力动作

完成过渡动作后，左脚一着地立即开始了最后用力动作。投掷者首先用右腿用力蹬转，右脚随之前滑；左腿支撑住，加速髋部向前转送动作；上体仍保持左脚着地时的姿势，左臂前臂内旋经体前向前稍向上方运动；头部与躯干保持一致、目视投掷反方向的稍右侧方向；随即继续蹬转右腿，髋部前转并牵拉肩部上起并稍前转；由于身体重心前移，用力支撑的左腿开始被迫压弯，内旋的左臂继续向投掷方向的前上方向运动，带动原扣紧的左肩逐渐打开，并向前上方运动，左肩高于右肩，头与躯干在一条直线上，目视投掷方向的右侧稍后方；身体形成用力前蓄势待发的良好的“侧弓形”用力姿势，接着右腿继续蹬转，微屈的左腿用力支撑，髋部转推到正对投掷方向，并继续牵拉肩部向前上方运动，继而也转至正对投掷方向；此时，左肩仍稍高于向上运动的右肩，然后内旋向前运动的左臂，并稍向下运动，头稍后仰，目视投掷方向的前上方，这一瞬间的身体形成一个“反弓形”姿势；紧接着两腿爆发式向上蹬伸、顶髋、拔腰、挺胸，左臂急剧下压，大臂贴紧躯干，固定左臂；同时迅速向前上方推伸右臂，头后仰，在球即将离手时，甩腕、拨指，使铅球沿着适宜的出手角度向投掷方向飞出；球出手瞬间，两腿要充分蹬直，右手指拨球后指向右外侧，完成最后用力动作。

7. 铅球出手后维持身体平衡动作

铅球离手后为了避免犯规，以获得有效的运动成绩，投掷者左右腿应及时换步，并降低身体重心，维持身体平衡；在铅球落地和人体稳定后，运动员再从投掷圈的后半圈走出。

二、掷铁饼

掷铁饼的技术动作分为握法、预备姿势和预摆、旋转以及最后用力和维持身体平衡四个技术环节。

（一）握法

五指自然分开，拇指和手掌平靠铁饼，其余四指的最末指节扣住铁饼边缘，铁饼的重心在食指和中指之间；手腕微屈，铁饼的上缘靠在前臂上；持饼臂自然下垂于体侧。

（二）预备姿势和预摆

1. 预备姿势

背对投掷方向，两脚左右开立约一肩半距，站于圈内靠后沿处的投掷中线两侧；两脚平行开立或左脚稍后，持饼臂自然下垂于体侧，眼睛平视。

2. 预摆

预摆是为了获得预先速度，为旋转创造有利条件。目前常见的预摆有两种，即左上右后摆饼法和身体前后摆饼法。

（1）左上右后摆饼法：开始时，持饼臂在身体前后自然摆动，当铁饼摆到体后时，重心靠近右腿，接着以躯干带动持饼臂向左上方摆起；当铁饼摆到左上方时，左手在下托饼，重心靠近左腿，上体稍左转。回摆时，躯干带动持饼臂将铁饼摆到身体右后方，身体向右扭紧，重心处于右腿上，上体稍前倾，左臂自然微屈于胸前，眼平视、头随上体的转动而转动。

（2）身体前后摆饼法：开始时，持饼臂在体侧前后自然摆动；当铁饼摆向体前左方时，手掌逐渐向上翻转，右肩稍前倾，体重靠近左腿。铁饼回摆到体后时，手掌逐渐翻转向下，体重由左向右移动，上体向右后方充分转动，使身体扭转拉紧。这种方法动作放松、幅度大，因而目前大多数优秀选手都采用这种方法。

（三）旋转

预摆结束后，弯曲的右腿蹬地，上体向左转动，同时左膝外展；重心由右脚向边屈边转的左腿移动；接着两腿积极转动，并以左脚前脚掌为轴向投掷方向转动，身体向投掷方向倾斜，投掷臂在身后放松牵引铁饼；当左膝、左肩和头即将转向投掷方向时，右膝自然弯曲，以大腿发力带动整个腿绕左腿向投掷方向转扣（右脚离地不能过高）；这时左髋低于右髋，身体成左侧单腿支撑旋转，接着以左脚蹬地的力量推动身体向投掷圈的中心移动，右腿、右髋继续转扣；当左脚蹬离地面，右腿带动右髋快速内转下压，左腿屈膝迅速向右腿靠拢，左肩内扣，上体收腹稍前倾；接着，左脚积极后摆，以脚掌的内侧着地，落在投掷圈中线左侧、圆圈前缘稍后的地方，身体处于最大限度的扭转拉紧状态，铁饼远远留在右后方，左臂自然微屈于胸前，为最后用力做好准备。

（四）最后用力和维持身体平衡

当左脚着地时，右脚继续蹬转，使右髋积极向投掷方向转动和前送；接着，头向投掷方向转动，左臂微屈于胸前，胸部开始向前挺出，重心逐渐移向左腿；当重心移向左腿时，右腿继续蹬伸用力，以爆发式的快速用力向前挺胸挥饼；与此同时，左腿迅速用力蹬伸，左肩制动，成左侧支撑，使身体右侧迅速向前转动，将全身的力量集中在铁饼上；当铁饼挥至右肩同高并稍前时，用小指到食指依次用力拨饼出手，使铁饼顺时针方向转动向前飞行；铁饼出手后，应及时交换两腿，身体顺惯性左转，同时降低身体重心，以维持身体平衡。

三、掷标枪

掷标枪的技术动作分为握枪和持枪、助跑、最后用力和缓冲三个技术环节。

（一）握枪和持枪

（1）握枪：标枪斜放于掌心，拇指和中指握在标枪缠绳把手末端第一圈的上缘，食指自然弯曲斜握在枪杆上，无名指和小指自然地握在缠绳把手上。

（2）持枪：采用肩上持枪，持枪手与前额同高，枪尖稍低于枪尾或枪的纵轴平行于地面。目前大多数运动员都采用这一方法。

（二）助跑

助跑的目的是在最后用力前获得预先速度，并在助跑中做好引枪动作，为最后用力创造条件。助跑的距离一般为25～35m之间。

（1）预跑阶段：从第一标志线到第二标志线为预跑段，大约16～20m。跑双数步约8～12步；预跑时动作自然，上体微前倾，逐渐加速，用前脚掌着地，持枪臂随跑的节奏自然前后摆动，从容地进入投掷步阶段。

（2）投掷步阶段：从第二标志线到起掷弧线为助跑的第二阶段。投掷步一般采用5步，也有采用6步或7步的。

投掷步的第一步：左脚踏上第二标志线，右脚积极向前迈步，脚掌落地部位稍偏右，右肩向右转动并开始向后引枪，左肩向标枪靠近，左臂在胸前自然摆动，眼睛前视。

投掷步的第二步：当右脚落地、左脚离地前迈时，髋轴向右转动，右肩继续向右转动并完成引枪动作；上体转成侧对投掷方向，左脚掌落地后，与投掷方向成较大的角度，左臂摆至身体左侧，上体正直，眼睛前视。

投掷步的第三步（交叉步）：投掷步第二步左脚落地时，右腿自然弯曲，大腿带动小腿积极向前迈步，左腿猛蹬伸，使右大腿加速前迈，成交叉步，左臂自然摆至胸前，投掷臂伸直充分后引，右脚尖与投掷方向成45°角左右，躯干与右腿成一条直线。

投掷步的第四步（从助跑过渡到最后用力的衔接步）：交叉步结束前，左腿积极迈第四步，用脚掌内侧落地。

（三）最后用力和缓冲

（1）最后用力：投掷步第四步落地后，右腿积极蹬地转髋，肩轴向投掷方向转动，投掷臂上臂向上转动，带动前臂和手腕向上翻转；当上体转到正对投掷方向时，投掷臂翻到肩上，左肩内转，成“满弓”姿势；然后，上臂带动前臂向前做爆发式的“鞭打”动作，使标枪向前飞出；在标枪离手的一刹那，甩腕指使标枪沿纵轴顺时针方向转动。

(2) 缓冲：标枪出手后，运动员随着向前的惯性继续向前运动，为了防止犯规，应及时向前跨一至两步，身体稍向左转，并降低身体重心，以维持平衡。

第五节　田径项目规则介绍

田径有“体育运动之母”的称谓，包括跳跃、投掷、竞走、跑和全能五个部分。跳跃和投掷项目统称为田赛；竞走和跑的项目统称为径赛；而由跑、跳跃、投掷这三部分项目组成的项目称为全能运动，如男子十项全能和女子七项全能。

田赛：“田”是指广阔的空地。田赛项目包括男、女的跳高、跳远、三级跳远、撑竿跳高、铅球、铁饼、标枪和链球。

径赛：“径”是指跑道和道路，是在田径场的跑道上或场外规定的道路上进行不同距离的竞走和各种形式赛跑的统称。一般按规定的距离比赛，并以运动员所跑（走）出的时间快慢来决定名次。长距离跑项目通常采用集体出发的形式，一次计时评定出名次。短距离和中距离跑、跨栏跑、接力跑则因参赛者较多而采用分组淘汰制，经过预赛、复赛、半决赛后，选出前8名进行最后决赛。

径赛项目包括男、女的100m、200m、400m、800m、1 500m、5 000m、10 000m、3 000m障碍、400m栏、4×100m接力、4×400m接力、马拉松跑、20km竞走，以及男子110m栏、50km竞走和女子100m栏。

男子十项全能运动：运动员需在两天之内完成十项比赛，第一天的项目为100m跑、跳远、铅球、跳高和400m跑，第二天进行110m栏、铁饼、撑竿跳高、标枪和1 500m跑。

女子七项全能运动：要求运动员在两天之内完成七项比赛，第一天的项目是100m栏、跳高、铅球和200m跑，第二天要完成的是跳远、标枪和800m跑。

一、田赛项目规则

田赛项目的比赛通常先分两组进行及格赛，凡通过及格赛标准的选手直接进入决赛。远度项目决赛前三轮比赛的顺序由抽签决定。决赛前三轮比赛结束后，按成绩取前8名运动员进行最后三轮比赛，第四、五轮比赛排序按前三轮比赛成绩的倒序排列，第六轮比赛排序则按前五轮成绩的倒序排列，即成绩最好的在最后。

在远度和高度项目的比赛中，除犯规外，运动员每次试跳或已跳过的成绩都为有效成绩。但在投掷比赛中，除犯规以外，运动员只有将投出的器械完全落在落地区内才算有效；丈量成绩时，从距离投掷区最近的落点算起。其中，标枪必须是枪尖首先触地成绩才有效。

远度比赛结束后以运动员最好的一次试跳（投）成绩作为最后成绩，并以此判定最后名次。如成绩相等，远度比赛按第二好成绩确定名次；如果还是相同，涉及第一名的运动员需继续比赛，直到决出名次。第一名以外的名次，则可以并列。

高度比赛如果出现最好成绩相等，需按以下规定解决：第一，出现在成绩相等的高度上，试跳次数较少者名次列前；第二，如成绩继续相同，以试跳失败次数比较少者名次在前；第三，如成绩仍然相同，当涉及第一名时再进行决定名次的比赛，其余名次并列。

二、全能项目规则

全能项目比赛需按各项顺序进行，比赛规则与单项基本相同，但也有一些小差别。例如：

在单项赛跑项目中，第二次及之后抢跑的运动员都要被罚出比赛，而全能比赛是个人两次抢跑犯规后才被处罚；此外，新的世界纪录和奥运会纪录要求比赛时风速不能超过 2m/s，而全能比赛则不能超过 4m/s；在跳远和投掷项目中，每个运动员只能试跳（投）3 次；在跳高单项比赛中的每轮比赛后，横杆升高不得少于 2cm，而全能跳高比赛中始终升高 3cm；撑竿跳高单项比赛每次至少升高 5cm，而全能比赛中始终升高至少 10cm。

全能比赛按所有项目的总积分排定名次。如果总分相等，则以得分较高的单项数量多者名次在前；如果再相等，则以任何一个单项得分高者为胜；如果再次出现相同，则以第二得分高的单项分数较高者排名在前，并以此类推。

三、径赛项目规则

在径赛项目中，所有项目参赛者的名次都取决于身体躯干（不包括头、颈、臂、腿、手和足）抵达终点线后缘垂直面为止时的顺序。比赛中要比较 1/1 000s 的成绩，成绩好的进入下一轮。如果成绩相同，则都应进入下一轮。决赛中如果第一名成绩相同，裁判长有权决定是否重赛，若无条件重赛，则并列第一；若其他名次成绩相同，按并列处理。

在国际赛事中，所有 400m 或以下距离的径赛项目必须采取蹲踞式起跑；400m 以上（不含 400m）的径赛项目均采取站立式起跑。对第一次起跑犯规的运动员必须给予警告（出示黄牌）；之后，无论哪位选手再起跑犯规都将被取消比赛资格（出示红牌）。

在分道跑和部分分道跑的径赛项目中，参赛者越出跑道并获得实际利益或者冲撞、阻碍其他参赛者，也将被取消资格。如果参赛者是被推出、挤出指定的跑道，而且并未获得实际利益，也未影响他人，则不被取消参赛资格。同样，任何参赛者在直道中越出其跑道或在弯道中越出其跑道的外侧，只要没有得益或阻碍他人，都不算犯规。

4×100m 接力跑是分道进行的，接棒者可在接力区前 10m 起跑。在接力区内，运动员必须在 20m 的接力区内完成交接棒。

跨栏跑运动员必须在自己的跑道内完成比赛，当跨越栏架时，如果他（她）的腿或足从低于栏架顶的水平线跨越，或跨越并非自己赛道上的栏架，都将被取消资格。若裁判员认为参赛者故意以手或足撞倒栏架，均取消其资格。

在 100m 跑、200m 跑和 100m 跨栏、110m 跨栏比赛中，如果顺风超过 2m/s，所创成绩都不能成为新纪录。

第十章　武术运动

第一节　武术运动概述

一、武术运动的起源与发展

严酷的生存条件，迫使人类不断地改善自已的体力和智力，并发展徒手或简单武器的攻防格斗技能，如拳打、脚踢、躲闪、跳跃、摔跤等，这就是武术的萌芽；而劈、砍、扎、刺等则是武术长、短器械及使用方法的萌芽。由此可见，武术起源于生产劳动。

武术作为独立的社会文化现象，是与中华民族文明的产生同步的。商周时代，激烈的军事斗争，不仅促使武术由简单到复杂、由单一化向多样化发展，而且促进了攻防格斗技术的提高和发展。

在我国，商周时期就开始有了专门的教育，而练武在教育中占有非常重要的地位。同时，武术也开始成为人们有目的、有意识、有组织的社会活动。

春秋战国时期，重视和提倡“拳勇”“技击”，特别是“相搏”与“斗剑”发展较快，这在《吕氏春秋》《庄子·说剑》中均有记载，而且论述精到，至今仍不失光彩。

宋、元时期，尚武的社会风气促进了武术的发展。以民间结社的武艺组织为主体的民间练武活动蓬勃兴起，有“英略社”“弓箭社”“锦标社”“射弓踏弩社”“相扑社”等，这为武术的交流、传授、发展创造了有利条件。

明、清时期是武术集大成的发展时期，而且其流派林立、拳种纷呈，并著有完整的套路图谱的书籍，如《纪效新书》《耕余剩技》等等。记载中有三十二式长拳、少林拳、内家拳、少林棍、杨家棍、马家枪、六合枪、单刀、双刀、偃月刀、二十四式剑等。自明末清初时期，又形成了太极拳、形意拳、八卦掌等主要的拳术体系。民国时期，民间出现了许多拳术社、武士会、武术会、体育会等武术组织。1910 年，在上海成立了“精武体育会”；1918 年，成立“中华武士会”；1926 年，成立“致柔拳社”“武当太极拳社”“尚武国术研究社”。其中，以上海的“精武体育会”最为庞大，它以上海的总会为中心，在一些省市建立了精武分会，还在南洋一带建立了海外的精武分会，将中华武术传到了海外。

中华人民共和国成立后，武术成为社会主义文化和人民体育事业的一个组成部分而得到了蓬勃发展。1953 年，在天津举行了全国民族形式体育表演及竞赛大会，武术就是这次大会的主要内容；1956 年，中国武术协会在北京成立；1957 年，国家体委将武术列为体育竞赛项目；1958 年，国家体委制定了第一部《武术竞赛规则》。

1987 年、1989 年先后两次分别在日本和中国香港举办的亚洲武术锦标赛中，中国队都取得了优异的成绩。1990 年，在北京召开的亚运会上，武术作为表演项目向世人展示了它独特的运动风格。在这种形势下，开展广泛的国际文化交流，让全世界爱好武术的人们都能共同享受到中华民族的这一宝贵文化遗产。

二、武术运动的价值

武术运动主要有以下几方面的价值。

（1）健身价值。增长肌肉力量，增强各关节韧带的柔韧性，提高身体协调和灵活性以及平衡能力。

（2）修身价值。热爱祖国传统武术，培养坚韧、顽强、勇于战胜困难的意志品质和良好的武术道德以及团结、协作的精神。

（3）医疗价值。矫正身体姿态，提高大脑兴奋、反应活力，治疗慢性疾病，促进病者康复。

（4）观赏、娱乐价值。提高审美观念，对自身培养健美姿态，观赏表演和比赛，感受武术的娇姿形神，提高兴趣，陶冶情操。

（5）国防价值。提高军队的擒拿格斗技术和身体力量，以及快速反应战斗力，对国防和社会治安有保障作用。

（6）交流价值。促进社会交往，改善人际关系，互相交流，切磋武术技艺。通过国际比赛，加强国际人民间的友谊、团结，广泛普及武术运动。

第二节 初级长拳

一、预备动作

1．预备式

两脚并步站立，两臂垂于身体两侧，五指并拢贴靠于腿外侧，眼向前平视，如图 10-1①所示。

2．要点

头要端正，下颌微收，挺胸，塌腰，收腹。

3．预备动作练习

（1）虚步亮掌：

1）右脚向右后方撤步成左弓步；右中向右、向上，向前画弧，掌心向上；左臂屈肘，左掌提至腰侧，掌心向上；目视右掌，如图 10-1②所示。

2）右腿微屈，重心后移；左掌经胸前从右臂上向前穿出伸直；右臂屈肘，右掌收至腰侧，掌心向上；目视左掌，如图 10-1③所示。

3）重心继续后移，左脚稍向右移，脚尖点地，成左虚步；左臂内旋向左、向后画弧成勾手，勾尖向上；右手继续向后、向右、向前上画弧，屈肘抖腕，在头前上方成亮掌（即衡掌），掌心向前，掌指向左；目视左方，如图 10-1④所示。

4）要点：三个动作必须连贯，成虚步时重心落于右腿上，右大腿与地面平行，左腿微屈，脚尖点地。

（2）并步对拳：

1）右腿蹬直，左腿提膝，脚尖里扣，上肢姿势不变，如图 10-2①所示。

2）左脚向前落步，重心前移；左臂屈肘、左勾手变掌经左肋前伸；右臂外旋向前下落于左掌右侧，两掌同高，掌心均向上，如图 10-2②所示。

3）右脚向前上一步，两臂下垂后摆，如图 10-2③所示。

4）左脚向右脚并步，两臂向外向上经胸前屈肘下按，两掌变拳，拳心向下，停于小腹前，目视左侧，如图 10-2④所示。

5）要点是并步后挺胸、塌腰，对拳、并步、转头要同时完成。

图 10-1 虚步亮掌动作分解示意图

图 10-2 并步对拳练习动作分解示意图

二、第一段

1. 弓步冲拳（一）

（1）左脚向左上一步，脚尖向斜前方；右腿微屈，成半马步；左臂向上向左格打，拳眼向后，拳与肩同高；右拳收工腰侧，拳心向上；目视左拳，如图 10-3①所示。

（2）右腿蹬直成左弓步；左拳收至腰侧，拳心向上；右拳向前冲出，高与肩平，拳眼向上；目视右拳，如图 10-3②所示。

（3）要点：成弓步时，右腿充分蹬直，脚跟不要离地；冲拳时，尽量转腰顺肩。

2. 弹腿冲拳（一）

重心前移至左腿，右腿屈膝提起，脚面绷直，猛力向前弹出伸直，高与腰平；右拳收至腰侧，左拳向前冲出；目视前方，如图 10-3③所示。

弹腿冲拳的动作要点是支撑腿可微屈，弹出的腿要用爆发力，力点达于脚尖。

3. 马步冲拳

右脚向前落步，脚尖里扣，上体左转；左拳收至腰侧，两腿下蹲成马步；右拳向前冲出；目视右拳，如图 10-3④所示。

马步冲拳的动作要点是成马步时，大腿要平，两腿平行，脚跟外蹬，挺胸，塌腰。

图 10-3　弓步冲拳（一）和弹腿冲拳（一）、马步冲拳练习动作与分解示意图

4. 弓步冲拳（二）

（1）上体右转 90°，右脚尖外撇向斜前方，成半马步；右臂屈肘向右格打，拳眼向后；目视右拳，如图 10-4①所示。

（2）左腿蹬直成右弓步，右拳收至腰侧；左拳向前冲出；目视左拳，如图 10-4②所示。

（3）要点：与弓步冲拳（一）同，只是左右相反。

5. 弹腿冲拳（二）

重心前移至右脚，左腿屈膝提起，脚面绷直，猛力向前弹出伸直，高与腰平；左拳收至腰侧，右拳向前冲出；目视前方，如图 10-4③所示。

动作要点：与弹腿冲拳（一）相同。

图 10-4　弓步冲拳（二）和弹腿冲拳（二）练习动作分解示意图

6. 大跃步前穿

（1）左腿屈胯；右拳变掌内旋，以手背向下挂至左膝外侧；上体前倾；目视右手，如图 10-5①所示。

（2）左脚向前落步，两腿微屈；右掌继续向后挂，左拳变掌，向后向下伸直；目视右掌，如图 10-5②所示。

（3）右腿屈膝向前提起，左腿立即猛力蹬地向前跃出；两掌向前向上画弧摆起；目视左掌，如图 10-5③所示。

（4）右腿落地全蹲，左腿随即落地向前铲出成仆步；右掌变拳抱于腰侧，左掌由上向右向下画弧成立掌，停于右胸前；目视左脚，如图 10-5④所示。

（5）要点：跃步要远，落地要轻，落地后立即接做下一个动作。

图 10-5　大跃步前穿练习动作分解示意图

7. 弓步推掌

右腿猛力蹬直成左弓步；左掌经左脚面向后画弧至身后成勾手，左臂伸直，勾尖向上；右拳由腰侧变掌向前推出，掌指向上，掌外侧向前；目视右掌，如图 10-6①所示。

8. 马步上架

（1）重心移至两腿中间，左脚脚尖里扣成马步，上体右转；右臂向左侧平摆，稍屈肘；同时左勾手变掌由后经左展侧从右臂内向前上穿出，掌心均朝上；目视左手，如图 10-6②所示。

（2）右掌立于左胸前；左臂回时左上屈肘抖腕亮掌于头部左上方，掌心向前；目右转视，如图 10-6③所示。

（3）要点：同冲拳马步。

图 10-6　弓步推掌、马步上架练习动作分解示意图

三、第二段

1. 虚步截拳

（1）右脚落地，屈膝提起，左腿伸直，以前脚掌为轴向右后转体 180°；右掌由左胸前向下经由右腿外侧向后画弧成勾手；左臂随体转动并外旋，使掌心朝右；目视右手，如图 10-7①所示。

（2）右脚向右落地，重心移至右脚上，下蹲成左虚步；左掌变拳下落于左膝上，拳眼向里，拳心向后；右勾手变拳，屈肘向上架于头右上方，掌心向前；目视左方，如图 10-7②所示。

2. 提膝穿掌

（1）右腿稍伸直；右单变掌收工腰侧、掌心向上；左拳变掌由下向左向上画弧压于头上方，掌心向前，如图 10-7③所示。

（2）右腿伸直，左腿屈膝提起，脚尖内扣；右掌从腰侧经左臂内右前上方穿出，掌心向上；左掌收至右胸前成立掌；目视右掌，如图 10-7④所示。

（3）要点：支撑腿与右臂充分伸直。

图 10-7 虚步截拳、提膝穿拳练习动作分解示意图

3. 仆步撩掌

右腿全蹲，左腿向左后方铲出成左仆步，右臂不动；左掌中右胸前向下经左腿内侧，向左脚面穿出；目随左掌转视，如图 10-8①所示。

4. 虚步挑掌

（1）右腿蹬直，重心前移至左腿，成左 6 步；右掌稍下降，左掌随重心前移向前挑起，如图 10-8②所示。

（2）右脚向左前方上步，左腿半蹲，成右虚步；身体随上步左转 180°；在右脚上步的同时，左掌由前向上向后画弧成立掌，右掌由后向下向前上挑起成立掌，指尖与眼平；目视右掌，如图 10-8③所示。

图 10-8 仆步撩掌、虚步挑掌练习动作分解示意图

5. 马步击掌

（1）右脚落实，脚尖外撇，重心稍升高并右移，左掌变拳收至腰侧；右掌俯掌向外掳手，如图 10-9①所示。

（2）右脚向前一步，以右脚为轴向右后转体 180°，两腿下蹲成马步；左掌从右臂上成立掌向左侧击出；右掌变拳收至腰侧；目视左掌，如图 10-9②所示。

（3）要点：右手做掳手时，先使臂稍内旋、腕伸直，手掌向下向外转，接着手臂外旋，掌心经下向上翻转，同时抓捏成掌；收拳和击掌动作要同时进行。

6. 叉步双摆掌

（1）重心稍右移，同时两掌向下向右摆；掌指头均向上；目视右掌，如图 10-9③所示。

（2）右脚向左腿后叉步，前脚掌着地；两臂继续由右向上向左摆，停于身体左侧，均成立掌，右掌停于左肘窝处；目随双掌转视，如图 10-9④所示，

（3）要点：两臂要划立圆，幅度要大；摆掌与后插步配合一致。

图 10-9　马步击掌、叉步双摆掌练习动作分解示意图

7. 弓步推掌

（1）两腿不动；左掌收至腰侧，掌心向上；右掌向上向右画弧，掌心向下，如图 10-10①所示。

（2）左腿后撤一步，成右弓步；右掌向下向后伸直摆动，成勾手，勾尖向上，左掌成立掌向前推出；目视左掌，如图 10-10②所示。

图 10-10　弓步推掌练习动作分解示意图

8. 转身踢腿马步盘肘

（1）两脚以前脚掌为轴向左后转体 180°；在转体的同时，左臂向上向前画半立圆，右臂向下向后画半圆，如图 10-11①所示。

（2）上动不停，两脚不动，右臂由后向上向前画半立圆；左臂由前向下向后画半立圆，如图 10-11②所示。

（3）上动不停，右臂向下成反臂勾手，勾尖向上；左臂向上成亮掌，掌心向前上方；右腿伸直，脚尖勾起，如图 10-11③所示。

（4）右脚向前落地，脚尖里扣，右手不动；左臂屈肘下落至胸前，左掌心向下，目视左掌，如图 10-11④所示。

（5）上体左转 90°，两腿下蹲成马步；同时左掌向前向左平捋变拳收至腰侧，右勾手变拳，右臂伸直，由体后向右向前平摆，至体前时屈肘；肘尖向前，高与肩平，拳心向下；目视肘尖，如图 10-11⑤所示。

（6）要点：两臂抡动时要画立圆，动作连贯；盘肘要有力，右肩前顺。

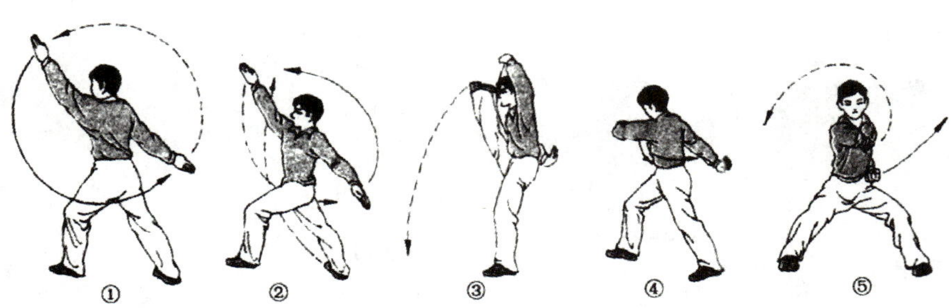

图 10-11　转身踢腿马步盘肘练习动作示意图

四、结束动作

1. 虚步亮掌

虚步亮掌的动作及要点同预备动作。

2. 并步对拳

（1）左腿后撤一步，同时两掌从两腰侧向前穿出伸直、掌心向上，如图 10-12①所示。

（2）右腿后撤一步，同时两臂分别向体后下摆，如图 10-12②所示。

（3）左腿后退半步，向右脚并拢；两臂由后向上经体前屈臂下按；两掌变拳，停于腹前，拳心向下，拳面相对；目视左方，如图 10-12③所示。

五、还原

两臂自然下垂，目视正前方，如图 10-12④所示。

图 10-12　结束、还原动作分解示意图

第三节　24 式简化太极拳

一、第一组

1. 起势

（1）身体自然直立，两脚开立。与肩同宽，脚尖向前；两臂自然下垂，两手放在大腿外侧；眼向前平看，如图 10-13①所示。要点是头颈正直，下颏微向后收，不要故意挺胸或收腹；精神要集中（起势由立正姿势开始，然后左脚向左分开，成开立步）。

（2）两臂慢慢向前扭举，两手高与肩平，与肩同宽，手心向下，如图 10-13②③所示。

（3）上体保持正直，两腿屈膝下蹲；同时两掌轻轻下按，两肘下垂与两膝相对；眼平看前方，如图 10-13④所示。要点是两肩下沉，两肘松垂，手指自然微鹿；屈膝松腰，臀部不可凸出，身体重心落于两腿中间；两臂下落和身体下蹲的动作要协调一致。

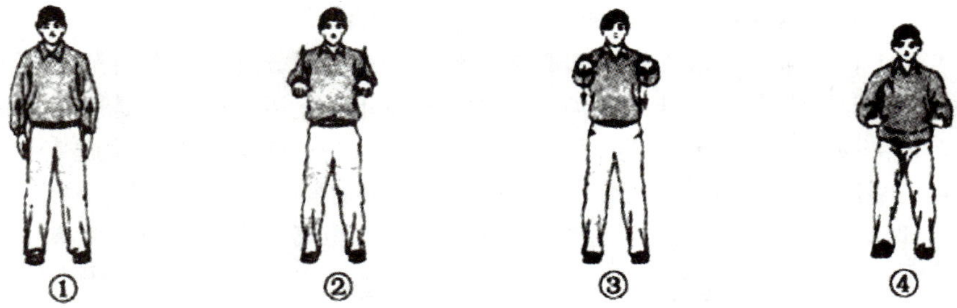

图 10-13　起势练习动作分解示意图

2. 左右野马分鬃

（1）上体微向右转，身体重心移至右腿上；同时右臂收在胸前平屈，手心向下，左手经体前向右下画弧放在右手下，手心向上，两手心相对成抱球状；左脚随即收到右脚内侧，脚尖点地，眼看右手，如图 10-14①②所示。

图 10-14　左右野马分鬃练习动作分解示意图（一）

（2）上体微向左转，左脚向左前方迈出，右脚跟后蹬，右腿自然伸直，成左弓步；同时上体继续向左转，左右手随转体慢慢分别向左上右下分开，左手高与眼平（手心斜向上），肘微屈；右手落在右胯旁，肘也微屈，手心向下，指尖向前；眼看左手，如图 10-14③④和图 10-15①所示。

（3）上体慢慢后坐，身体重心移至右腿，左脚尖翘起，微向外撇（大约 45～60°），随后脚掌慢慢踏实，左腿慢慢前弓，身体左转，身体重心再移至左腿；同时左手翻转向下，左臂收在胸前平屈，右手向左上画弧放在左手下，两手心相对成抱球状；右脚随即收到左脚内侧，脚尖点地；眼看左手，如图 10-15②～④所示。

图 10-15　左右野马分鬃练习动作分解示意图（二）

（4）右腿向右前方迈出。左腿自然伸直，成右弓步；同时上体右转，左右手随转体分别慢慢向左下右上分开，右手高与眼平（手心斜向上），肘微屈；左手落在左胯旁，肘也微屈，手心向下，指尖向前；眼看右手，如图 10-16①②所示。

（5）与（3）同，只是左右相反，如图 10-16③④和图 10-17①所示。

（6）与（4）同，只是左右相反，如图 10-17②③所示。

（7）要点：上体不可前俯后仰，胸部必须宽松舒展；两臂分开时要保持弧形，身体转动时要以腰为轴；弓步动作与分手的速度要均匀一致；做弓步时，迈出的脚先是脚跟着地，然后脚掌慢慢踏实，脚尖向前，膝盖不要超过脚尖，后腿自然伸直；前后脚夹角约成 45°～60°（需要时后脚脚跟可以后蹬调整）；野马分鬃式的弓步，前后脚的脚跟要分在中轴线两侧，它们之间的横向距离（即以动作行进的中线为纵轴，其两侧的垂直距离为横向）应该保持在 10～30cm。

图 10-16　左右野马分鬃练习动作分解示意图（三）

图 10-17　左右野马分鬃练习动作分解示意图（四）

3. 白鹤亮翅

（1）上体微向左转；左手翻掌向下，左臂平屈胸前，右手向左上画弧，手心转向上，与左手成抱球状；眼看左手，如图 10-18①所示。

（2）右脚跟进半步，上体后坐，身体重心移至右腿，上体向后右转，面向右前方，眼看右手；然后左脚稍向前移，脚尖点地，成左虚步，同时上体再微向左转，面向前方，两手随转体慢慢向右上左下分开，右手上提停于右额前，手心向左后方。左手落于左胯前，手心向下，指尖向前，眼平看前方，如图 10-18②③所示。

（3）要点：完成姿势胸部不要挺出，两臂上下都要保持半圆形，左膝要微屈；身体重心后移和右手上提、左手下按要协调一致。

图 10-18　白鹤亮翅练习动作分解示意图

二、第二组

1. 左右搂膝拗步

（1）右手从体前下落，由下向后上方画弧至右肩外侧，肘微屈，手与耳同高，手心斜向上；左手由左下向上、向右下方画弧至右胸前，手心斜向下；同时上体先向左再向右转；左脚收至右脚内侧，脚尖点地；眼看右手，如图 10-19①～③所示。

（2）上体左转，左脚向前（偏左）迈出成左弓步；同时右手屈回右耳侧向前推出，高与鼻尖平，左手向下由左膝前搂过落于左胯旁，指尖向前；眼看右手手指，如图 10-19④、图 10-20①所示。

（3）右腿慢慢屈膝，上体后坐，身体重心移至右腿；左脚尖翘起微向外缘，随后脚掌慢慢踏实，左腿前弓，身体左转，身体重心移至左腿，右脚收到左脚内侧，脚尖点地；同时左手向外翻掌由左后向上画弧至左肩外侧，肘微屈，手心斜向上，右手随转体向上，向左下画弧落于左胸前，手心斜向上；眼看左手，如图 10-20②～④所示。

图 10-19　左右搂膝拗步练习动作分解示意图（一）

图 10-20　左右搂膝拗步练习动作分解示意图（二）

（4）与（2）同，只是左右相反，如图 10-21①②所示。

（5）与（3）同，只是左右相反，如图 10-21③、④和图 10-22①所示。

（6）与（2）同，如图 10-22②、③所示。

（7）要点：前手推出时，身体不可前俯后仰，要松腰松胯；推掌时要沉肩垂肘、左腕舒掌，同时须与松腰、弓腿上下协调一致；搂膝拗步成弓步时，两脚跟的横向距离保持约 30cm。

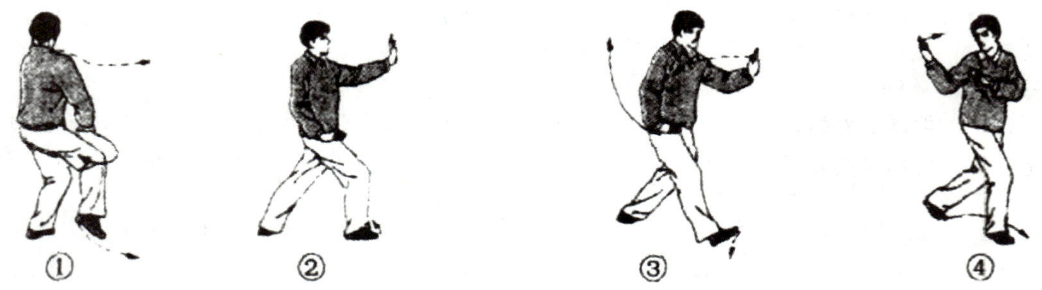

图 10-21　左右搂膝拗步练习动作分解动作示意图（三）

图 10-22　左右搂膝拗步练习动作分解示意图（四）

2. 手挥琵琶

（1）右脚跟进半步，上体后坐，身体重心转至右腿上，上体半面向右转，左脚略提起稍向前移，变成左虚步，脚跟着地，脚尖翘起，膝部微屈；同时左手由左下向上挑举，高与鼻尖平，掌心向右，臂微屈；右手收回放在左臂肘部里侧，掌心向左；眼看左手食指，如图 10-23①～③所示。

图 10-23　手挥琵琶练习动作分解示意图

（2）要点：身体要平稳自然，沉肩垂肘、胸部放松；左手上起时不要直向上挑，要由左向上、向前，微带弧形；右脚跟进时，脚掌先着地，再全脚踏实；身体重心后移和左手上起、右手回收要协调一致。

3. 左右倒卷肱

（1）上体右转，右手翻掌（手心向上）经腹前由下向后上方画弧，臂微屈，左手随即翻掌向上；眼的视线随着向右转体先向右看，再转向前方看左手，如图 10-24①②所示。

（2）右臂屈肘折向前，右手由耳侧向前推出，手心向前，左臂屈肘后撤，手心向上，撤至左肋外侧；同时左腿轻轻提起向后（偏左）退一步，脚掌先着地，然后全脚慢慢踏实，身体重心移到左腿上，成右虚步，右脚随转体以脚掌为轴转正；眼看右手，如图 10-24③④所示。

（3）上体微向左转，同时左手随转体向后上方画弧平举，手心向上，右手随即翻掌，掌心向上；眼随转体先向左看，再转向前方看右手，如图 10-24⑤所示。

①　②　③　④　⑤

图 10-24　左右倒卷肱练习动作分解示意图（一）

（4）与（2）同，只是左右相反，如图 10-25①、②所示。

（5）与（3）同，只是左右相反，如图 10-25③所示。

（6）与（2）同，如图 10-25④、图 10-26①所示。

（7）与（3）同，如图 10-26②所示。

（8）与（2）同，只是左右相反，如图 10-26③、④所示。

①　②　③　④

图 10-25　左右倒卷肱练习动作分解示意图（二）

①　②　③　④

图 10-26　左右倒卷肱练习动作分解示意图（三）

（9）要点：前推手不要伸直，后撤手也不可直向回抽，随转体仍走弧线；前推时，要转腰松胯；两手的速度要一致，避免僵硬；退步时，脚掌先着地，再慢慢全脚踏实，同时前脚随转体以脚掌为轴扭正；退左脚略向左后斜，退右脚略向右后斜，避免使两脚落在一条直线上；后退时，眼神随转体动作先向左右看，然后再转看前手；最后退右脚时，脚尖外撇的角度略大些，便于接做“左揽雀尾”的动作。

三、第三组

1. 左揽雀尾

（1）上体微向右转，同时右手随转体向后上方画弧平举，手心向上，左手放松，手心向下，眼看左手，如图 10-27①所示。

（2）身体继续向右转，左手自然下落逐渐翻掌经腹前画弧至右肋前，手心向上；右臂屈肘，手心转向下，收至右胸前，两手相对成抱球状；同时身体重心落在右腿上，左脚收到右脚内侧，脚尖点地；眼看右手，如图 10-27②③所示。

图 10-27　左揽雀尾练习动作分解示意图（一）

（3）上体微向左转，左脚向左前方迈出，上体继续向左转，右腿自然蹬直，左腿屈膝，成左弓步；同时左臂向左前方送出（即左臂平屈成弓形，用前臂外侧和手背向前方推出），高与肩平，手心向后；右手向右下落放于右胯旁，手心向下，指尖向前；眼看左前臂，如图 10-27④⑤所示。要点是送出时，两臂前后均保持弧形；分手、松腰、弓腿三者必须协调一致；揽雀尾弓步时，两脚跟横向距离不超过 10cm。

（4）身体摄向左转。左手随即前伸翻掌向下，右手翻掌向上，经腹前向上、向前伸至左前臂下方；然后两手下捋，即上体向右转，两手经腹前向右后上方画弧，直至右手手心向上，高与肩齐，左臂平屈于胸前；同时身体重心移至右腿；眼看右手，如图 10-28①②所示。要点是下捋时，上体不可前倾，臀部不要凸出；两臂下捋须随腰旋转，仍走弧线，左脚全掌着地。

（5）上体微向左转，右臂屈肘折回，右手附于左手腕里侧（相距约 5cm），上体继续向左转，双手同时向前慢慢挤出，左手心向后，右手心向前，左前臂要保持半圆；同时身体重心逐渐前移正成左弓步；眼看左手腕部，如图 10-28③④所示。要点是向前挤时，上体要正直。挤的动作要与松腰、弓腿相一致。

图 10-28　左揽雀尾练习动作分解示意图（二）

（6）左手翻掌，手心向下，右手经左腕上方向前、向右伸出，高与左手齐，手心向下，两手左右分开，宽与肩同；然后右腿屈膝，上体慢慢后坐，身体重心移至右腿上，左脚尖翘起；同时两手屈肘回收至腹前，手心均向前下方；眼向前平看，如图 10-29①～③所示。

（7）上式不停，身体重心慢慢前移，同时两手向前、向上按出，掌心向前；左腿前弓成左弓步；眼平看前方，如图 10-29④所示。要点是向前按时，两手须走曲线，手腕部高与肩平，两肘微屈。

图 10-29　左揽雀尾练习动作分解示意图（三）

2. 右揽雀尾

（1）上体后坐并向右转，身体重心移至右腿，左脚尖里扣；右手向右平行画弧至右侧，然后由右经腹前向左上画弧至左肋前，手心向上；左臂平屈胸前，左手掌向下与右手成抱球状；同时身体重心再移至左腿上，右脚收至左脚内侧，脚尖点地；眼看左手，如图 10-30①～④所示。

图 10-30　右揽雀尾练习动作分解示意图（一）

（2）与“左揽雀尾”（3）同，只是左右相反，如图 10-31①②所示。

（3）与“左揽雀尾”（4）同，只是左右相反，如图 10-31③④所示。

图 10-31　右揽雀尾练习动作分解示意图（二）

（4）与“左揽雀尾”（5）同，只是左右相反，如图 10-32①②所示。

（5）与“左揽雀尾”（6）同，只是左右相反，如图 10-32③～⑤所示。

（6）与“左揽雀尾”（7）同，只是左右相反，如图 10-32⑥所示。

（7）要点：均与“左揽雀尾”相同，只是左右相反。

图 10-32　右揽雀尾练习动作分解示意图（三）

四、第四组

1. 单鞭（一）

（1）上体后坐，身体重心逐渐移至左脚上，右脚尖里扣；同时上体左转，两手（左高右低）向左弧形运转，直至左臂平举，伸于身体左侧，手心向左，右手经腹前运至左肋前，手心向后上方；眼看左手，如图 10-33①②所示。

（2）身体重心再渐渐移至右腿上，上体右转，左脚向右脚靠拢，脚尖点地；同时右手向右上方画弧（手心由里转向外），至右侧方时变勾手，臂与肩平；左手向下经腹前向右上画弧停于右肩前，手心向里；眼看左手，如图 10-33③④所示。

图 10-33　单鞭（一）练习动作分解示意图（一）

（3）上体微向左转，左脚向左前侧方迈出，右脚跟后蹬，成左弓步；在身体重心移向左腿的同时，左掌随上体的继续左转慢慢翻转向前推出，手心向前，手指与眼齐平，臂微屈；眼看左手，如图 10-34①②所示。

（4）要点：上体保持正直，松腰；完成式时，右臂肘部稍下垂，左肘与左膝上下相对，两肩下沉；左手向外翻掌前推时，要随转体边翻边推出，不要翻掌太快或最后突然翻掌；全部的动作，上下要协调一致；如果是面向南起势，单鞭的方向（左脚尖）应向东偏北（大约为 15°）。

图 10-34　单鞭（一）练习动作分解示意图（二）

2. 云手

（1）身体重心移至右腿上，身体渐向右转，左脚尖里扣；左手经腹前向右上画弧至右肩前。手心斜向后，同时右手变掌，手心向右前；眼看左手，如图 10-35①～③所示。

（2）上体慢慢左转，身体重心随之逐渐左移；左手由脸前向左侧运转，手心渐渐转向左方；右手由右下经腹前向左上画弧，至左肩前，手心抖向后；同时右脚靠近左脚，成小开立步（两脚距离 10～20cm）；眼看右手，如图 10-35④⑤所示。

图 10-35　云手练习动作分解示意图（一）

（3）上体再向右转，同时左手经腹前向右上画弧至右肩前，手心斜向后；右手向右侧运转，手心翻转向右；随之左脚向左横跨一步；眼看左手，如图 10-36①～③所示。

（4）与（2）同，如图 10-36④⑤所示。

图 10-36　云手练习动作分解示意图（二）

（5）与（3）同，如图 10-37①～③所示。

（6）与（2）同，如图 10-37④⑤所示。

（7）要点：身体转动要以腰脊为轴，松腰、松胯，不可忽高忽低；两臂随腰的转动而运转，要自然圆活，速度要缓慢均匀；下肢移动时，身体重心要稳定，两脚掌先着地再踏实，脚尖向前；眼的视线随左右手而移动；第三个“云手”，右脚最后跟步时，脚尖微向里扣，便于接“单鞭”动作。

图 10-37　云手练习动作分解示意图（三）

3. 单鞭（二）

（1）上体向右转，右手随之向右运转，至右侧方时变成勾手；左手经腹前向右上画弧至右肩前，手心向内；身体重心落在右腿上，左脚尖点地；眼看左手，如图 10-38①～③所示。

（2）上体微向左转，左脚向左前侧方迈出，右脚跟后蹬，成左弓步；在身体重心移向左腿的同时，上体继续左转，左掌慢慢翻转向前推出，成“单鞭”式（如图 10-38④⑤所示）。

（3）要点：与单鞭（一）相同。

图 10-38　单鞭（二）练习动作分解示意图

五、第五组

1. 高探马

（1）右脚跟进半步，身体重心逐渐后移至右腿上；右勾手变成掌，两手心翻转向上，两肘微屈；同时身体微向右转，左脚跟渐渐离地；眼看左前方，如图 10-39①所示。

（2）上体微向左转，面向前方；右掌经右耳旁向前推出，手心向前，手指与眼同高；左手收至左侧腰前，手心向上；同时左脚微向前移，脚尖点地，成左虚步；眼看右手，如图 10-39②所示。

（3）要点：上体自然正直，双肩要下沉，右肘微下垂；跟步移换重心时，身体不要有起伏。

图 10-39　高探马练习动作分解示意图

2. 右蹬脚

（1）左手手心向上，前伸至右手腕背面。两手相互交叉，随即向两侧分开并向下画弧，手心斜向下；同时左脚提起向左前侧方进步（脚尖略外撇）；身体重心前移，右腿自然蹬直，成左弓步；眼看前方，如图 10-40①～③所示。

图 10-40　右蹬脚练习动作分解示意图（一）

（2）两手由外圈向里圈画弧，两手交叉合抱于胸前，右手在外，手心均向后；同时右脚向左脚靠拢，脚尖点地；眼平看右前方，如图 10-41①所示。

（3）左右两手弧分开平举，肘部微屈，手心均向外；同时右腿屈膝提起，右脚向右前方慢慢蹬出；眼看右手，如图 10-41②③所示。

（4）要点：身体要稳定，不可前俯后仰；两手分开时，腕部与肩齐平；蹬脚时，左腿微屈，右脚尖回勾，劲使在脚跟；分手和蹬脚须协调一致；右臂和右腿上下相对；如果是面向南起势，蹬脚方向应为正东偏南（约 30°）。

图 10-41　右蹬脚练习动作分解示意图（二）

3. 双峰贯耳

（1）右腿收回，屈膝平举，左手由后向上、向前下落身体前，两手心均翻转向上，两手同时向下画弧分落于右膝盖两侧；眼看前方，如图 10-42①②所示。

（2）右脚向右前方落下，身体重心渐渐前移，成右弓步，面向右前方；同时两手下落，慢慢变拳，分别从两侧向上、向前画弧至面部前方，成钳形状，两拳相对，高与耳齐，拳眼都抖向内下（两拳中间距离 10～20cm）；眼看右拳，如图 10-42③④所示。

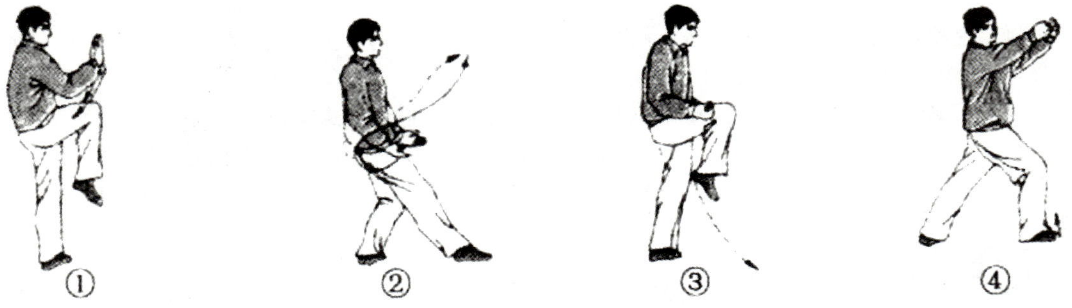

图 10-42　双峰贯耳练习动作分解示意图

（3）要点：完成时，头颈正直，松腰松胯，两拳松握，沉肩垂肘，两臂均保持弧形；双峰贯耳式的弓步和身体方向与右蹬脚方向相同；弓步的两脚跟横向距离同“揽雀尾”式。

4. 转身左蹬脚

（1）左腿屈膝后坐，身体重心移至左腿，上体左转，右脚尖里扣；同时两拳变掌，由上向左右划弧分开平举，手心向前；眼看左手，如图 10-43①②所示。

（2）身体重心再移至右腿，左脚收到右脚内侧，脚尖点地；同时两手由外围向里圈划弧合抱于胸前，左手在外，手心均向后；眼平看左方，如图 10-43③、10-44①所示。

（3）两臂左右划弧分开平举，肘部微屈，手心均向外；同时左腿屈膝提起，左脚向左前方慢慢蹬出；眼看左手，如图 10-44②③所示。

（4）要点：与右蹬脚式相同，只是左右相反；左蹬脚方向与右蹬脚成 180°（即正西偏北，约 30°）。

图 10-43　转身左蹬脚练习动作分解示意图（一）

图 10-44　转身左蹬脚练习动作分解示意图（二）

六、第六组

1. 左下势独立

（1）左腿收回平屈，上体右转；右掌变成钩手，左掌向上、向右画弧下落，立于右肩前，掌心斜向后；眼看右手，如图 10-45①②所示。

（2）右腿慢慢屈膝下蹲，左腿由内向左侧（偏后）伸出，成左仆步；左手下落（掌心向外）向左下，顺左腿内侧向前穿出；眼看左手，如图 10-45③④所示。要点是右腿全蹲时，上体不可过于前倾，左腿伸直；左脚尖须向里扣，两脚脚掌全部着地；左脚尖与右脚跟踏在中轴线上。

图 10-45　左下势独立练习动作分解示意图（一）

（3）身体重心前移，左脚跟为轴，脚尖尽量向外撇，左腿前弓，右腿后蹬，右脚尖里扣，上体微向左转并向前起身；同时左臂继续向前伸出（立掌），掌心向右，右勾手下落，勾尖向后；眼看左手，如图 10-46①所示。

（4）右腿慢慢提起平屈，成左独立式；同时右勾手变掌，并由后下方顺右腿外侧向前弧行摆出，屈臂立于右腿上方，肘与膝相对，手心向左；左手落于左胯旁，手心向下，指尖向前；

眼看右手，如图 10-46②、③所示。要点是上体要正直，独立的腿要微屈，右腿提起时脚尖自然下垂。

① ② ③

图 10-46 左下势独立练习动作分解示意图（二）

2. 右下势独立

（1）右脚下落于左脚前，脚掌着地；然后左脚前掌为轴脚跟转动，身体随之左转；同时左手向后平举变成勾手，右掌随着转体向左侧画弧，立于左肩前，掌心斜向后；眼看左手，如图 10-47①②所示。

（2）与“左下势独立”（2）同，只是左右相反，如图 10-47③④所示。

① ② ③ ④

图 10-47 右下势独立练习动作分解示意图（一）

（3）与“左下势独立”（3）同，只是左右相反，如图 10-48①所示。

（4）与“左下势独立”（4）同，只是左右相反，如图 10-48②③所示。

（5）要点：右脚尖触地后必须稍微提起，然后再向下仆腿；其他均与“左下势独立”相同，只是左右相反。

① ② ③

图 10-48 右下势独立练习动作分解示意图（二）

七、第七组

1. 左右穿梭

（1）身体微向左转，左脚向前落地，脚尖外撇，右脚跟离地，两腿屈膝成半坐盘式；同时两手在左胸前成抱球状（左上右下）；然后右脚收到左脚的内侧，脚尖点地；眼看左前臂，如图 10-49①～③所示。

（2）身体右转，右脚向右前方迈出；屈膝弓腿，成右弓步；同时右手由脸前向上举并翻掌停在右额前，手心斜向上；左手先向左下再经体前向前推出，高与鼻尖平，手心向前；眼看左手，如图 10-49④、图 10-50①②所示。

（3）身体重心略向后移，右脚尖稍向外撇，随即身体重心再移至右腿，左脚跟进，停于右脚内侧，脚尖点地；同时，两手在右胸前成抱球状（右上左下）；眼看右前臂，如图 10-50③、④。

图 10-49　左右穿梭练习动作分解示意图（一）

图 10-50　左右穿梭练习动作分解示意图（二）

（4）与（2）同，只是左右相反，如图 10-51①～③所示。

（5）要点：完成姿势面向斜前方（如面向南起势，左右穿梭方向分别为正西偏北和王西偏南，均约 30°）；手推出后，上体不可前俯；手向上举时，防止引肩上耸；一手上举，一手前推要与弓腿松腰上下协调一致，做弓步时，两脚跟的横向距离同搂膝拗步式，保持在 30cm 左右。

图 10-51　左右穿梭练习动作分解示意图（三）

2. 海底捞针

（1）右脚向前跟进半步，身体重心移至右腿，左脚稍向前移，脚尖点地，成左虚步；同时身体稍向右转，右手下落经体前向后、向上提抽至肩上耳旁，再随身体左转，由右耳旁斜向前下方插出，掌心向左，指尖斜向下；与此同时，左手向前、向下画弧落于左胯旁，手心向下，指尖向前；眼看前下方，如图 10-52①②所示。

图 10-52 海底捞针练习动作分解示意图

(2) 要点：身体要先向右转，再向左转；完成姿势，面向正西；上体不可太前倾；避免低头和臀部外凸；左腿要微屈。

3. 闪通臂

(1) 上体稍向右转，左脚向前迈出，屈膝弓腿成左弓步；同时右手由体前上提，屈臂上举，停于右额前上方，掌心翻转斜向上，拇指朝下；左手上起经胸前向前推出，高与鼻尖平，手心向前；眼看左手，如图 10-53①～③所示。

(2) 要点：完成姿势上体自然正直，松腰、松胯；左臂不要完全伸直，背部肌肉要伸展开；推掌、举掌和弓腿动作要协调一致；弓步时，两脚跟横向距离同“揽雀尾”式（不超过 10cm）。

图 10-53 闪通臂练习动作分解示意图

八、第八组

1. 转身搬拦捶

(1) 上体后坐，身体重心移至右腿上，左脚尖里扣，身体向右后转，然后身体重心再移至左腿上；与此同时，右手随着转体向右、向下（变拳）经腹前画弧至左肋旁，掌心向下；左掌上举于头前，掌心斜向上；眼看前方，如图 10-54①～③所示。

(2) 向右转体，右拳经胸前向前翻转撇出，拳心向上；左手落于左胯旁，掌心向下，指向前；同时右脚收回后（不要停顿或脚尖点地）即向前迈出，脚尖外撇；眼看右拳，如图 10-54④～⑥所示。

图 10-54 转身搬拦捶练习动作分解示意图（一）

（3）身体重心移至右腿上，左脚向前迈一步；左手上起经左侧向前上画弧拦出，掌心向前下方；同时右拳向右划画收到右腰旁，拳心向上；眼看左手，如图 10-55①②所示。

（4）左腿前弓成左弓步，同时右拳向前打出，拳眼向上，高与胸平，左手附于右前臂里侧；眼看右拳，如图 10-55③所示。

（5）要点：右拳不要握得太紧；右拳回收时，前臂要慢慢内旋画弧，然后再外旋停于右腰旁，拳心向上；向前打拳时，右肩随拳略向前引申，沉肩垂肘，右臂要微屈；弓步时，两脚横向距离同“揽雀尾”式。

图 10-55 转身搬拦捶练习动作分解示意图（二）

2. 如封似闭

（1）左手由右腕下向前伸出，右拳变掌，两手手心逐渐翻转向上并慢慢分开回收；同时身体后坐，左脚尖翘起，身体重心移至右腿；眼看前方，如图 10-56①～③所示。

图 10-56 如封似闭练习动作分解示意图（一）

（2）两手在脚前翻掌，向下挺腹前再向上，向前推出，腕部与肩平；手心向前，同时左腿前弓成左弓步；眼看前方，如图 10-57①～③所示。

图 10-57 如封似闭练习动作分解示意图（二）

（3）要点：身体后坐时，避免后仰，臀部不可凸出；两臂随身体回收时，肩、肘部向外松开，不要直着抽回；两手推出宽度不要超过两肩。

3. 十字手

（1）屈膝后坐，身体重心移向右腿，左脚尖里扣，向右转体；右手随着转体动作向右平摆画弧，与左手成两臂侧平举，掌心向前，肘部微屈；同时右脚尖随着转体稍向外撇，成右侧弓步；眼看右手，如图 10-58①②所示。

（2）身体重心慢慢移至左腿，右脚尖里扣，随即向左收回，两脚距离与肩同宽，两腿逐渐蹬直，成开立步；同时，两手向下经腹前向上画弧交叉合抱于胸前，两臂撑圆，腕高与肩平，右手在外，成十字手，手心均向后；眼看前方，如图 10-58③和图 10-59①所示。

（3）要点：两手分开和合抱时，上体不要前俯；站起后，身体自然正直，头要微向上顶，下颏稍向后收；两臂环抱时须圆满舒适，沉肩垂肘。

图 10-58　十字手练习动作分解示意图

4. 收势

（1）两手向外翻掌，手心向下，两臂慢慢下落，停于身体两侧；眼看前方，如图 10-59②～④所示。

图 10-59　十字手和收势练习动作分解示意图

（2）要点：两手左右分开下落时，要注意全身放松，同时气也徐徐下沉（呼气略加长）；呼吸平稳后，把左脚收到右脚旁，再走动休息。

第四节　初级剑术的套路动作

一、基本动作

（1）持剑：掌心贴近护手，食指伸直附掌于剑柄，拇指为一侧，其余手指为另一侧直腕扣握护手，剑脊贴近小臂后侧，如图 10-60 所示。

（2）握剑：五指撞拢剑柄，虎口靠近护手，剑刃必须与虎口相对，如图 10-61 所示。

（3）剑指：中指与食指伸直，其余三指弯曲，拇指按贴在无名指指甲上，如图 10-62 所示。

图 10-60　持剑示意图

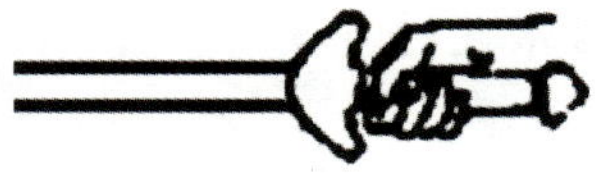

图 10-61　握剑示意图

图 10-62　剑指示意图

二、套路动作

（1）预备势：如图 10-63 所示。

图 10-63　预备势动作分解示意图

（2）弓步直刺：如图 10-64 所示。

（3）回身后劈：如图 10-65 所示。

（4）弓步平抹：如图 10-66 所示。

图 10-64　弓步直刺动作示意图

图 10-65　回身后劈动作示意图

图 10-66　弓步平抹动作示意图

（5）弓步左撩：如图 10-67 所示。

图 10-67　弓步左撩动作示意图

（6）提膝平斩：如图 10-68 所示。

（7）回身下刺：如图 10-69 所示。

图 10-68　提膝平斩动作示意图

图 10-69　回身下刺动作示意图

（8）挂剑直刺：如图 10-70 所示。

①　②　③

图 10-70　挂剑直刺动作分解示意图

（9）虚步架剑：如图 10-71 所示。

①　②

图 10-71　虚步架剑动作分解示意图

（10）虚步平劈：如图 10-72 所示。

（11）弓步下劈：如图 10-73 所示。

图 10-72　虚步平劈动作示意图

图 10-73　弓步下劈动作示意图

（12）带剑前点：如图 10-74 所示。

图 10-74　带剑前点动作分解示意图

（13）提膝下截：如图 10-75 所示。

图 10-75　提膝下截动作分解示意图

（14）提膝直刺：如图 10-76 所示。

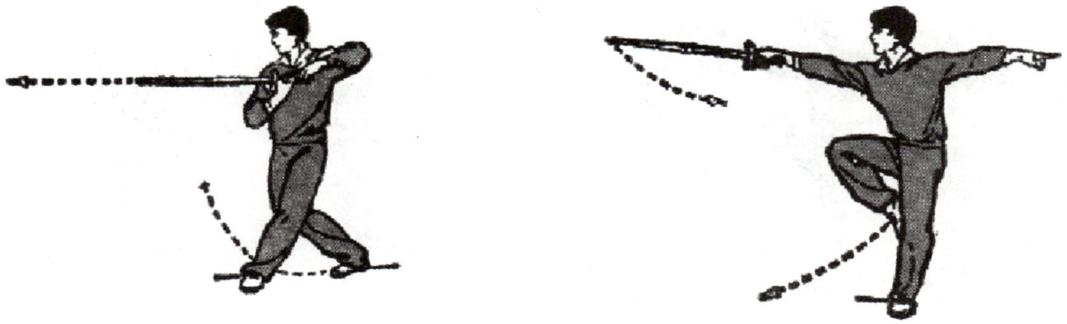

图 10-76　提膝直刺动作分解示意图

（15）回身平崩：如图 10-77 所示。

图 10-77　回身平崩动作分解示意图

（16）歇步下劈：如图 10-78 所示。

图 10-78　歇步下劈动作示意图

（17）提膝下点：如图 10-79 所示。

图 10-79　提膝下点动作分解示意图

（18）并步直刺：如图 10-80 所示。

①　　②

图 10-80　并步直刺动作分解示意图

（19）弓步上挑：如图 10-81 所示。

（20）歇步下劈：如图 10-82 所示。

（21）右截腕：如图 10-83 所示。

图 10-81　弓步上挑动作示意图

图 10-82　歇步下劈动作示意图

图 10-83　右截腕动作示意图

（22）左截腕：如图 10-84 所示。

图 10-84　左截腕动作示意图

（23）跃步上挑：如图 10-85 所示。

（24）仆步下压：如图 10-86 所示。

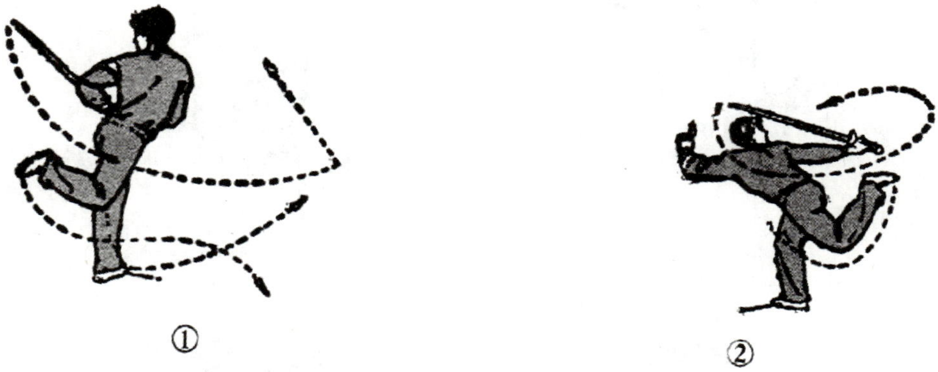

图 10-85　跃步上挑动作分解示意图

图 10-86　仆步下压动作分解示意图

（25）提膝直刺：如图 10-87 所示。

（26）弓步平劈：如图 10-88 所示。

（27）回身后撩：如图 10-89 所示。

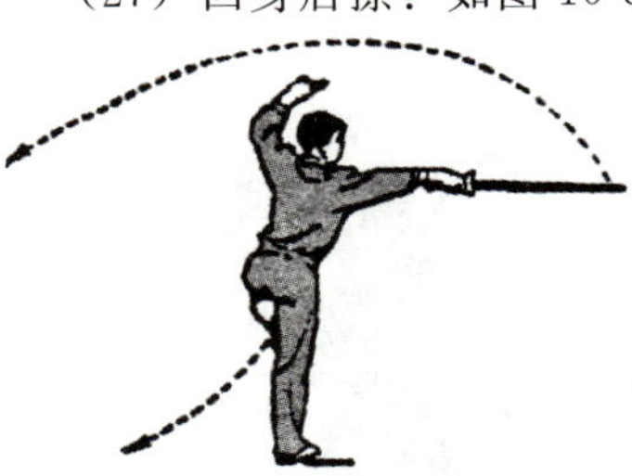

图 10-87　提膝直刺动作示意图

图 10-88　弓步平劈动作示意图

图 10-89　回身后撩动作示意图

（28）歇步上崩：如图 10-90 所示。

（29）弓步斜削：如图 10-91 所示。

图 10-90　歇步上崩动作分解示意图

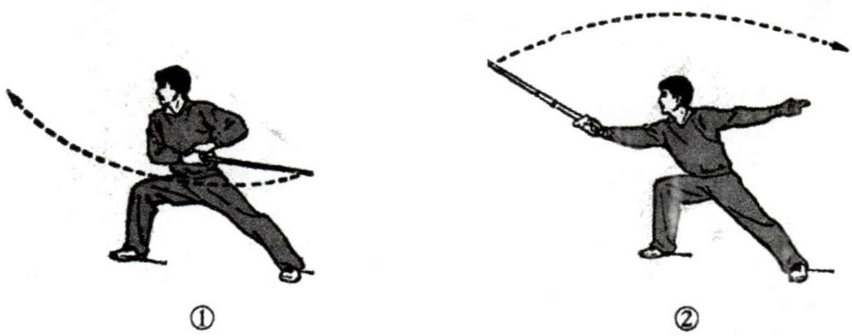

图 10-91　弓步斜削动作分解示意图

（30）进步左撩：如图 10-92 所示。

图 10-92　进步左撩动作分解示意图

（31）进步右撩：如图 10-93 所示。

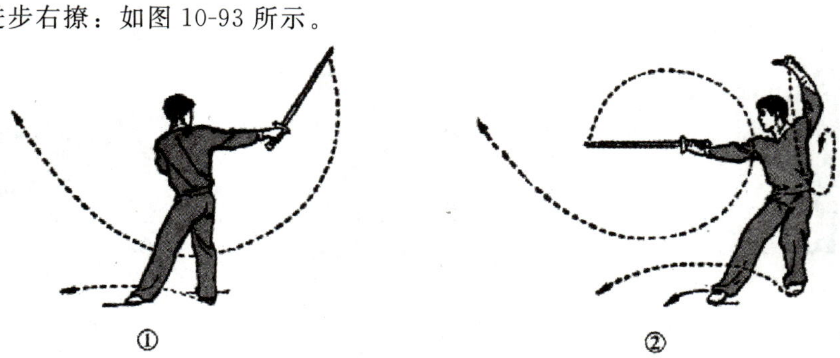

图 10-93　进步右撩动作分解示意图

（32）坐盘反撩：如图 10-94 所示。

（33）转身云剑：如图 10-95 所示。

图 10-94　坐盘反撩动作示意图

①　②

图 10-95　转身云剑动作分解示意图

（34）结束动作：如图 10-96 所示。

①　②

图 10-96　结束动作分解示意图

第十一章　健美操运动

第一节　健美操运动概述

一、健美操运动的起源与发展

健美操运动起源于生活及人们对人体健美的追求，它是一项新兴的体育运动，是随着现代科技发展和人类走向高效率、快节奏的信息时代的产物。

近代健美操源于美国黑人的爵士舞和土风舞，它节奏欢快，运动部位全面，对人体有着较好的锻炼效果。近几十年来，世界各地都在用徒手操与现代舞相结合方式进行锻炼，其主要目的是促进身体健美和身心愉悦。

20 世纪 80 年代以来，健美操以其强大的生命力风靡世界。美国是对现代健美操的发展具有较大影响的国家，其代表人物是电影明星简·方达。她为了追求健美的身体曾用过“节食减肥”“自导呕吐法”“服用减肥药”等方法，结果把身体弄得很虚弱。后来，她在 20 世纪 70 年代总结编排了一套健美操，并坚持锻炼，收到了理想的健美效果。在此基础上，她编写了《简·方达健身法》，该书于 1981 年出版后，在全球范围内引起了轰动。

健美操不仅在美、英、法等国家迅速发展，在苏联和其他东欧国家也相当普及，在亚洲的日本、菲律宾、新加坡等国家和地区也建有许多健美操活动中心及健身俱乐部。

20 世纪 70 年代末，健美操热传到了我国。目前，健美操已成为我国各级各类学校体育课或课外活动中一项深受师生欢迎的教学内容和锻炼方式。1992 年，国务院颁布了《全民健身计划实施纲要》，健美操成为全民健身的重要项目之一；1992 年 9 月，中国健美操协会在北京成立；1992 年 2 月，中国大学生体协健美操、艺术体操分会在北京成立。这些都标志着我国健美操运动已进入一个崭新的发展阶段。

二、健美操运动的特点

（一）高度的艺术性

健美操的艺术性主要体现在其“健、力、美”的项目特征上。“健康、力量、美丽”是人类有史以来所追求的身体状况的最高境地，在健美操运动中，无论是健身健美操，还是竞技健美操，无不处处表现出“健、力、美”的特征，包含着高度的艺术性因素，使健美操不同于其他运动项目，这也是人们热爱健美操运动的原因之一。

（二）强烈的节奏性

健美操动作具有强烈的节奏性特点，并通过音乐表现出来，因此音乐是健美操运动不可缺少的组成部分。健美操音乐的特点是节奏强劲有力、旋律优美，具有烘托气氛、激发人们情绪的效应。

（三）广泛的适应性

健美操练习形式多样，运动量可大可小，容易控制，对场地器材的要求也不高，因此对各个年龄层次、不同性别、不同身体素质、不同技术水平的人都适宜，各种人群都能从健美操练习中找到适合自己的方式，都能从健美操练习中得到乐趣。

（四）健身的安全性

健美操所涉及的运动负荷、运动强度、运动量以及运动节奏，适合一般人的体质，甚至弱体质的人都能承受。人们在平坦的地面上、在欢快的音乐声中，跟随着快慢有序的节奏进行运动，十分安全，而且有效。

三、健美操运动的功能

（一）增进健康美

健美操作为一项有氧运动，其健身功效以有氧运动发展人体心肺功能，且兼备发展身体柔韧性和灵敏性的作用。因此，专家认为健美操是目前发展身体全面素质、增进健康美的较为理想的运动。

（二）塑造体形美

健美操运动还可塑造健美的体形。通过健美操练习，尤其是力量的练习，可使骨骼粗壮、肌肉围度增大，从而弥补先天的体形缺失，使得人体变得匀称健美。同时，健美操练习还可消除体内和体表多余的脂肪，维持人体吸收与消耗的平衡，降低体重，保持健美的体形。

（三）缓解精神压力，愉悦身心

随着时代发展和社会的进步，人们在享受科学技术所带来的舒适生活和便利的同时，也受到了来自方方面面的精神压力。而健美操具有动作优美、协调、全面锻炼身体，同时有节奏强烈的音乐伴奏等特点，是缓解精神压力的一剂良方。在轻松优美的健美操锻炼中，练习者的注意力从烦恼的事情上转移开，忘掉失意与压抑，尽情享受健美操运动所带来的欢乐，得到内心的安宁，从而缓解精神压力，使人们具有更强的活力和最佳的心态。

（四）医疗保健

健美操作为一项有氧运动，其特点是强度低、密度大、运动量可调节、容易控制，因此除对健康的人具有良好的健身效果外，对一些病人、残疾人、老年人也是一种医疗保健的理想手段。例如，对于下肢瘫痪的病人来说，可做地上健美操和水中健美操，以保持上体的功能，促进下肢功能的恢复。

第二节　健美操基本动作

一、手型

（1）掌：并掌、分掌或合掌、鹰爪掌、芭蕾式、推掌式等，如图 11-1 所示。

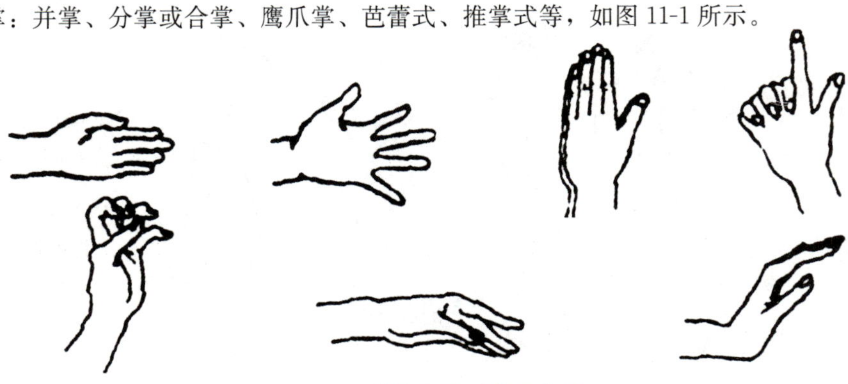

图 11-1　掌的几种形状示意图

（2）拳：四指弯曲紧捏，拇指紧扣食指弯曲处，手腕保持适度紧张，如图 11-2 所示。

图 11-2 拳的形状示意图

（3）指，如图 11-3 所示。

1）单指式：握拳翘拇指、伸食指。

2）剑指式：中指、食指并拢伸直，拇指压在无名指上，无名指小指弯曲。

3）健美指式：（西班牙手式）五指分开，中指、无名指内收，其他指用力外展。

4）响指式：拇指与中指摩擦打响，无名指、小指屈握。

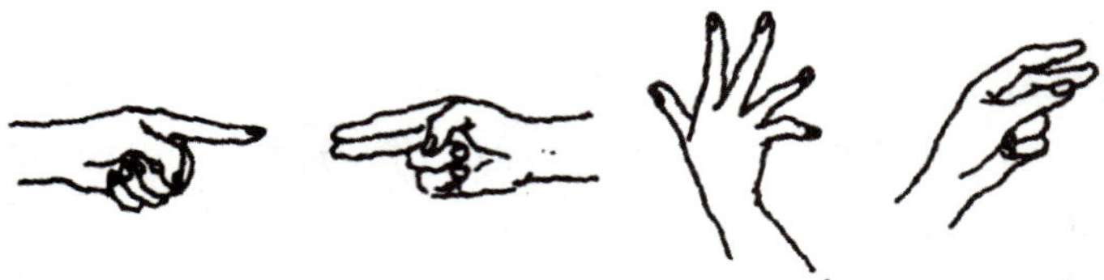

图 11-3 指的几种形状示意图

二、头、颈动作

（1）屈：包括前屈、后屈、左屈、右屈。

（2）转：包括左转、右转。

（3）绕：包括左绕、右绕。

（4）绕环：包括左绕环、右绕环。

三、肩部动作

（1）“提肩”：包括单肩提、双肩同时提和依次提。

（2）“沉肩”：包括单肩沉、双肩同时下沉和依次下沉。

（3）“绕肩”：包括单肩向前、后绕，双肩同时向前、后绕 360°弧形运动。

（4）“肩绕环”：包括单肩前、后绕环，双肩同时前、后绕环 360°以上的圆形运动。

四、上肢动作

（1）举：单肩和双肩的前后举、侧举和侧上举、侧下举。

（2）屈：包括胸前屈、肩侧屈、肩上侧屈与肩下倒屈、肩上前屈、腰前屈、头后屈，如图 11-4 所示。

图 11-4 屈的几种形状示意图

（3）绕：单臂或双臂向内外、前后做 180°以上、360°以下弧形绕。

（4）绕环：单臂或双臂向前、后或向内、外做圆形运动，如图 11-5 所示。

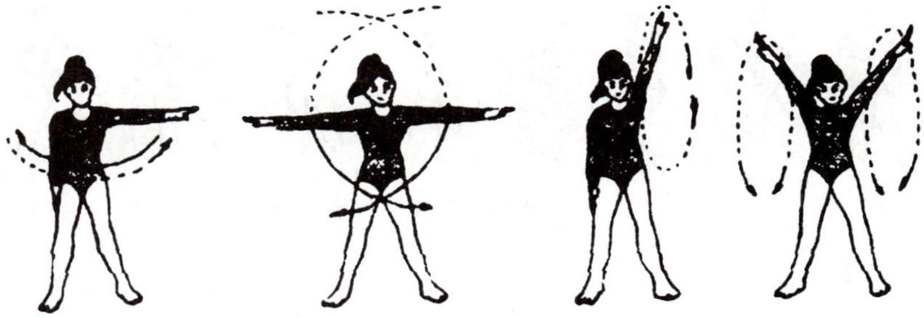

图 11-5 绕的几种形状示意图

（5）振：包括两臂上、下举后振和侧举后振。

（6）旋：以肩或肘为轴，臂向内、外旋转，如图 11-6 所示。

图 11-6 旋的几种形状示意图

五、胸部动作

（1）含胸：两肩内合，缩小胸腔。

（2）挺胸：两肩外展，扩大胸腔。

（3）振胸：胸部借助手臂向前、后做有弹性振胸动作。

六、腰部动作

腰部动作主要有屈、转和绕几种，如图 11-7 所示。

（1）屈：包括前、后屈和左、右侧屈。

（2）转：指左、右转。

（3）绕、绕环：指上体沿垂直轴做左右绕和绕环。

图 11-7 腰部的几种动作示意图

七、髋部动作

髋部动作主要有顶髋、提髋和绕髋几种，如图 11-8 所示。

（1）顶髋：髋关节做水平运动，包括左、右、前、后顶。

（2）提髋：快速向一侧上提，包括左、右提。

(3) 绕髋和髋绕环：髋关节向左、右侧弧形或圆形绕环。

图 11-8 髋部的几种动作示意图

八、下肢动作

(1) 滚动步：两脚交换做脚尖至全掌依次落地。
(2) 交叉步：一脚向另一脚前或后交叉行进。
(3) 点弓步：一脚成弓步，另一脚并步，交替进行。
(4) 跑跳步：两脚交换做跑后支撑阶段后一次跳的过程。
(5) 并腿跳：双腿并拢，直膝或屈膝跳。
(6) 开并腿跳：并腿跳至开立，分腿跳至并立。
(7) 高踢腿跳：单腿跳起，另一腿直腿向前高踢。
(8) 吸腿跳：单腿跳起，另一腿屈膝向前上提。
(9) 侧摆腿跳：单腿跳，另一腿向侧摆。
(10) 弓步跳：并腿跳起，落地成前（后）弓步。

第三节 健美操组合动作

一、姿态组合

音乐 3/4。
预备姿势：直立。

(一) 手臂波浪练习

手臂波浪练习动作，如图 11-9 所示。

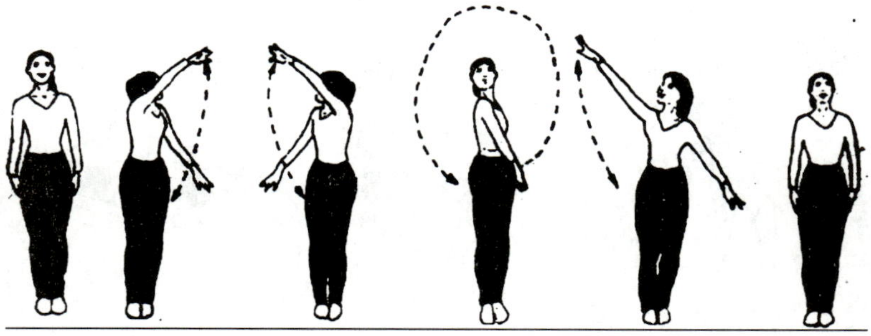

图 11-9 手臂波浪练习动作示意图

(1) 右臂向左侧上方波浪，还原；
(2) 同 (1) 方向相反；
(3) 右臂由外向内向外绕环一周；
(4) 右臂由侧向上波浪一次，还原；

(5) ～ (8) 同 (1) ～ (4)，只是动作方向相反。

(二) 身体波浪练习

身体波浪练习动作，如图 11-10 所示。

(1) 右腿屈膝半蹲。左脚尖向 1 点方位，同时两臂成二位；

(2) 右腿伸直，重心移至左腿，左右臂成五位；

(3) 右臂前伸，做身体前波浪，重心移至右腿，两臂成七位；

(4) 还原；

(5) ～ (8) 同 (1) ～ (4)，只是动作方向相反。

图 11-10　身体波浪练习动作示意图

(三) 含胸、展胸练习

含胸、展胸练习动作，如图 11-11 所示。

1. 第一个 8 拍

(1) ～ (4) 左右臂依次体侧波浪各二次；

(5) 左腿向前成弓步，同时两臂经侧前举交叉（掌心向上）含胸低头；

(6) 翻掌向斜上方波浪一次；

(7) 重心移至右腿，左脚尖前点两臂向斜上方波浪一次；

(8) 还原。

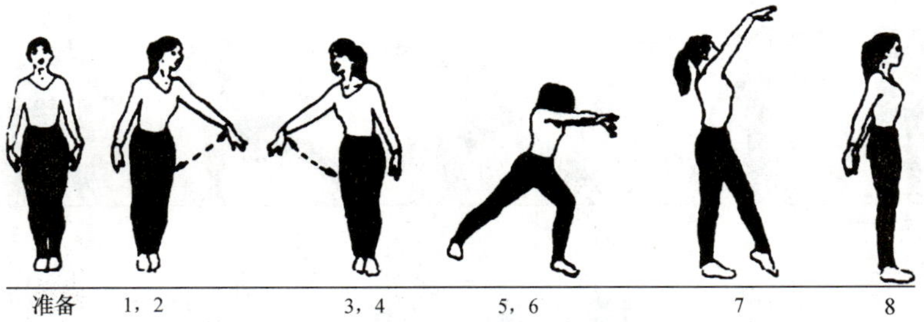

图 11-11　含胸、展胸练习动作示意图

2. 第二个 8 拍

同第一个 8 拍，只是动作方向相反。

(四) 斜举波浪练习

斜举波浪练习动作，如图 11-12 所示。

(1) 左脚尖前点，重心在右腿，两臂成二位；

(2) 重心前移，两臂成七位；

(3) 右脚尖侧点地，左臂斜上举波浪，右臂斜下举波浪；

(4) 还原；

（5）～（8）同（1）～（4），只是动作方向相反。

图 11-12　斜举波浪练习动作示意图

（五）综合练习

综合练习动作，如图 11-13 所示。

1. 第一个 8 拍

（1）左脚侧点地，两臂经前交叉至侧举；

（2）向左转体 90°成左弓步，上体前倾，右臂前举左臂后举；

（3）两臂依次前后绕环一周，右臂成前举，左臂置于体侧；

（4）左腿伸直，重心前移；

（5）右脚侧点地，两臂成二位；

（6）重心移至右腿，左脚侧点地，两臂成七位；

（7）上右脚，左后转体 270°，三位手立踵；

（8）还原。

2. 第二个 8 拍

同第一个 8 拍，只是动作方向相反。

图 11-13　综合练习动作示意图

（六）屈伸练习

屈伸练习动作，如图 11-14 所示。

（1）左脚尖点右足弓旁，左膝内扣，同时左臂侧波浪，两腿屈伸一次；
（2）同（1）；
（3）左脚侧出一步，右脚尖点左足弓旁，两腿屈膝、含胸、两臂体前交叉；
（4）左脚侧点地，两臂成七位；
（5）同（3），只是动作方向相反；
（6）同（4）；
（7）左脚侧点地，两腿微屈，重心左移，两臂斜上举波浪；
（8）同（7），只是动作方向相反。

图 11-14　屈伸动作练习示意图

二、健美操组合

健美操组合练习预备姿势如图 11-15 所示，两脚左右开立，两臂右斜下举，五指分开，掌心向后；前奏为 4×8 拍，第一、二个 8 拍，上下压脚跟；第三个 8 拍左臂由内向外绕环一周，同时抖动手腕；第四个 8 拍同第三个 8 拍，只是动作方向相反。

图 11-15　健美操组合练习预备姿势示意图

（一）并步 4×8 拍

并步 4×8 拍练习动作，如图 11-16 所示。

1. 第一个 8 拍

(1) ～ (2) 左脚向 8 点方位一步，右脚点于左脚内侧，左右臂于胸前向外绕环；

(3) ～ (4) 同 (1) ～ (2) 方向相反；

(5) ～ (6) 左脚向 7 点方位一步，右脚点于左脚内侧，右臂由内向外绕环一周；

(7) ～ (8) 右脚向 3 点方位一步，动作同 (5) ～ (6)，只是方向相反；

2. 第二个 8 拍

同第一个 8 拍，只是动作方向相反。

3. 第三个 8 拍

同第一个 8 拍。

4. 第四个 8 拍

同第二个 8 拍。

图 11-16　并步 4×8 拍练习动作示意图

（二）跑步 4×8 拍

跑步 4×8 拍练习动作，如图 11-17 所示。

图 11-17　跑步 4×8 拍练习动作示意图

1. 第一个 8 拍

(1) ～ (4) 向前后踢腿跑，两臂胸前内绕至前举，拳心向下；

(5) ～ (8) 向后后踢腿跑，同时双臂经侧至体侧。

2. 第二个 8 拍

(1) ～ (4) 后踢腿跑，两臂前举，同时左右各转头一次；

(5) 左臂上举，同时抬头；

(6) 还原；

(7) 同 (5)，只是动作方向相反；

(8) 同 6 还原。

3. 第三个 8 拍

同第一个 8 拍。

4. 第四个 8 拍

同第二个 8 拍。

（三）V 字步 4×8 拍

V 字步 4×8 拍练习动作，如图 11-18 所示。

1. 第一个 8 拍

(1) ～ (2) 左右脚向 8 点 2 点上步，左右臂依次斜上举；

(3) ～ (4) 左右脚向 1 点方位并步，左右臂胸前绕环；

(5) ～ (6) 分腿跳，同时两臂交叉经面部翻掌打开至肩上屈；

(7) ～ (8) 并腿跳，同时两臂经前收至腰间。

图 11-18 V 字步 4×8 拍练习动作示意图

2. 第二个 8 拍

(1) ～ (2) 同第一个 8 拍的 (1) ～ (2)，只是左臂由侧举至肩上屈。

(3) ～ (4) 同第一个 2 拍 (3) ～ (4)，只是左臂由侧举至下举。

(5) ～ (8) 同 (1) ～ (4)，只是动作方向相反。

3. 第三个 8 拍

同第一个 8 拍。

4. 第四个 8 拍

同第二个 8 拍。

(四) 弹踢腿跳 4×8 拍

弹踢腿跳 4×8 拍练习动作，如图 11-19 所示。

1. 第一个 8 拍

(1) ～ (4) 弹踢腿跳，同时两臂经下向前摆动两次；

(5) ～ (8) 右腿屈伸两次身体左侧屈，左腿侧踢点地两手叉腰。

2. 第二个 8 拍

同第一个 8 拍的 (5) ～ (8)，只是动作方向相反。

3. 第三个 8 拍

同第一个 8 拍。

4. 第四个 8 拍

同第二个 8 拍。

图 11-19 弹踢腿跳 4×8 拍练习动作示意图

（五）体转 4×8 拍

体转 4×8 拍练习动作，如图 11-20 所示。

1. 第一个 8 拍

（1）～（2）左转 90°并腿，同时左臂大绕环至体侧；

（3）～（4）右转 90°并腿，同时右臂大绕环至体侧；

（5）～（6）腿部动作同（1）～（2），左臂上举（掌心向内）右臂前举（掌心向内）；

（7）～（8）腿部动作同（3）～（4），右臂上举（掌心向内）左臂前举（掌心向内）。

2. 第二个 8 拍

同第一个 8 拍，只是动作方向相反。

3. 第三个 8 拍

同第一个 8 拍。

4. 第四个 8 拍

同第二个 8 拍。

图 11-20　体转 4×8 拍练习动作示意图

（六）屈臂交叉步 4×8 拍

1. 第一个 8 拍，如图 11-21 所示。

（1）～（4）左右并步，两臂上下冲拳各两次；

（5）左腿向左一步，两臂侧举；

（6）右脚后交叉，手臂动作相反；

（7）同（5）；

（8）并步两膝微屈，两臂收于腰间。

图 11-21　屈臂交叉步第一个 8 拍练习动作示意图

2. 第二个 8 拍，如图 11-22 所示。

图 11-22　屈臂交叉步第二个 8 拍练习动作示意图

(1) ～ (4) 左转 90°上右脚，动作同第一个 8 拍的 (1) ～ (4)；
(5) ～ (8) 原地转体 270°，同时右臂上举，屈臂绕环。
3. 第三个 8 拍
同第一个 8 拍，只是动作方向相反。
4. 第四个 8 拍
同第二个 8 拍，只是动作方向相反。

(七) 开合跳 4×8 拍

开合跳 4×8 拍练习动作，如图 11-23 所示。

图 11-23　开合跳 4×8 拍练习动作示意图

1. 第一个 8 拍
(1) ～ (4) 向 7 点方位后踢腿跑；
(5) ～ (8) 开合跳，左右臂依次胸前平屈，依次下落。

2. 第二个 8 拍

(1) ～(4) 向一点方位后踢腿跑；

(5) ～(8) 开合跳，两臂同时胸前平屈，侧举，左臂上举，右臂下落，还原。

3. 第三个 8 拍

同第一个 8 拍，只是动作方向相反。

4. 第四个 8 拍

同第二个 8 拍，只是动作方向相反。

（八）综合跳 4×8 拍

综合跳 4×8 拍练习动作，如图 11-24 所示。

1. 第一个 8 拍

(1) ～(4) 左腿向 8 点方位前踢腿跳，同时两臂经肩上前屈向下插掌两次；

(5) ～(8) 右腿向 4 点方位后踢腿跳，同时左臂斜上举两次，右臂置于体侧。

图 11-24　综合跳 4×8 拍练习动作示意图

2. 第二个 8 拍

(1) ～(4) 左右踢腿跳转体 360°同时两臂胸前屈，前举，侧举，还原；

(5) ～(6) 左弓步跳，左臂斜上举、右臂前举；

(7) ～(8) 同 (5) ～(6)，只是动作方向相反。

3. 第三个 8 拍

同第一个 8 拍。

4. 第四个 8 拍

同第二个 8 拍。

（九）整理 2×8 拍

整理 2×8 拍练习动作，如图 11-25 所示。

1. 第一个 8 拍

(1) ～(8) 原地踏步，两臂自然摆动。

2. 第二个 8 拍

(1) ～(8) 原地踏步，同时两手胸前击掌。

图 11-25　套理 2×8 拍练习动作示意图

第四节　全国健美操大众锻炼标准

一、全国健美操大众锻炼标准介绍

《全国健美操大众锻炼标准》（以下简称《锻炼标准》）是以健身为目的、以个体条件为基础，注重参与意识和锻炼的自我检测、淡化竞争意识的锻炼标准。因此，其测定成绩只设定为“达标”与“未达标”，同时又制定了较严格的标准供参考者自我提高。

二、《锻炼标准》的特点

《锻炼标准》主要有以下几方面的特点。

1. 有氧原则

注意在运动过程中运动负荷始终保持在有氧的范围内。通过多种组合的练习，以提高心肺功能，影响人的整体为基础，达到锻炼身体、增强体质、健美体形的目的。

2. 无损伤原则

在选择动作时，注意避免使用高难度动作和超负荷动作，以及运动范围过大的动作，以确保无损伤，并有益健康。

3. 简单易学原则

《锻炼标准》的实施对象是一般群众，其目的是使更多的人参与到健美操运动中来。因此，在动作的选择上注重简单易学的实效性，使之便于开展普及。

4. 循序渐进原则

各等级之间保持有机的联系，在保证合理的运动负荷上的基础上，运动量和难度逐渐加大；动作由简至繁，幅度由小到大，速度由慢至快，联系步骤由分解至完善。

5. 提高人体基本素质原则

根据不同等级的任务和技术要求，通过基本动作、组合动作和力量素质的教学，提高人体的力量、柔韧、协调、灵敏等基本素质和基本能力。

三、《锻炼标准》的级别、层次与对象

健美操的大众锻炼标准分为六个等级、四个层次。

（1） 等级水平由低到高分为 1、2、3、4、5、6 级。

（2） 层次：1 级为入门，2 级、3 级为初级，4 级、5 为中级，6 级为高级。

（3）对象：1 级面向大众，2 级、3 级面向有意参加健美操锻炼者，4 级、5 级面向健美操爱好者，6 级面向有意于健美操深造及准备进入竞技健美操训练者。

四、对各级别的要求

（1）1 级：①学习以步伐为主的基本动作，步伐以单一、原地动作为主。②进行低强度的有氧训练。③素质以辅助支撑的俯卧撑、低强度的仰卧起坐和低负重的力量练习为主。④学习和了解健美操的常识。

（2）2 级、3 级：①掌握基本动作。②学习健美操典型动作。以下肢单动作配合上肢简单动作为主。④保持中低强度有氧训练。

（3）4 级、5 级：①掌握健美操典型动作。②学习健美操复合动作及简单的步伐变换技术及跳跃技术。③提高身体的协调性。④提高运动负荷，保持中等强度的有氧训练。⑤素质训练以塑造形体为主，增加柔韧的练习方法。

（4）6 级：①掌握复合动作的变化规律，巩固已掌握的步伐变换技术及跳跃技术。②提高动作的表现力。③加大运动负荷，以中等强度有氧训练为主，达到减脂的目的。④提高肌肉力量，并进一步塑造其形体，加大动作的空间位移，培养良好的协调性。

五、评定因素

（1）动作的正确性。身体姿态要舒展。动作技术要正确。动作范围要适当。

（2）身体的协调性。全身协调运动。动作轻松、有弹性。动作清晰，无多余动作。动作避免过分松弛或过分紧张。

（3）连接动作的流畅性。动作之间的连接要自然、流畅。动作的转换及方向的变化要干净利落，无多余动作。

（4）节奏感。动作要充分表现音乐情绪。动作和音乐节奏要配合协调。一连串动作节奏要准确。

（5）表现力。动作要展示内心的激情，体现一种健康、向上的情绪。提倡个人风格的表现力。

第十二章 游泳运动

游泳是人们在同大自然的抗争和生产、生活中形成的一种在水中生存的基本技能，是凭借人自身的动作和与水的相互作用力，在水里进行的一种有意识的运动。

从健康意义上说，经常从事游泳锻炼，可以增强内脏器官的功能。人在游泳时，要承受水的一定压力，特别是吸气时，扩大胸廓就必须对抗水的压力，因此，吸气时必须用力，这就锻炼了吸气肌，呼气时，由于水的密度大而产生了阻力，因而锻炼了呼气肌。游泳，使呼吸肌变得强壮有力。

目前，游泳主要分为竞技游泳与实用游泳两大类。竞技游泳包括自由泳、仰泳、蛙泳、蝶泳，实用游泳包括侧泳、潜泳、反蛙泳、踩水、救护、武装泅渡等。

第一节 熟悉水性

熟悉水性是学习各种游泳姿势前重要的过渡性练习，是游泳教学中的一个重要环节和组成部分，也是初学者入门必经的阶段 。由于水的环境与人们所习惯的陆上环境不同，想要学会游泳就必须先熟悉水性。熟悉水性通常采用“水中行走”“水中憋气”“浸水”“呼吸”“浮体和站立”“水中滑行”等练习。学生通过这些练习体会水的阻力、浮力、压力等特性，消除怕水心理，逐步适应水的环境，并掌握游泳中的一些最基本的动作（如浮体、呼吸、滑行和站立等），可为以后的学习和掌握各种游泳技术打下基础。

一、水中行走

水中行走是学习游泳的第一个步骤 。在齐腰深的水里，做各种方向的行走或跑的练习，可用两手拨水维持身体平衡或加快走、跑、跳、转身、跃起、下沉等的速度。熟悉后可在水中做追逐或走、跑、接力等游戏。

二、水中憋气

憋气练习主要是体会水的压力，掌握水中憋气的规律。练习时，可以扶池壁或在同伴帮助下手拉手进行。在齐胸深的水中将头部撩湿，深吸一口气，屈膝下蹲，将头部浸没在水里，憋一口气，再用口慢慢将气呼出，然后站立，头伸出水面吸气（见图 12-1）。

开始练习时，可以扶池壁或在同伴帮助下手拉手进行，憋气时间可以逐渐延长，眼睛可以逐渐张开。睁眼练习可以作为重点练习内容。

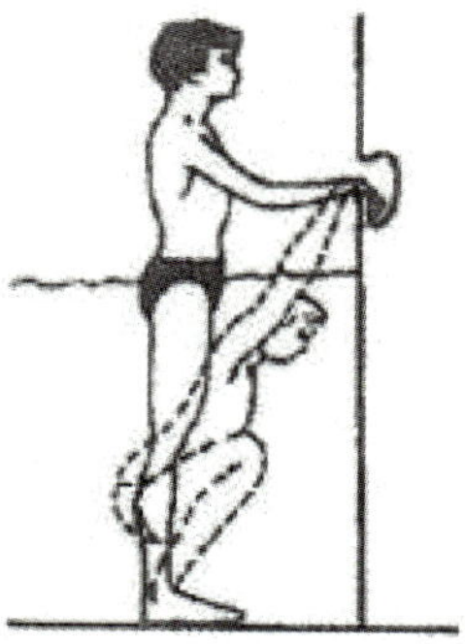

图 12-1 水中憋气

三、水中呼吸

游泳时的呼吸与陆地上习惯的呼吸方法不同，游泳时呼吸是用口和鼻进行的，当口露出水面时，马上张大口吸气，吸气要快，吸气后稍闭气，然后在水中用鼻（或口）呼气。呼吸练习的目的是使初学者掌握游泳呼吸的方法，尤其是用口吸气的方法，并进一步消除怕水心理。呼吸练习时，初学者开始不习惯用口吸气，而用鼻吸导致呛水。可先用手捏住鼻子或用鼻夹，强制用口吸气，帮助体会动作；也可利用脸盆盛水练习呼吸动作（见图 12-2）。

图 12-2　水中呼吸

呼吸的节奏是，呼气—吸气—憋气，周而复始，如此循环，不论是快做或慢做，都要保持这个完整的过程，不可打乱。开始练习可由两人手拉手轮流进行，逐步过渡到单人练习。初学者可先学会水中憋气，水面上换气，然后学呼吸方法 。

四、浮体、滑行与站立

浮体练习是熟悉水性教学手段之一，练习目的是体会水的浮力，初步学会控制身体在水中平衡的能力和在水中站立的方法，进一步消除怕水心理，提高学会游泳的信心。浮体练习有抱膝浮体、俯卧展体和仰卧浮体三种练习。

1. 抱膝浮体

原地站在齐腰或齐胸深的水中，深吸一口气后下蹲，然后低头，两手抱膝，成低头团身抱膝姿势，使身体漂浮在水中。用嘴和鼻子慢慢吐气，到快吐完时，两臂前伸，手掌向下压水抬头，同时两腿向下伸直。两脚踩住池底时站立，两手于体侧压水保持身体平衡（见图 12-3 ）。

图 12-3　抱膝浮体

2. 俯卧展体和仰卧浮体

两脚开立，两臂放松向前伸出，深吸气后身体前倒并低头，两脚轻松蹬离池底，成俯卧姿势漂浮于水中，两臂两腿自然伸直，站立收腹、收腿，两臂向下按压水并抬头，两腿伸直，脚触池底站立（见图 12-4 ）。仰卧浮体用力则反之（见图 12-5）。

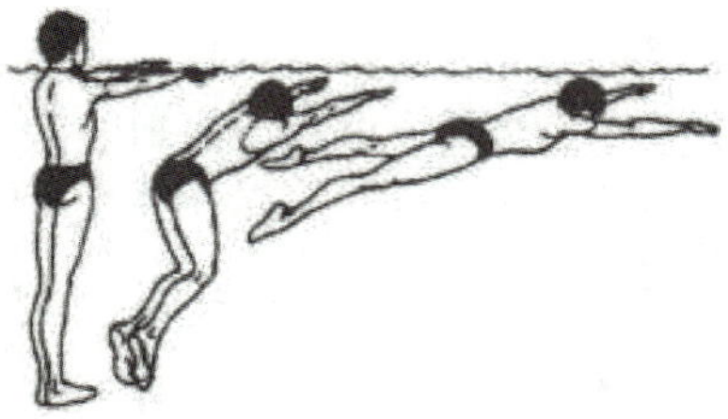

图 12-4　俯卧展体

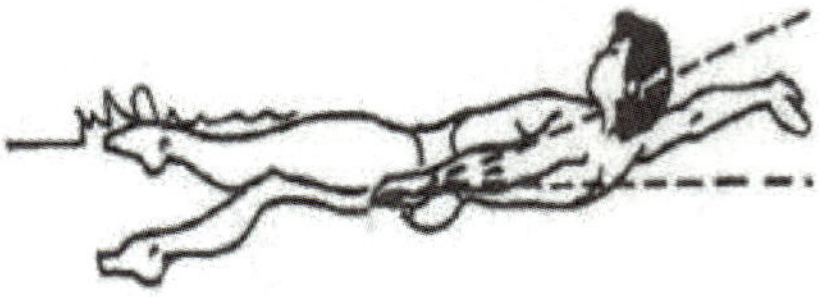

图 12-5　仰卧浮体

3. 滑行与站立

滑行与站立是各种泳式的基础，是整个熟悉水性练习的重点，目的是进一步体会水的浮力，掌握水中的平浮和身体的滑行姿势。滑行练习可分为蹬池底滑行和蹬池边滑行两种。在蹬边滑行练习时，要求尽量增长滑行距离。以蹬池边滑行为例（见图 12-6），背向池壁，一手拉水槽，一臂前伸，同时一脚站立，一脚贴池壁。深吸气后低头，上体在水中前倾成俯卧姿势，大小腿尽量收紧，臀部靠近池壁，两脚掌贴住池壁。与此同时，拉水槽的一臂向前伸出与前伸臂并拢，头夹于两臂之间，这时两脚用力蹬离池壁，呈流线型向前滑行。

图 12-6　蹬池边滑行

第二节　蛙　泳

蛙泳是模仿青蛙游泳的一种姿势，是最古老的一种游泳项目。据现有的资料记载，早在2 000多年前，古代中国、罗马、埃及就已经有类似这种姿势的游泳。它的特点是动作较缓慢、省力，呼吸方便，易于观察方向，并能充分利用水的浮力使人体长时间漂游，因此受到游泳爱好者的喜爱。

一、基本技术

1. 身体位置和头的姿势（见图 12-7）

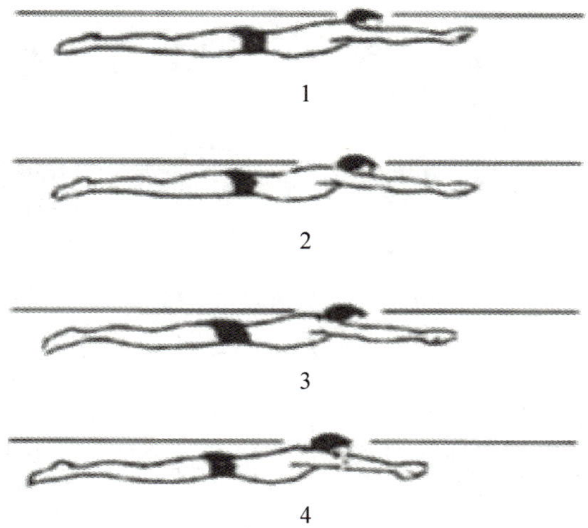

图 12-7　身体位置和头的姿势

蛙泳时，在手臂和腿完成有效动作后，身体几乎是水平地俯卧在水面上，两臂向前伸直并拢，头略低，水齐前额，脸的下部浸入水中，胸的一部分、腹部、大腿和小腿完全处于水平姿势，身体纵轴与前进方向约成 5°～10°。

保持这种姿势，应稍挺胸、略收腹、微塌腰、稍抬头，眼睛注视水中前下方。吸气时，下颏露出水面并尽量向前伸，头不要抬得过高，以免下肢下沉。注意保持身体的流线型，不然会产生漩涡阻力。

2. 腿部动作

蛙泳的腿部动作和臂部动作一样，都起着向前推进的作用。蛙泳技术中，腿的动作变化很大。为了便于分析，我们把腿的动作分为开始姿势、收腿、翻脚和蹬水四个阶段。应注意的是，这几个阶段是紧密联系的完整过程（见图 12-8）。

（1）开始姿势。在这个相当于滑行的阶段里，游泳运动员在鞭状蹬腿后借助惯性力向前滑行，两腿（包括脚尖）并拢向后伸直，大腿、腹部和一部分胸部位于一个平面上，与水面平行。臀肌、腿股四头肌和腓肠肌稍稍紧张，防止大腿过早地下沉，以便为收腿动作做好准备。

（2）收腿。要把腿收到最有利于蹬水的位置，使脚掌内侧和小腿内侧对准蹬水的方向。同时，收腿时力量要小，避免产生阻力。

（3）翻脚。蹬水效果的好坏，取决于完成翻脚的技术。翻脚动作一般是在收脚接近臀部、两小腿稍向外移时即已开始，两脚向外侧翻，使脚和小腿内侧正好对准蹬水方向，而不是在完全结束收腿动作后才开始。

（4）蹬水。蛙泳的蹬水动作是推动身体前进的主要动力。蹬水时，以收腿和翻脚所创造的条件，用有力的伸腿动作造成水的反作用力。翻脚后，腰腹与大腿同时发力，以小腿和脚尖急速向后做蹬夹动作，蹬夹腿要形成一个鞭打动作过程。动作完成后，两腿和两脚并拢夹紧并向前滑行，完成一个动作周期。

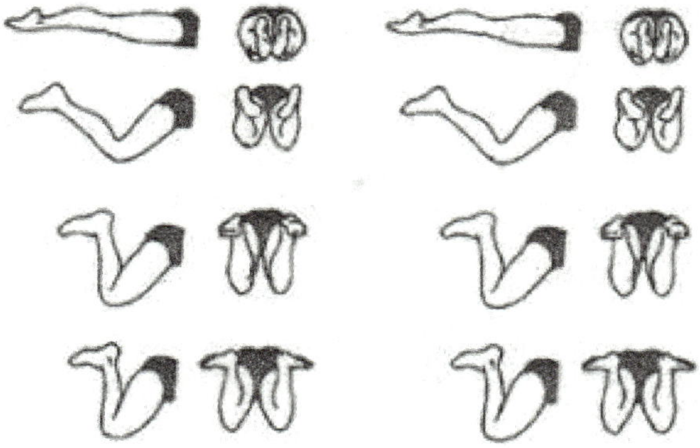

图 12-8　蛙泳的腿部动作

3. 臂部动作（见图 12-9）

蛙泳臂和腿在产生牵引力的过程中，起着同样的作用。现代蛙泳中手臂的作用是多方面的，包括：产生牵引力，在前进中加快速度；产生水对身体的向上作用力，使身体位置提高；与呼吸及腿配合，保持速度的节奏性。

两臂自然伸直，手指并拢，开始划水时，掌心转向外斜下方并稍压手腕，两手分开向侧斜下方划水，使手掌和前臂对准划水方向；然后两臂向后抱水，划水时肘关节保持较高的部位，当划至肩的延长线时，两臂和掌同时向里、向上、向前收手至下颌部下方，接着两手向前伸直并拢。从开始划水到收手伸手，动作要连贯、加速，特别是收手时不能有停顿现象，否则身体会下沉。

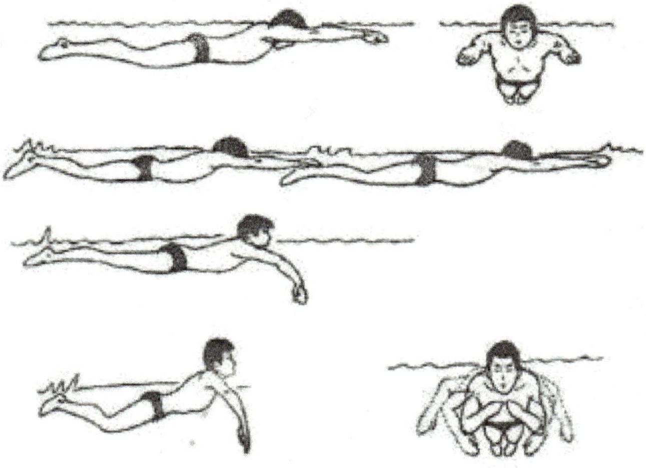

图 12-9　蛙泳的臂部动作

4. 呼吸动作和呼吸、臂、腿的动作配合（见图 12-10）

蛙泳呼吸与其他姿势呼吸相同，都是用嘴吸气，用嘴、鼻呼气。吸气时，头向上抬，使嘴露出水面。抬头是通过颞骨的横轴完成的，不能影响肩带的姿势和增大肩的摇动，也不能靠躯干的动作完成。蛙泳臂、腿的配合动作特别重要，这是动作协调、连贯和速度均匀的关键。即臂划水结束时，抬头吸气，这时膝关节开始弯屈，当收手并前伸时迅速收腿和蹬腿。这种配合的优点是：可保证有效地划水，使身体平直和保持较好的流线型，能合理地发挥臂、腿的作用。

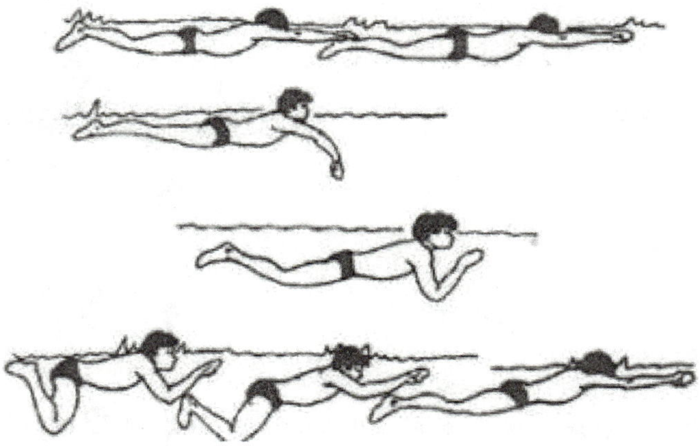

图 12-10　腿、臂与呼吸的配合

二、练习方法

1. 腿部动作练习

此练习可分 5 个层次进行：

（1）陆上坐撑模仿蛙泳腿动作（见图 12-11）。

（2）俯卧凳上做收、翻、蹬夹、停的动作（见图 12-12）。

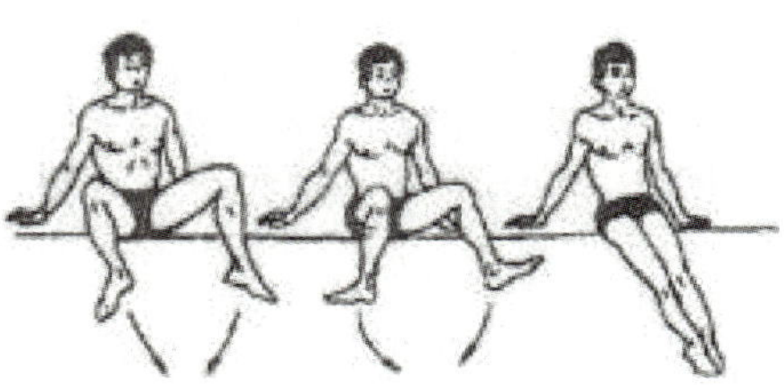

图 12-11　陆上坐撑练习

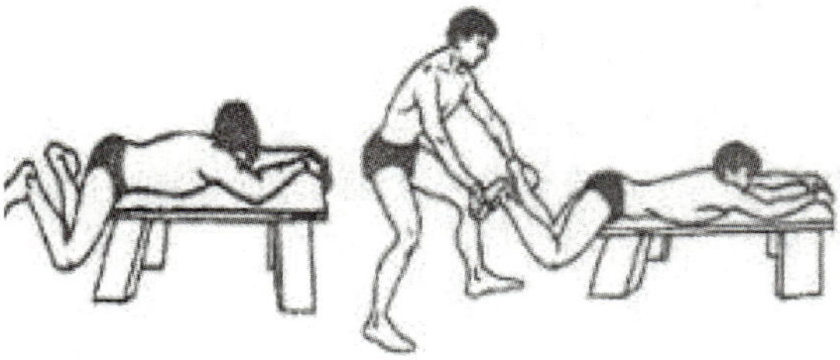

图 12-12　俯卧凳上练习

（3）水中固定支撑做蛙泳腿练习。手扶支撑物（池边或池槽），身体平卧浮于水中，髋关节展开，两腿放松并拢，做收、翻、蹬夹、停的动作，先分解再连贯起来做。这个练习也可以做双人练习。

（4）滑行做蛙泳腿练习。先蹬池壁或池底使身体漂起滑行，然后憋气，慢慢地做收腿、翻脚、蹬夹腿和并拢伸直动作。练习时注意动作的节奏，即慢放、快蹬、滑一会儿。

（5）游动支撑做蛙泳腿练习。扶住浮板的近端，两臂伸直，面部浸入水中，做蛙泳蹬腿动作。

2. 臂的练习

（1）站立划臂练习。站立在齐腰或齐胸深的水中，上身前倾入水，做蛙泳臂划水练习。主要体会臂划水的方向和路线，可配合呼吸进行练习（见图 12-13）。

（2）走动时做臂的划水练习。在上述划水练习的基础上，利用向后划水的推进力，边划水边向前走动。体会划水的动作节奏，也可以配合呼吸进行练习。

（3）双人练习。俯卧水中，由同伴在后面托住或夹住练习者的大腿，使其浮起，做蛙泳划臂练习（见图 12-14）。

图 12-13　站立划臂练习

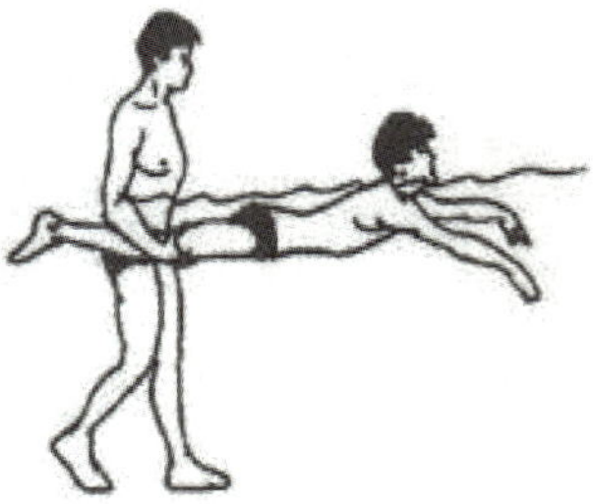

图 12-14　双人练习

3. 腿、臂与呼吸配合练习

滑行后憋气，做 1 次划臂、2 次蹬腿的分解练习。吸足气后憋气使身体浮起，连续做几次腿、臂配合动作练习。此练习主要体会配合的时机。

第三节　自由泳

自由泳又称爬泳，是速度最快的一种游泳姿势。爬泳时，身体几乎水平地俯卧在水中，有较好的流线型；两臂轮流向后划水，动作结构简单、自然、合理；两腿上下交替打水，协调配合两臂动作。

一、基本技术

1. 身体姿势

自由泳时，身体要保持水平姿势，平卧，水面接近发际，眼视前下方，髋部略低于肩，身体纵轴与水平面成很小的锐角，游进过程中身体随划水和呼吸动作绕纵轴做有节奏的转动，转动角度在 40°左右（见图 12-15）。

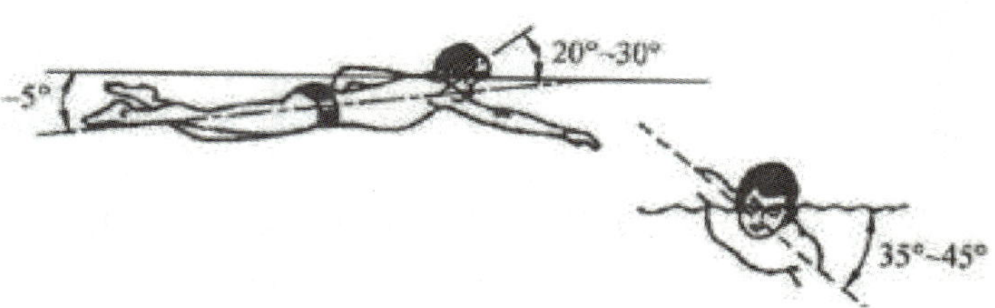

图 12-15　身体姿势

2. 腿的动作

爬泳中，两臂划水是主要的推进力，打腿主要是起平衡作用，使下肢抬高，保持身体成流线型，以及协调配合两臂有力的划水动作。

打水时，两脚尖上下的垂直距离为 30～40cm，两腿的动作基本上是相同的。两腿上下交替动作，两脚稍内扣，踝关节放松，以髋关节为支点发力，传至大腿带动小腿和脚，膝关节自然屈伸动作，做鞭状打水动作应有力并有弹性（见图 12-16）。

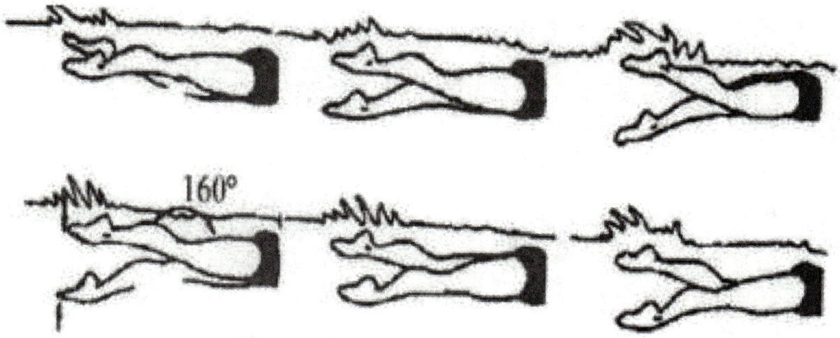

图 12-16　腿部动作

3. 臂的动作

爬泳时，两臂划水是推动身体前进的主要动力。为了便于分析，可以把臂部动作分解为入水、抱水、划水、出水和空中移臂，它们之间并没有明显的界线，而是一个完整的动作。

(1) 入水与抱水。手在肩前入水，入水时手指自然并拢，指尖先行；人水后肩随之前伸，同时屈腕提肘向后抱水（见图 12-17）。

注意事项：手臂入水后，要等到与水平面成 40°左右才进入有效的划水阶段。在此以前，手臂应积极地抱水，做好划水前的准备。

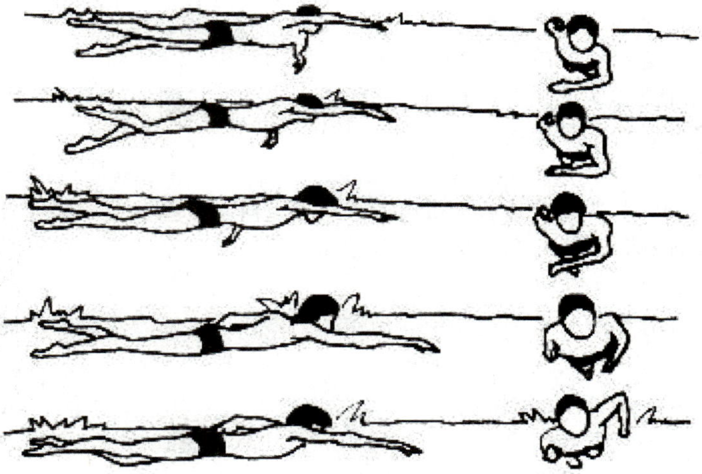

图 12-17　入水换手

(2) 划水与推水。划水是指手臂在前与水平面成 40°起，至后与水平面成 15°～ 20°止的动作过程，这是获得推进力的主要阶段。这一阶段又分两部分，从整个臂部划至肩下方与水面垂直之时称为拉水，过垂直面后称为推水。

拉水是从直臂到屈臂的过程。抱水结束时，屈肘为 150°左右。拉水时，前臂的速度快于上臂，继续屈肘，当臂划至肩下方时手在体下靠近身体中线，屈肘约为 90°～120°。整个拉水应保持高肘姿势，使手和前臂能更好地向后划水（见图 12-18）。

注意事项：从拉水转入推水，应该是连贯地加速完成，中间没有停顿，特别是经过肩下垂直线时，不要失去手对水的支撑感觉。要使上臂与前臂同时向后划动，同时使肩部后移，以加长有效的划水路线。

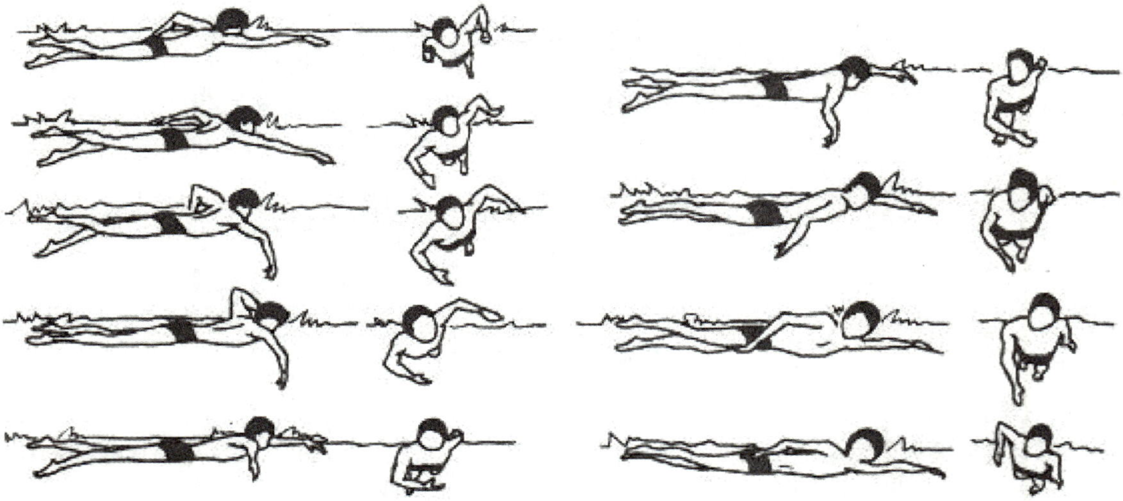

图 12-18　划水与推水

(3) 出水。划水结束后，臂由于惯性作用而很快地靠近水面，运动员立即借助三角肌的收缩将臂提出水面，这时由于手臂放松的关系稍微屈肘。

注意事项：肩部和上臂几乎同时出水，肩稍早一些。如果手划水尚未结束，提早转肩出水，则会影响有效的推水作用。

(4) 空中移臂。臂在空中前移的动作是手臂出水的继续，不能停顿。移臂的动作应该放松自如，尽量不要破坏身体的流线型，要和另一臂的划水动作协调一致。臂在空中前移要用统一的节奏，移臂过慢和过快都是错误的。

臂移至肩部时，手和前臂赶上肘部，并逐渐向前伸出，掌心也从后上方转向前下方。接着，做准备入水的动作。移臂时，肩带肌肉应该向上、向前拉开，肩部靠近耳旁，使肩胛骨和锁骨转动，肩关节前移，这样有利于加大手臂动作的幅度和划水长度。在整个移臂过程中，肘部应始终保持比肩部高的位置（见图 12-19）。

注意事项：在爬泳划臂的整个周期中，动作是不停顿的。随着阶段的不同，各部分所用的力量也不同，动作速度也有所区别。

4. 呼吸动作、臂与呼吸的配合

自由泳时，一般在两臂各划水 1 次的过程中完成 1 次完整的呼吸，即吸气、憋气和呼气。吸气时，肩带和头应向一侧转动，如果头部姿势正确，只要在转头后稍许歪嘴，便能在低于水平面的波谷中吸到气。在转头吸气时，不应将头抬起，不然会使肌肉紧张，破坏身体平衡，导致下肢下沉。转头也不要过大或过猛，不然会造成身体围绕纵轴过分地摆动，以致破坏臂、腿动作的配合。

呼吸与臂的配合：以向右吸气为例，右手人水后，嘴和鼻开始慢慢地呼气。右臂划水至肩，下向右侧转头，呼气量开始增加。右臂推水即将结束时，呼气量进一步加大。右臂出水时，张嘴吸气。移臂至一半时，吸气结束并开始转头。继续转头、移臂并闭气，脸部转向前下方。头部姿势稳定时，右臂入水，开始呼气。

完整配合：臂、腿和呼吸完整的配合技术，是游泳运动员匀速地不断向前游进的保证，其中手臂动作是力的主要部分，头、躯干、腿部的动作都应服从于手臂的动作。

图 12-19　出水与空中移臂

（二）练习方法

1. 腿的练习

（1）扶池底或水槽的打腿练习。两臂支撑浅水池底或水槽，身体成水平的俯卧姿势，两腿做打腿练习（见图 12-20）。

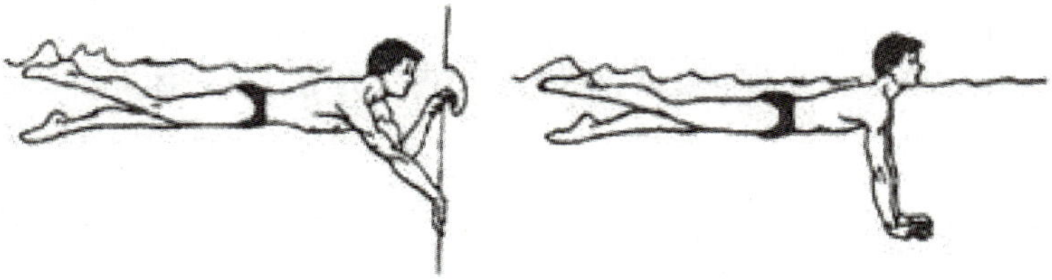

图 12-20　固定打腿练习

（2）滑行打腿练习。将头夹在两臂中间，身体较平地俯水中进行打腿练习（见图 12-21）。

图 12-21　滑行打腿练习

2. 臂部练习与呼吸配合的练习

（1）双臂两腿并立，上体前倾，做自由泳臂划水模仿练习 。先做单臂模仿，再做双臂配合的练习。

（2）浅水中走动的臂划水练习。在原地练习的基础上，利用臂划水的推动力，推动身体向前走动。此练习主要体会臂向后划水时对水的感觉，一旦掌握这种动作，可以配合呼吸。

（3）双人练习。由同伴扶住练习者的双腿，使练习者俯卧于水面做划水，可以配合呼吸进行。划臂练习主要体会手掌与前臂对水要有压力感，整个划水度段是一个逐渐加速的过程。同时要注意空中移臂与入水时肩部肌肉要自然、放松。

第四节　仰　泳

仰泳的动作结构和自由泳基本上相同，只是身体仰卧在水面上，两臂在体侧经空中向前做交替的划水动作，两腿上下交替打水，形状好似反爬泳，所以也叫“爬式仰泳”。

仰泳和其他游泳姿势一样，也是人们在长期的生产劳动中发展起来的。在长距离游泳中，人们发现，只要把身体仰卧在水中，手臂和腿稍加一些动作，就能自然地在水面上游动，同时又能获得休息的机会。在这个基础上，经过不断地实践，逐渐发展和完善了仰泳技术。

由于仰泳游进时很难掌握方向，所以它的实用价值不如蛙泳大。在拖运较轻的物体时或在救护中，常用这种技术。

仰泳在教学中应用比较广泛，在教爬泳时也可以穿插仰泳的教学，因为两者的动作结构基本类似，穿插进行有助于爬泳技术的学习。

一、基本技术

1. 身体姿势

仰泳时，身体平直地仰卧在水中，头和肩略高于臀，身体纵轴与水平面构成一个不大的仰角，整个身体处于较高的位置。

身体在水中时，胸部自然伸展，腹部微收，胸腹几乎成一直线。这种平直的姿势能构成很好的流线型，游进时截面阻力小。

仰泳的头和肩略高于臀，这也为两臂自由划动创造了良好的条件，且移臂时受水的阻力小。同时，使腿处于有利的部位，能更好地发挥腿的作用力。肩略高于臀，还可以使身体纵轴与水平面保持一个小的仰角，游动时可以利用水流动的上升力，使身体升高，减小身体的迎面阻力。

2. 腿部动作

以髋关节为支点，两腿上下交替打水。强调由腰和大腿发力，并依次把力传递到膝和踝关节，形成用脚背对水的有节奏地向后上方的鞭状踢水动作。仰泳两腿的整个配合过程就是“下压上踢”，即向上踢水时，腿是由弯曲至伸直，脚背稍向内旋，向下压水时，腿几乎是伸直的（见图 12-22 ）。

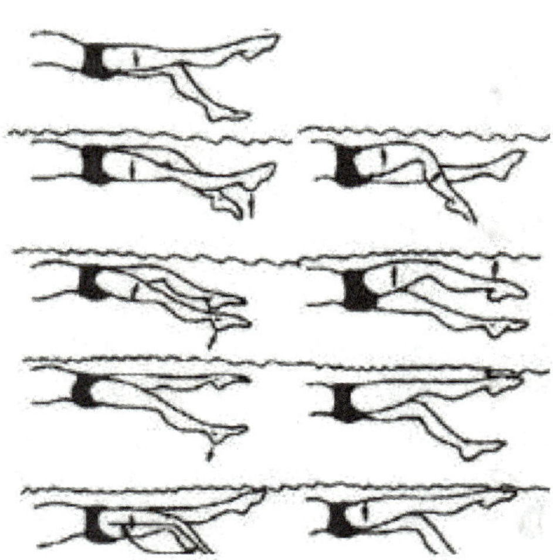

图 12-22　腿的动作

3. 臂的动作

仰泳时，臂的动作与爬泳时一样，都是产生前进力量的主要因素。目前，一般都采用两臂交替在体侧屈臂划水的技术。

（1）入水与划臂 。开始时，划水臂在同侧肩延长线的远端入水，臂直掌平，小指领先入水，入水后充分伸肩并屈腕做抱水动作，同时向下、向后用力划水，划水时掌心要对准划水的方向；当划至半程时，手掌赶上肘部，肘角弯曲至 90°左右，此时用最大力量向大腿下方快速推水（见图 12-23）。

（2）出水与移臂。臂出水动作紧接在加速推水之后进行，借助推水和同侧肩的内旋动作产生的惯性，使臂顺利出水面并随即直臂做垂直于水面的移臂动作。

从仰泳划水的动作轨迹可以看出，手掌在不同部位时所处的深度是不一样的，在整个划水动作中形成“S”形路线。这条路线是由屈臂划水、躯干和肩做合理转动而自然形成的。

臂出水是指手臂划水结束后迅速提臂出水这一动作过程。当划水结束时，手掌自然转向下方，并靠近大腿，利用手臂内旋下压的反作用力和肩部三角肌收缩的力量，使手臂自然地提出水面。正确的出水动作是先压水、后提肩，使肩露出水面后，由肩带动上臂、前臂和手依次出水。

（3）呼吸动作和呼吸、腿、臂的动作配合。仰泳时，身体成仰卧姿势，脸一直露出水面，因此呼吸技术简单、自然，只要张口有节奏地呼吸即可，但是不能用鼻子吸气，否则可能将水带进鼻腔而导致呛水。

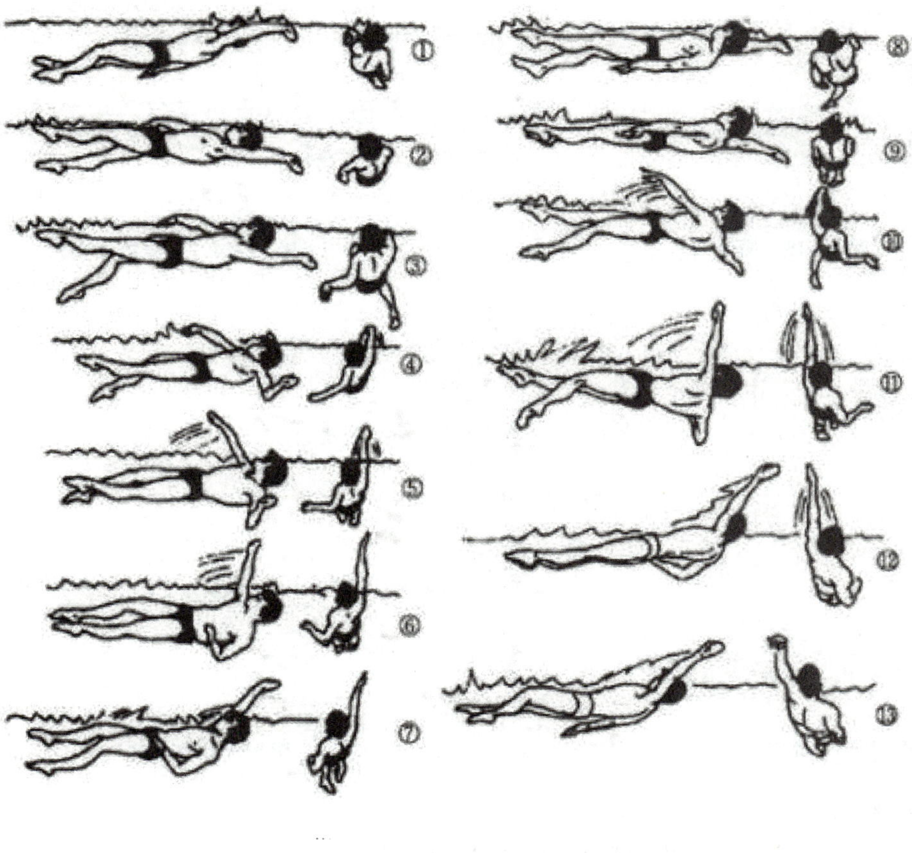

图 12-23　入水与划臂

二、练习方法

1. 腿的练习

(1) 两手反推池槽或后撑池底，身体仰卧浮于水中，髋关节展开，两腿伸直稍内旋，做上下交替鞭状打水动作。要求屈腿后上屈，直腿下压，膝和脚不能露出水面。

(2) 仰卧漂浮。头和上体慢慢后仰，由同伴托住头，做仰卧漂浮练习，要求展体，头躺在水中（见图 12-24）。

(3) 仰卧滑行打水。同仰卧漂浮练习，滑行后两腿交替上下踢水，两手可在体侧做拨水动作（见图 12-25）。也可在此基础练习双臂前打水练习，要求单臂或双臂前伸进行打水（见图 12-26）。

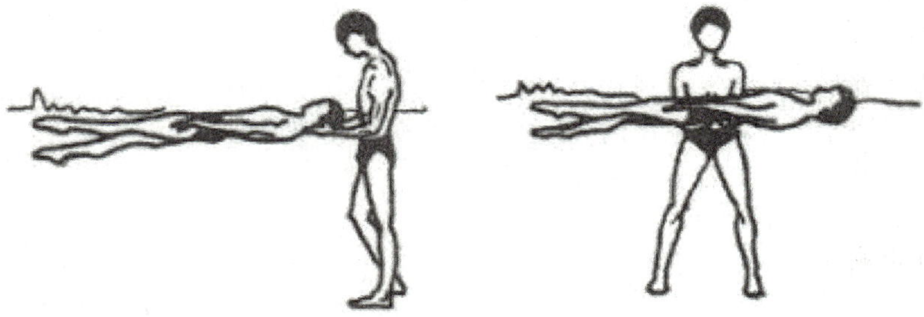

图 12-24　仰卧漂浮

图 12-25　仰卧滑行打水

图 12-26　双臂前伸打水

2. 臂部动作练习

(1) 原地站立或仰卧凳上，模仿仰泳臂划水动作练习（见图 12-27）。

(2) 仰卧水中，由同伴抱住双腿，做仰泳臂划水动作的练习（见图 12-28）。

(3) 在水中仰卧打腿的基础上，配合两臂做仰泳划水练习。

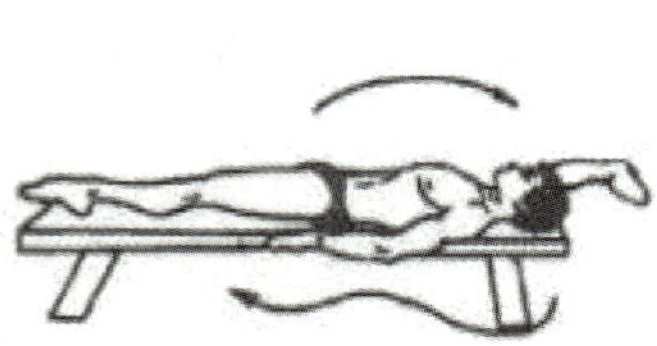

图 12-27　模仿臂划水练习

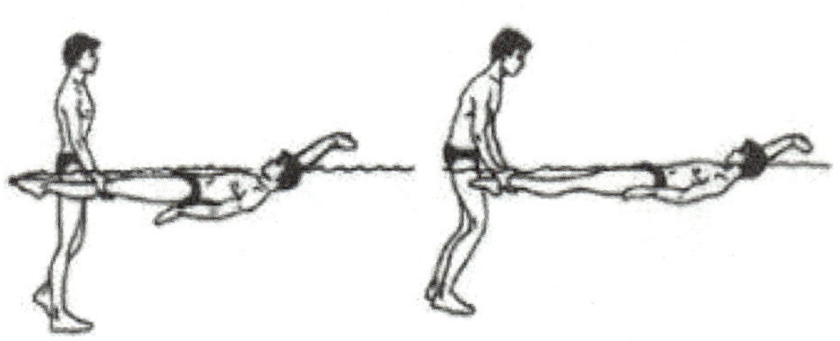

图 12-28　臂划水动作练习

3. 完整配合动作练习

在以上练习的基础上，配合呼吸进行练习，呼吸应配合两臂的动作节奏，一臂划水时呼气，另一臂划水时吸气，并逐渐加长游距和改进技术的练习。

第五节　蝶　泳

蝶泳是蛙泳的变形，在蛙泳技术发展到第二阶段，即 1937—1952 年，各国的蛙泳运动员都采用了两臂划到大腿后提出水面，从空中向前移臂的技术，由于形状好似蝴蝶，所以称为“蝶泳”。

一、基本技术

1. 身体姿势

蝶泳由于动作结构特殊，所以没有固定的身体位置，它和其他游泳姿势的根本区别，就在于躯干各部分和头部不断地改变彼此间的相对位置。由于动作结构的原因，蝶泳时，头和躯干有时露出水面，有时潜入水中，这种身体上下起伏动作是自然形成的。

2. 躯干和腿的动作

蝶泳打水是由腰部发力，大腿带动小腿做鞭状的打腿动作，整个动作是和躯干联系在一起的。目前，蝶泳的打水动作都是在一个动作周期中打两次。

蝶泳打水是两腿自然并拢，在两腿在前一划水周期向下打水结束后，两脚向下达到最低点时，膝关节伸直，臀部上升至水面，髓关节屈成 160°左右，然后两腿伸直向上移动，髋关节逐渐展开，臀部下沉；当两脚继续向上时，大腿开始下压，膝关要大腿下压而自然弯屈，大腿继续加速向下；随着屈膝程度的增加，脚抬得接近水面，臀部下降到最低点，膝关节屈成 110°～130°，这时，脚向上抬到最高点，准备向下打水；当脚向下打水时，踝关节必须放松伸直，然后脚、小腿随着大腿加速下压的动作，脚面、小腿加速向后推水；当两脚继续加速向下打水尚未结束时，大腿又开始向上移动，等膝关节完全伸直时，向下打水即告结束（见图 12-29）。

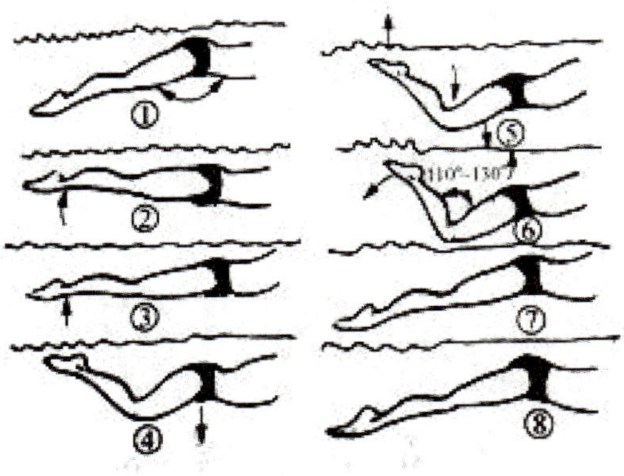

图 12-29　蝶泳的腿部动作

3. 臂的动作

手和前臂内旋向侧下方压水，两臂逐渐向内屈臂划水。在手臂进人划水时就应屈肘，并保持较高的位置。前臂当划到距离水面约 30 厘米时，两手的距离最宽，并逐渐向内加速划水，上臂所构成的角度逐渐减小。划到肩的下方时，前臂、上臂约屈成 90°～ 100°，然后继续加速后划，前臂、上臂的角度逐渐增大。划到腹下时，两手距离最近。划到髋的两侧时，利用推水的惯性，提肘出水。两臂出水后，迅速经空中向前移。前移时，肘要稍高于手，前臂放松，摆至肩前入水（见图 12-30）。

4. 腿、臂、呼吸配合

蝶泳的呼吸时机很重要，它对于身体的平稳、呼吸的节奏、两臂配合的协调性和两臂划水的持续关系很大。蝶泳时，一般是臂划一次，做一次呼吸动作。

至于手臂、腿、呼吸三者的配合，是以保持身体的流线型、加快频率和连贯性为原则，因此一般都采用 2∶1∶1 的配合方法。这种方法速度均匀，节奏协调，每次打水的间歇时间大致相同。两臂入水时，做第一次打水。打水时，腿向上。两臂划水至胸腹下方时，开始做第二次打水。手臂推水结束，同时打水也结束（见图 12-31）。

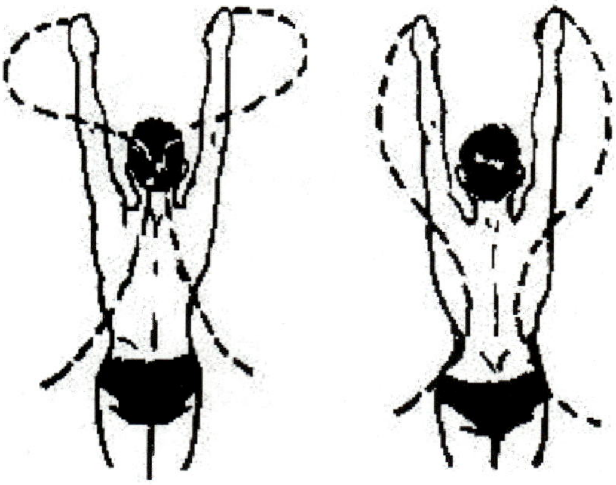

图 12-30　蝶泳的臂部动作

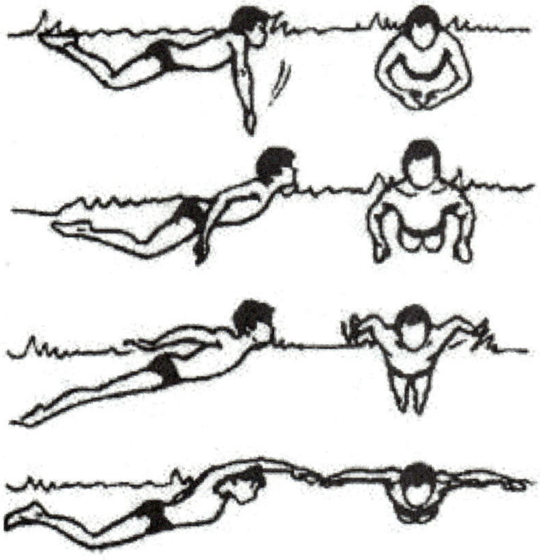

图 12-31　蝶泳的腿、臂、呼吸配合动作

二、练习方法

1. 躯干和腿的动作练习

（1）原地站立，两臂上举伸直，腰腹前后摆动，模仿蝶泳波浪运动（见图 12-32）。

（2）身体俯卧于水面，两臂放在体侧或伸直手，以腰为发力点，两腿同时做向上与向下的波浪打腿练习。

（3）蹬边或蹬底滑行后，做上述动作。

（4）蹬边或蹬底滑行后，扶板做蝶泳打水练习（见图 12-33）。

图 12-32　原地站立动作

图 12-33　蹬边或蹬底滑行

2. 臂划水练习

（1）站立臂划水练习。站立在齐腰深的水中，上体前倾卧于水面，原地做蝶泳臂划水练习。注意体会两臂划水动作路线和用力的规律。

（3）走动时臂划水练习。在齐腰深的水中，边做蝶泳臂划水练习，边利用划水的推动力，使身体前进。体会两臂向后划水时的对水感觉。

（4）滑行后臂划水练习。利用蹬地或蹬池壁后水中滑行的惯性，进行臂的划水练习。重点体会推水加速感。

3. 腿、臂与呼吸完整配合练习

（1）陆上原地前后站立，模仿蝶泳腿、臂配合动作。

（2）在水中做几次蝶泳打水，手臂划水 1 次练习，然后逐渐过渡到打 2 次腿划 1 次臂配合练习。

（3）在 2 次腿打水、1 次划臂的配合练习基础上，增加呼吸配合练习。重点体会加速推水和第 2 次打腿的同时抬头呼气。

（4）逐渐加长游的距离进行练习。

第六节　实用水上游泳

一、踩水

踩水也叫立泳，是依靠四肢的协调动作，使身体较长时间在水中停留的一种游泳技术。它是群众性游泳活动中经常使用的一种姿势。踩水技术可分两腿同时踩水和单腿轮流踩水。

（一）两腿同时踩水法

踩水技术类似蛙泳，但要求身体直立在水中，上体稍前倾，两眼平视水面，踩水时，两腿同时上收，再向侧下方蹬夹水。

踩水动作类似蛙泳蹬夹水，但大腿动作幅度较小，两腿不蹬直并拢；两臂弯曲在胸前做向外、向内的摸水动作，向外摸水时掌心稍向外，向里摸水时掌心稍向内，手掌要有压水感，动作不宜过大；腿、臂配合一般是两腿同时蹬夹 1 次水，两臂做 1 次摸水动作。

（二）单腿轮流踩水法

两手动作同上，踩水时一腿蹬出，另一腿收紧，两腿交替做蛙泳腿动作。这种方法身体在水中起伏不大，避免了两腿同时收蹬之间的停顿，使身体能持续稳定地露出水面。

踩水时，呼吸要自然，随腿、臂动作的节奏自然地呼吸。用踩水技术游泳时，身体要略前倾，腿稍向后蹬水，两臂向后拨水。初学踩水，最重要的是不要紧张，动作也不要太快，要协调用力，否则很容易下沉。

二、抬头爬泳

抬头爬泳的学习是建立在掌握爬泳技术基础之上的。其技术要求是：头抬出水面不要左右晃动；身体位置较高；手臂入水后要尽快进入划水和推水阶段，划水路线要比一般的爬泳短；两腿要用力打水，以便保持较高的身体位置。

三、侧泳

侧泳的实用价值很大，武装泅渡、军事侦察、水中托运物品和救护溺者等都可以采用这种方法。

侧泳是身体侧卧在水中，两臂交替划水，两腿做蹬剪水的一种游泳姿势。其特点是身体侧卧在水中，肩与水平面接近垂直，约成 10°～15°（见图 12-34）。正因为侧泳具有这样身体位置特点，所以在托运溺者时，救生员可利用自己的体侧以支撑溺者，便于进行托运。侧泳臂划水时，下臂动作则与自由泳有些相似，有空中移臂动作（见图 12-35），因而可以使上臂腾出来抱住溺者的上体进行拖带。侧泳技术的特点表现在腿上：蹬剪腿，即上腿以髋关节发力，用大腿带动小腿稍往前伸，以脚掌对着蹬水方向，有体前侧向后方加速蹬夹水；以脚面和小腿对着蹬水方向，用力稍向下，再向后伸膝剪水，与上腿一起形成蹬剪水的动作（见图 12-36）。

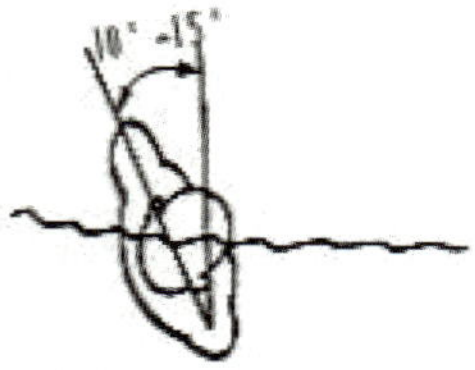

图 12-34　侧泳蹬剪水

图 12-35　侧泳臂划水

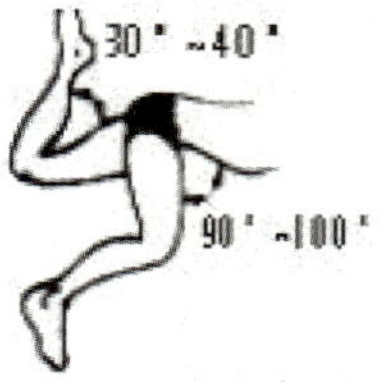

图 12-36　侧泳蹬剪腿

四、反蛙泳

反蛙泳是身体仰卧水中，两腿同时向后蹬夹水，两臂在体侧同时向后划水的一种游泳姿势。反蛙泳的实用价值很大，一般在水中托运物品或溺水者时，都可采用这种技术。

反蛙泳技术动作是：身体仰卧于水中，两臂自然伸直同时经空中在肩前入水；然后，屈臂高肘，掌心向后，使手和前臂对准划水方向，用力在体侧划水；划水结束后，两臂停留体侧，使身体向前滑行；最后，两臂自然放松从空中向前移臂，这时两腿做类似蛙泳的收腿动作，收腿结束时两脚向外翻转，两膝约宽于肩，脚和小腿内侧对准蹬水方向，大腿发力，使小腿和脚向侧后方蹬夹水。此时，两手在肩前准备入水，蹬腿结束后，身体成水平姿势，两臂即开始向后划水（见图 12-37）。

图 12-37　反蛙泳技术动作

第七节　游泳安全卫生知识与救护

人民群众随着生活水平的不断提高，对健康身体和文化娱乐的追求更为强烈，参加游泳活动的人越来越多。游泳是在水这种特殊环境中的活动，如果不注意安全和卫生，就有可能发生各种伤病，损害身体健康，甚至会发生溺水死亡事故。因此，每位游泳者和游泳教学的组织者，都应高度重视安全卫生问题，必须了解游泳安全和卫生知识，落实安全卫生措施，遵守游泳安全和卫生守则，防止放生意外事故和传染病。

一、游泳的安全与卫生

1. 选择安全卫生的游泳场所

选择水质较好、无污染、水温、水深适宜，水底平坦、无淤泥、无障碍物和水流平缓的水域。选择好场所后，则进行必要的布置，如用绳子将场地围起来，标明深浅区，备有救生圈等救生器材与必要的药品。人工游泳场馆的管理比较规范，池水经常消毒、排污和过滤，清晰度较高，深水和浅水有明显标志，有救生设施，应成为游泳的首选场所。

2. 游泳前进行全面体检

游泳前进行身体检查，主要是防止患病者游泳时发生事故，同时也避免疾病的相互传染。凡患有心脏病、高血压、癫痫、活动性肺结核、传染性肝炎、皮肤病、红眼病、精神病、中耳炎、感冒、发烧、开放性创伤者，都不宜游泳。妇女月经期游泳要采取卫生措施，未采用措施不宜下水。人在空腹、酒后、疲劳过度时也不宜下水游泳。

3. 游泳前要做好准备活动

游泳前的准备活动，一般可做广播操、跑步、游泳模仿动作及各种拉长肌肉和韧带的练习。特别要活动颈、肩、腰髋、膝、腕各部位的关节，对防止抽筋、拉伤也有积极作用。游泳时量力而行，应合理安排运动量。当自感身体有异常反应，如头晕、头痛、胃痛、恶心或呕吐时，应立即上岸，擦干身体，休息到恢复后再下水。

4. 注意个人和公共卫生，文明游泳

游泳时应讲文明，要穿干净的不透明的游泳衣裤，自觉遵守泳场守则和维护公共卫生，下水前应先淋浴，从头到脚冲洗干净。不随地吐痰、擤鼻涕，不准在泳池中排便和抛弃杂物，以免污染水质，损害自身和他人的健康。游泳出水后，应及时冲洗身体，然后擦干，穿上衣服，以防感冒。

二、水上救护

水上救护是指采取各种有效措施，将溺水者救出的过程，可分为间接救护和直接救护。水上救护工作是保障游泳者生命安全的一项重要措施。游泳救护工作的原则是“立足预防，有备无患”。即以防为主，以救为辅，防救结合，有备无患。

（一）间接救护

救护是救护者利用救生器材，对较清醒的溺水者施救的一种技术。游泳场所一般都应备有救生圈、竹竿、木板、泡沫块、轮胎、绳子及输氧设备等。

（1）救生圈。最好在救生圈上系好一条绳子，当发现溺水者时，可将救生圈掷给溺水者。如在江河里，应向溺水者的上游掷去，溺水者得到救生圈后，将其拖至岸边。

（2）竹竿。溺水者离岸、船较近时，可将竹竿伸给溺水者，但切勿捅戳。待溺水者抓住后，将其拖至岸或船边。

（3）绳子。在绳索的一头系一漂浮物，将绳子盘成圆形，救护者握住绳子的一端，然后将盘起来的绳子掷在溺水者的前方，使溺水者握住绳子上岸。

（4）木板。在没有其他救护器材的情况下，木板也可作为救护器材。将木板掷给溺水者，然后下水将溺水者拖带上岸。

（二）直接救护

直接救护技术，是救护者不借助任何救生器材，徒手对溺水者施救的一种技术。

1. 观察后入水

当发现溺水者时，应立刻迅速扫视水域，判断溺水者与自己的距离和方位。在江河湖海中还要注意水流方向、水面宽窄、水底性质等因素。救护者要本着在入水后尽快游近溺水者进行施救的原则，迅速选择入水地点。入水要迅速，注意目标。救护者在入水后迅速靠拢和控制溺水者，一般采用速度较快的抬头爬泳，亦可采用头不入水的蛙泳，以便观察溺水者。

当游到离溺水者 2m 处时，深吸口气并采用潜水技术接近溺水者，以保护自身体力。如溺水者面向自己，则潜入水中，游到溺水者身旁，两手扶住他的髋部，将他转至背向自己，然后进行拖运（见图 12-38）。

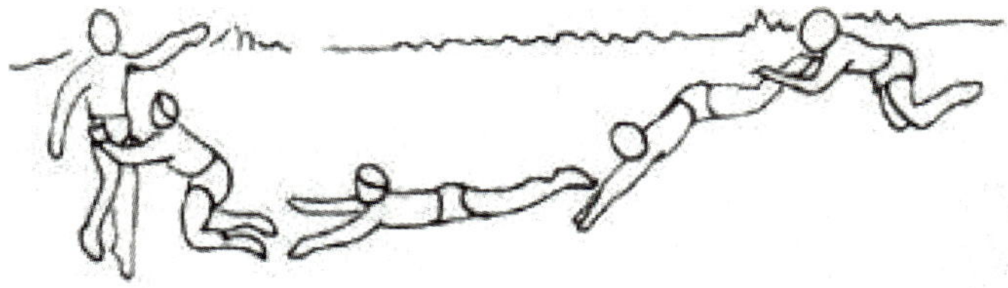

图 12-38　游近溺水者

另一种方法是正面游近溺水者后，用左（右）手握其左（右）手，用力向左（右）边一拉，借助惯性使溺水者身体转 180°背向自己然后进行拖运（见图 12-39）。

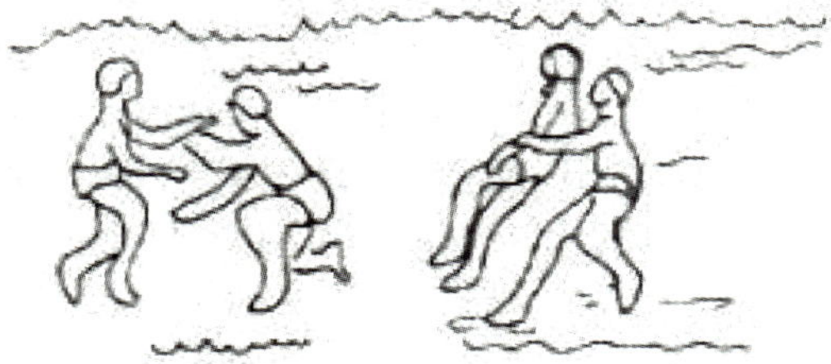

图 12-39　控制游近溺水者

2. 拖运

拖运是救护者采用侧泳或反蛙泳进行拖运溺水者的一项专门技术。拖运时为防止溺水者因不明被救而强行挣扎，一般均采用夹胸拖带法，但应该注意救护者及被拖运者的嘴、鼻必须露出水面。夹胸臂不可贴近溺水者的喉部。

3. 岸上急救

将溺水者救上岸以后，首先是观察溺水者的病状，然后再决定做工人呼吸或做心脏按摩，同时找救护车。

(1) 确认意识：握其手观看，或大声喊叫，如果溺水者有意识的话，就会反握救护者的手，或有回应，也有时会有眼皮微动。如果仍无反应时，可用手拧一拧，看有无痛感。

(2) 确认呼吸：把脸贴在溺水者的鼻、口，感觉是否有呼吸，同时观察胸腹部。若有呼吸，腹部的皮肤就有上下起伏。

(3) 确认脉搏：一般切手腕的动脉，切不到此脉时，就切颈动脉。

(4) 人工呼吸：将溺水者救上岸后，若其呼吸十分微弱或处于窒息状态，应立刻进行人工呼吸。首先将溺水者侧卧便于水从口中流出，再将口鼻中的异物清除，以保持呼吸道的通畅。接着进行控水，将溺水者呼吸道中的水排出，以便进行人工呼吸。

(5) 心脏按摩：当溺水者失去知觉时，实施心脏按摩和人工呼吸同时进行很重要。其特点是既可做人工呼吸又能起到唤醒心脏的作用，因此遇到呼吸、心脏均停止时可采用。

三、自我救护

在游泳中，当发生抽筋时，必须保持镇静，不要慌张，可呼救也可自救。在水中自我解救抽筋部位的方法，主要是拉长抽筋的肌肉，使收缩的肌肉松弛和伸展。

(1) 手指抽筋。将手握拳，然后用力张开。这样迅速反复几次，直到消除为止（见图 12-40）。

(2) 小腿或脚趾抽筋。先吸一口气仰浮水面，用抽筋肢体对侧的手握住抽筋肢体的脚趾，用力向背侧弯曲。同时用同侧手掌压在抽筋肢体的膝盖上，帮助抽筋腿伸直（见图 12-41）。

(3) 大腿抽筋。可同样采用拉长抽筋肌肉的办法解救。

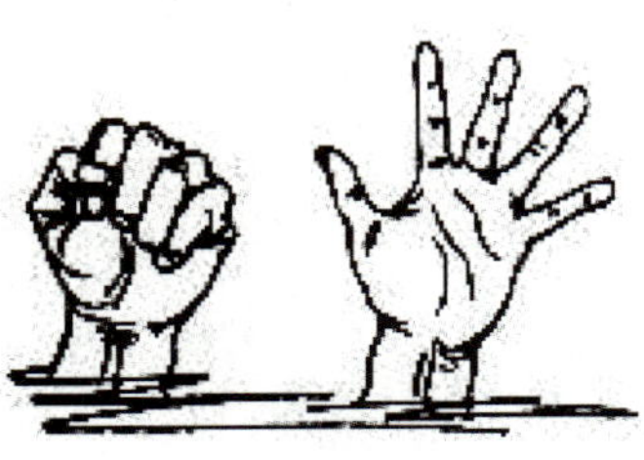

图 12-40 手指抽筋恢复

图 12-41 腿脚抽筋恢复

(4) 呛水。呛水是水从鼻腔或口腔吸入呼吸道。呛水会造成呼吸困难，喉和气管由于受到水的刺激，严重时会发生反射性痉挛，使呼吸道梗塞，引起窒息。发生呛水时不要紧张，将头露出水面，把水从鼻和口里咳出，在吐气张口的同时发出“噗”或者“啪”的声音，就能迅速恢复正常呼吸。

(5) 耳朵进水。耳朵进水后，应立即处理。在水中时，可用“吸引法”，即将头偏向有水的耳朵一侧，用手掌压紧有水的耳朵，屏住呼吸，然后迅速提起手掌，反复做几次，即可将水吸出来。在岸上可用“跳动法”，即将头偏向有水的耳朵一侧，以同侧的腿支撑身体，连续跳几次，使水从耳内流出。

第十三章　乒乓球运动

第一节　乒乓球运动概述

一、乒乓球运动的起源与发展

乒乓球运动是在规定的球台两端由两名或两对选手隔网相对，用球拍往来击球过网，以造成对方失误得分的比赛项目。

乒乓球运动起源于19世纪后期的英国，由室内网球演变而来，亦称“桌上网球”，因击球时发出“乒乓”声而得名。乒乓球竞赛项目分为团体赛和单项比赛两大类。团体赛有男子团体和女子团体两项。单项比赛有男子单打、女子单打、男子双打、女子双打和男女混合双打五项。乒乓球运动1913年传入中国，20世纪60年代中国乒乓球运动迅速崛起，创造了直板快攻打法，先后有100多人登上世界乒坛最高奖台，创造了国际乒坛历史上的奇迹，因而乒乓球也被誉为中国的“国球”。乒乓球运动在中国开展非常广泛，深得广大青少年群众的喜爱，各级学校普遍将乒乓球运动列为体育课的教学内容之一。

乒乓球运动适合于不同人群，可发展其灵敏性、协调及快速反应能力，对内脏器官功能以及植物性神经有良好的调节作用，其特点是趣味性强、设备比较简单，而且不受年龄、性别和身体条件的限制，室内、室外都可以进行，运动量可大可小，具有广泛的适应性和较高的锻炼价值。

二、乒乓球运动的价值

（一）培养顽强的拼搏精神

激烈的乒乓球比赛，既是比技术、比战术，更是比意志品质和拼搏精神。“人生能有几回搏”就是拼搏精神的写照，胜不骄，败不馁。永不言败，敢为人先，自强不息是一个民族的灵魂，对个人来说更是一种优秀的人格品质。

（二）促进身心健康

乒乓球运动的特点是球小、速度快、变化多。经常参加乒乓球运动能提高人的中枢神经系统的灵活性，使人反应灵敏，提高呼吸系统、血液循环系统的机能和耐久力，对调节改善人的情绪、培养良好的心理素质大有益处。

（三）促进人际间的交流

“以球会友”，“小球转动了大球——地球”。乒乓外交就是通过中美两国乒乓球运动员间切磋球艺，增进了解与沟通，促进国与国之间、运动员与运动员之间交往与交流，增进了友谊，加强了联系，改善了中美关系。另外，乒乓球运动对大众健康和积极的生活方式起到了推动作用。

第二节　乒乓球基本技术

乒乓球基础技术主要包括四项内容，即握拍、站位与身体姿势、单项技术（发球、推挡、攻球、弧圈球、削球、搓球）和步法。

一、握拍法

握拍法是指运动员手握乒乓球拍的方法，有直拍握法和横拍握法两种。选用何种握法，因人而异，可根据个人身体条件、兴趣爱好、技术特点选择一种适合的握拍法。

（一）直拍握拍法

拇指和食指的第一、二指关节自然弯曲平均地钳住拍柄，拍柄贴住虎口，其他三指自然弯曲重叠，中指第一指关节顶在拍背1/3处，如图13-1所示。直握球拍的特点是手腕灵活，处理台内球容易。

图 13-1　直拍握拍法示意图

（二）横拍握拍法

横拍握法因个人习惯、特点不同分深握和浅握两种。因手指动作相似，均称“八字”式握法。其方法是：虎口压住球拍右上肩，拇指和食指自然弯曲分别握在拍身前、后两面，中指、无名指、小指弯曲握住拍柄，如图13-2所示。横拍握拍法适用于快攻型、弧圈型或削攻型打法。

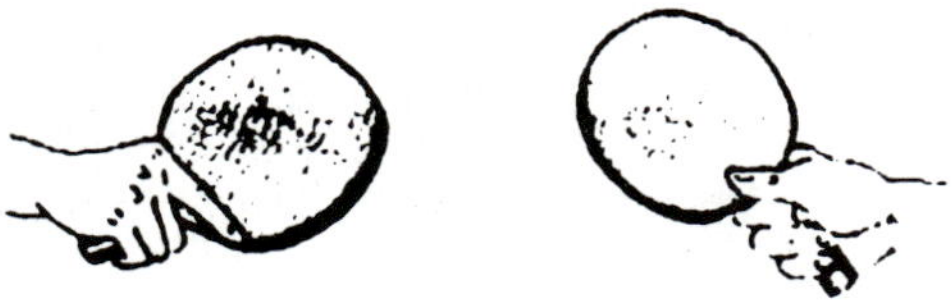

图 13-2　横拍握拍法示意图

二、站位、基本姿势与步法

打乒乓球时的基本站位应根据不同类型的打法、个人技术特点和身体特点来选定（以右手握拍为例）。

（一）左推右攻打法的基本站位

站在近台偏左，距球台30～40cm；两面攻打法的基本站位在近台中间偏左，距球台40～50cm；弧圈球打法的基本站位在中台偏左，距球台50cm左右；两面拉弧圈的基本站位在中间略偏左；攻削结合打法的基本站位在中远台。

（二）击球前身体的基本姿势

两脚开立，比肩稍宽，保持身体平稳，脚跟稍提起，前脚掌着地，两膝微屈，上体略前倾，重心置于两脚之间；下颌稍内下收，两眼注视来球，持拍手自然弯曲，置于身体右侧，手腕适当放松。

（三）步法种类与动作要点

1. 单步

以一只脚为轴，另一只脚向前或向后、左、右移动。单步常在打定点球、还击追身球或近网球时采用。

2. 跨步

以一只脚向前、后、左、右的不同方向跨出一大步，身体重心随即移到摆动腿上，而另一脚再迅速跟着移动。跨步常在扑救险球时，或正手打回头球时采用。

3. 跳步

以来球方向的异侧脚蹬地为主，两脚发力同时离地，异侧脚先落地；另一脚随即着地即挥拍击球。跳步一般在来球离身体较远较急时采用。

4. 交叉步

双脚同时向来球方向侧蹬，以来球方向的异侧脚发力为主，迅速向来球方向提摆跨出一大步，两脚交叉；然后同侧脚迅速跟上还原成准备姿势，挥拍球。

5. 侧身步

这是左推右攻运动员常用的步法。击球时以左脚为轴，右脚向左后方移动，微收腹，侧身让出空隙来击球；在来球追身时，侧身就较大。

三、发球与接发球

（一）正手平击发球

平击发球是一种几乎不带旋转、速度一般的发球，是掌握其他复杂发球的基础。发球时身体约离台 40cm，两脚开立，左脚稍前，抛球的同时挥拍手向后引拍，击球时向前挥拍，击球的中部稍偏上，第一落点在球台中间；击球后挥拍继续向前而后还原。

（二）正（反）手发急球

抛球同时持拍手向右（左）后方引拍，拍形稍前倾，持拍手以肘关节为轴内旋向左（右）前方挥拍用力，触球后拍面前倾，快速摩擦球的中上部；球的第一落点应在本方台面端线附近，执拍手迅速放松，立即还原。

（三）正手发下旋球

球由高点下落至约与网同高时，前臂加速向左前下方切削，用球拍左侧偏下部位击球的后中下部并向底部快速摩擦。在发近网下旋球时用力下切动作要快，落点距网较近；发远网下旋球时除用力下切外，还应略加向前的力量。正手发下旋球如图 13-3 所示。

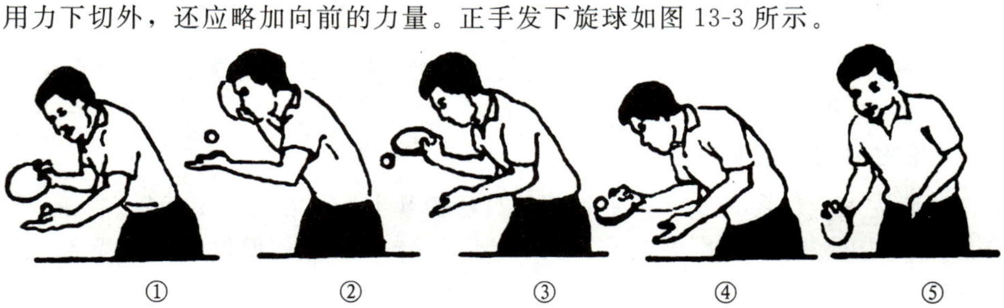

图 13-3 正手发下旋球动作分解示意图

（四）发左、右侧旋球

发左侧旋球时，将拍手稍向左倾斜，用力向身体左方发力，摩擦球的中部；发右侧旋球时与之相反。

（五）正手发左侧上、下旋球

1. 正手发左侧上旋球

站位左半台，左脚稍前，身体略向右偏，左手掌心托球位于身体右前方；球从高点下落时持拍手从右上方向左下方挥拍；当球落至网高时，持拍前臂加速挥摆，手腕发力使球拍加速向左下方挥动，击球的中部并向左侧上方摩擦，如图 13-4 所示。可根据发球长短调整第一落点的远近。

2. 正手发左侧下旋球

挥拍击球时，侧上旋是屈腕垂拍，侧下旋是沉腕拇指压拍，击球中下部并向左侧下方摩擦，如图 13-4 所示。

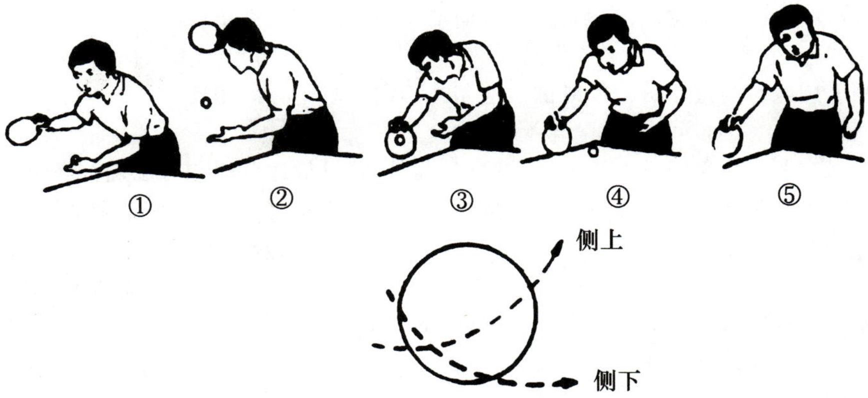

图 13-4　正手发左侧上、下旋球动作分解示意图

（六）反手发右侧上、下旋球

1. 反手发右侧上旋球

站位左半台，右脚稍前或平站，身体略向左偏；上抛球时，右臂内旋，持拍手向左后方引拍，腰部略微向左转；球从高点下落时，持拍手从身体左后方向前挥拍，当球落至网高时，前臂和手腕同时发力挥拍击球，击拍中略偏下部；在触球的瞬间，手腕快速向上方抖动摩擦球，如图 13-5 所示。

2. 反手发右侧下旋球

发侧下旋球时，手腕与前臂较平直，拇指压拍，拍面较平；击球的中下部并向右侧下摩擦球；而横拍发反手右侧上、下旋球时要加大右上臂向右力挥摆幅度，如图 13-5 所示。

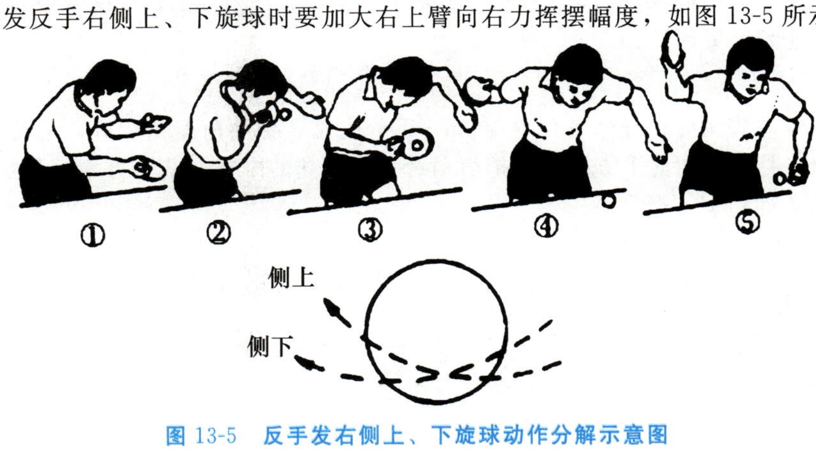

图 13-5　反手发右侧上、下旋球动作分解示意图

（七）接发球

发过来的球速度快，带有一定的上旋力，应用侧身回接；如果侧身有困难，可运用反手推挡或反手攻球回击；如果采用削球回接，则必须移动步法向后退一步，待来球力量有所减弱时再回接。

1. 接下旋球

用搓球回接下旋球时，注意拍面后倾以增加向前上方的发力；用拉攻或弧圈回接时，一定要增加向上提拉的力量。

2. 接左侧上旋球

接左侧上旋球一般采用推挡、攻球为宜；回接时，拍面角度要稍向前倾、拍面向左倾斜，以抵消来球的左侧旋；用搓、削回接，除注意拍面角度和朝向外，还要加大向下摩擦球的力量；用弧圈球回接应加大拍面前倾角度，多向前发力，少向上提拉。

3. 接右侧上旋球

接右侧上旋球时与接左侧上旋时的方法基本相同，只是方向相反。

4. 接短球

回接短球时要注意判断，步法移动及时向前，以获得最适合的击球位置；同时，注意到位后脚步制动，控制身体的前冲力量，以便接球后快速回蹬还原，准备下一拍来球。

四、推挡球

推挡球是乒乓球初学者首先应该学习的技术。推挡球可分为挡球、减力挡、快推、加力推、推挤和推下旋等技术动作。

（一）挡球

两脚平行站立，身体靠近球台；击球前，上臂贴近身体，前臂约与台面平行，球拍置于腹前；击球时，调整好拍形，在送球上升期触球的中部或中下部，借来球的反弹力将球挡回，击球后迅速还原。

（二）快推球

站位近台偏左，两脚平行或右脚稍后站立；击球时，小臂向前推击的同时前臂外旋，在球上引时击球的上部，把球快推过去。

（三）加力推球

击球前，前臂上提，球拍后引，肘部贴近身体，球拍位置高于击球点，拍面稍前倾；击球时，中指顶住拍背，拍形较为固定，持拍手升后向前推压，在来球上升后期或最高点击球中上部；击球后，手臂随势前送。

（四）推下旋球

两脚平站或右脚稍前，身体离台约 40cm；手臂内旋，拍面角度稍后倾，上臂后引，前臂上提；击球时，持拍手向前下方挥动，拍面稍后仰，击球的中部向前下方摩擦推切；击球后，手臂随势前送，如图 13-6 所示。

① ② ③ ④

图 13-6 推下旋球动作分解示意图

五、攻 球

攻球分为正手攻球和反手攻球，按站位不同又可以为近台、中台、远台攻球，按击球点和击球的时间不同又可分为拉、打、拨、扣、杀等方法。

（一）正手近台快攻

击球之前引拍至身体右侧，当球由台面弹起时，手臂向左前上方迅速回击来球；击球时食指稍抬，拇指压住球拍，使拍面前倾，形成合理的击球角度，然后结合手腕内旋动作，在球的上升期击球的小上部，如图 13-7 所示。

① ② ③ ④

图 13-7 正手近台快攻动作分解示意图

（二）正手拉球

提拉球时，在球的下降期，大臂和小臂由右后方向左前上方挥击；击球时小臂迅速内收，配合手腕内旋动作，视来球旋转强弱击球的中下部或中部，如图 13-8 所示。

① ② ③ ④

图 13-8 正手拉球动作分解示意图

（三）正手扣杀

两脚开立，左脚在前，重心落在右脚上，站位近台；引拍时，手臂自然弯曲并内旋使拍面前倾，拍引至右后上方。当球跳至最高点时，上臂带动前臂加速向左前下方发力挥拍，重心前移时腰髋向左转配合发力，拍面前倾击球的中上部。

六、搓球

搓球是近台还击下旋球的一种基本技术，属于相持控制类技术。搓球比较稳健，旋转和落点变化比较多，简单易学。搓球动作与削球动作近似，可以为学习削球技术打下基础。搓球可分为正、反手搓球。

（一）正（反）手慢搓

左（右）脚稍前，身体离台 40～50cm，双膝微屈，球拍向后上方引拍，拍面后仰；当球弹起时，向前下方挥拍，在球的下降前期击球的中下部。

（二）正（反）手快搓

身体离台 40cm，两脚平行站立，或左（右）脚稍向前，球拍引向后方偏上些，引拍动作不宜过大，拍面稍后仰，拍面向前下方挥动；在球的上升期击球的中下部；触击球时，手腕明显地发力摩擦。

（三）搓转与不转球

搓转球时，除拍面后仰角度要加大外，还要在球拍切击球时切薄一些，使其作用力远离球心，形成较旋转的下旋球；搓不转球时，减小拍面后仰角度；击球中下部并向前上推托，使击球力量接近或通过球心，这样就形成不转球，如图 13-9 所示。

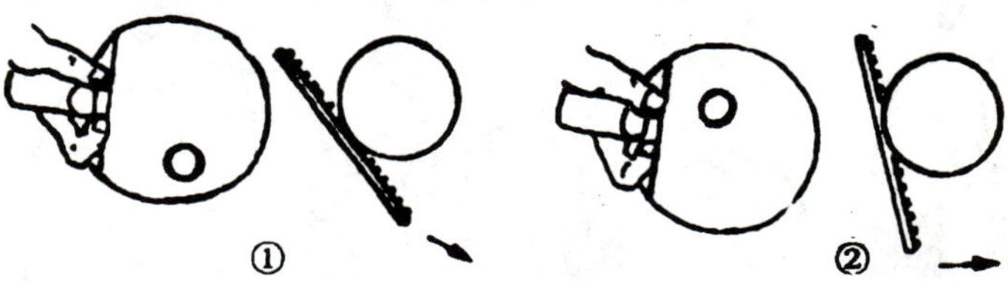

图 13-9　搓转与不转球动作分解示意图

七、削球

削球是通过旋转和落点变化来控制对方、扰乱调动对方，为进攻创造机会。

（一）正手近削球技术

身体离台 1m 左右，左脚稍前，重心较低，手臂向后斜侧引拍，身体向右稍斜；挥拍时，球拍向前下方挥拍，与此同时，腰、髋向左转动，在球的高点期至下降前期，击球的中下部，击球瞬间，手腕加力摩擦球；击球后，自然向前下方送出去，如图 13-10 所示。

图 13-10　正手近削球动作分解示意图

（二）反手近削球技术

身体离球台 1m 左右，右脚在前，身体向左侧转动，肘关节稍离开身体；球拍向前下方挥拍，与此同时，髋、腰向右转动，在球的高点期至下降期击球的中下部；以前臂发力为主，手腕加力摩擦球，如图 13-11 所示。

图 13-11　反手近削球技术

八、弧圈球

弧圈球是带强烈上旋球的进攻技术，它具有很强的攻击性和稳定性。

（一）正手拉加转弧圈球

两脚左右开立，稍大于攻球时的距离，右脚在后，两膝稍弯曲，身体重心较低，持拍手沉肩垂臂，引拍至身体后下方，拍面稍前倾，身体重心移至右脚；大臂带动前臂向前上方挥拍，逐渐加快挥拍速度，身体重心左移；球拍触球时，右脚蹬地身体向左侧转动，迅速收缩前臂，在摩擦球的瞬间，通过手腕手指加速发力，在来球下降期击球的中部或中上部；拉球后，球拍随势挥至头部高度，身体重心移至左脚，如图 13-12 所示。

图 13-12　正手拉转弧圈球动作分解示意图

（二）正手拉前冲弧圈球

两脚左右开立，右脚在后，两膝微曲；引拍手向右后方引拍，引拍的位置比拉加转弧圈球稍高、比攻球稍低，身体重心移至右脚，眼睛看来球的方向和落点长短，持拍手向前上方挥拍，挥拍的速度逐渐加快，根据来球的旋转控制好拍面角度；在球的高点期或下降前期擦击球，身体重心逐步转移至左脚；右脚蹬地，转体加力，大臂带动前臂收缩，球拍前倾，触球瞬间通过手腕发力加速摩擦击球，如图 13-13 所示。正手拉前冲弧圈球的发力方向是向前为主略带向上，击球时，拍面前倾的角度比拉加转弧圈球大。

图 13-13　正手拉前冲弧圈球动作分解示意图

九、乒乓球技术的学习与运用

（1）由易到难，由表及里。

（2）由台下到台上，由单个技术到结合技术，由单线到复线，由先上旋后下旋的练习途径。

（3）在练习时养成眼睛盯球、耳朵听声、手法正确、步法灵活、手法与步法相结合的练习习惯。

第三节　乒乓球基本战术

乒乓球战术是根据自己和对手的具体情况，正确而有目的地把自己所掌握的各种技术有意识地组合起来，从而充分发挥自己的技术风格特点，抓住对方的弱点，采用合理的方法和手段战胜对手。

一、发球抢攻

（一）正手发转与不转短球，配合发长球抢攻

正手发转与不转球至对方近网或中路，一般先发加转球，后发不转球，伺机抢攻，落点以近网为主，配合底线似出台未出台的长球，使对方难以接发球抢拉或抢攻，如图 13-14 所示。

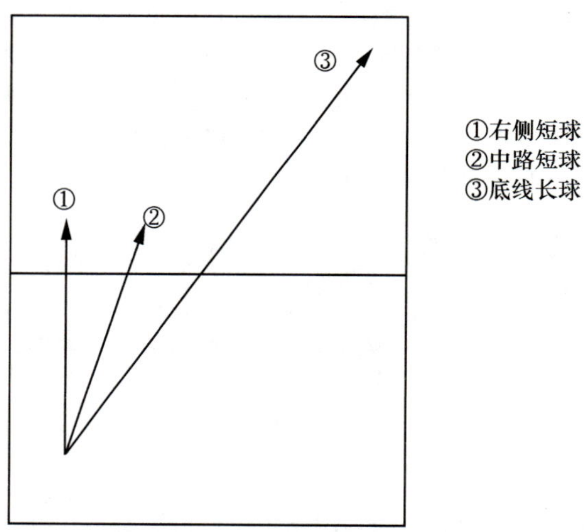

图 13-14　正手发转与不转短球配合长球抢攻示意图

（二）正手发急球，配合发近网短球抢攻

正手发右侧上旋急球（奔球）至对方中路或右侧，迫使对方打对攻或后退削球，伺机抢攻、抢拉；如果对方有所准备时，突然减力发近网短球以创造机会抢攻，如图 13-15 所示。

（三）反手发上、下旋急球，配合发近网短球抢攻

反手发上、下旋急球至对方反手或中路，迫使对方打对攻或反手搓回，再伺机抢攻或抢拉；待对方站位远离球台时，突发近网短球，以创造机会抢攻、抢拉。

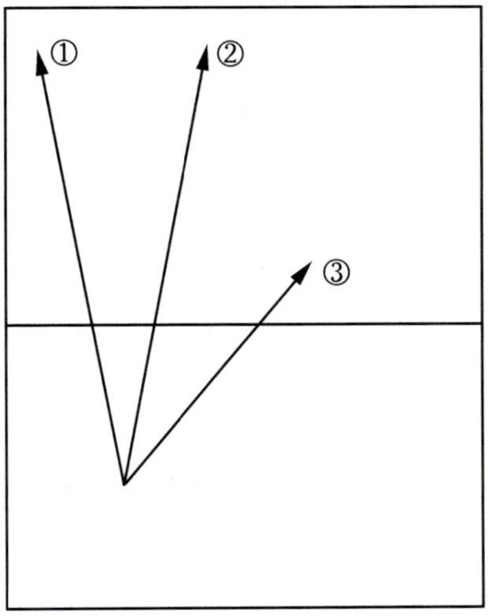

图 13-15　正手发急球配合发近网短球抢攻示意图

二、对攻

（一）压反手，伺机侧身正手攻球

用快推、加力推、推下旋或反手攻压对方反手，伺机侧身正手进攻。或推开角度，逼对方后退，侧身攻后，要力争连续进攻，专攻两角，如图 13-16（a）所示。

（二）压左调右，专攻两角

用推挡或反手攻、拉压住对方反手位，迫使对方站位偏左，突变正手，伺机正手进攻两角，如图 13-16（b）所示。

（三）连压中路，突变攻两角

用推、拉、攻紧压对方中路，找机会突变两大角，压中路球应快速退身，如图 13-16（c）所示。

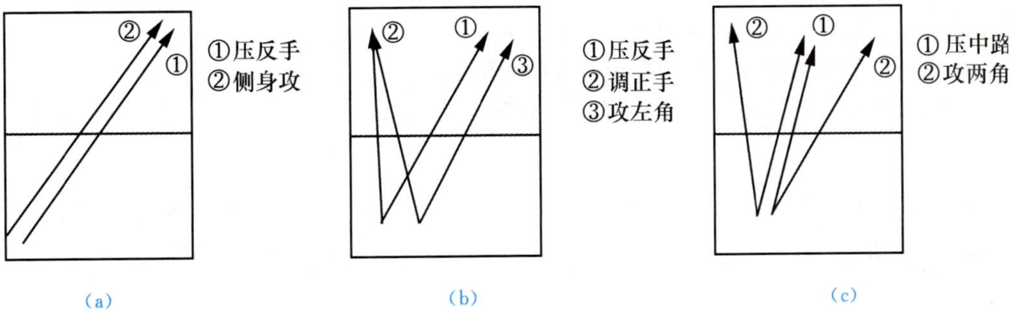

图 13-16　对攻的几种技术示意图

三、搓攻

（一）搓长逼反手大角，突变直线，伺机进攻

先用下旋搓球逼住对方反手大角，视其准备侧身攻或将注意力集中在反手时，突变直线伺机进攻。

（二）搓转与不转球，创造机会、伺机进攻

一般先搓转球为主，然后用相似的动作搓不转球，伺机进行抢攻或拉弧圈球。在运用旋转变化时，最好能与落点相结合。

四、乒乓球战术的学习与运用

（一）知己知彼，有的放矢

在摸清对手球拍的性能、基本打法、技术、战术运用特点、特长技术等情况的基础上，制定出切实可行的战术方案。

（二）机动灵活，随机应变

自己的某种打法或某种战术一旦被对方适应后，就需要采用旋转、节奏、落点等变化，给对方制造新的困难，以达到取胜的目的。

（三）以己之长，制彼之短

每个人都有自己的打法和风格，有的发球好，有的善于快攻等。在比赛时要充分发挥自己的长处，抓住对方弱点，掌握比赛的主动，争取胜利。

（四）勤于观察，善于分析

乒乓球比赛时随场上战局的变化，特别要注意分析对方的心态，及时调整和改变自己的战术，破坏对方的作战意图，从心理上给对方施以一定的压力，争取战而胜之。

第四节　乒乓球竞赛规则

一、定义

（1）重发球：不予判分的回合。

（2）击球：用握在手中的球拍或持拍手手腕以下部分触球。

（3）端线：球台的端线，包括端线两端的无限延长线。

（4）阻挡：对方击球后，处于比赛状态的球尚未触及本方台区，也未超过比赛台面或其端线。

二、合法发球

（1）发球时，手掌张开伸平，球应是静止状态；在发球方的端线之后和比赛台面的水平面之上。

（2）发球员须用手将球几乎垂直地向上抛起，不得使球旋转，并使球离开手掌之后上升不少于16cm。

（3）当球从抛起的最高点下降时，发球员方可击球。

三、合法还击

对方发球或击球后，本方必须使球直接越过或绕过球网装置，或触及球网装置后再触及对

方台区。

四、发球、接发球和方位的选择

（1）选择发球、接发球和这一方、那一方的权利应由抽签来决定。中签者可以选择先发球或选择先在某一方。

（2）一方运动员选择了先发球或选择了先在某一方后，另一方运动员应有另一个选择的权利。

五、一局和一场比赛

（1）比赛中先得 11 分的一方为胜一局。如打到 10 分平后，先得 2 分的一方在此局为胜。

（2）团体赛一般采用五局三胜制，单项比赛常采用七局四胜或九局五胜制。

六、乒乓球比赛场地及器材

（1）赛区空间应不少于 14m 长、7m 宽、4m 高，地面应平坦、坚硬、不滑。

（2）标准乒乓球台由两块台桌组成，每块长为 1.37m，总长为 2.74m，台面的宽度为 1.525m，厚度为 0.035m，台面与地面相距 0.76m，乒乓球台四周是宽为 0.02m 的白线，分别称为端线和边线，台面中间 0.003m 宽的白线为中线；桌上架长为 1.83m、高为 0.153m 的球网。

第十四章　羽毛球运动

第一节　羽毛球运动概述

一、羽毛球运动的起源和发展

羽毛球运动是在规定的场地上，两名或两对球员隔网相对，用球拍往来击球过网，以球触对方场区或使对方击球失误得分（或得发球权）的运动项目。羽毛球比赛分男子单打、男子双打、女子单打、女子双打、男女混合双打、男子团体、女子团体等。现代羽毛球运动起源于英国，大约在 1800 年由网球派生而来。1870 年，出现了用羽毛、软木制成的球和穿弦的球拍。1893 年，世界成立最早的羽毛球协会——英国羽毛球协会，并于 1899 年举办了全英羽毛球锦标赛。1934 年，由英国等十几个国家发起成立了国际羽毛球联合会。1939 年，国际羽联通过了《羽毛球规则》，从此羽毛球国际比赛日渐增多，有汤姆斯杯赛（男子团体锦标赛）、尤伯杯赛（女子团体锦标赛）、世锦赛、亚洲杯等。目前，中国羽毛球技术处于世界领先地位，在世界大赛中曾多次获得男子单打、男子双打、男子团体、女子单打、女子双打、女子团体冠军称号。

二、羽毛球运动的价值

羽毛球运动是一种全身运动项目，其规则及设备并不复杂，无论是进行有规则的羽毛球比赛还是作为一般性的健身活动，都要在场地上不停地进行脚步移动、跳跃、转体、挥拍，合理地运用各种击球技术和步法将球在场上往返对击，从而增大了上肢、下肢和腰部肌肉的力量。羽毛球运动游戏性较强，运动量可大可小，不受场地、年龄、性别的限制，运动量可根据个人年龄、体质、运动水平和场地环境的特点而定。

羽毛球作为一种娱乐活动，参与者在球的对击过程中，通过不停地奔跑和身体的变化，努力把球击到对方的场地。同时球的飞翔又有快慢、轻重、高低、远近、狠巧、飘转等变化，需要练习者有较好的力量素质、速度素质、耐力素质、灵敏素质、柔韧素质以及快速的反应能力。经常从事该项体育活动可以发展人体的灵活性、协调性，可以提高人们上下肢及躯干的活动能力，改善呼吸系统和心血管系统的功能，提高有氧供能和无氧供能的能力，调节神经系统并提高其抗乳酸的能力，而且能起到增进健康、抗病防衰、调节精神、培养顽强的意志品质和坚定的信念的作用。由于羽毛球技术的千变万化，羽毛球运动又具有很高的观赏价值。

第二节　羽毛球运动基本技术

一、握拍法

羽毛球拍握法的正确与否，对于掌握和提高羽毛球技术水平有着重要的影响。羽毛球技术中的握拍和指法是多种多样的，但是基本的握拍法有两种，即正手握拍法和反手握拍法。

（一）正手握拍法

先用右手拿住球拍，使拍面与地面垂直，然后右手虎口对准拍柄窄面内缘，呈握手式握住拍柄，小指、无名指和中指并握，食指稍分开，大拇指与中指相近，拍柄端约与小鱼际肌齐，如图 14-1 所示。

（二）反手握拍法

在正手提拍的基础上，拍柄稍外转，食指收回，拇指第一指节的内侧贴在拍柄内侧宽面上，柄端紧靠小指根部，使手心留有空隙，如图 14-2 所示。

图 14-1　正手握拍示意图

图 14-2　反手握拍示意图

（三）动作要领

（1）正手提拍法如同与人握手方式。注意虎口不是对着拍柄宽面，而是对着拍柄窄面内缘。

（2）注意握拍的松紧度。握拍太紧，动作必然僵硬；握拍太松，击球无力，且动作可能变形。

（3）注意握拍的调整。击高球和扣杀球时，击球的瞬间需要握紧拍柄发力，握拍有些变化，虎口变成对着侧面的窄面上，才能以球拍正面击球；击球后则应调整恢复到虎口对着拍柄窄面内缘的原有正手握拍。

（四）练习方法

（1）固定球拍。以持拍手的正确部位握拍，体会握拍感觉。

（2）正、反手握拍的转换练习。从正手握拍举在右肩上到反手握拍举在左肩上，反复练习体会拇指和食指将拍柄捻动后手指和拍柄接触部位不同的要求和变化。

二、发球

单打时站在中线附近，离前发球线约 1m；双打时可稍站前些。左肩侧对球网，左脚在前，脚尖向网，右脚在后，脚尖稍向右侧，两脚距离与肩同宽，身体重心放在后脚上；右手握拍向右后侧举起，肘部微屈，两眼注视对方站位位置，如图 14-3 所示。

发球按球在空中飞行弧线分为发高远球、平高球、平快球、网前球，如图 14-4 所示。

图 14-3　发球示意图

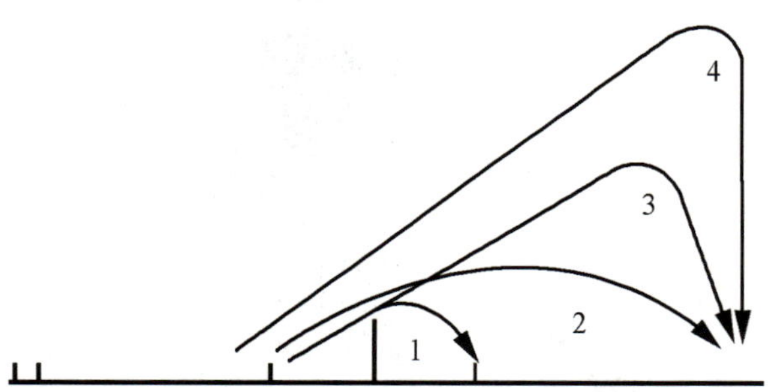

1—网前球；2—平快球；3—平高球；4—高远球

图 14-4　几种发球的弧线示意图

（一）动作要领

1. 发高远球

发高远球就是把球发得高而远，球在即将到达底线上空后几乎垂直下落，落点接近底线。发高远球的动作要领是：发球时，左手松开使球下落，同时右手握拍沿着自下而上的弧线朝前上方加速挥摆（其仰角要大于 45°），在自然伸腕，即将触球时，前臂带动手腕向前上方“闪”动，由伸腕经前臂内旋至屈腕，使击球瞬间造成“爆发力”，击球点在右侧前腰下，如图 14-5 所示。

图 14-5　发高远球动作分解示意图

2. 发平高球

由于平高球飞行路线比高远球低，所以其要领是：击球时用前臂带动手腕发力，拍面稍向前推进，仰角小于 45°，其余动作同高远球。

3. 发平快球

发平快球的要领是：站位稍靠后，击球时拍面仰角小于 30°；发球带有突击性，使球越网而过，直插后场，向对方反手或空当进攻。

4. 发网前球

发网前球的要领是：击球时挥拍幅度较小，力量较轻，拍面稍后仰，使球恰好越网，落在对方接球区前发球线附近，如图 14-6 所示。

图 14-6　发网前球动作分解示意图

（二）练习方法

1. 正手向上颠球练习

先要求保持展髋，握拍放松，用前臂内旋，中指、无名指和小指由松到紧发力击球，加上手腕的回环动作击球。

2. 用吊线球进行正手发球练习

将球系在 5m 以上吊线的下端，球的高度调至与练习者膝关节平齐或稍低些；用球拍向前上方击球，模仿正手发高球的动作。要求以完整的发球动作击吊线球。

3. 对墙发球练习

对墙发球练习是为了体会球下落时间和挥拍速度之间的时空关系。首先要注意技术动作的准确性，然后再强调击球的准确性。

4. 在场地上正式发球练习

始终强调注意动作的正确性，然后才是飞行弧度和落点的质量要求。

5. 上肢力量练习

(1) 羽毛球掷远或掷垒球练习。

(2) 绕腕练习：手持哑铃于体前或体侧绕“8”字练习。

(3) 挥拍练习：挥网球拍，重点进行前臂、腕、指的各种击球动作以发展击球爆发力。

(4) 转臂练习：手持哑铃于体侧做旋内、旋外练习。

三、接发球

单打时，站位离前发球线约 1.5m 处；站在右发球区则靠近中线，如图 14-7 所示；站在左发球区则在中间位置，以防对方直线进攻反手部位。双打时，发球线比单打短 0. 75m，发高远球易被扣杀，因此双方多发网前球。接发球时可站在离前发球线较近处，球拍要举得高些，利用网前击球的点高争取主动。

当对方发来高远球或平高球时，可用平高球、吊球或扣杀球还击，如图 14-8 (a) 所示。图中虚线为发高远球，“1”为还击平高球，“2”为还击吊球，“3”为还击扣杀球。对方发来网前球时，可用平高球、高远球、反网前球、平推球还击。对方发来平快球时，可用平推球、平高球还击，以快制快，亦可用高远球，如图 14-8 (b) 所示。

图 14-7　接发球站位示意图

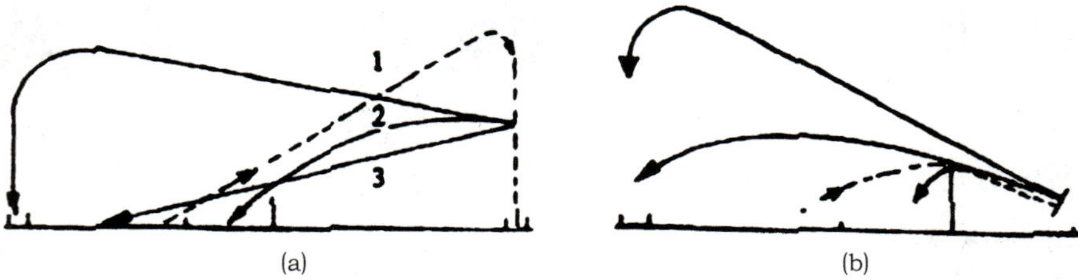

图 14-8　应对高远球和平快球的几种回击球的方法示意图

四、击球法

(一) 高手击球

高手击球的击球点高、速度快、力量大，是快攻打法的最基本技术。

1. 高远球

进攻时可逼迫对方退离中心位置，削弱对方进攻威力，消耗对方体力，使对方回球失误；防守时，当对方连续进攻使自己步法出现忙乱时，用高远球争取时间，回到中心位置，摆脱被动局面。打高远球有高手和低手两种击法。高手高远球又分正手、反手和头顶三种。

击正手高远球时，判断来球的方向和高度，适当移动位置，使击球点尽量在右肩稍前的上空，左脚在前，右脚在后，身体重心放在右脚前脚掌上；屈臂举拍肩上，握拍前臂向后移动，肘关节向后侧提高，使球拍后引到头后，自然伸腕；接着大臂带动前臂向上，肘关节迅速上升，前臂前“甩”，触球时手臂伸直，“闪”动手腕，如图 14-9 所示。

图 14-9　击正手高远球动作分解示意图

击反手高远球时，反手握拍，右脚前交叉跨到左侧底线，背向网，身体重心在右脚，球拍举左胸，拍面朝上，双膝微屈，利用腿和腰腹协调力，大臂带动前臂，肘部上抬与肩并行时，前臂带动腕部的“闪”动，在右侧上方伸直手臂向后击球，如图 14-10 所示。

图 14-10　击反手高远球动作分解示意图

2. 吊球

吊球就是将对方击来的高远球从后场还击到对方网前区，以打乱对方阵脚。吊球打法用力较小，但要准确地把球击到对方前发球线以内离边线 50cm 附近。

吊球有多种打法，初学者应先学好高手吊球。按球的飞行弧线和击球动作的不同，高手吊球又分为劈吊球和拦截吊球，如图 14-11 所示。劈吊击球用力较轻，挥拍时拍面偏斜，击球一刹那，前臂突然减速，利用手腕快速“闪”动，向左下“切削”，球拍触球托的偏右部位，如图 14-12 所示。拦截吊球是把对方的平高球拦截回去，拍面正对来球；当拍面和球接触时，轻轻一挡，将球以较平弧线、较慢速度越网垂直下坠。

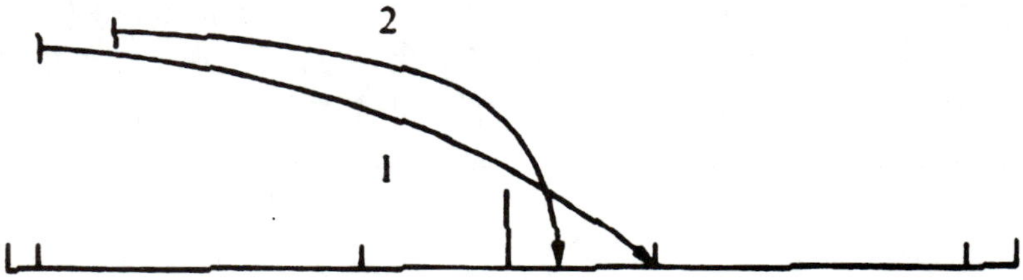

1—劈吊球；2—拦截吊

图 14-11　劈吊球和拦截吊球球的飞行弧线示意图

图 14-12　劈吊击球动作分解示意图

3. 扣杀球

扣杀球是一项主要的进攻技术，可分正手、反手和头顶扣杀三种，初学者应先掌握好正手扣杀。扣杀球的击球动作大体和正手高远球一样，不同的是击球一刹那需用全力，前臂快速带动手腕下压，触球时拍面前倾，向前下方用力，击球点在右肩稍前上方，如图 14-13 所示。

图 14-13　扣杀球动作分解示意图

4. 练习方法

(1) 持拍做好准备、引拍、挥拍、击球(还原)的基本功练习。要求握拍正确、合理,左右手、前后脚及转体收腹等动作协调,在最高点击球。

(2) 原地进行“起跳 90°着地后即返回原地,再反复起跳并完成上手挥臂动作”的练习。

(3) 多球式喂球或一对一陪练式喂球,让练习者移动到位击球。练习规律:原地完成动作—起跳完成动作—固定回击一点直线球—回击球点靠前,杀球比吊球更靠前。练习时应强调用力顺序,即高球是以肩关节为轴,大臂带小臂,小臂带手腕,向前上方用力击球。杀球是以肩关节为轴,大臂带小臂,小臂带手腕,但手腕积极向前下方重压。

(4) 两人分边,用高吊、高杀直线或斜线球进行对练。要求开始速度慢些,逐步加快;注意到位击球,提高稳定性、准确性。

(5) 强调高、吊、杀动作的一致性,即在准备、引拍、挥拍到击球前期动作的一致性。注意击球点的不同,即高远球是在右侧前上方;吊球和高远球相比,吊球则是以肘关节为轴,手腕积极下压,切削球的右侧后下部。

(二) 网前击球

网前击球要求握拍活,击球点高,步法快,搓、推、钩击球前的动作一致。

1. 搓球

右脚跨前成弓箭步,侧身对网,重心在右脚,手臂向前伸出,出击要快,击球点要高;握拍的腕部和手指自然放松,拍面右边稍高斜对网;击球前,前臂外旋,手腕外腰,引拍至右侧;击球时,用手腕和手指发力加快挥拍的速度,“切”“搓”球托的底部使搓出的球翻滚贴网,如图 14-14 所示。

图 14-14 搓球动作分解示意图

2. 推蹿球

推蹿球在网前将球以低平弧线快速推到对方底线,是一种进攻技术。推蹿球的动作与搓球相似,只是在击球一刹那拍面几乎与网平行,靠腕部转动及手指力量向前快速“闪”动,如图 14-15 所示。

图 14-15 推蹿球动作分解示意图

3. 扑球

扑球就是当对方发网前球时,或放网前球时,在球刚越到网顶(偏高)时迅速上网向斜下扑压,是威力较大的一种进攻技术。动作要领:蹬步上网,身体右侧扑向网前,迅速举拍向前,拍面前倾;击球时用腕部和手指力量向前下方“闪”击;球触拍后立即回收,以免拍触网违例，如图 14-16 所示。

图 14-16 扑球动作分解示意图

4. 挑高球

挑高球是在被动情况下的一种防守技术。要领：举拍在身前，前臂略弯曲，右脚向网前跨出一大步，侧身向网；击球时以肩为轴，自下而上用前臂带动腕部和手指快速朝前上方挥拍；如果来球离网较远，拍面可后仰向前上方击球；如果来球较贴网，拍面应接近于朝上，击球时要带点向上的“提拉”，如图 14-17 所示。

图 14-17 挑高球动作分解示意图

5. 勾球

勾球就是在网前回击对角线的球。勾球和搓球、推球结合起来运用，常能达到声东击西的效果。

6. 练习方法

（1）正、反手握拍上网前的移动练习。正手握拍上右网前，反手握拍上左网前，进行一步垫步上网、两步跨步上网、三步交叉跨步上网练习。

（2）两人隔网对练搓球或勾球。

（3）多球上网搓、勾、推、扑球练习。

（4）吊上网搓、推、勾、扑组合练习。

（5）杀上网搓、推、勾、扑组合练习。

（三）低手击球

低手击球是技术难度较大的一种防守技术，包括抽球和网前接杀球。

1. 抽球

抽球是应付对方长杀、半场球和平球对攻的反攻性技术，有半场正、反手抽球和底线正、反手抽球。半场正、反手抽球时，击球点在肩部以下，用力特点是以躯体为竖轴，做半圆式（与地面平行）的挥拍击球动作，击球点都应争取在身前；击球时，脚的步位要配合好；正手抽球时，右脚向侧稍后跨出，如图 14-18（a）所示。反手抽球时，一种是左脚向侧稍后迈出步，另一种是右脚前交叉，向左侧前迈出一小步，背向网；挥拍发力时，重心放在右脚，要借助腰部的扭转，然后以前臂带动腕部，手指作“抽鞭式”向前“闪”动击球，如图 14-18（b）所示。

2. 网前接杀球

网前接杀球的动作要领是：双脚平行站立，略宽于肩，重心稍下降，双目注视来球方向，以便判断、移动；接球时，握拍要松，主要用手腕和手指掌握球拍，预摆动作要小，球拍摆在体侧；挡直线网前球时，拍面稍后仰正对网，身体重心移向接球一侧脚上，球拍触球一刹那，或稍向上提拉触球，或稍向下“削”球；挡网前球主要是借来球的速度和力量将球反弹回去；挡对角线网前球时，要调整拍面朝向对方网前斜对角，如图 14-19 和图 14-20 所示。

图 14-18　抽球动作分解示意科

图 14-19　网前接杀球动作分解示意图

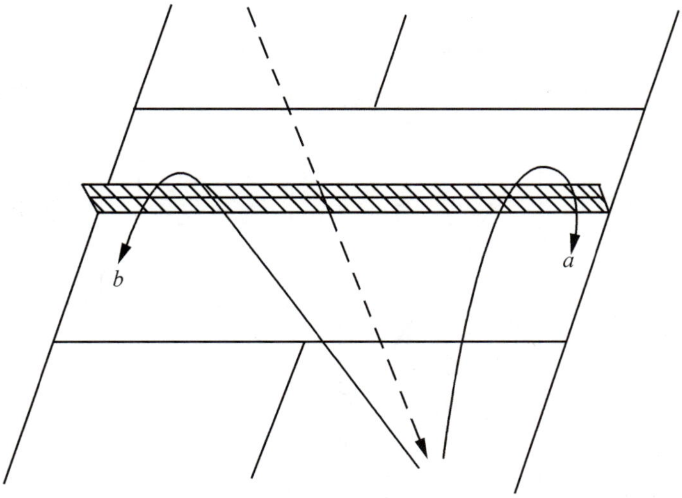

图 14-20　网前接杀球的几种弧线示意图

3. 练习方法

(1) 半场正手抽球与反手抽球。在正手放半场球基础上，由多球抽—多球定向抽—抽球练习；在反手放半场球基础上，由多球抽—多球定向抽—抽球练习。

(2) 正手接杀放网与反手接杀放网。先做无球正、反手模仿练习—多球练习—两人对练。

(3) 速度结合练习。

(4) 听口令看信号的各种起动挥球拍反应速度练习。

(5) 听口令快速转身跑击球练习。

(6) 高频率跨越障碍物（羽毛球）。将 10 个羽毛球一字排开，两球间距离 1.2～1.5m 进行练习。

五、步法

（一）步法的构成

初学羽毛球的人往往只重视学习手上的击球功夫，而忽略了脚上的移动。在羽毛球运动中，如果步子慢、跑不到位，球拍就常打不到球，就只能被人“攻死”。所以，在某种意义上讲，比赛也是在场上比步法，步法稍差的人，则常被击败。

羽毛球步法是由起动、移动、到位配合击球和回动四个环节构成的。

1. 起动

起动包含着判断和反应，只有判断正确、反应快，才能迅速起动。因此，在起动这一环节中，除了抓好反应速度练习外，也要提高判断能力。

2. 移动

从中心位置起动后用步子移到击球位置，包含着步数、步频、步幅。步数多少、步频快慢、步幅大小决定了运动员在场上的速度。

3. 到位配合击球

击球时，上肢与下肢要配合好，协调用力；到位后，步子做小调整，形成一个合理的击球姿势，以便发力击球；下肢位置的适度直接影响击球的速度、力量和准确性。

4. 回动

击球后要尽快保持身体平衡，并回到中心位置，做好迎击下一来球的准备。

（二）常用步法

羽毛球步法中通常运用并步、垫步、交叉步、单足跳步、跨步、蹬步、腾跳步等组成一次移动步法。从中心位置开始向场区各个角落移动，大致可分为上网步法、两侧移动步法和后退步法三种，如图 14-21 所示。

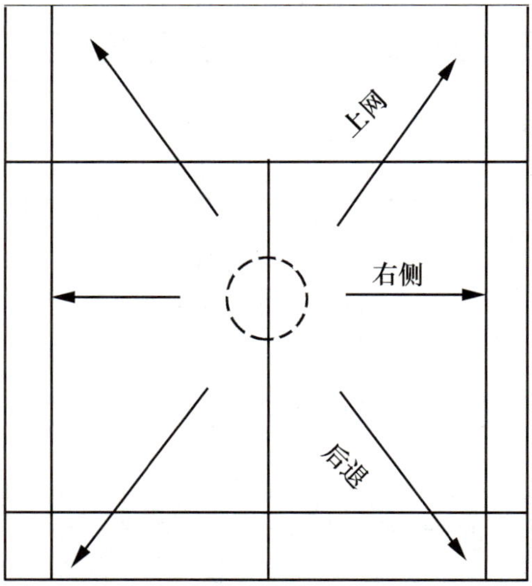

图 14-21　三种常用步法示意图

1. 上网步法

上网步法是指从中心位置向网前移动的步法。上网步法又有正手上网、反手上网以及蹬跳上网扑球步法。

(1) 正手上网步法：左右脚稍前后开立，做好准备姿势。距来球较近时采用一步上网，以左脚向后蹬，右脚向前跨一大步，如图 14-22（a）所示；距来球稍远时，采用两步上网，以左脚向来球方向迈出一小步，接着左脚稍向后蹬，右脚向前跨一大步，如图 12-22（b）所示；采用三步上网时，右脚向右前方迈一小步，接着左脚后交叉越过右脚向右前方迈出一步，然后右脚冲着来球方向跨出一大步，如图 14-22（c）所示。

（2）反手上网步法：脚步移动方法同正手上网步法，只是方向朝左前方移动，用反手握拍法击球；起动后，右侧髋部转向左前方，脊部半侧向网，如图 14-22（d）所示；右脚在前，击球时姿势成弓箭步，右脚着地是缓冲和回动的关键。

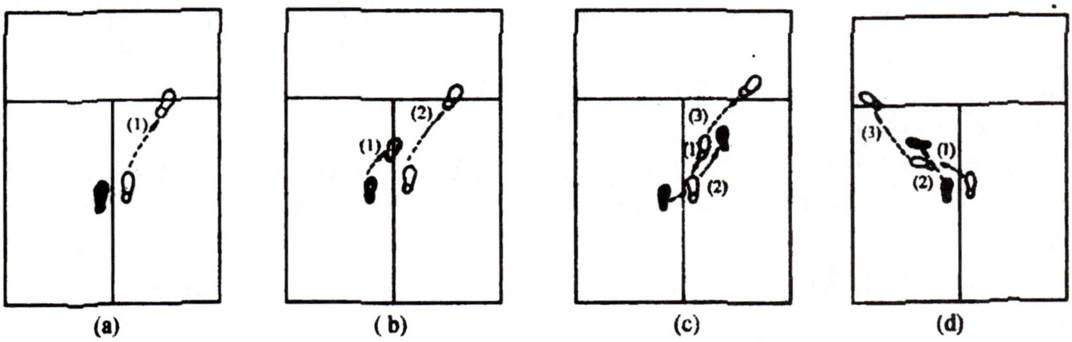

图 14-22　正、反手上网步法示意图

（3）蹬跳步上网扑球步法：这是一种特殊的上网步法。当对方发球或回击网前球、球距网顶略高时，为了争取时机，省略了上网步法中的移动过程，从起动开始，身体前倾，双脚蹬地，右脚前跨；身体在空中扑球，扑球后，腾空的身体下降，双脚落地，往往右脚先落地；然后调整身体重心，恢复正常姿势回位。

2. 后退步法

后退步法是指从中心位置后退到底线的步法。后退步法又有正手后退、反手后退步法。

（1）正手后退步法：与上网步法一样，只是根据来球远近用一、二、三步后退。一步后退是指右脚尖向后蹬离地面的同时右髋部转向右后场，右脚向右后跨一大步，如图 14-23（a）所示；二步后退是指左脚向右后退一小步，右脚再向右后迈一大步，如图 14-23（b）所示；三步后退是指右脚蹬转后，向右后迈出一步（这时侧身向网），左脚立即向右脚并拢（或左脚后交叉一步），然后右脚再向右后迈一大步，如图 14-23（c）所示。

（2）反手后退步法：脚步移动方法如同正手后退步法，只是方向朝左后方移动，用反手握拍法击球；起动后，右侧髋部转向左后方，背部向网，如图 14-23（d）所示。

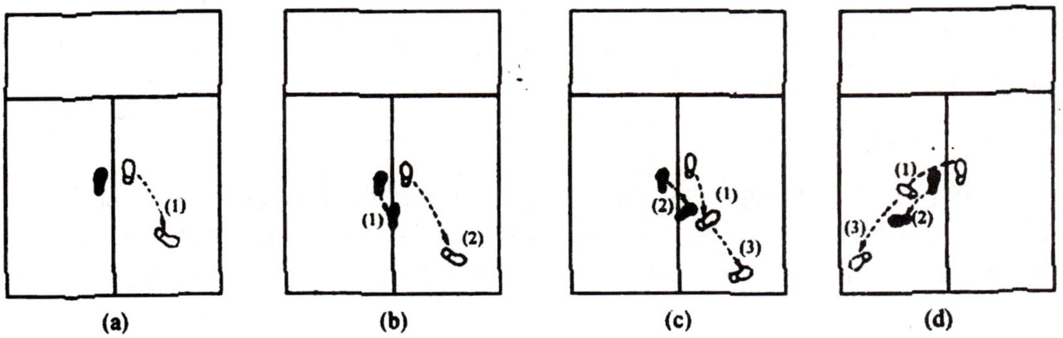

图 14-23　正、反手后退步法示意图

3. 两侧移动步法

（1）向右侧移动步法：若来球不是很靠边线，以左脚内侧蹬地，上体倾向右侧，右脚向右侧跨步，脚尖朝外；若来球靠边线，可以左脚向右脚靠拢垫一步，然后左脚蹬地，右脚向右侧跨步。

（2）向左侧移动步法：若来球不很靠边线时，可用右脚内侧蹬地，左脚向左侧跨出一步，若来球靠边线，以左脚向左侧迈一小步，右侧髋部转向左侧，右脚前交叉向左侧跨一步，背向网。

4. 练习方法

（1）进行垫步、并步、蹬步、交叉步、跨步等单个步法的反复练习。

（2）上网步法练习。中心位置—上右网前—回中心位置—上左网前—回中心位置。

（3）正手后退右后场步去练习。从起动开始，右脚向后侧移动，髋部带动身体转向右后场，以并步或交叉步向后移动到接近底线的位置；然后起跳（单、双脚均可）击球；完成击球后回中心位置再多次重复练习。

（4）后退左后场区正手绕头顶击球步去练习。从起动开始，右脚向左后方移动，髋部带动身体转向左后方，以并步或交叉步移动到位；右脚起跳，随即左侧髋部迅速转向左后方，带动左腿后摆到身后落地，缓冲并支撑身体重心；当右脚落地时，身体前倾，重心移向右脚，左脚开始回动；回中心位置后再多次重复练习。

第三节　羽毛球基本战术

一、压后场底线

通过平高球压对方后场底线，待对方回球质量较差时，大力扣杀或吊网前空当。

二、攻四方球控制落点

以快速准确的落点攻击对方场区的四个角落，使对方前后左右奔跑，打乱对方阵脚，待其来不及回中心位置时，攻其空当部位。

三、快拉快吊控制网前

以进攻性平高球压对方于后场两底角，然后突然以吊球或劈杀引对方上网，再迅速上网控制网前，以网前搓球结合推后场底线制造对方回击困难，从而创造中后场大力扣杀机会。

四、后场下压，上网搓、推

在后场通过扣杀、劈杀或吊球的进攻技术，快速上网搓或推球取得前场攻势，使后场和前场的进攻相辅相成、紧密衔接，以提高攻击威力。

五、守中反攻

因为杀球是要消耗体力的，控制不好容易失误，质量不佳还容易被对方反击，所以守中反攻这种打法应运而生。守中反攻是以逸待劳、后发制人，先以拉吊四角、多拍调动，让对方在跑动中勉强进攻，当对方攻球质量不好或回击被动球时乘机出击，往往能一拍成功。

第四节　羽毛球竞赛规则

一、比赛规则

（一）场地

单打场地长为13.40m，宽为5.18m；球场中间挂一张网，其两端高为1.55m，网中央离地面高为1.524m；双方各占网的一边，每边的场区前有前发球线，此线中点与端线中点连成的一条中线，把场区分成左、右发球区（只在发球和接发球时起作用）。双打场地与单打场地的不同处是场地宽为6.10m，且离端线前0.76m处有一条横线叫后发球线。竞赛场地的划分如图14-24所示。

一场比赛采用三局两胜制，一方先胜两局即结束比赛。比赛不受时间限制，先得21分即结束一局的比赛，然后交换场区，继续比赛。如在第三局（决胜局）中，某方先得11分时，也应交换场区。

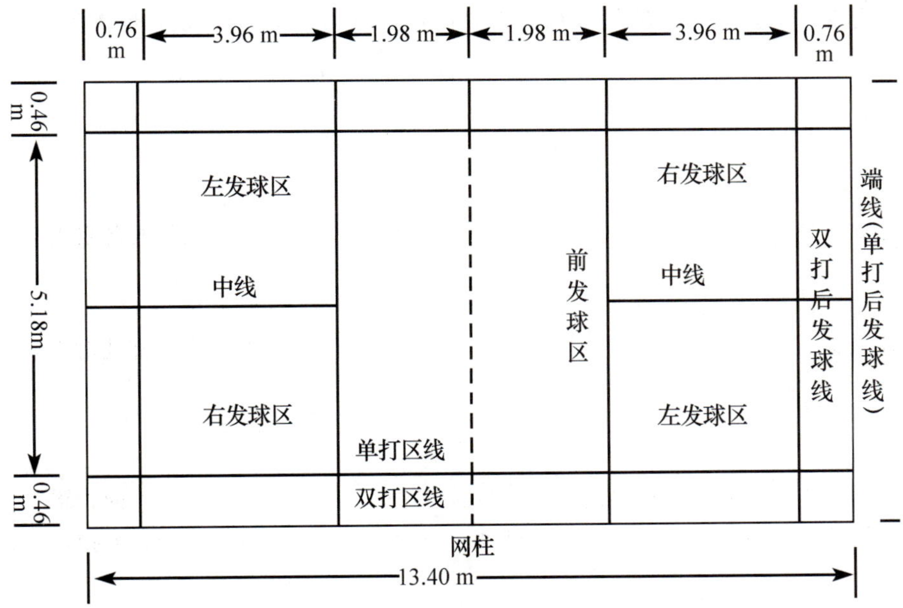

图14-24　羽毛球竞赛场地示意图

（二）选择发球或场区

由裁判员召集双方掷挑边球，先选择者只能挑选其中之一。

二、发球次序和方位

（一）双打

每局先由右发球区第一发球员发到对方右发球区内，由对方第一发球员接球。每局开始，先发球队只有一次发球权，以后每队都有两次发球权。每次换发球时，都由右发球区队员开始。发球队每得一分，同队两队员互换左右发球区，由原发球员继续发球，对方站位不动。发球队分数是零或双数时，第一发球员应在右区，分数成单数时，第一发球员应在左区。

（二）单打

发球者得分是零或双数时，双方都站在右发球区内，得分成单数时，双方都站在左发球区。单打出现平分后的发球方位同双打。

三、违例与犯规

（1）发球时双脚不能触线，必须有一部分与地面接触，不能移动；球与球拍的接触点不能超过腰部；同时球拍框必须明显低于握拍；不能做晃动球拍的假动作。

（2）接球员在接发球时也不能移动，不能做影响对方发球的行动。发球时任何一方都不允许无故延误发球。

（3）击球时不能连续两次击球，双打时不能连续两人各击一次；不能持球或有拖带动作。

（4）比赛进行中任何人不得触及网或网柱，不能过网击球，身体任何部位不能侵犯对方场区。

（5）在网前不许高举球拍（超过网高）企图把球拦击过去。但可以在低于网高时用球拍保护脸部，以免被球击中。

（6）发球擦网后，若球落在合法区内即为好球，落在界外即为失误，但挥拍没有击中球，可以重发。

第十五章　网球运动

第一节　网球运动概述

一、网球运动的起源与发展

现代网球运动起源于19世纪。1873年，英国人温菲德少校最先对草地网球的玩法作了几条简单的规定，成为网球运动最早的规则。1881年，英国草地网球协会宣告成立，并制定了一系列的规定，使网球运动成为一项正式的比赛项目。

1877年在英国温布尔顿举行了第一届草地网球锦标赛。温布尔顿网球赛是历史最悠久的世界网球比赛，已经有一百余年的历史。目前，世界上举办了许多国际性的公开赛，其中最有影响的赛事有英国温布尔顿网球赛、美国公开赛、法国公开赛、澳大利亚公开赛、戴维斯杯男子团体赛、联合会杯女子团体赛以及年终的大满贯网球赛。

二、网球运动的价值

经常参加网球运动，能培养人准确的判断能力、快速的反应能力，并能提高人的速度、耐力、灵敏等素质。由于网球是通过脚的跑动移位、通过手臂的击球来完成技术战术动作，因此对调节肌肉用力的感觉和发展协调性有积极作用。同时，网球运动是一项老少皆宜的运动，长期坚持网球运动，能使青年人保持青春活力和健美形态，能使老年人能保持旺盛精力，延缓衰老。

第二节　网球基本技术

一、握拍法

握拍是打网球的第一步，也是十分重要的技术。正确的握拍会使技术动作掌握和提高得更快、更好。

（一）东方式握拍法

东方式握拍法又分正手握拍法和反手握拍法。

1. 正手握拍法

正手握拍的动作要领是：正手握拍和平时与人握手的姿势十分相似，由拇指与食指形成“V”字形，虎口放在球拍把手的右上斜面，食指与其余三指分开，握住拍柄（见图15-1）；拇指稍弯曲，握住左垂直面；手掌根与拍柄齐平，如图15-2所示。

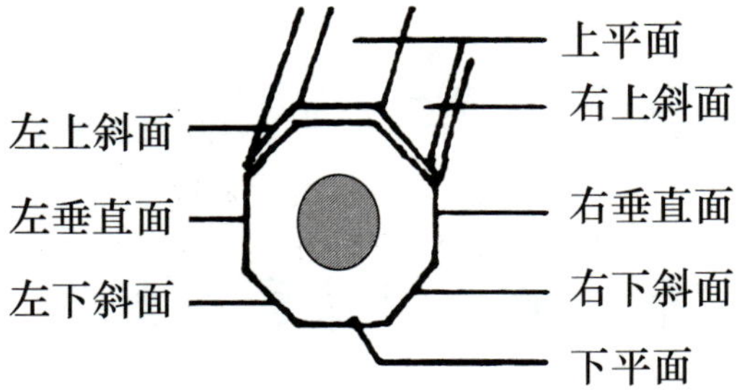

图 15-1　拍柄各部分的名称

图 15-2　正手握拍示意图

2. 反手握拍法

反手握拍的动作要领：反手握拍是在正手握拍的基础上，手沿逆时针方向旋转两个平面，即拇指和食指的“V”字形虎口在把手的左上斜面，如图 15-3 所示；其他手法基本与正手相同。

图 15-3　反手握拍示意图

（二）中国式握拍法

中国式握拍的动作要领：由拇指和食指的“V”字形虎口放在球拍把手的上平面与左上斜面的交界线上，掌根贴住上平面，与拍柄下端齐，食指与其余三个手指稍微分开，握住拍柄。

（三）西方式握拍法

西方式握拍的动作要领：将球拍放在地面上，用手抓起来（俗称“一把抓”），即拇指直伸压住拍柄上平面，食指下关节握住右上斜面，手掌根贴住右下斜面，与拍柄下端平齐。西方式反手握法是在正手的基础上，手腕按顺时针转动，拇指直压拍子左垂直面，食指下关节压住上平面，手掌根部贴住左上斜面，与拍柄下端齐。简单来说，就是把柏柄上下平面颠倒过来，正、反用同一拍面击球。

二、准备姿势

准备姿势的动作要领是：面对对方场区站立，两脚开立略宽于肩，两膝微屈，上体略前倾，脚跟稍抬起，重心置于两脚前脚掌间；右手握拍柄，左手握着拍颈部位，持拍于体前；两眼注视对手或来球。

三、正手击球法

正手击球是网球运动中最主要的打法，也是最可靠的进攻性击球手段。

（一）动作要领

在准备姿势中判断来球后，即开始转动上体和肩，同时球拍后拉，重心移到靠后的脚上；向后拉拍时，球拍不要下垂，拍头应高于手腕；击球时，踏出前脚，重心前移，腰部转动带动手臂和球拍，向前挥拍击球，注意绷紧手腕、紧握球拍；击球后，球拍继续向前挥动至左肩前上方，完成挥拍跟球运动，如图 15-4 所示。

图 15-4　正手击球动作分解示意图

（二）练习方法

（1）挥拍练习，体会动作要领。

（2）自己抛球，待球落地弹起后击球练习。

（3）对墙击球练习。

（4）两人一组，一人送球，一人正手击球练习。

（5）两人正手击球对练，可进行斜线、直线练习。

（6）正手击球斜、直线结合练习。

四、反手击球法

（一）反拍上旋球

反拍上旋球的动作要领是：击球前将拍改为东方式反手握法；身体向左侧转，重心在后脚上；球拍后摆，拍头略低，击球时右脚向前跨，转腰带动上臂、前臂向前上方挥拍，手腕绷紧，握紧球拍，击球后继续向上做随挥动作，至右肩前上方。

（二）反抽下旋球

反抽下旋球的动作要领是：反抽下旋球时采用中国式握法；球拍后摆时拍头上翘起，击球时向前向下挥拍，拍面略仰，手腕绷紧，重心自后向前移；击球后手臂继续向前做随球动作，如图 15-5 所示。

图 15-5　反抽下旋球动作分解示意图

（三）双手反拍击球

双手反拍击球的动作要领是：双手反拍击球时右手用反拍握法，左手用正拍握法，转动身体向左后拉拍，拍略低于来球；击球时右脚跨步向前，重心前移，转腰带动双手挥拍向前向上，在腰部高度、膝部前击球；击球后随势挥拍至左肩前上方结束，如图 15-6 所示。

图 15-6　双手反拍击球动作分解示意图

（四）练习方法

（1）挥拍练习，体会动作要领。

（2）自己抛球落地弹起后击出。

（3）对墙击球。

（4）一人送球，另一人反拍击球。

（5）两人一组，反拍击球对练。

（6）各种线路的结合练习。

五、发球

发球是网球运动的一种主要技术，好的发球可直接得分或为争取主动创造条件。

（一）发球的基本要求

1. 正确的站位

在端线后两脚开立与肩同宽，前脚与端线成45°，身体侧对球网，重心在后脚上。

2. 持球与抛球

持球时，可手持两个球或一个球，用拇指和另外两三个手指的顶部拿着将要发的球；抛球时手臂向身体的右前上方直臂抬起，到肩部与头部之间位置时撒手将球推向空中，尽量使球垂直上抛，球落下时在身体前脚的右前方，不要在头顶上。

3. 引拍和击球

当抛球手向上时，握拍手也应该向后上方运动，为击球做好准备，如两手配合不协调时，可采用“计数”法。先把球和球拍都放在齐胸处，数“一”时双手往下放，数“二”时两手往上，但抛球手在前，持拍手放身后，数“三”时击球。击球的高度在身体和握拍手臂充分伸展时球拍的上部。

（二）切削发球

切削发球的动作要领是：采用反手握拍法，站在端线后7～10cm处，身体侧对球网；发球时将球和球拍置于与胸同高，抛球时球拍后引在背后，肘关节抬起，身体向后屈；当球拍从后向前上方挥动时，要加快手臂挥拍速度，同时身体充分伸展，并在最高点击球；击球瞬间手腕向前扣击，拍面从球的后部向前上擦击，使球产生旋转；击球后，球拍向前下左侧落下，重心前移，向前上步。

（三）平击发球

平击发球的动作要领是：平击发球时要尽可能地用力击球，其动作方法基本同切削发球，只是在击球的一刹那，拍面不绕球切削，而是正对球的后部用力击打；要充分利用身体、手臂的力量，以及身体重心向前的力量。

（四）发球的练习方法

（1）原地徒手做抛球、挥拍练习。

（2）持球手向上抛球练习。

（3）多球练习发球。

（4）不同落点的发球练习。

（5）不同力量和旋转的发球练习。

六、截击球

截击技术是单、双打比赛中网前取得成功的关键，是一项不可缺少的技术。

（一）正拍截击球

正拍截击球的动作要领是：准备时膝盖要弯曲，重心稍前，球拍在身前；采用中国式握拍法；击球前必须转动上体和肩部，带动球拍向后；击球时握紧球拍，绷紧手腕，在身体前面15～50cm处迎击球；拍头上翘，拍面稍向后仰，向前向下挥拍击球，如图15-7所示。

图 15-7　正拍截击球动作分解示意图

（二）反拍截击球

反拍截击球的动作要领是：击球前要转肩使上身和球飞来的路线成平行方向，同时球拍后摆至肩部，拍头向上；击球时拍向前做简短的撞击动作，在身体前面击球；拍触球时，手腕绷紧，握紧球拍，如图 15-8 所示。

图 15-8　反拍截击球动作分解示意图

（三）截击球的练习方法

（1）正、反拍截击球挥拍练习。

（2）对墙近距离击空中球。

（3）两人一组，在网前练截击球。

（4）两人一组，一人发球，一人在网前练习截击。

七、高压球

高压球是将对方挑出的防御性的高球凌空或落点弹起后向前下打出，绝大多数高压球可用正拍击球。

（一）动作要领

侧身对网，移动到球下落的稍后方；准备击球时在身前举起球拍，然后球拍后引至肩后；

击球时前臂将拍向下挥动，整个手臂伸直，触球时手腕用力下压，拍面向下。

（二）练习方法

（1）徒手挥拍练习。

（2）一人抛高球，另一人练习高压球。

（3）一人在底线挑高球，另一人练习高压球。

（4）不同落点的高压球练习。

八、挑高球

挑高球分防守性和进攻性两种。防守性挑高球是为了在双方焦灼时摆脱困境；进攻性挑高球是在对方上网时将球挑到对方后场较深处，使之被动或失误。

（一）动作要领

准备时将球拍做好充分的后摆；击球时向前上挥拍，打球的下部，手腕绷紧，挥拍动作要尽可能向前向上送出。

（二）练习方法

（1）徒手挥拍练习。

（2）自抛球挑高球练习。

（3）两人挑高球练习。

（4）一人挑高球，一人高压球或抽球练习。

第三节　网球基本战术

一、战术的指导思想

（一）“稳”字当头

比赛中要有耐心，击球要稳，不要滥用自己还不熟悉的打法或想一下把对方置于死地，因为这样打球所付出的比收获的多；一般击球落点在距边线 60cm 以内的区域。

（二）把球打深

无论进攻型或防守型的选手，都应遵循一个原则，即把球打深，使球的落点在离端线 60～90cm 处，以便自己有充裕的时间对回击作出反应，并能阻止对方上网，以及缩减对方回球的角度。

（三）争取上网截击

上网截击可以使自己的击球范围增大，让对方疲于应付或失误，同时提高了球速，使对方来不及调整位置接球。

二、单打战术

（一）发球上网

发球时发出质量较高的球，使对方的回球不至于力量太凶猛或落点太刁钻；同时，自己应果断地上网，移动到发球线与网之间，利于发挥速度和角度造成对方失误。如果机会不是很好，第一次截击可将球打深，落点为对方的弱侧，然后利用第二次截击得分。

（二）底线打法

底线打法首先要将球打深，使球落在端线前而不是发球线附近；同时，利用落点调动对方或抓住对方的弱点作为突破。在有机会的情况下即可上网截击。

（三）综合打法

根据对手的情况，采用不同的打法。如果对方频频上网，可采用挑高球迫使他退回去；如对方底线技术很好，可适当放一些小球诱使他上前，然后再用力将球打深来调动他。综合打法就是将底线和上网两种打法结合起来，根据场上情况随机应变。

三、双打战术

双打是业余网球比赛的主要项目。由于双打对体力要求较低，适合各种年龄层次的人参加。

（一）双打的站位

双打比赛一般是控制网前的队赢分，发球员和接球员都应做好击球后上网的准备。双打时一般让技术水平较高的选手站在左区，或者由正拍技术较好的选手站在右区，反拍技术较好的选手站在左区。发球和接发球时的站位一般是发球员站在中点与单打线的中间，发球员的同伴站在发球线和球网之间，可稍偏向单打边线些；接球员站在右区端线靠近单打线处，接球员的同伴站在发球线前边，略靠近中线。

（二）双打的配合

双打要求两名队员配合得像一个人，才能发挥出最高水平。比赛中，两人相互间的距离不能拉开 3.5m 以上，以利于并肩战斗。当同伴移动到自己区域截击时，自己应迅速补位；当同伴退到底线接高球时，自己也不应继续留在网前，而应后退，使两人处于最佳防守位置；当对方上网时，自己可以挑进攻性高球，迫使对方退回后场。

第四节　网球竞赛规则

一、选择权

（1）第一局比赛开始前以掷钱币的方法来决定选择权。

（2）选择发球或接发球，对方选择场区。

（3）选择场区，对方选择发球或接发球。

二、发球

发球员在发球前，应先站在端线后、中点和边线的假定延长线之间的区域里，然后用手将球向空中抛起，在球接触地面以前用球拍击球，为合法发球。若抛球后又决定不击球而将球用手接住，不算失误。

三、脚误

(1) 发球员在整个发球过程中，不得通过行走或跑动改变原来的位置，否则为脚误。如果发球员的两脚轻微移动而未变更原位，不算行走和跑动。

(2) 两脚只准站在端线后、中点和边线的假定延长线之间，不能触及其他区域。

四、发球员的位置

每局开始时，发球员应先从右区端线后发球，得一分后，应换到左区发球（双分时在右区，单分时在左区）。发出的球，应落在对角的对方发球区内或其周围的线上。

五、发球失误

(1) 发出的球，在落地前触及固定物（球网、中心带、网边白布除外）。

(2) 未击中球。

六、第二次发球

发球员第一次发球失误后应在原发球位置上进行第二次发球。

七、重发球

合法的发球触及球网、中心带、网边白布后仍落在对方发球区内，或发球触及球网、中心带、网边白布后，在落地前触及接球员身体或其穿戴物上时，则须重发球。

八、发球次序

一局比赛结束，接球员成为发球员，发球员成为接球员。以后每局结束，均依次交换。

九、交换场地

双方在每盘的单数局结束后，以及每盘结束双方局数之和为单数时交换场地。

十、发球员得分

发出的球在落地前触及接球员的身体或穿戴物。

十一、接球员失分

下列任何一种情况，均判失分：

(1) 在球第二次着地前未能还击过网。

(2) 还击的球触及对方场区界线以外的地面、固定物或其他物件。

(3) 还击空中球失败（场外空中球也算）。

(4) 比赛中故意用球拍拖带或接住球，或故意用球拍触球超过一次。

(5) “活球”期间，运动员的身体、球拍及其他任何物件触及球网、网柱等或对方场区。

(6) 来球尚未过网即在空中还击。

(7) 运动员球拍以外的任何部位触球。

(8) 抛拍击球。

十二、胜一局

运动员每胜1球得1分，先得4分胜一局，双方各得3分时为“平分”；“平分”后，一方先得1分时为该运动员占先；“占先”后再得1分，就胜一局，即净胜2分才算该局结束。

十三、胜一盘

（1）一方先胜六局为胜一盘。如果双方各胜五局时，一方必须净胜两局为胜一盘。

（2）当双方各胜六局时，可用平局决胜制来决定，即先得7分者胜该局及该盘。

第十六章　休闲时尚运动

第一节　拓展训练

一、拓展训练的概念

拓展训练是通过专门设计具有针对性和挑战性的课程，利用种种典型的场景和活动方式，让团队和个人经历一系列的考验，能够认识和发现真理、提升自我、熔炼团队的一种体验式学习方式。

拓展训练有别于一般聚会活动与旅游的全新的体验式户外运动，通过户外拓展训练，参训者对自身潜能的认识、战胜困难的毅力，以及人际交往、团队的融合各方面都会有显著的提高。

二、拓展的起源与发展

拓展来源于一个故事，第二次世界大战时大西洋上有很多船只由于受到攻击而沉没，绝大多数的船员不幸死去了，但仍有极少数的人在经历了长时间的磨难后得以生还。人们了解了这些生还下来的人的情况后，感到惊奇的是，这些生还下来的人多数是些年老体弱的人。经过一段时间的了解和调查研究，专家们终于找到了这个问题的答案：这些人之所以能活下来，关键在于这些人有良好的心理素质，当他们遇到灾难的时候，首先想到的是“我一定要活下去”，他们有一种强烈的求生欲望，而那些年轻的海员可能想得更多的是“这下我可能就完了，我不能活着回去了”。

当时有个德国人库尔特·汉恩提议，利用一些自然条件和人工设施，让那些年轻的海员做一些具有心理挑战的活动和项目，以训练和提高他们的心理素质。后来其好友劳伦斯在1942年成立了一所阿德伯威海上训练学校，以年轻海员为训练对象，这是拓展训练最早的雏形 。

第二次世界大战以后，在英国出现了一种叫“OUTWARD－BOUND”的管理培训。这种训练利用户外活动的形式，模拟真实管理情境，对管理者和企业家进行心理和管理两方面的培训。1970年，英国信托基金开始为拓展训练发展提供支持，后来拓展训练学校开始在世界范围内发展 。

1995年，拓展训练走进中国。1999年，清华大学率先将体验式培训引入到MBA、EMBA的教学体系中。随后北京大学光华管理学院、中欧国际工商学院、中山大学岭南学院、浙江大学、暨南大学等学校的MBA、EMBA教育中也纷纷把拓展训练作为指定课程内容。短短几年中，拓展培训业不断发展，备受推崇，逐渐被列入国家机关、高校、外企和其他现代化企业的培训日程。

三、拓展运动的特点

（一）先行后知

一改传统的授课学习形式，让学员“从做中学，参与者通过自己身体力行的活动来感受，并从中悟出道理。通过场景模拟、角色真实扮演、项目亲自操作，让每一位学员都置身其中，以集体的力量解决共同的课题，自省个人的不足，透过项目的成与败来完善自我、熔炼团队。

（二）量身定制

所有课程的内容设置均参考前期对参训企业大量的调研资料及科学分析数据，根据企业的培训需求、企业现状、调研数据，经项目小组论证分析，量身定制最终的训练课程，使其具有较强的针对性与指向性。

（三）寓教于乐

所有设计项目生动活泼，大胆创新，训练项目极富趣味性与挑战性，使学员身临其境，积极参与。小故事蕴含大智慧，小游戏阐述大道理，能够使队员在轻松、愉快的训练中受益多多。

（四）挑战极限

拓展训练的项目都具有一定的难度，表现在心理考验上，需要学员向自己的能力极限挑战，跨越“极限”。在克服困难，顺利完成课程要求以后，学员能够体会到发自内心的胜利感和自豪感，获得人生难得的高峰体验。

（五）集体精神

训练创造的交流环境自然和谐，促使学员敞开心扉，畅所欲言，双向沟通，平等互动，使学员不但能够在训练的过程中自我认知，更可借此与他人建立彼此信任、彼此支持的互赖关系。拓展训练实行分组活动，强调集体合作，力图使每一名学员竭尽全力为集体争取荣誉，同时从集体中吸取巨大的力量和信心，在集体中显示个性。

（六）自我提升

教员只是在课前把课程的内容、目的、要求以及必要的安全注意事项向学员讲清楚，活动中一般不进行讲述，也不参与讨论，充分尊重学员的主体地位和主观能动性。即使在课后的总结中，教员只是点到为止，主要让学员自己来讲，达到自我提升的目的。

四、拓展训练的学习流程

第一步：体验。此乃过程的开端，参加者投入一项活动，并以观察、表达和行动的形式进行，这种初始的体验是整个过程的基础。

第二步：分享和交流。有了体验以后，很重要的就是，参与者要与其他体验过或观察过相同活动的人分享他们的感受或观察结果。培训师根据每个参与者的情况顺势加以引导，帮助参与者总结出原则并归纳提取出精华，进而使参与者建立自己的体验和感悟。

第三步：提升和应用。策划如何将这些体验应用在工作及生活中，而应用本身也成为一种体验，有了新的体验，循环就开始了，因此，参与者可以不断进步。

五、拓展训练的分类

拓展训练项目很多种，下面从各个不同的方面来进行分类。

（一）根据体验的形式分类

根据体验的形式，可以将拓展项目分为个人项目和团队项目。在制订拓展训练计划时，个人项目和团队项目排列的顺序，以及两者的比例，将影响到培训效果的好坏。

1. 个人项目

个人项目主要是以个人的形式参加体验，是本着体能消耗最佳、心理挑战最大的原则设计，每项活动对受训者的心理承受力都是一次极大的考验。个人项目主要有高空断桥、高空单杠、缅甸桥、攀岩、速降等。

2. 团队项目

团队项目是以改善受训者的合作意识和受训集体的团队精神为目标，通过复杂而艰巨的活动项目，促进学员之间的相互信任、理解、默契和配合。因为拓展训练主要是以团队的方式来完成任务，所以拓展训练项目大多数都是团队项目，我们常见团队项目有信任背摔、电网、孤岛求生、盲人方阵、海难逃生等。

（二）根据环境场地分类

场地拓展训练是依赖一定的专业拓展场地，场地由高空训练组合架和一些地面设施组成。可以做的拓展项目主要包括：团队破冰、信任背摔、电网、高空断桥、高空单杠、天梯、团队桥、海难逃生等。现在专业场地的设施越来越完善，可以作的项目越来越多，有些已经可以承担部分水上项目。因此，在对拓展项目一级分类的基础上，对场地项目进行再次分类，将场地拓展项目分为空中项目、地面项目和水上项目。

1. 空中拓展项目

空中拓展项目主要是依托高空训练组合架操作的项目，主要是通过空中这种特殊的环境，对人的心理素质进行强化训练。同时让所有成员通过保护自己、协助伙伴的确保安全动作来加深自己的社会责任意识和群我关系。场地空中项目主要包括：高空断桥、高空单杠、高空“V”字桥、天梯、团队桥、缅甸桥、攀岩等。

2. 地面拓展项目

地面拓展项目包括，依赖地面设施的项目和不需要专门设施的项目。需要地面设施的项目是在地面上建一些小型的设施，主要有信任背摔、电网、孤岛求生、海难逃生等；需要地面设的项目对场地的要求很小，只要有一块相对比较宽阔的空地和简单的道具就可以，主要有解手链、数字传递、生日线、交通阻塞、齐眉棍、女皇圈、穿越 A4 纸、风火轮、蛟龙出海、巧解绳结等。因为这类项目不受场地的限制，而且操作简单，趣味性较强，因此，非常受拓展培训师的喜爱，常在制定拓展训练方案时作为调节性的项目出现。

3. 水上拓展项目

场地内的水上拓展项目主要依赖在场地内建的水上设施所做的项目。在炎热的夏天，能在水上嬉戏一番，是非常惬意的一件事情，成为众多参训学员的首选项目。但因为水域是建在场地内部，因此一般水域面积较小，能做的拓展项目也不多，主要有水上秋千、快乐桶、踏水无痕、水上钢丝、扎筏和泅渡等。

六、拓展运动实践项目简介

以下介绍的拓展运动项目必须在专业教师指导下进行 。

（一）空中拓展项目

1. 高空断桥（见图 16-1）

项目类型：个人项目。

项目描述：高空断桥是经典的拓展训练之一。在距离地面 8m 的高空搭起一座独木桥，而这个桥的中间却是断开的，间距 1.2～1.4m，要求所有参与者爬上 8m 的高空后，从一侧迈到另一侧，再从另一侧迈回来，最后原路返回。参与者要完成两次跨越高空断桥。

培训目的：

（1）自我突破，挑战自我，超越心理障碍，全力以赴，克服畏难情绪。

（2）自我说服与自我激励，并培养面对困难时的互助精神和团队意识。

（3）通过加油、鼓励、关注等认识到相互激励与关爱是一个优秀团队的必备因素。

图 16-1　高空断桥

2. 高空单杠（见图 16-2）

项目类型：个人项目。

项目描述：高空单杆项目是拓展项目中非常经典的一个，这是一项极具个人挑战性的项目，只有勇气、信心、毅力和智慧兼具的人才能顺利完成。它属于高空高难度项目，整个过程需独立完成。参与者在规定的时间内穿好安全装备，在有保护的情况下，由地面通过扶手爬到离地面 7～8m 的顶端圆盘上，并在圆盘上站稳，奋力向前跃出，用手去抓或者触摸高空单杆，不管是否抓住单杆，只要奋力跃出都视为成功，然后利用保护绳回到地面 。

图 16-2　高空单杠

训练目的：

(1) 突破自我，挑战自我，超越心理障碍，全力以赴，克服畏难情绪。

(2) 通过加油、鼓励、关注等认识到相互激励与关爱是一个优秀团队的必备因素 。

3. 天梯（见图 16-3）

项目描述：参与者在安全保护的情况下，相互支持和配合，从天梯的低端一直攀爬到最高端。

培训目的：

（1）培养群体决策和角色定位意识。

（2）学会在面对困难时，寻求解决问题的科学方法和合理利用人力资源 。

图 16-3　天梯

（3）理解阶段性实现目标对成功的重要性。

（二）地面拓展项目

1. 信任背摔（见图 16-4）

图 16-4　信任背摔

项目类型：个人心理挑战与团队合作项目 。

项目描述：依次站到 2m 的平台上，背向后倒在下面队员用胳膊交叉的网上。

培训目的：

(1) 培养队员挑战自我的信心和勇气。

(2) 增强责任感。

(3) 提高团队间的凝聚力。

2. 求生墙（见图 16-5）

图 16-5 求生墙

项目类型：团队合作项目。

项目描述：所有参与者相互支持和配合，全部攀登到 4m 高的墙顶。此项目又称为"感动墙"，当成功完成任务时，所有的人抱在一起相互安慰和祝福，感人的场面让所有在场的人都为之动容。

培训目的：

(1) 在热烈的气氛中感受团结一致、共渡难关的团队精神。

(2) 让学员亲身体验从小团队到大团队，从低效团队到高效团队的转变过程，相互配合，相互支持的团队精神和整体意识，形成从容有序的团队运作风格。

(3) 通过集体成功所带来的巨大喜悦，激发学员更多的信心和热情。

(4) 发掘员工在工作上的更多潜能，认识到团队的力量是来自不同特长的队员。

3. 电网求生（见图 16-6）

项目类型：团队合作项目。

项目描述：

(1) 网的有效范围：四条拉旗绳围成的四边形（上下左右演示）。

(2) 每个网洞只能使用 1 人/次。

(3) 只能从没有系绳节的网洞中穿越。在穿越电网的过程中，任何人（包括保护学员）身体的任何部位及其附属物（衣服、鞋子、头发等）都不能触网。否则，正在穿越电网的人必须退回原处，同时，这个网洞也将被封死并不再使用。

(4) 任何人不得绕过电网到另一侧帮忙。

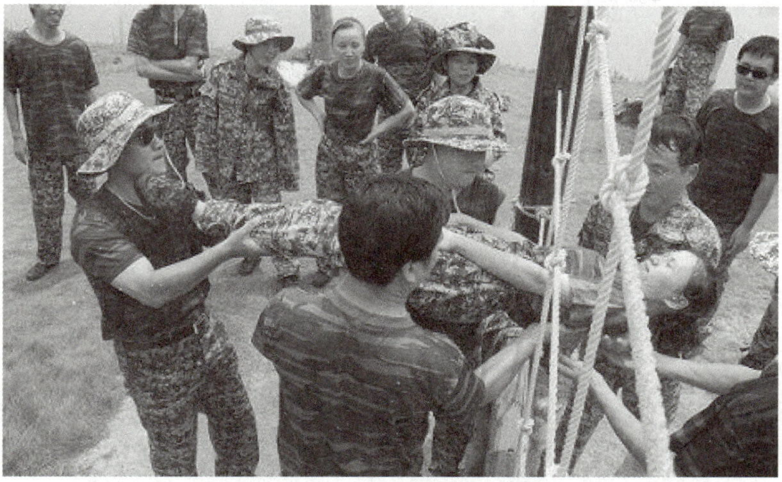

图 16-6　电网求生

（5）不允许做空翻、鱼跃等危险动作。

培训目的：

（1）提高心理健康水平和应对能力，培养团队协作意识。

（2）合理利用资源，学会倾听别人的意见和建议。

（3）正确地认识到自己的位置和领导者的位置。

4. 雷区取水（见图 16-7）

图 16-7　雷区取水

项目类型：团队合作项目。

项目描述：每个队员在规定的时间内按照团队商讨的方案到雷区去取一次水，取水队员和旁边队员在取水过程中不能触碰雷区地面，否则将视为阵亡。

培训目的：

（1）提高互助和协作能力，感受在特殊情况下完成任务的合作方式，锻炼分析、策划、操作能力 。

（2）学会各尽所能，群策群力寻找解决问题的科学方法，共同努力完成任务。

(3) 培养默默为团队奉献的精神。

5. 无敌风火轮（见图 16-8）

图 16-8 无敌风火轮

项目类型：团队合作项目。

项目描述：

(1) 所有队员占到始发点，然后为每队分发若干张报纸，并配备胶带和剪刀。

(2) 每队将报纸粘贴到一起，做成一个大纸圈（风火轮），风火轮必须要做得足够大，需要容纳本队队员站进去。

(3) 风火轮制作好后，每队的队员需要站到自己的风火轮上，向前移动，走过指定的距离。

(4) 游戏从制作风火轮开始，到最终驾驶风火轮到达终点结束，用时最少为胜利者（建议距离为 10m 以上）。在驾驶风火轮期间，如果风火轮裂开，则必须返回出发点，修补完后，重新出发。

培训目的：本游戏主要为培养学员团结一致、密切合作、克服困难的团队精神，培养计划、组织、协调能力，培养服从指挥、一丝不苟的工作态度，增强队员间的相互信任和理解。

6. 孤岛求生（见图 16-9）

图 16-9 孤岛求生

项目类型：团队合作项目。

项目描述：孤岛求生是将每队学员分成三组，分别安置在盲人岛（喻基层员工）、哑人岛（中层管理者）、健全人岛（高层决策者）。要求在规定时间内完成各自的任务并集合在一处安全的地方。

项目目的：此项目强调主动沟通、信息共享的重要性，尤其是说明了主管者运用资源和决策的重要性。

（三）水上拓展项目

1. 踏水无痕（见图 16-10）

项目类型：个人项目

项目描述：此项目由一连一个的漂浮木箱组成，队员需要快速从木箱上跑过去，不能停留在木箱上，否则必定落水。此项目成功的技巧是速度，快速跑过去没事，走过去必定掉水里。

项目目的：此项目主要考察队员的灵活、快速学习的能力和执行力。

图 16-10　踏水无痕

2. 扎筏泅渡（见图 16-11）

图 16-11　扎筏泅渡

项目类型：团队合作项目。

项目描述：小组全体成员在规定时间内，利用有限资源（塑料桶、绳子、竹竿）扎成一个足够结实的筏子，所有人坐在扎好的筏子上，在河流或大海中漂流一段时间，并划到目的地返回。集体动手创作出劳动成果，坚定目标，同心协力，驶向成功的彼岸，一定会带给你无尽的乐趣。

项目目的：培养团队解决问题的能力，要求学员共同策划、共同学习、统筹决策，使学员明确工作绩效的产出标准（包括安全性、实用性、经济性）；感受集体和个人利益的关系，使学员认识到集体的利益和个人利益息息相关；学会并懂得沟通的重要意义、掌握沟通技巧；正视自身的能力，学会在压力下调节心态，以达到最终的胜利。

第二节　定向运动

一、定向运动概述

定向运动起源于瑞典。19 世纪末 20 世纪初，欧洲北部斯堪的纳维亚半岛广阔而崎岖不平的土地上覆盖着一望无际的原始森林，散布着无数的湖泊。城镇和村庄稀疏散落，当地人们的交通主要是依靠双脚穿越那些隐现在林中、湖畔的弯弯曲曲的小路。生活在这样的地理环境中，人们理所当然地更需要地图和指北针，否则要想穿越那茫茫林海是十分艰难的。正因为如此，那些经常在斯堪的纳维亚半岛山林中行动的军队，便成了开展定向运动的先驱。他们深知，如果不具备在山林地辨别方向、选择道路和越野行进的能力，就不能完成保卫国家的使命。

定向运动本身作为一种体育项目开展是从 20 世纪初在北欧开始的。到 20 世纪 20 年代已在芬兰、挪威、瑞典、丹麦立足。1922 年，举行了第一次世界定向运动比赛。1950 年，挪威人（KnutVaistad）成功地绘制出了第一张定向彩色地图并于当年使用。1961 年，国际定向联合会（缩写为 IOF）在丹麦哥本哈根成立，并确定了一系列的比赛规则和技术规范。国际定向联合会是世界定向运动的行政实体，是国际体育联合会总会之一，现有成员国 63 个。1960 年，在芬兰举行了第一届世界定向锦标赛。1978 年的芬兰世界定向锦标赛上第一次使用国际标准的控制点说明。1995 年以后，世界各国逐渐深刻认识到定向运动在现代生活中的意义，所以定向运动的举办频次和规模越来越大。目前，定向运动也发展成为国际承认的奥林匹克体育项目之一。

二、定向运动器材

定向运动是一项利用一张详细精确的地图和一个指北针，依次逐一到达地图所示各个检查点，并在最短时间到达所有点标者为胜的运动。参与者需要较强的识别、使用地图的能力，要能够熟练使用指北针，快速选择移动方向的途径，细心判别点标器序号等。

（一）指北针

定向运动最重要的仪器就是人的大脑，而指北针是定向运动可使用的唯一合法帮助。发明于中国的指南针在定向中被称为指北针。与指南针不同的是，指北针红色的指针永远指北(见图 16-12)。

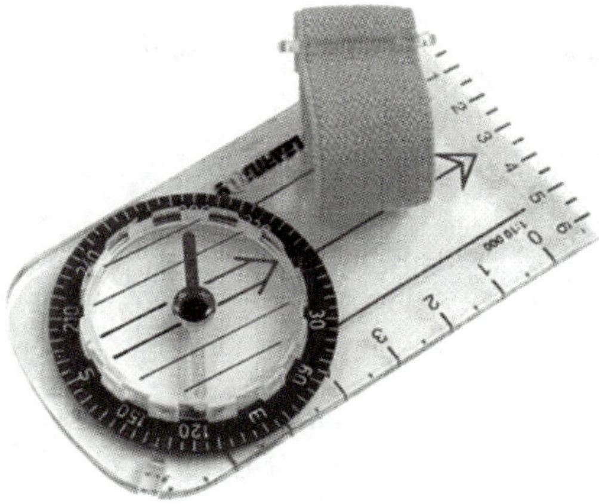

图 16-12　指北针

定向运动比赛中所用的指北针多由组织者提供，如果要求自备，则可能会对其性能、类型作出原则上的规定。当今世界上已出现的指北针类型主要有简单式、液池式、透明式、照准式、电子式等，如图 16-13 所示。

目前，国际上的定向越野比赛常使用由透明有机玻璃材料制作的指北针（有关该指北针的使用方法详见国际定向越野图与指北针的使用）。

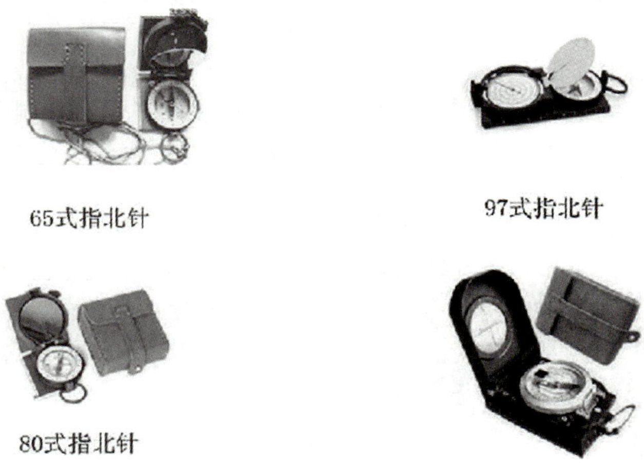

图 16-13　各类指北针

（二）地图

地图是地球表面从空中鸟瞰的简缩景。地图图廓，一般包括图名、指北线、比例尺注记、等高距注记和图例说明。地图是定向越野比赛中最重要的器材，其质量的好坏直接影响到运动员比赛的成绩，关系到比赛是否公正，因此国际定联专门为国际间定向越野比赛制定了《国际定向运动图制图规范》（*Drawing Specifications for International Orlenteering Maps*）。图 16-14 所示为 2008 年全国学校定向运动师资培训暨教学研讨班所用的定向越野地图。

（三）国际定向越野地图

地图幅面的大小是根据比赛区域的大小而确定的，赛区以外的情况不必表示；比例尺通常为1∶15 000或 1∶20 000，当需要时也可采用 1∶10 000 或 1∶25 000；等高距通常为 5m，当需要时也可采用 2～10m，但在一幅图上不得使用两种等高距；精度至少要使以正常速度奔跑的运动员没有任何不准确的感觉；内容表示的重点是详细表示与定向和越野跑直接相关的地

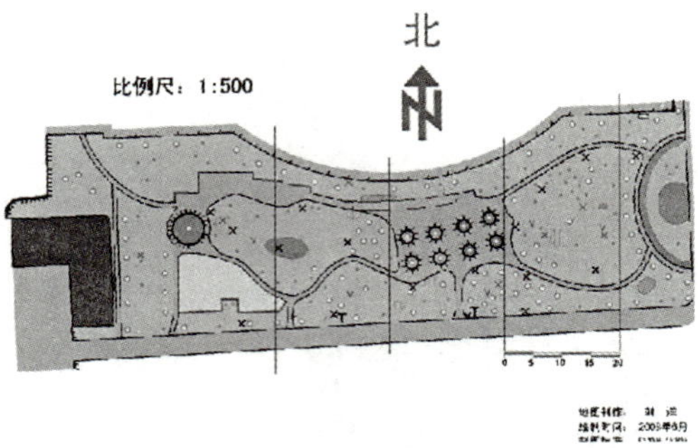

图 16-14　定向越野地图

物、地貌，并要利用颜色、符号等，详细区分通行的难易程度。

1. 地图上的比例尺

比例尺是地图必须标示的符号，是显示地表实际距离与地图显示之距离的比例相关性。地图上所标明的比例尺说明地图被缩小了的倍数。

比例尺 1∶1 000 说明地图上的 1cm 等于实际地形上的 1 000cm（10m）。通常地图的比例尺还有 1∶3 000，1∶4 000，1∶5 000，1∶10 000。

一般来讲，大多数森林定向图比例尺为 1∶10 000，大多数公园定向图比例尺为 1∶5 000 或1∶4 000；地图上表示高度的图例，左边坡陡峭，右边坡缓和。

2. 地图上的颜色

地图上的颜色及表示如下：

黑色——人造景观（建筑物、道路、小径）和岩石（大石头、悬崖峭壁）。

棕色——高线、等高线和符号（表示山丘和小坑）、沥青/砾石路（高速公路、主干道、宽行人道、篮球场等）。

蓝色——任何有水的地方（湖泊、溪流、泥沼）。

绿色——植被浓密而难通过的地区（绿色越深，越难通过）。

白色——普通的林区，易通过。

黄色——空旷地，易奔跑。

黄绿色——禁入私人区果园、花坛。

紫色——路线。

3. 地图上的符号

不同的颜色符号表示不同的地或物，例如三角形为起点，圆为个点标，双圆为终点，圆中三角为起点和终点重合（一般情况起点和终点离得不远），如图 16-15 所示。

（四）号码布

号码布的大小一般不超过 24cm×20cm，其号码数字的高不小于 12cm，而且字迹要清晰，字体要端正。

正规的比赛还要求将号码布佩戴于前胸及后背两处，如图 16-16 所示。

（五）检查卡片

检查卡片主要用于判定运动员的成绩，用厚纸片制成，分为主卡和副卡两部分。主卡由运动员在比赛中携带，并将每个检查点的点签图案印在空格中，到达终点时交裁判人员验证。副卡在出发前交工作人员留底和公布成绩时使用。检查卡片的尺寸一般为 21cm。现在大型比赛大多不用检查卡片了，也就是备用，一般都是电脑控制显示的，小型比赛用得多或主要使用（见图 16-17）。

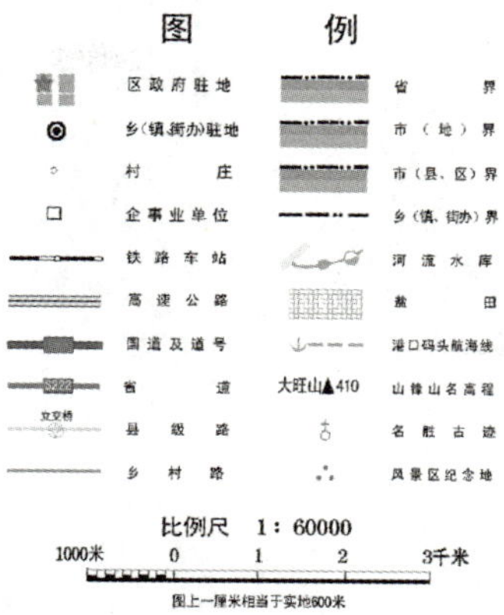

图 16-15 地图上的图例

图 16-16 正规比赛的号码布

图 16-17 检查卡片

（六）检查点标志

检查点用于检验运动员是否按规定跑完全程，为此应设置专门的标志。检查点均在地图上准确地表示出来。检查点标志是由三面标志旗连接组成的，每面正方形标志旗沿对角线分开，左上为白色，右下为红色，旗的尺寸为 30cm×30cm，可以用硬纸壳、胶合板、金属板、布等材料制作。标志旗通常要编上代号（国际上过去曾使用数字做代号，现已规定使用英文字母），以便于选手在比赛时根据旗上的代号来判断他是否找到了正确的检查点。检查点标志和标志旗如图 16-18 所示。

运动专用点标志旗均采用防雨布料和不锈钢支架以及高密度的织带挂绳，这样才能符合国际标准，并且不怕风吹、日晒、雨淋，不褪色，不生锈。

（七）点签（点标器、打卡器）

点签是与检查点配合使用的，即提供给运动员一个到达位置的凭据。点签的样式很多，但最常见的还是钳式和电子点标器。检查钳是用弹性材料制成，顶端装有钢针，钢针的不间排列，使检查钳可以印出不同的图案痕。现在大型比赛多用电脑控制的电子点标器与指卡配合使用，一般电子打卡器出现问题时才起用机械点签，如图 16-19 和图 16-20 所示。

图 16-18 检查点标志旗和标志

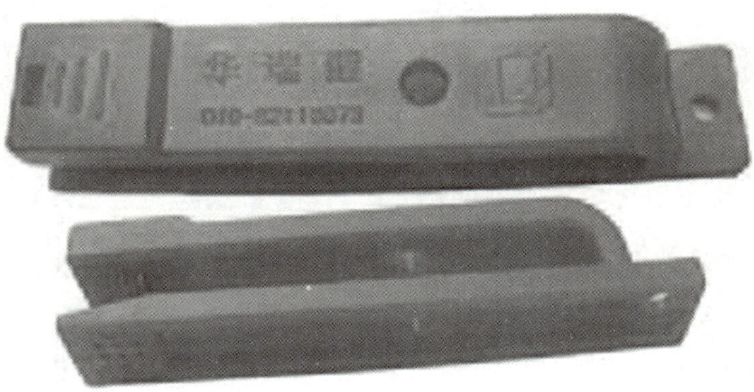

图 16-19 机械点签

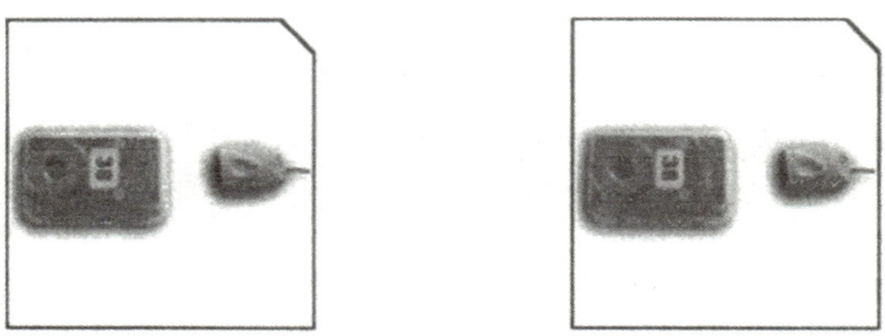

图 16-20 电子指卡

（八）服装

定向越野比赛对运动员的服装都没有特殊的要求。根据经验，运动员对服装的选择应该注意以下两点：一是衣裤应紧身而又不影响呼吸与运动。为了防止树枝刮伤和害虫侵袭，最好穿面料结实的长袖衣和长裤，甚至使用护腿。二是鞋应轻便、柔软而又结实。为了便于上下陡坡、踩光滑的树叶或走泥泞地，鞋底的花纹最好是高凸深凹的，以加大与地面的摩擦。

（九）打印机

打印机如图 16-21 所示。

图 16-21　全套设备和打印机

（十）红外通信

控制站使用红外线与 PC 通信，把红外线收发器与 PC 串口连接，收发器窗口与控制站“CHINAHEALTH”标签侧面（控制点的红外线收发窗口就在标签的下面朝前）正对，间距 5～30cm，启动控制站及管理软件后，连接便自动建立。红外通信设备如图 16-22 所示。

红外通信设备中的 CH 软件（包括个人赛、接力赛、积分赛、无线电测向软件）主要作用如下：

（1）赛事管理（新建赛事、备份赛事等）；

（2）组织管理（选手检查等）；

（3）路线管理（设置检查点、路线分配等）；

（4）出发时刻（规划出发时刻等）；

（5）CH 卡管理（清卡、鉴别 CH 卡、设置特殊功能密码）；

（6）点签器管理（设置训练和竞赛两种模式、校对点签器时间、电池电量指示）；

（7）报表（打印输出、成绩统计等）。

图 16-22　红外通信设备

三、定向越野所需技能

（一）定向越野选手的技能

定向越野选手应具备以下技能：

（1）在野外能够迅速地辨别方向；

（2）能熟练地使用地图和指北针；

（3）善于进行长距离的越野跑；

（4）既果断又细心；

（5）能够迅速选择最佳的行进路线；

（6）在任何情况下，运动员的辨别方向和使用地图的能力始终都是最基本的。

（二）地图的识别和定向

首先，看图上的颜色代表的区域标志和地图的图例来判别实物，查看地图的比例尺、等高距，然后在脑中勾画大概的距离，找出标明地图的指北方向标志。

其次，看自己所在地图的大概方位，如由出发点及标志，出发点边缘的明显道路、标志等来确定自己的位置。

最后，在地图上找出大的容易辨别的图案和标志与地球上的实物相吻合，如山体、道路、湖泊、草坪等给地图实物定位；找出自己要去的方向，选择经过的道路明显标志物；给地图定向，将地图与指北针放水平状态，转动地图直到地图上的指北线与指北针红色针平行，图即被定向，如图 16-23 所示。

1. 使用指北针给地图定向

将左手上的指北针放平，使红色的指针与地图上红色指北图标平行或重合。计算判断要去目的地的大概距离，并选择容易的路径。不断地查看主要实物和地图对照，以便明白自己目前的地点。如果失去方向感，即刻再用指北针判方位。地图上连接两个点标间的直线方向就是要去的方向，再选择最佳路径。如果地图上没有连接两点间的直线，可以用指北针上的蓝色箭头指向要去的方向，转动自己，使红指针与红标志重合，蓝色箭头就是要去的方向。手表式指北针如图 16-24 所示。

图 16-23　指北针与地图上的指北线平行

图 16-24　手表式指北针

2. 识别辅助小图标

地图上黏附的小图标是具体的点标和方位标志。因此，大方位跑到后应迅速识别具体的辅助图，以便很快会找到点标器，否则会很费劲或原地打转，这能让人紧张或丧失斗志。

3. 计算和分析实际距离

根据比例尺和地图上量得的距离计算出陆地上的大概距离，因为许多人看距离太频繁而影响前进的速度，也有人只顾跑而偏离了目标，跑了冤枉距离。

4. 最佳路线的选择和节省运动体力

通常应选择体力消耗少、不容易迷失方向和位置的路线、选择不浪费时间的地段通过，虽然这样有时候耗体力，但容易通过的道路也是好的选择，因而应根据自己的体力来决定。最佳路线的选择应坚持以下几个原则：

（1）有道路、少越野，以防迷路耽误时间和艰难的道路消耗体力。

（2）选近路不选远路，如果路况地形不险恶，且容易判断方向和通过，应选择省时间和距离的路途。

（3）浏览全图，提前绕难以通行的物体，如湖、河流等。

（4）走高处不走低洼地，因为高的地方不容易迷路，看的范围较大，利于路线和方向的选择。

（5）看到点标后要迅速打点标和离开，因为这样既节省时间，也不会为其他对手指明地点。

（6）没有障碍和难度的地段要快速移动，以争取时间。

（三）野外运动需要的技术

学会选择路径，因为一般情况下右边的路线容易些，中间路线难度大、费体力和时间；地图的正上方往往是指北方，那么正下方就是指南方，且左西、右东；等高线越紧密，其坡度越陡；等高线越稀疏，其坡度越缓和，如图 16-25 所示。最简单的方法就是找到大而明显特征的地物做标志，如建筑物、道路、湖泊等。另外，还需要具有顽强的心理能力和野外跑步的体能，以及认真、严谨的态度。

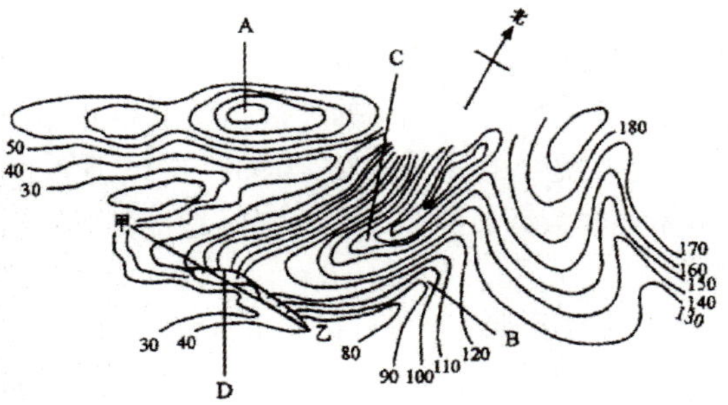

图 16-25　地图上的等高线

四、定向运动的比赛程序

（一）大会集合处

运动员在比赛前被带到赛区的报到处，领取参赛号码布和指卡等，在会场内可查阅参赛队员的出发时间或有关该次比赛的资料。

（二）指定出发区

参赛队员要在出发前十分钟到达出发区，通常出发区距离会场数分钟的路程，参赛队员须依从赛会指引，合适时间前往，免迟到。如因个人延误迟到，所损失的时间将不获补偿。

（三）进行比赛

在个人赛中，各组的运动员一般每隔两分钟或若干分钟出发一队。出发后参赛队员必须离开出发方格，以免阻碍其他运动员出发；必须寻找到所需到访的控制点然后返回终点报到。

（四）终点处

参赛队员通过跑道、越过计时器后，计时员会把他到达的时间记录下来，然后在地图收集处交回地图及指卡。参赛队员返抵终点后，须迅速离开，以免妨碍后来到达的运动员。

（五）重返会场

参赛队员可以从布告板上查阅比赛成绩及在稍后时间取回比赛图留念。如有投诉，须于成绩公布后 5min 内提出，颁奖后，可各自离场。

第三节　体育舞蹈

一、体育舞蹈概述

体育舞蹈也称竞技体育舞蹈、国际标准舞等，起源于欧洲、非洲、美洲，具有悠久的历史。由于体育舞蹈融音乐、舞蹈、运动、审美为一体，既有丰富的艺术内涵，又具有较高的竞技价值，所以在西方国家被看作是一种陶冶情操和锻炼体魄的极好形式，被认为是真正的艺术。19 世纪 20 年代后，英国皇家舞蹈教师协会对原舞种、舞步、舞姿等进行规范整理，制定相应的比赛方法，形成国际标准交谊舞，并于 1947 年在德国柏林举行了第 1 届世界标准交谊舞锦标赛。第 27 届奥运会已将体育舞蹈列为表演项目。

我国自 1986 年正式引进体育舞蹈后，至今只有 33 年的历史，但发展很快，已为国际所关注。目前，国内正规的体育舞蹈协会有中国体育舞蹈运动协会、中国国际标准舞学会和中国国际标准舞协会。中国体育舞蹈运动协会于 1991 年成立；中国国际标准舞学会于 1993 年成立，成立的同时文化部举办了第一届全国国际标准舞汇演，从此每年举办一届。从 1998 年开始，国标舞被列入中国文化部“荷花奖”的评奖单项。1999 年 10 月，世界舞蹈与舞蹈运动总会 WD&DSC 分别接纳了中国体育舞蹈运动协会、中国国际标准舞学会、中国国际标准舞协会为世界舞蹈总会的“提名会员”。

体育舞蹈作为一项高贵优雅的运动，不但可以调节现代人的生活节奏、愉悦身心和良好的社交功能，还代表着一个国家、地区的文化和经济发展水平，为世界各国竞相提倡，风靡全球。在我国，一些大中城市的体育舞蹈事业发展迅猛，而且参加的人群也日趋年轻化。

二、体育舞蹈的基本知识

（一）体育舞蹈的分类

体育舞蹈按舞蹈风格和技术结构，分为现代舞（摩登舞）和拉丁舞两大类。现代舞起源于欧洲，包括华尔兹、探戈、狐步舞、快步舞、维也纳华尔兹 5 种；拉丁舞起源于非洲和拉丁美洲，包括桑巴、恰恰恰、伦巴、斗牛舞、牛仔舞 5 种。体育舞蹈按竞赛项目可分成 3 类，即现代舞、拉丁舞和团体舞。团体舞是现代舞和拉丁舞的混合舞，由 8 对选手组成，借助音乐引导，将 5 种舞蹈在变幻的队形中编织出丰富多彩的图案，使音乐、舞姿、队形、图案和选手们的和谐配合融为一体，使体育舞蹈风格得到更为鲜明的表现。

（二）体育舞蹈的基本术语

1. 舞程线

舞程线简称 L. O. D，指在同一舞池中，为了避免舞者相互碰撞而规定必须按逆时针方向行进的路线。在舞程线中，长的两条称为 A 线，短的两条称为 B 线。

2. 舞姿

舞姿泛指舞者跳舞的姿势，主要有以下 6 种。

（1）闭握式舞姿，泛指男女舞伴面对双手扶握的身体位置。

（2）侧行位舞姿，简称 P. P，是指男伴的右侧与女伴左侧身体紧密贴靠，身体的另一侧略向外展开成“V”形站立或行进的身体位置。

（3）外侧位舞姿，简称 O. P，是指在摩登舞中，男女舞伴的一方向另一方的右外侧（常见）或左外侧（较少见）前进所形成的身体位置。

（4）并肩位舞姿，是指在拉丁舞中，男女舞伴面对同一方向肩臂相并的身体位置。以男伴为基准，男伴左肩与女伴右肩相并叫“左并肩位”，男伴右肩与女伴左肩相并叫“右并肩位”。

（5）影子位舞姿，是指男女舞伴面向同一方向重叠面立、形影相随的身体位置。女伴居前偏右的是右影位，居前偏左的是左影位。可以成单手握持的舞姿，也可以成双手环绕相拉的舞姿，如图 16-26 所示。

（6）扇形位舞姿，是指在伦巴和恰恰舞中，女伴在男伴的左侧与男伴成直角、女伴的右手在男伴的左手中的身体位置，如图 16-27 所示。

图 16-26　右影子位舞姿

图 16-27　扇形位舞姿

（三）角度与方位

1. 旋转的角度

旋转角度在方向上分为左转和右转，在角度上由小到大分为 45°（1/8 周）、90°（1/4 周）、135°（3/8 周）、180°（1/2 周）、225°（5/8 周）、270°（3/4 周）、315°（7/8 周）、360°（1 周），如图 16-28 所示。

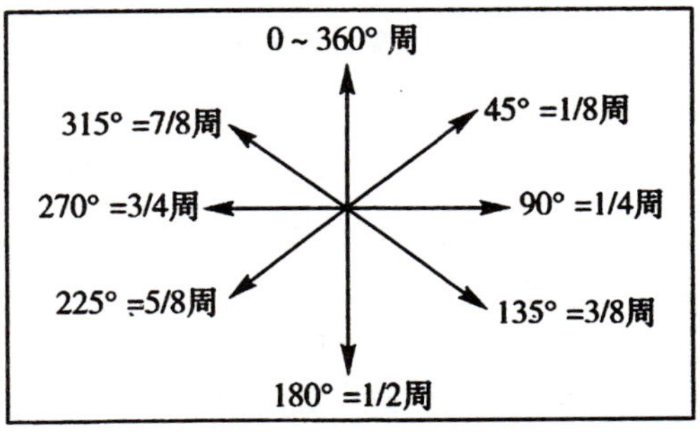

图 16-28　旋转角度图

2. 方位

方位的规定，大多假定男伴站立舞池中央，面向乐队，而以乐队演奏台中心为基准，定为“1 点”，然后将男伴每右转 45°所向的一点，依次定为“2 点”“3 点”“4 点”“5 点”“6 点”“7 点”“8 点”，如图 16-29 所示。

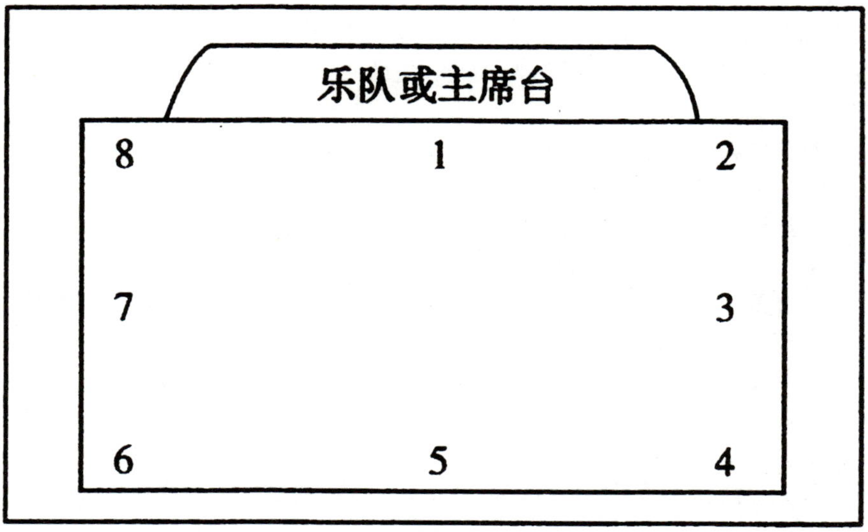

图 16-29　方位图

跳国标舞时，舞者按舞程线行进或旋转，其角度和方位的变化与舞程线发生联系。因此，国标舞男伴面对舞程线方向为基准，对舞步的行进方向规定了 8 条线，如图 16-30 所示：

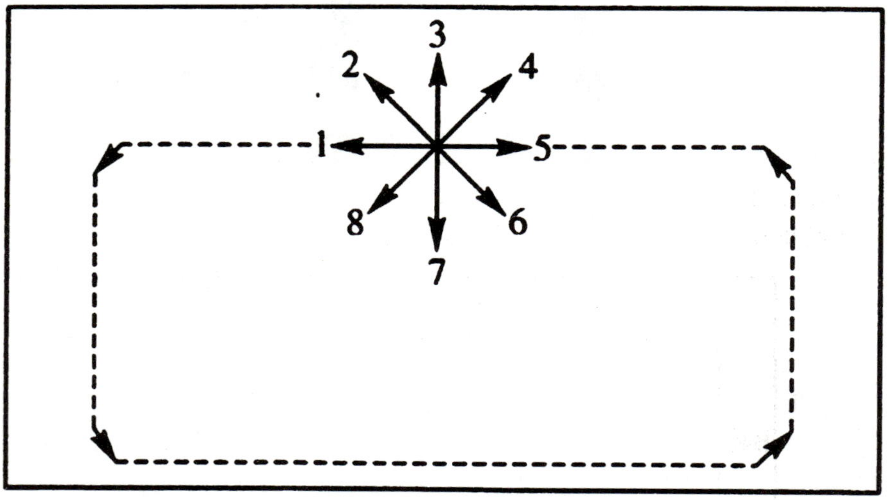

图 16-30　舞步行进方向图

（1）面对舞程线；
（2）面斜壁线；
（3）面对壁线；
（4）背斜中央线；
（5）背对舞程线；
（6）背斜壁线；

（7）面对中央线；

（8）面斜中央线。

3. 舞步的方位

如图 16-31 所示，舞步的方位分为以下 8 种：

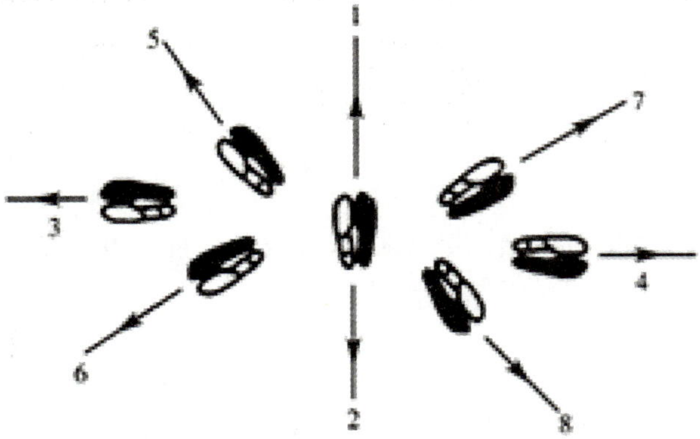

图 16-31　舞步方位图

（1）面向舞程线；

（2）背向舞程线；

（3）面向中央；

（4）面向墙壁；

（5）面向斜中央；

（6）背向斜墙壁；

（7）面向斜墙壁；

（8）背向斜中央。

（四）比赛场地

国际标准舞比赛是在室内进行的。比赛场地是有一定规格的，一般赛场地面应平整光滑，场地的面积为 15m×23m。A 线长为 23m，B 线长为 15m，如图 16-32 所示。跳完 A 线再跳 B 线，再依次转入 A 线和 B 线一周，在比赛规定的乐曲中跳完比赛舞蹈。拉丁舞没有 A、B 线的规定。

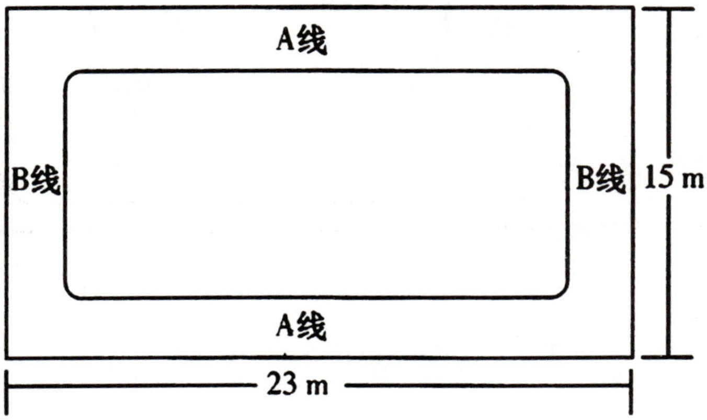

图 16-32　比赛场地图

三、体育舞蹈的基本技术

舞蹈和音乐是不可分割的关系，因为音乐和舞蹈都在表达同一个进程。音乐的时间单位是音调和节奏，舞蹈则是姿势和动作，它们都属于“动”的艺术，都靠节奏和节拍来组织，又都受不可停止的进程所制约。音乐是舞蹈的声音，舞蹈是音乐的形象，它们是一对互补的艺术，因此学习体育舞蹈，必须了解体育舞蹈的音乐特点，掌握其持握姿势及基本舞步。

下面介绍华尔兹、伦巴、恰恰恰三个舞种的基本技术。

（一）华尔兹的基本技术

1. 华尔兹的音乐特点

华尔兹的音节是 3/4 拍，其强拍落在每小节音乐的第 1 拍；其速度为 30 小节/分；其基本节奏为 123，223……每小节 3 拍，长度相等。

2. 华尔兹的握抱舞姿

以闭式舞姿为例，男、女舞伴面向直立，两脚平行并拢；男女右脚在舞伴的两脚之间，挺胸立腰，收腹提臀，两膝自然放松，如图 16-33 所示；女伴右手轻挂在虎口向上的男件左手虎口上，掌心相对而握，前臂与大臂夹角为 135°左右，高与女伴右耳峰水平相平，如图 16-34 所示；男伴右手五指并拢，轻置女伴左肩胛骨下端；女伴左手轻置男伴右肩袖处，前臂附于男伴大臂；男女舞伴右腹部 1/2 微贴；男伴头部自然挺直，女伴头部略向左倾，都从对方右肩方向看出，如图 16-35 所示。

图 16-33　闭式舞姿动作 1

图 16-34　闭式舞姿动作 2

图 16-35　闭式舞姿动作 3

3. 华尔兹的基本舞步

(1) 前进并换步，如图 16-36—图 16-41 所示。

图 16-36　前进并换步第 1 步

图 16-37　前进并换步第 2 步

图 16-38　前进并换步第 3 步

图 16-39　前进并换步第 4 步

图 16-40 前进并换步第 5 步

图 16-41 前进并换步第 6 步

1）男左脚前进，女右脚后退；
2）男右脚经左脚横步，女左脚经右脚横步；
3）男左脚并于右脚，女右脚并于左脚；
4）男右脚前进，女左脚后退；
5）男左脚经右脚横步，女右脚经左脚横步；
6）男右脚并于左脚，女左脚并于右脚。
男女足迹如图 16-42 和图 16-43 所示。
（2）后退并换步，如图 16-44—图 16-49 所示。
1）男右脚后退，女左脚前进；
2）男左脚经右脚横步，女右脚经左脚横步；
3）男右脚并于左脚，女左脚并于右脚；
4）男左脚后退，女右脚前进；
5）男右脚经左脚横步，女左脚经右脚横步；
6）男左脚并于右脚，女右脚并于左脚。

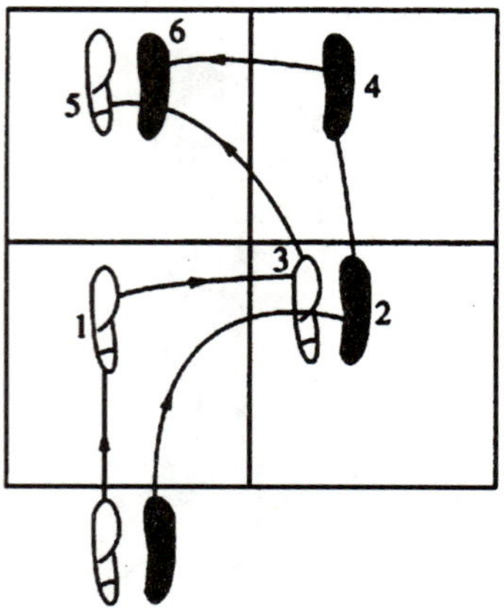

图 16-42 男足迹示意图

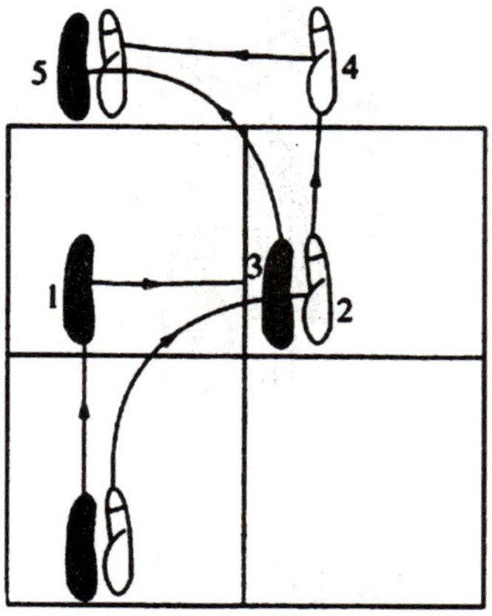

图 16-43 女足迹示意图

图 16-44　后退并换步第 1 步

图 16-45　后退并换步第 2 步

图 16-46　后退并换步第 3 步

图 16-47　后退并换步第 4 步

图 16-48　后退并换步第 5 步

图 16-49　后退并换步第 6 步

男女足迹如图 16-50 和图 16-51 所示。

(3) 左脚并换步：动作做法同前进并换步的前 3 步，只是起步的方位要面向斜墙壁起步。

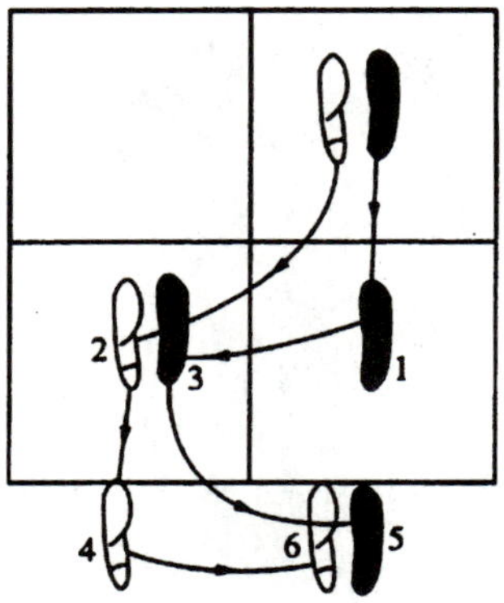

图 16-50　男足迹示意图

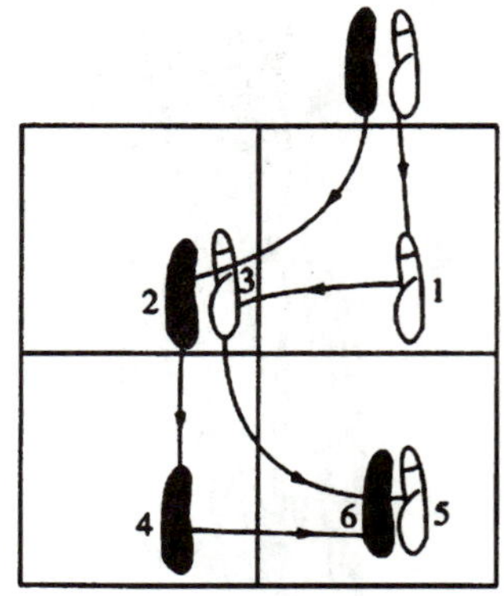

图 16-51　女足迹示意图

(4) 右转步，如图 16-52—图 16-57 所示。

1) 男右脚前进身体向右转动，女左脚后退身体向右转动；

2) 男左脚经右脚横步向右转 90°，女右脚经左脚横步向右转 45°；

3) 男右脚并于左脚身体右转 45°，女左脚并于右脚身体完成转动；

4) 男左脚后退身体右转，女右脚前进身体继续右转；

5) 男右脚经左脚横步，与前拍完成右转 135°，女左脚经右脚横步身体右转 90°；

6) 男左脚并于右脚，女右脚并于左脚，与前拍完成右转 45°。

图 16-52　右转步第 1 步

图 16-53　右转步第 2 步

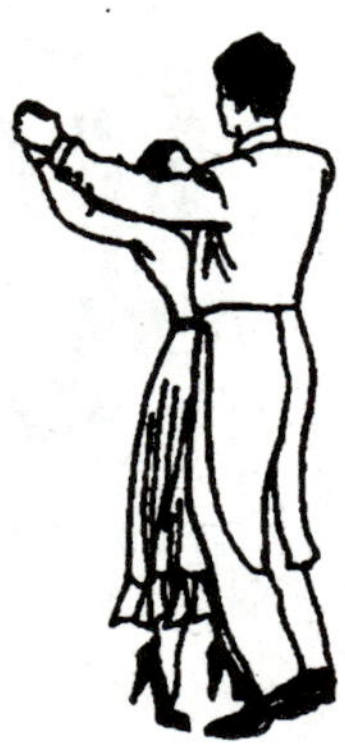

图 16-54　右转步第 3 步

图 16-55　右转步第 4 步

图 16-56　右转步第 5 步

图 16-57　右转步第 6 步

男女足迹如图 16-58 和图 16-59 所示。

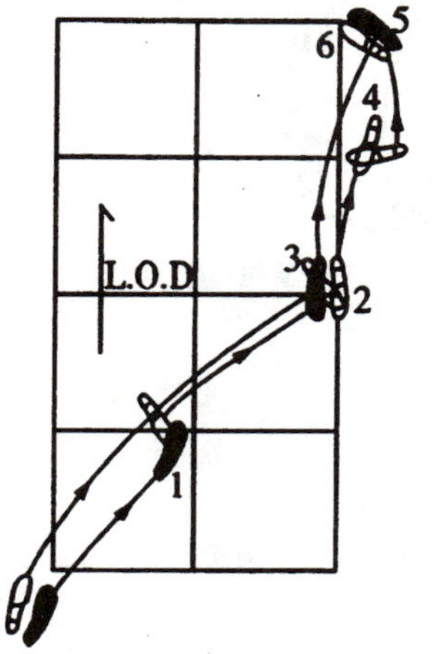

图 16-58　男足迹示意图

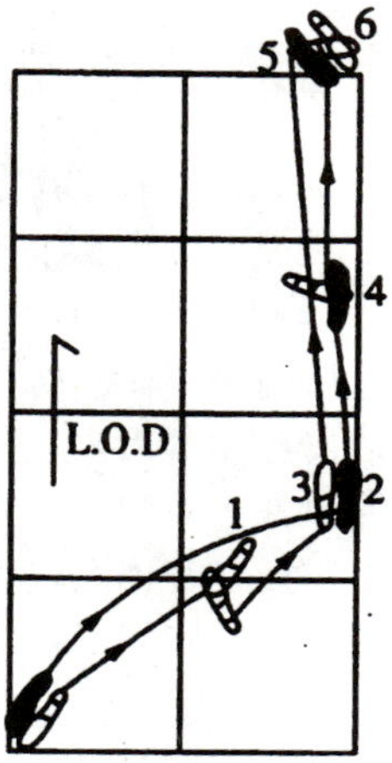

图 16-59　女足迹示意图

（5）右脚并换步：动作做法同后退并换步的前 3 步，只是方位要面向斜中央线起步。

（6）左转步，如图 16-60—图 16-65 所示：

图 16-60　左转步第 1 步

图 16-61　左转步第 2 步

图 16-62　左转步第 3 步

图 16-63　左转步第 4 步

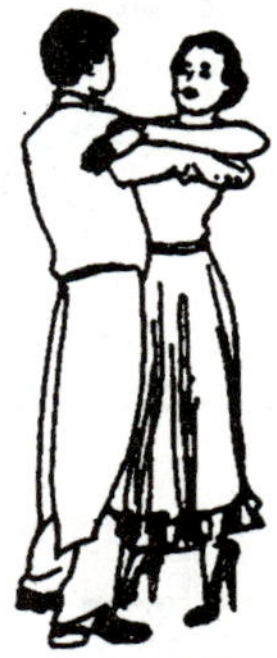

图 16-64　左转步第 5 步

图 16-65　左转步第 6 步

1）男左脚前进身体左转，女右脚后退身体左转。

2）男右脚经左脚横步，与前拍完成左转 90°；女左脚经右脚横步，与前拍完成左转 135°。

3）男左脚并于右脚，与前拍完成身体左转 45°；女右脚并于左脚。

4）男右脚后退身体左转，女左脚前进身体左转。

5）男左脚经右脚横步，与前拍完成身体左转 135°；女右脚经左脚横步，与前拍完成身体左转 90°。

6）男右脚并于左脚身体完成转动；女左脚并于右脚，与前拍完成身体左转 45°。

男女足迹如图 16-66 和图 16-67 所示。

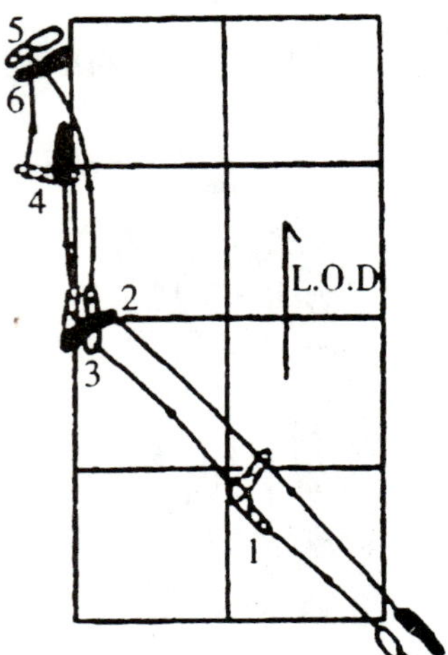

图 16-66　男足迹示意图

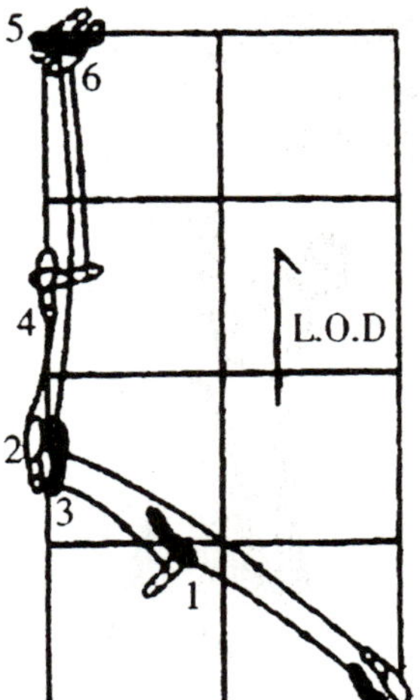

图 16-67　女足迹示意图

（7）叉形步，如图 16-68—图 16-70 所示。

1）男左脚前进，女右脚后退；

2）男左脚横步稍前，女左脚斜后退；

3）男左脚在右脚后交叉，女右脚在左脚后交叉。

图 16-68　叉形步第 1 步

图 16-69　叉形步第 2 步

图 16-70　叉形步第 3 步

男女足迹如图 16-71 和图 16-72 所示。

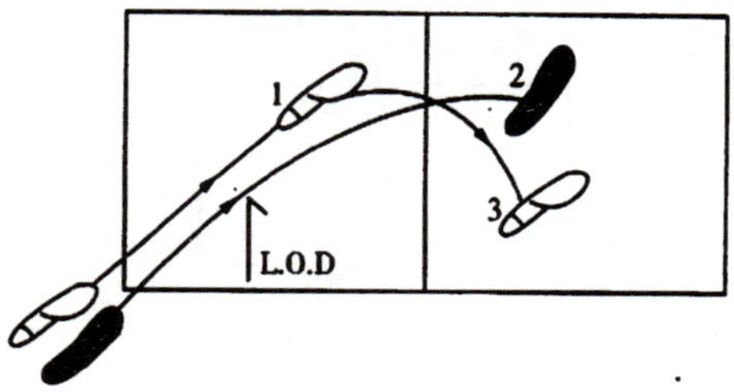

图 16-71　男足迹示意图

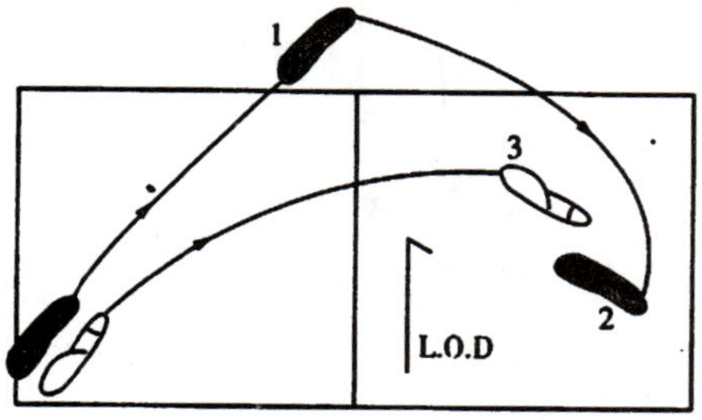

图 16-72　女足迹示意图

（8）侧行追步，如图 16-73—图 16-76 所示。

1）男右进交叉于反身位，女左进交叉于反身位，身体左转。

2）男左脚横步稍前；女右脚横步稍后，与前拍完成身体左转 45°。

3）男右脚并于左脚；女左脚并于右脚，与前拍完成身体左转 45°。

4）男左脚横步稍前，女右脚横步稍后。

图 16-73　侧行追步第 1 步

图 16-74　侧行追步第 2 步 A

图 16-75　侧行追步第 2 步 B

图 16-76　侧行追步第 3 步

男女足迹如图 16-77 和图 16-78 所示。

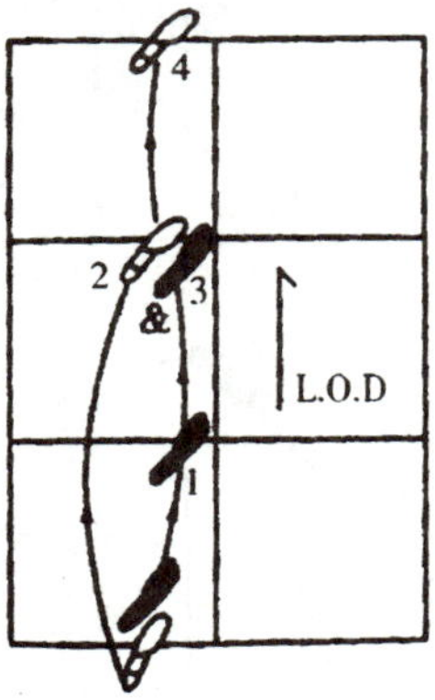

图 16-77　男足迹示意图

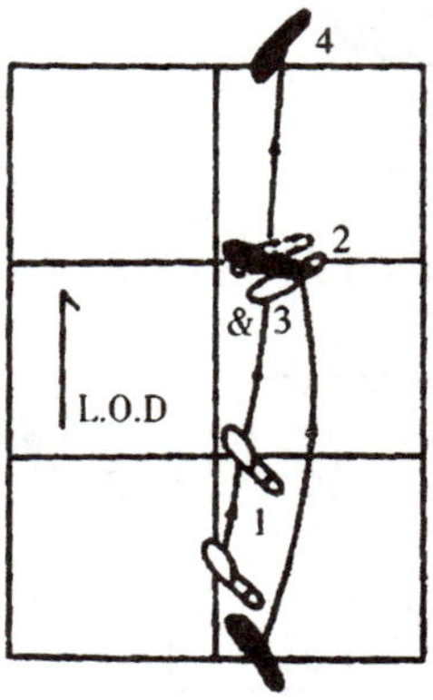

图 16-78　女足迹示意图

4. 华尔兹的套路练习

左足并换步—右转步—右足并换步—左转步—叉形步—追步侧行位—右旋转步—左转后 3 步。

（二）伦巴的基本技术

1. 音乐特点

（1）音节：4/4 拍。4 拍走 3 步，第 2 拍和第 3 拍各走 1 步，第 4 拍和第 1 拍共走 1 步。其强拍落在每小节音乐的第 4 拍，舞步要从音乐第 1 拍起跳。

（2）速度：27～29 小节/分。

2. 伦巴舞的握抱舞姿

头直立，身体自然站立，舞者面对面站立在相距舞伴约 15 厘米的位置；男伴的右手放在女伴的左肩胛骨上，女伴的左臂轻轻地放在男伴的右臂上面，顺着男伴手臂的弯曲，将手贴肩膀处；男伴的左手以文雅的弯曲姿势举到与眼睛水平的位置；女伴应将右手手指放到男伴的拇指与食指之间，两手应该轻轻相握。

3. 基本舞步

（1）基本步。舞步采用闭式位，身体的重心是男在右、女在左。该舞步共 6 步，音乐 2 小节。数拍：2，3，4&1；2，3，4&1，如图 16-79—图 16-84 所示。

图 16-79　基本步第 1 步

图 16-80　基本步第 2 步

图 16-81　基本步第 3 步

图 16-82　基本步第 4 步

图 16-83　基本步第 5 步

图 16-84　基本步第 6 步

1）第 1 小节：

●第 2 拍，男左脚向前，开始左转；女右脚后退，开始左转。

●第 3 拍，男重心回右脚，继续左转；女重心回左脚，继续左转。

●第 4&1 拍，男左脚向左侧稍后，第 1～3 步左转 1/8 周，之后继续左转 1/8（直到完成一个 1/4 转）；女右脚向右稍后，第 1～3 步左转 1/8 周，之后继续左转 1/8（直到完成一个 1/4 转）。

2）第 2 小节：

●第 2 拍，男右脚后退，继续左转；女左脚前进，继续左转。

●第 3 拍，男重心回左脚，继续左转；女重心回右脚，继续左转。

●第 4&1 拍，男右脚向右侧稍前，第 4～6 步左转 1/8 周，之后继续左转 1/8（直到完成一个 1/4 转）；女左脚向左稍后，第 4～6 步左转 1/8 周，之后继续左转 1/8（直到完成一个 1/4 转）。

（2）扇形步。扇形步采用闭式位，身体的重心是男在右、女在左。该舞步共 6 步，音乐 2

小节。数拍：2，3，4&1；2，3，4&1，如图 16-85—图 16-92 所示。

图 16-85　扇形步第 1 步

图 16-86　扇形步第 2 步

图 16-87　扇形步第 3 步 A

图 16-88　扇形步第 3 步 B

图 16-89　扇形步第 4 步

图 16-90　扇形步第 5 步

图 16-91　扇形步第 6 步 A

图 16-92　扇形步第 6 步 B

1）第 1 小节：

- 第 2 拍，男左脚向前，女右脚向后。
- 第 3 拍，男重心回到右脚，女重心回到左脚，开始男、女左转，1～3 步完成 1/8。

• 第 4&1 拍，男左脚向侧，女右脚向侧。

2）第 2 小节：

• 第 2 拍，男右脚向后，女左脚向前。

• 第 3 拍，男重心回到左脚，女右脚向后、稍右，男、女左转 4～6 步完成左转 1/4。

• 第 4&1 拍，男右脚向侧，女左脚向后。

（3）阿列曼娜步。阿列曼娜步采用扇形位，身体的重心是男在右、女在左。该舞步共 6 步，音乐 2 小节。数拍：2，3，4&1；2，3，4&1，如图 16-93—图 16-99 所示。

1）第 1 小节：

• 第 2 拍，男左脚向前，女右脚靠近左脚。

• 第 3 拍，男重心回到右脚，女左脚向前。

• 第 4&1 拍，男左脚靠近右脚，女右脚向前右转 1/8。

图 16-93　阿列曼娜第 1 步 A

图 16-94　阿列曼娜第 1 步 B

图 16-95　阿列曼娜第 2 步

图 16-96　阿列曼娜第 3 步

图 16-97　阿列曼娜第 4 步

图 16-98　阿列曼娜第 5 步

图 16-99　阿列曼娜第 6 步

2）第 2 小节：

• 第 2 拍，男右脚向后，女左脚向前，右转。

• 第 3 拍，男重心回到左脚，女右脚向前，继续右转。

• 第 4&1 拍，男右脚靠近左脚，女左脚向前，在第 3～6 步完成向右 1/4 转，结束于闭式位。

（4）曲棍球步。曲棍球步采用扇形位，身体的重心是男在右，女在左。该舞步共 6 步，音乐 2 小节，数拍：2，3，4&1；2，3，4&1，如图 16-100—图 16-107 所示。

1）第 1 小节：

• 第 2 拍，男左脚向前，女右脚靠近左脚。

• 第 3 拍，男重心回到右脚，女左脚向前。

• 第 4&1 拍，男左脚靠近右脚，女右脚向前。

2）第 2 小节：

• 第 2 拍，男右脚向后 4～6 步完成右转 1/8，女左脚向前 4～6 步完成左转 5/8。

图 16-100　曲棍球步第 1 步 A

图 16-101　曲棍球步第 1 步 B

图 16-102　曲棍球步第 2 步

图 16-103　曲棍球步第 3 步

图 16-104　曲棍球步第 4 步

图 16-105　曲棍球步第 5 步 A

图 16-106　曲棍球步第 5 步 B

图 16-107　曲棍球步第 6 步

• 第 3 拍，男重心回到左脚，女左脚向后稍侧。

• 第 4&1 拍，男右脚向前，女左脚后退。结束于开式位。

(5) 右分展位。右分展位采用闭式位，身体的重心是男在右、女在左。该舞步共 3 步，音乐 1 小节。数拍：2，3，4&1，如图 16-108—图 16-111 所示。

图 16-108　右分展位步准备姿势

图 16-109　右分展位步第 1 步

图 16-110　右分展位步第 2 步

图 16-111　右分展位步第 3 步

• 第 2 拍，男左脚向侧，稍右转，女右脚向后，左脚右转 1/2。

• 第 3 拍，男重心回到右脚开始左转，女重心回到左脚，2～3 步完成左转 1/2。

• 第 4&1 拍，男左脚靠近右脚，女右脚向侧。

（6）手接手。男女面对面，双手环握，重心男在右、女在左。该舞步共 6 步，音乐 2 小节。数拍：2，3，4&1；2，3，4&1。

1）第 1 小节：

• 第 2 拍，男左脚向后左转 1/4，女右脚向后右转 1/4。

• 第 3 拍，男重心回到右脚，女重心回到左脚。

• 第 4&1 拍，男右脚向后，2～3 步完成右转 1/4；女右脚向侧，2～3 步完成左转 1/4。

2）第 2 小节：

• 第 2 拍，男右脚向后右转 1/4，女左脚向后左转 1/4。

• 第 3 拍，男重心回到左脚，女重心回到右脚。

• 第 4&1 拍，男右脚向侧 5～6 步完成左转 1/4，女左脚向侧 5～6 步完成右转 1/4。

（7）右陀螺转步。右陀螺转步采用闭面位，身体的重心是男在左、开立，女在右（右脚在前，为重心脚）。该舞步共 9 步，音乐 3 小节。数拍：2，3，4&1；2，3，4&1；2，3，4&1，如图 16-112—图 16-115 所示。

图 16-112　右陀螺转步准备姿势

图 16-113　右陀螺转步第 1 步

图 16-114　右陀螺转步第 2 步

图 16-115　右陀螺转步第 9 步

• 第 2 拍，男右脚移至左脚后面，脚尖靠近左脚跟，并向外偏转，开始右转；女左脚到侧旁，开始右转。

• 第 3 拍，男左脚到侧旁，继续右转；女右脚到左脚前面，脚尖偏转向外，继续右转。

• 第 4&1，2，3；4&1，2，3 拍，重复第 2 和第 3 拍动作，继续右转，第 1～8 步过程中完成向右转两周。

第 4&1 拍，男右脚靠近左脚，女左脚到侧旁（出旁步），结束于闭面位。

(8) 定点转。面对开立，身体的重心是男右、女左。该舞步共 3 步，音乐 1 小节。数拍：2，3，4&1。

• 第 2 拍，男左脚向前左转 1/4，女右脚向前右转 1/4。

• 第 3 拍，男右脚向前左转 1/2，女左脚向前右转 1/2。

• 第 4&1 拍，男左脚向侧左转 1/4，女右脚向侧右转 1/4。

4. 伦巴的套路练习

伦巴的练习采用以下套路：基本步—扇形步＋曲棍球步—右陀螺转—闭式扭臀＋扇形步—臂下右转—纽约步＋定点转—臂下左转—螺旋转—扇形步。

（三）恰恰恰的基本技术

1. 恰恰恰的音乐特点

(1) 音节。4/4 拍，4 拍走 5 步，第 1、2、3 拍各走 1 步，第 4 拍走两步；强拍落在每小节音乐的第 1 拍，舞步要从音乐第 1 拍起跳。

(2) 速度。速度大约 30～32 小节/min。

2. 恰恰恰的握抱舞姿

恰恰恰的舞姿同伦巴的握抱舞姿。

3. 基本舞步

(1) 基本步。基本步采用闭式位，开立，身体的重心是男右、女左。该舞步共 10 步，音乐 2 小节。数拍：2，3，4&1；2，3，4&1，如图 16-116—图 16-126 所示。

1) 第 1 小节：

• 第 2 拍，男左脚前进，开始左转；女右脚后退，开始左转。

• 第 3 拍，男重心移回右脚，继续左转；女重心移回左脚，继续左转。

• 第 4&1 拍，男左脚移至侧旁并稍向后，跳快滑步左右左，继续转动，在第 1～5 步上完成向左 1/8 转（可以做到 1/4 转）；女右脚到侧旁，跳快滑步右左右，继续转，在第 1～5 步上完成向左 1/8 转（可以做到 1/4 转）。

图 16-116　基本步准备姿势

图 16-117　基本步第 1 步

图 16-118　基本步第 2 步

图 16-119　基本步第 3 步

图 16-120　基本步第 4 步（加）

图 16-121　基本步第 5 步（1）

图 16-122　基本步第 6 步（2）

图 16-123　基本步第 7 步（3）

图 16-124　基本步第 8 步（4）

图 16-125　基本步第 9 步（加）

图 16-126　基本步第 10 步（1）

2）第 2 小节：

• 第 2 拍，男右脚后退，继续左转；女左脚前进，继续左转。

• 第 3 拍，男重心移回左脚，继续左转；女重心移回右脚，继续左转。

• 第 4 加 1 拍，男右脚到侧旁，跳快滑步右左右，继续转，在第 6～10 步完成向左的 1/8 转（可以做到 1/4）；女左脚到侧旁，稍后，跳快滑步左右左，继续转动，在第 6～10 步向左 1/8 转（可以做到 1/4 转）。

（2）扇形步。闭式位开始，脚分开。身体的重心是男右、女左。该舞步共 10 步，音乐 2 小节。数拍：2，3，4&1；2，3，4&1，如图 16-127—图 16-132 所示。

1）第 1 小节：男同基本步的第 1～5 步，左右、左右左，在第 1～5 步上向左 1/8 转；女同基本步的第 1～5 步，右左、右左右，在第 1～5 步上向左 1/8 转。

2）第 2 小节：

• 第 2 拍，男右脚后退，不转；女左脚前进，开始左转。

图 16-127　扇形步第 5 步（1）

图 16-128　扇形步第 6 步（2）

图 16-129　扇形步第 7 步（3）

图 16-130　扇形步第 8 步（4）

图 16-131 扇形步第 9 步（加）

图 16-132 扇形步第 10 步（1）

• 第 3 拍，男重心移回左脚，不转；女右脚后退，稍后、侧旁。

• 第 4&1 拍，男右脚到侧旁，跳快滑步（右左右）；女左脚后退，跳快滑步（左右左）继续转，在第 6～10 步上向左 1/4 转。

（3）曲棍球步。曲棍球步采用扇形位，身体重心是男右、女左。该舞步共 10 步，音乐 2 小节。数拍：2，3，4&1；2，3，4&1，如图 16-133—图 16-143 所示。

图 16-133 曲棍球步第 1 步（2）

图 16-134 曲棍球步第 2 步（3）

图 16-135 曲棍球步第 3 步（4）

图 16-136 曲棍球步第 4 步（加）

图 16-137 曲棍球步第 5 步（1）

图 16-138 曲棍球步第 6 步（2）

图 16-139　曲棍球步第 7 步（3）A

图 16-140　曲棍球步第 7 步（3）B

图 16-141　曲棍球步第 8 步（4）

图 16-142　曲棍球步第 9 步（加）

图 16-143　曲棍球步第 10 步

1）第 1 小节：

• 第 2 拍，男左脚前进，不转；女右脚靠近左脚，不转。

• 第 3 拍，男重心回至右脚，不转；女左脚前进，不转。

• 第 4&1 拍，男左脚几乎靠近右脚，跳快滑步左右左，不转；女右脚前进，跳快滑步右左右，不转。

2）第 2 小节：

• 第 2 拍，男右脚后退，开始右转；女左脚前进，开始左转。

• 第 3 拍，男重心移向左脚，无转动；女右脚前进左转 1/2 周后，变为右脚在后，脚跟向侧旁。

• 第 4&1 拍，男右脚向前跳快滑步右左右，继续右转，在第 6～10 步上完成 1/8 转；女左脚后退，跳快滑步左右左，继续左转，在第 6～10 步上完成 5/8 转。

（4）右陀螺转步。右陀螺转步采用闭式位，男伴脚分开，身体的重心是男左、女右。该舞步共 15 步，音乐 3 小节。数拍：2，3，4&1；2，3，4&1；2，3，4&1，如图 16-144—图 16-150 所示。

图 16-144　右陀螺转准备姿势

图 16-145　右陀螺转第 1 步（2）

图 16-146　右陀螺转第 2 步（3）

图 16-147　右陀螺转第 3 步（4）

图 16-148　右陀螺转第 4 步（加）

图 16-149　右陀螺转第 5 步（1）

图 16-150　右陀螺转第 6 步（1）

1）第 1 步：第 2 拍，男右脚到左脚后面，脚尖对脚跟，脚尖转向外，身体开始右转；女左脚到侧旁，开始向右转。

2）第 2 步：第 3 拍，男左脚到侧旁，继续右转；女右脚到左脚前面，右脚尖转向外，继续向右转动。

3）第 3～14 步：数拍 4&1；2，3，4&1；2，3，4&1；……如图 16-144 至图 16-150 所示。男重复第 1 步和第 2 步 6 次，继续右转，在第 1～15 步间完成 $2\frac{1}{2}$转；女重复第 1 步和 2 步 6 次，继续右转，在第 1～15 步间完成向右 $2\frac{1}{2}$转。

4）第 15 步：第 1 拍，男右脚靠至左脚；女左脚到侧旁。

（5）手接手。手接手采用闭式位，男、女将两脚分开，身体的重心是男右、女左。该舞步共 10 步，音乐 2 小节。数拍：2，3，4&1；2，3，4&1。

1）第 1 小节：

• 第 2 拍，男左脚向后左转 1/4，女右脚向后右转 1/4。

• 第 3 拍，男重心回到右脚，第 2～3 步完成右转 1/4；女重心回到左脚，第 2～3 步完成左转 1/4。

• 第 4&1 拍，男左脚几乎靠近右脚，跳快滑步左右左，不转；女右脚几乎靠近左脚，跳快滑步右左右，不转。男重心在左脚，女重心在右脚。

2）第 2 小节：

• 第 2 拍，男右脚向后右转 1/4，女左脚向后左转 1/4。

• 第 3 拍，男重心回到左脚，第 5～6 步完成左转 1/4；女重心回到右脚，第 5～6 步完成右转 1/4。

• 第 4&1 拍，男右脚几乎靠近左脚，跳快滑步右左右，不转；女左脚几乎靠近右脚，跳快滑步左右左，不转。男重心在右脚，女重心在左脚。

4. 恰恰恰的套路练习

恰恰恰采用以下练习套路：基本步＋左旁点步—扇形步—曲棍球步—前进连锁步＋后退连锁步—定点转（左）—手接手＋臂下左转＋臂下右转＋扇形步—曲棍球步。

第四节　形体运动

一、形体运动概述

形体运动是以身体练习为基本手段，匀称和谐地发展人体、塑造体型，培养正确优美的姿态和动作，增强体质，促进人体形态健美发展的一项体育运动。本章通过形体训练的学习，使学生掌握形体训练的方法并养成自觉锻炼的习惯，从而塑造良好的体态、健美的身材和强健的体魄。

（一）形体运动的内容

形体运动是以塑造形体美为主的一项运动。形体美的内容很广泛，主要包括体型美、姿态美和动作美等。因此，形体美也必须选择多种内容，运用多种方法。

体型美是指人体的外观形状，通常采用力量练习和有氧练习。力量练习的目的是为了发达肌肉，一般多采用健身健美器械进行锻炼，通过科学的力量练习来协调地发达肌肉，可塑造健美的人体，通常男子形体锻炼多采用此练习。有氧练习的目的是消耗能量，一般多采用长跑、健美操等形式进行锻炼；有氧练习每次必须持续 30min 以上才会收到良好的效果，通常女子形体锻炼多采用此练习。

姿态美是指人坐、立、行的身体形态。要使形体姿态美，脊柱是关键。因此，要保持身体躯干正直，除了在日常生活中注意养成正确姿势外，主要是通过站姿、走姿、坐姿等形体锻炼，形成正确和优美的姿态。

动作美是形体美的一种表现形式。通过各种体育运动项目，特别是形体健美操的练习，可以培养和提高动作的协调性、柔韧性和灵敏性，使之优美、舒展，从而显示出动作美。

（二）形体运动的特点

形体运动主要有以下三个方面的特点。

1．形体训练的内容具有多样性

形体训练的内容多种多样、丰富多彩，既有强劲动感的健美操，也有柔情似水的形体操，还有力量型的肌肉练习。另外，还包括有关饮食营养的知识等。

2．形体训练具有一定的运动量

进行形体训练不是一两个动作或一两天的事情，要想得到优美高雅的体型体态，需要经过长时间的训练，并且要达到一定的运动量。训练时，必须保持一定的练习密度和消耗一定的体力，并持之以恒，才能达到预期的效果。

3．形体训练具有针对性

形体训练是内外结合的全身运动，运动量可大可小，动作可难可易，体力上也可自由调节。同时，形体训练也可以针对身体的某一部位、某一块肌肉进行锻炼或对某一体态进行纠正，以达到美化体型、体态的效果。

（三）形体运动的作用

1．通过形体锻炼可以起到强身健体的作用

首先，经常进行锻炼，有益于肌肉、骨骼、关节的匀称与和谐发展，有利于形成正确的姿态和健美的形态。

其次，经常进行锻炼，可以使肌肉纤维变粗且坚韧有力，使其中所含的蛋白质及糖元等储量增加，血管变丰富，血液循环及新陈代谢增强；使骨外层的密质增厚，骨质更加坚固，从而提高骨骼系统抗折断、弯曲、压拉、扭转的能力；可增强关节的韧性，提高关节的弹性和灵活性。

最后，经常进行锻炼，可以使身体变得强壮有力，并能改变心脏的功能，促进新陈代谢，从而增强人体抵御疾病的能力。

2．通过形体锻炼可以起到健美形体的作用

所谓健美，就是人体外形的匀称、和谐及比例。通过形体锻炼的力量练习，使身体各部位的肌肉得到协调、匀称的发展。通过健美操的练习，可使身体各部位脂肪减少，肌肉的协调性、灵活性增强。同时能弥补身体缺陷，使身体协调发展，塑造自己理想的体型。长期坚持形体锻炼可使青少年形成正确的身体姿势，使其动作优美、体态矫健，并可使畸形、不良和不正确的姿态得以纠正。

二、形体运动的基本功训练

（一）形体运动的基本形态及练习

基本形态是形体运动的基础，其内容包括基本姿态、基本部位、基本舞步、把杆基本形态等。掌握了形体运动的基本形态，可以培养正确的身体姿态，领会身体动作的正确方法，发展柔韧、灵敏协调等身体素质，增强动作的协调性、节奏感和表现力。

1．基本姿态

基本姿态包括立、坐、走等人类最基本的姿态。

（1）站立姿态

正确的站立姿态为：两腿伸直并立，两脚自然成小八字，头颈、躯干、腿在一条垂线上，头正直、向上顶，下颌略回收，两肩下沉，挺胸，收腹，立腰，夹臀，提气，两臂自然下垂，目视前方。

正确站立姿态的练习方法如下：

1）靠墙立：在正确站立姿态的前提下，脚跟、腿、臀、肩胛骨和头紧靠墙，使头、躯干和腿在一条垂直线上，如图 16-151 所示。

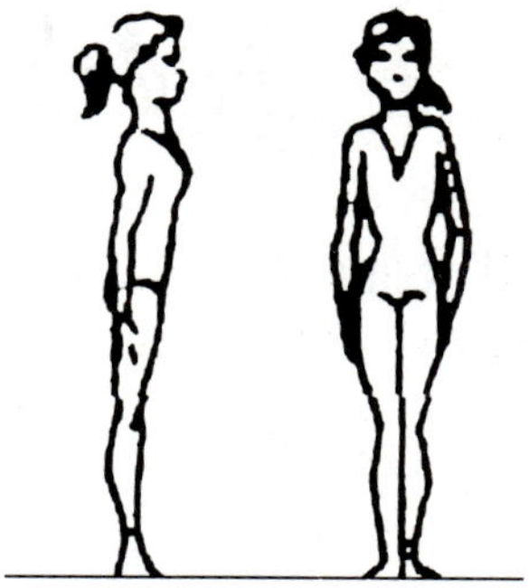

图 16-151 靠墙立练习示意图

2）单腿立：在正确站立姿态的前提下，一腿支撑，另一腿屈膝上抬，脚贴于支撑腿，两手叉腰。

3）提踵立：在正确站立姿态的前提下，支撑腿脚跟提起至最大限度，两手叉腰。

4）分腿提踵立：在正确站立姿态的前提下，两腿左右或前后分开，脚跟提起至最大限度。

通过以上站立姿态的练习，可以使练习者保持良好的身体姿态，对于驼背、O 型腿和 X 型腿等不良姿态的矫正具有很好的作用。

（2）坐立姿态。

正确的坐立姿态为：人体保持自然挺直，肩部放松，两臂自然下垂放在两膝上，颈部梗直前倾，两膝自然弯曲，全脚掌着地，目视前方。

正确坐立姿态的练习方法如下：

1）正坐：在正确坐立姿态的前提下，两脚并拢，脚尖向前，两膝放松稍分开，两手自然扶于大腿上，肩放松，头、肩、臀应在一条直线上。

2）侧坐：在正确坐立姿态的前提下，上体稍向侧转，两腿弯曲并拢并稍移向一边，靠外侧的脚略向前，两手自然放于两大腿间。

3）地面坐：在正确坐立姿态的前提下，两腿弯曲，两脚脚心相对盘于体前，两手自然放于膝上。

（3）行走姿态。

正确的行走姿态为：在正确站立姿态的前提下，收腹，挺胸，两臂自然下垂，前后协调摆动，脚尖向前，两脚在一条直线上，左、右侧有节奏地交替前移，膝关节正对前方，目视前方。

正确行走姿态的练习方法如下：

1）行走分解动作练习，体会正确的动作要领。

2）行走完整动作练习，并连续练习，如图 16-152 所示。

图 16-152　行走完整动作练习分解示意图

3）提踵走。

养成了正确的行走姿势，可以使行走姿态更规范，更有风度，帮助矫正内外“八”字脚、身体摇晃、弓腰、挺肚等不良姿态。

（4）体形的标准。

1）骨骼发育正常，关节不显得粗欠突出。

2）肌肉发送均匀，皮下有适当的脂肪。

3）五官端正，与头部配合协调，眼大有神。

4）双肩对称，男宽女圆。肩部略外展、下沉。

5）脊柱正位垂直，曲度正常。

6）男子胸廓隆起厚实，正面和背面看略呈“F”型；女子胸部丰满而不下坠，侧视有明显曲线。

7）腰细而结实，微成圆柱形；腹部扁平，腰部比胸部略细 1/3；男子有腹肌垒块隐现。

8）臀部圆满适度，略上翘，有弹性。

9）两腿修长，腿部线条柔和；小腿腓骨突出、跟腱长。

10）踝细，足弓较高。

2. 基本部位

（1）手的基本部位。

我们采用的是芭蕾舞手臂的七个基本位置。芭蕾舞的手臂可以伸展弧形或屈臂的形状。手形是五指并拢，自然伸直，拇指和中指稍向里合。当手臂伸展时手指和手腕随之伸展，在手背处呈反弓形。当手臂呈弧形时，肩放松，肘、腕自然微屈，使整个手臂从肩至手指尖成一柔和的弧线。

1）一位：手自然下垂，胳膊肘和手腕处稍圆一些；两臂成弧形下垂于体前下方，手的中指相对，并留有一拳的距离，掌心稍向内，头右斜 45°，如图 16-153 中①所示。

2）二位：两臂保持弧形前举，稍低于肩，掌心向内，如图 16-153 中②所示。

3）三位：两臂弧形上举，掌心稍向内，头右斜 45°，如图 16-153 中③所示。

4）四位：一臂弧形上举，另一臂弧形前举，如图 16-153 中④所示。

5）五位：一臂弧形上举，另一臂弧形侧举，头右转，如图 16-153 中⑤所示。

6）六位：一臂弧形前举，另一臂弧形侧举，掌心在前下方，如图 16-153 中⑥所示。

7）七位：两臂弧形侧举，掌心在前下方，肘略向上抬，左转头，如图 16-153 中⑦所示。

8）结束：双手从七位（手心朝前）划一个小半圈，手心朝下，向两边仰长后胳膊肘先弯曲下垂，逐渐收回到一位，结束。

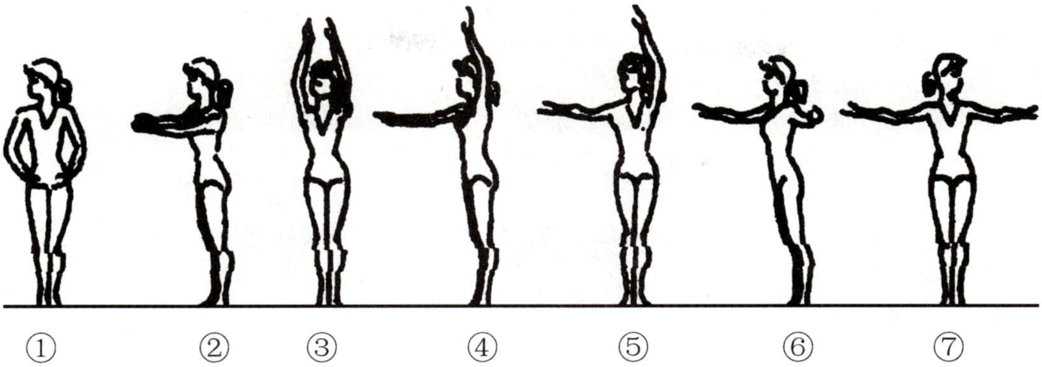

图 16-153　手臂的七个基本位置示意图

(2) 脚的基本部位。

我们采用的是芭蕾舞手脚的五个基本位置，如图 16-154 所示。

1) 一位：两脚脚跟靠拢，脚尖向外，两脚成一横线，重心在两腿之间。

2) 二位：两脚尖向两侧，两脚成一横线，脚跟之间相距约一脚。

3) 三位：两脚尖向两侧、一脚跟相叠在另一脚弓处。

4) 四位：两脚前后平行站立，相距约一脚，脚尖向两侧，重心在两腿之间。

5) 五位：两脚前后平行靠拢，脚尖向两侧与另一脚跟并齐。

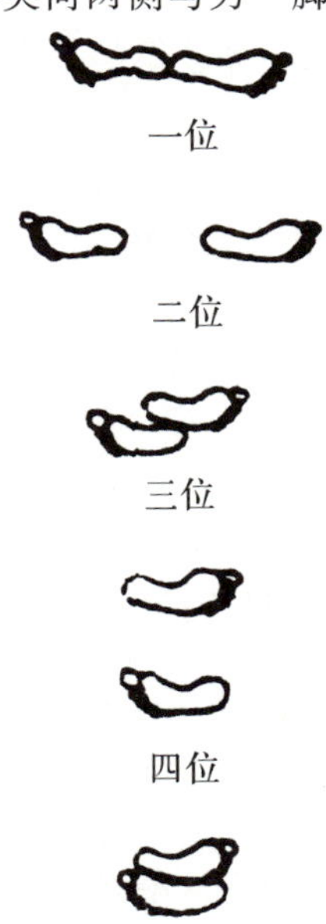

图 16-154　脚的五个基本位置示意图

3. 基本舞步

基本舞步是形体运动中的基本步法和舞步练习，其包括柔软步、足尖步、弹簧步、跑跳步、变换步、华尔兹步等。

这些基本舞步的练习可以培养练习者的节奏感、协调性及表现力，促进优美形态的形成。

（1）柔软步。

由自然站立开始，左腿膝和脚面绷直向前伸出，脚面向外，经脚尖至全脚掌柔软地落地，身体重心随之前移，接着换右脚前移，两腿交替进行，两臂自然前后摆动或做其他动作。

柔软步的练习方法如下：

1）两手叉腰两拍一动做柔软步的分解练习，然后一拍一动进行练习。

2）掌握动作要领后，配合手臂动作进行完整练习。

（2）足尖步。

由起踵立开始，左腿脚面、膝关节绷直向前伸出，由脚尖过渡到全脚掌着地，同时重心前移，两腿交替进行。

足尖步的练习方法如下：

1）首先练习起踵立，掌握支撑技术。

2）两手叉腰做足尖步的慢动作，体会动作要领。

3）结合手臂动作练习足尖步。

（3）弹簧步。

由起踵立开始，左脚向前做柔软步，脚落地时稍屈膝，重心移至左腿，左腿充分伸直成起踵立；同时，右腿脚面和膝关节绷直向前下方伸出，两臂自然前后摆动，两腿交替进行。

弹簧步的练习方法如下：

1）在掌握了柔软步、足尖步的基础上学习弹簧步。

2）练习屈膝弹动和起踵弹动。

3）两手叉腰做慢动作练习。

4）在上面的基础上练习前屈膝举腿的弹簧步。

（4）跑跳步。

右脚原地轻跳，同时左腿屈膝抬起，脚面绷直，脚尖向下，左脚随之落地，随即原地轻跳，同时右腿屈膝抬起。

跑跳步的练习方法如下：

1）先练习小跳、轻跳。

2）两手叉腰练习跑跳步。

3）配合不同的手臂动作进行练习。

（5）变换步。

左脚向前柔软步，右脚与左脚并上成自然位，同时两臂成一位，左脚再向前一次柔软步，重心前移，右脚伸直后点地，脚面伸直稍向外；同时，右臂前举，左臂侧举。

变换步的练习方法如下：

1）两手叉腰练习脚步移动的方法，逐渐加快节奏。

2）配合手臂动作。

3）采用前屈膝、后举腿等的变换步进行动作变化练习。

（6）华尔兹步。

左脚向前柔软步，落地稍屈膝，重心随之前移，右脚依次向前做两次足尖步，两腿依次进行。

华尔兹步的练习方法如下：

1）练习华尔兹，首先掌握柔软步和足尖步。

2）做“低、高、高”的三拍节奏练习，熟练后变换方向。

3）体会动作细节后，逐渐变换成正常的节奏。

4）配合手臂波浪或绕摆等动作进行练习。

4. 把杆的基本形态及练习

把杆练习是要借助直径约 5～6cm 的细杆进行的徒手练习，主要是加强腿部力量，增加柔韧性、灵活性及关节的弹性，建立正确的动作姿态和较好的身体控制能力。

把杆练习的预备姿势有两种：一种是面对把杆站立，双手扶把，两手屈臂轻放在把杆上，肘关节下垂；另一种是单手扶把，身体侧对把杆站立，一手轻放在把杆上，另一手直臂下垂于体侧。

（1）提踵半蹲。

1）预备姿势：右手屈臂扶把，左手叉腰，并步站立。

2）练习方法：

1～2 拍，踵下蹲；

3～4 拍，双脚提踵；

5～8 拍，还原。

（2）向前擦地。

1）预备姿势：身体侧对把杆小八字步站立，内侧手屈臂扶把，外侧手侧平举，目视前方。

2）练习方法：

1～4 拍，一脚尖向前直腿擦地或成前点地，第四拍踝关节用力下压沿地面直腿擦回；

5～8 拍，同 1～4 拍。

（3）小踢腿。

1）预备姿势：左手扶把，右手臂自然下垂，右丁字步站立。

2）起始动作：右手臂七位，上体直立，目视前方。

3）练习方法 1×8 拍：

1～2 拍，右脚踢地至前四位点地；

3～4 拍，向前踢小腿，绷脚尖；

5～6 拍，右脚落地前四位着地；

7～8 拍，右脚擦地还原成预备姿势。

4）练习方法 2×8 拍：

1～2 拍，右脚擦地至前四位点地；

3～4 拍，右腿向侧小踢腿；

5～6 拍，右脚落地后侧点地；

7～8 拍，右脚回擦成前五位脚。

5）练习方法 3×8 拍：

1～2 拍，右脚擦地至后四位点地；

3～4 拍，向后直腿踢；

5～6 拍，右脚落地前四位点地；

7～8 拍，回擦至五位脚。

（二）形体运动的基本功及其训练

1. 手、肩、胸的练习

上体姿态的关键部位主要是通过手臂、肩、胸部等来体现的。通过对这些部位的练习后，可以使站立姿态更加完美，进而使人体更具有优美的神态气质和风度。

（1）手臂后振：直立站好，手臂上举，两手在头上互握，抬头，挺胸，两臂最大限度地后撮。

（2）肩后伸：立或坐，两手体后伸直交叉握，体前屈，两臂后上举使肩后伸，如图 16-155 所示。

图 16-155　肩后伸练习示意图

（3）压肩：面对把杆，两腿分开，身体前倾，两手臂伸直放在把上，向下压肩，并抬头、挺胸、塌腰。

（4）侧拉肩：侧对肋木，两脚并拢，与肋木相距 20 cm，内侧手屈臂下握肋木，外侧手直臂贴耳上握肋木，向远处侧拉肩，然后换方向做。

（5）俯卧撑：两手与肩同宽俯撑，臀部和肩部保持在同一平面，含胸收腹，两手臂屈伸，两肘不外张，胸部接近地面，然后快速用力推起两臂。

2. 腰背部的练习

腰是构成女性曲线美的重要部位，是体现身体各种曲线美，由胸、髋和臂产生的各种富有艺术魅力的体态。腰部练习主要是发展脊柱腰部各关节的柔韧性和灵活性。

（1）体侧屈：两脚开立与肩同宽，两手臂侧平举，体侧左屈，左臂下落。右臂由侧平举至上举，再反方向做。

（2）转腿扭腰：仰卧直角举腿，两臂侧平放，掌心向上，双腿向右侧落下并着地，同时向左侧转腰，肩、臀紧贴地面，换反方向做。

（3）背部后屈：俯卧在垫子上，两腿伸直，两臂上举，上体和腿同时上抬，尽量抬高成最大反背弓，仰头，然后还原，如图 16-156 所示。

（4）全身向前波浪练习：屈膝半蹲，含胸低头开始，从踝、膝、髓、脚、颈，头依次向前挺出，两臂经前向后摆至上举，如图 16-157 所示。

图 16-156　背部后屈练习示意图

图 16-157　全身向前波浪练习动作分解示意图

3. 腹部的练习

腹部是体现女性体形美、身体变窈窕的重要部位。通过对腹部的练习，可以防止与减少腹部脂肪的堆积，使腹部平坦、腰围变得纤细，以增添女性的曲线美。

(1) 仰卧起坐：仰卧于垫上，两腿并拢屈膝，两手抱头，起坐时，上体前屈，用右肘关节贴近左膝，左肘关节贴近右膝，落下时，两肩胛骨必须触垫还原成准备姿势。

(2) 收腹举腿：背对肋木直臂拽木悬垂，两腿伸直并拢，收腹举至最高点后慢慢下落。

(3) 坐立举腿：背靠椅背坐，两手抓住椅子两端，抬起双脚，将并拢的双腿慢慢向胸部贴靠，稍停，还原，然后反复练习。

(4) 仰卧两头起：仰卧，两臂上举，上体前屈的同时举腿，尽量使双手指触脚面，然后还原，如图 16-158 所示。

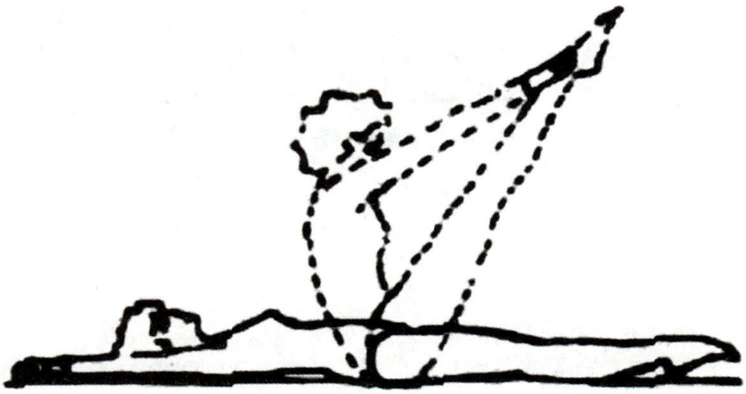

图 16-158　仰卧两头起练习动作示意图

4. 腿部的练习

腿部是女性形体美和保持步履轻盈的重要组成部分，优美的腿形能代表出挺拔的姿态。形体美的双腿应该直而修长，大腿线条柔和，小腿长而腓肠肌位置较高，并稍突出。通过腿部的练习，可以使双腿修长而匀称，腿部肌肉坚实有弹性、丰满柔韧，小腿曲线优美。

(1) 腿部的练习方法。

1) 直角坐控腿：身体成直角坐，两手叉腰，左腿屈膝，右腿直腿慢慢抬起，停 3～5s，然后慢慢放下，两腿交替进行。

2) 前后侧摆腿：自然站立，右手叉腰，左手扶把，右腿向前后侧做钟摆式的摆动，然后下落成自然站立，换左腿交替进行，如图 16-159 所示。

3) 下蹲：面向把杆，双手扶把，两脚跟靠拢，脚尖向外成一横线，半蹲，脚跟不离地，髋尽量打开，起立；然后全蹲，脚跟慢慢提起，臀部接触脚跟，起立，连续进行，如图 16-160 所示。

4）体前屈：两腿伸直并拢，两手食指交叉手心向下，身体前屈用力下振。

5）跪撑踢腿：两手直臂支撑，一腿跪撑，另一腿向后上方最大限度地踢腿。

6）单腿跳：单脚站立，两手紧握棍棒横置于左（右）膝下，膝关节弯曲，右（左）脚单脚跳 20～30s。两腿交替进行。

图 16-159　前后侧摆腿练习动作示意图

图 16-160　下蹲练习动作示意图

（2）腿形的判断。

在对腿形进行检查前，两腿先并拢直立，但不可用力并腿，然后根据两足跟和两膝之间的距离来判断腿的形状。

1）“O”型腿：两足跟并拢时两膝不能靠拢，且相距超过 1.5 cm 以上。

2）“X”型腿：两膝并拢时两足跟不能靠拢，且相距超过 1.5 cm 以上。

3）“O”和“X”型腿：一侧膝正常，另一侧腿内翻为“O”，外翻为“X”型腿。

三、形体运动的组合动作

（一）姿态组合

1. 原地手位动作组合

（1）预备姿势。

面向右前方，左脚在前成五位站立，两臂于体前下垂。

（2）练习方法。

1）1×8 拍，如图 16-161 中（一）所示：

1～4 拍：1 拍，两臂从一位摆至二位，左脚向左前方擦地一次，脚尖点地，右腿半蹲，重心落在右脚上，目视前方；2～4 拍，控制不动。

5～8 拍：5 拍，右臂上举，左臂侧摆成五位，同时重心移至左脚上，两腿伸直，目视前方；6～8 拍，控制不动。

2）2×8 拍，如图 16-161 中（二）所示：

1～2 拍：1 拍，右臂下落成二位；2 拍，控制不动。

3～4 拍：3 拍，右臂侧打开成七位，同时重心移至右脚上，眼看右手；4 拍，控制不动。

5～8 拍：5 拍，左臂上举，右臂前举成四位，同时右腿半蹲，目视前方；6～8 拍，控制不动。

3）3×8 拍，如图 16-161 中（三）所示：

1～4 拍：1 拍，左臂下落成二位。2～4 拍，控制不动。

5～6 拍：5 拍，重心前移，右脚收至左脚后，成半蹲，两臂摆至七位；6 拍，控制不动。

7～8 拍：7 拍，右脚站立，左脚向侧擦出，手臂不动，同时重心移至右脚；8 拍，控制不动。

4）4×8 拍，如图 16-161 中（四）所示：

1～4 拍：1 拍，两臂上举成三位，同时右腿半蹲，左腿前伸；2～4 拍，控制不动。

5～8 拍：以左脚为轴收右脚向左转体，面向左前方，手成一位。

5×8 拍至 8×8 拍：同 1×8 拍至 4×8 拍，但方向相反。

图 16-161　原地手拉练习动作分解示意图

2. 行进间手位动作组合

（1）预备姿势。

身体直立。

（2）练习方法。

1）1×8 拍，如图 16-162 中（一）所示：左脚向前走八步柔软步，同时手臂从一位至七位，一拍一做，眼看前方。

2）2×8 拍，如图 16-162 中（二）所示：

1～4 拍：左脚继续向前走四步柔软步，同时手臂从二位经三位至七位还原。

5～8 拍：同 1～4 拍。

3）3×8 拍，如图 16-162 中（三）所示：

1～4 拍：左脚向前走四步足尖步，同时手臂从三位经六位至七位还原。

5～8 拍：同 1～4 拍。

4）4×8 拍，如图 16-162 中（四）所示：

1～4 拍：左脚继续向前走四步足尖步，同时手臂从四位经五位至六位还原。

5～8 拍：同 1～4 拍。

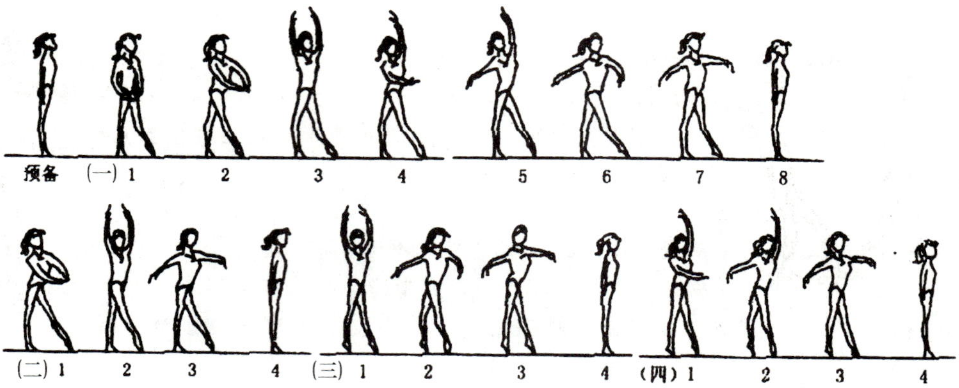

图 16-162 行进间手拉练习动作分解示意图

（二）波浪组合

1. 腰波浪

(1) 预备姿势。

左手扶杆，右手臂自然下垂于体侧，右丁字步站立，如图 16-163 中①所示；起始动作在右脚前四位点地，如图 16-163 中②所示。

(2) 练习方法。

1) 1×8 拍：

1～4 拍：两腿经四位蹲，重心前移成左脚后点地，肩向前送，右手臂经一位至二位（如图 16-163 中③所示。

5～8 拍：两腿经四位蹲，重心后移成右脚前点地，上体稍后仰，头右转，右手臂经一位至七位，如图 16-163 中④所示。

2) 2×8 拍：同 1×8 拍中的 1～4 拍；5～8 拍，右脚成正步提踵立，右手臂成三位，抬头看手的方向，如图 16-163 中⑤所示。

3) 3×8 拍：

1～4 拍：提踵屈膝，上体前倾，如图 16-163 中⑥⑦所示。

5～8 拍：右手臂从前经下至后回到三位，同时身体波浪一次成提踵立，如图 16-163 中⑦⑥⑤所示。

4) 4×8 拍：同 3×8 拍。

5) 5×8 拍：

1～4 拍：左脚向后经四位蹲，重心后移成右脚前点地，右手臂自三位经二位、一位至七位，如图 16-163 中⑤所示。

5～8 拍：两腿经四位蹲，重心前移成左脚后点地，肩向前送，同时，右手臂经一位成二位，如图 16-163 中③所示。

6) 6×8 拍：

1～4 拍：同 5×8 拍中的 1～4 拍。

5～8 拍：右腿并左腿成正步起踵蹲立，右手臂成三位，如图 16-163 中⑤所示。

7) 7×8 拍：

1～4 拍：提踵立，微屈膝，上体稍后转，左臂翻腕伸直，手心向外，如图 16-163 中⑧所示。

5～8 拍：右手臂从后经下向前绕回至三位，同时身体波浪一次，如图 16-163 中⑩所示。

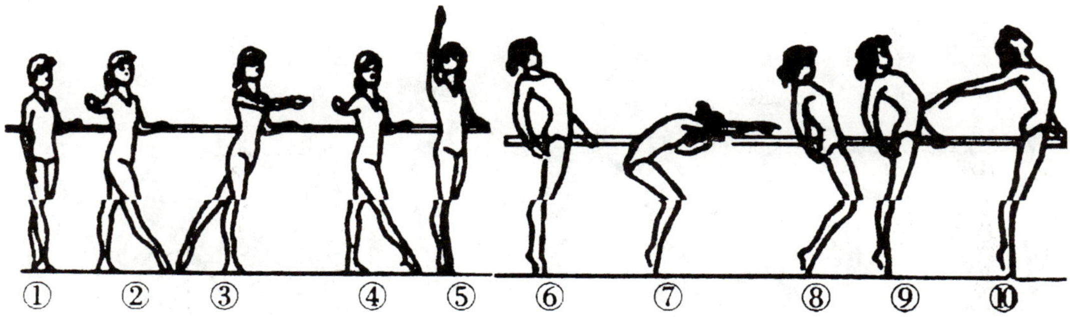

图 16-163　腰波浪练习动作分解示意图

8）8×8 拍：同 7×8 拍，只是第 8 拍收势。

（3）要求。

重心向前、后移时，经过四位蹲动作，身体波浪要以膝、髋、腰、胸部各关节依次向前起伏形成波浪。手臂波浪要以肩、肘带动小臂各关节依次活动形成波浪。

2. 全身波浪

（1）预备姿势。

面向前自然站立，如图 16-164 中①所示。

（2）练习方法。

1）1×8 拍：

1～4 拍：两腿屈膝向左侧顶跨，右臂在身体后侧屈肘，手心向左，左臂从体侧至左侧七位，头左转，眼看左手，如图 16-164 中②所示。

5～8 拍：两腿屈膝向右顶跨，右手臂向上波浪至七位左手臂向下，波浪至身体后侧，如图 16-164 中③所示。

2）2×8 拍：同 1×8 拍。

3）3×8 拍：

1～2 拍：左腿屈膝，右腿伸直前点地，手臂成二位，含胸，低头，如图 16-164 中④所示。

3～4 拍：两腿经四位蹲，重心前移成左后点地，上体挺胸，抬头，进行躯干前波浪一次，手臂成七位，如图 16-164 中⑤所示。

5～8 拍：同 1～4 拍，但方向相反。

4）4×8 拍：同 3×8 拍。

5）5×8 拍：

1～2 拍：上右脚，左脚后点地。

3～4 拍：左脚原地踏步，重心后移成右前点地。

5～6 拍：经四位蹲，含胸，低头，两小臂向内画圆，如图 16-164 中⑥所示。

7～8 拍：重心前移成后点地，两手臂向侧波浪一次成右斜上举，如图 16-164 中⑦所示。

6）6×8 拍：

1～2 拍：左脚向左迈一步，成两脚平行，两手臂成七位。

3～4 拍：身体向右转体 45°，右脚侧点地，体侧屈，如图 16-164 中⑧所示。

5～8 拍：两手臂向内绕环波浪一次，分别成左手臂斜侧上举，右手臂斜侧下举。

7）7×8 拍：同 6×8 拍。

8）8×8 拍：

1～4 拍：左腿并右腿，向左转体 45°，两腿屈膝，侧顶髋，右手臂屈肘，手心向上，在头上从左向后划弧至体后，如图 16-164 中⑩所示。

5～8 拍：右手臂向侧波浪一次，成七位，如图 16-164 中⑪所示。

9×8 拍：同 8×8 拍，但方向相反。

图 16-164　全身波浪练习动作分解示意图

（3）结束。

两腿慢慢伸直还原成预备姿势。

第五节　瑜　伽

一、瑜伽概述

瑜伽（yoga）来自梵文，意为“结合”“统一”“联系”。它的含义是把精神和肉体结合到最佳状态，把生命和大自然结合到最完美的境界。可以说，瑜伽是一种身心兼修的练习方法。瑜伽起源于 5 000 年前的印度，最早由苦修者模仿动物的姿势并加以修正而成，其核心是让人调整自己身体的姿势，呼吸专注于某一点，从而达到摒弃小我与杂念的目的，进入入定的状态，并且因此而超脱了感官意识和冥想意识，体验到终极的意识状态。瑜伽最关键的地方就是让训练者把自己的意识专注于一处，这是一种净化自己意识的绝妙方法。当你的意识专注于一处时，任何牵挂于各类对象与关系的意识和虚假的意识便无所依托而逐渐消失。瑜伽有训练体位法、呼吸控制法、清洁净化法等，其实这些只是处于最底的层面，主要属于健身运动，而不是最高的目标。在古印度人看来，瑜伽就是最高的方法，是最高的追求真理的方法，没有其他的方法。

二、瑜伽基本技巧

（一）呼吸练习技巧

1. 腹式呼吸

将双手轻轻放在腹部，首先呼气，让腹部凹下，缓慢地将内部废气全部呼出；接着，用鼻子缓慢地吸气，同时让肚子凸起。

2. 胸式呼吸

仰卧或坐正，吸气时腹部不要凸起，直接将空气吸入胸部，并使胸部向外扩张；吸气越深，胸部向外扩张越明显，腹部越是向脊柱方向缩进，肋骨越是向外、向上扩张；呼气时肋骨向下、向内收缩。

3. 完全式呼吸

完全式呼吸是将以上两种呼吸结合起来的呼吸法。吸气时先吸向腹部，在腹部向外膨胀时，感受气体开始充满你的胸部的下半部分，然后又充满胸部的上半部分，让胸腔内充满空气而扩张到最大程度；接着，按相反的顺序呼气，先放松胸部，再放松腹部，腹部肌肉向内收紧，并结束呼气。这样循环练习。完全式呼吸应是轻柔、畅顺的，呼气时，应是稳定、渐进的，不得急促、匆忙。让这种呼吸方式在你日常的练习和生活中自如地进行，以至于最后达到习以为常。

（二）体位练习技巧

1. 缓解压力练习

（1）顶峰式，如图 16-165 所示。

1）跪坐，脊柱挺直；

2）两手两膝着地，抬高臀部；

3）双臂和背部形成一条直线；

4）将脚跟放在地面上，如果脚跟不能着地，就让脚跟上下蹦跳；

①　　②　　③

图 16-165　顶峰式缓解压力练习动作

5）正常呼吸，保持这个姿势 1min；

6）呼气，恢复两手两膝着地跪姿；

7）重复 6 次。

顶峰式练习的功效主要是消除疲劳，消除脚跟疼痛，强壮坐骨神经。

（2）直角式，如图 16-166 所示。

1）身子挺直站立；

2）十指交握上举过头，抬头；

3）呼气，以脊柱基座为支点向前弯身，两眼始终注视双手；

①　　②　　③

图 16-166　直角式缓解压力练习动作

4）呼吸正常，保持 6～12s；

5）重复 12 次。

直角式练习的功效主要是有助于纠正驼背和双肩下垂，也能消除紧张。

（3）人面狮身式，如图 16-167 所示。

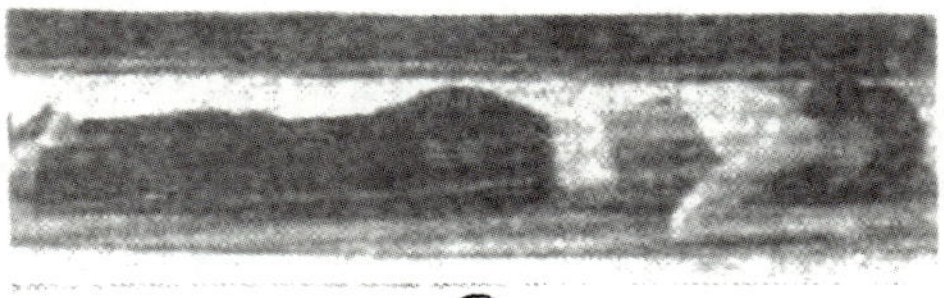

①

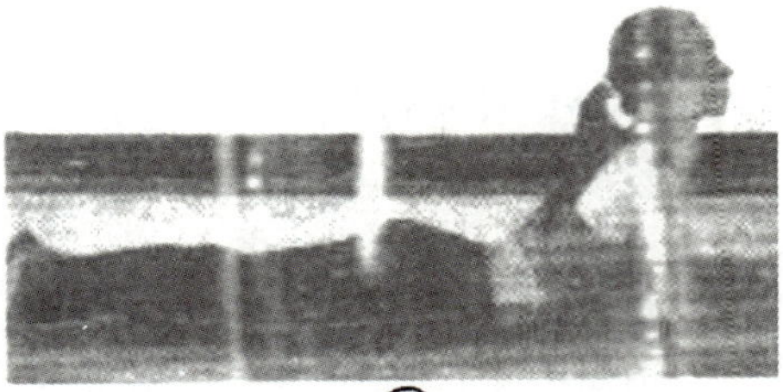

②

图 16-167　人面狮身式缓解压力练习动作

1）俯卧，脸贴地面，手放头两侧；

2）吸气，保持两前臂平放地上，抬起上体，头向后方仰起；

3）正常呼吸，保持 15～20s；

4）呼气，慢慢回复到地上。

人面狮身式练习的功效主要是增强脊柱。

（4）双角式，如图 16-168 所示。

1）挺身直立，两脚微微分开；

2）吸气，两手放在下背部，十指相交；

①

②

图 16-168　双角式缓解压力练习动作

3）呼气，上身前弯，两臂尽量向头的后上方伸展；

4）一边保持这个姿势，一边垂下头，保持 20s；

5）恢复到站立式；

6）重复 3～5 次。

双角式练习的功效主要是伸展小腿，增强上背部和肩膀肌肉，镇定神经系统，缓解压力，使人放松。

2. 平衡练习

（1）敬礼式，如图 16-169 所示。

图 16-169　敬礼式平衡练习动作

1）蹲下，两膝大大分开，两脚平放在地上；

2）双掌合十，用两肘用力推两膝的内侧；

3）吸气，头后仰，把两肘再向外推，保持 6s；

4）呼气，两臂向前方伸直，双掌仍合十；

5）两膝尽量靠拢；

6）躯干向前方弯下去，保持几秒；

7）以上程序反过来，回复原来蹲下姿势；

8）重复做 12 次。

（2）风吹树式，如图 16-170 所示。

1）挺身直立，两脚并拢，两手放在身体两侧；

2）十指交叉，两臂高举过头，转动手腕，使手腕向上；

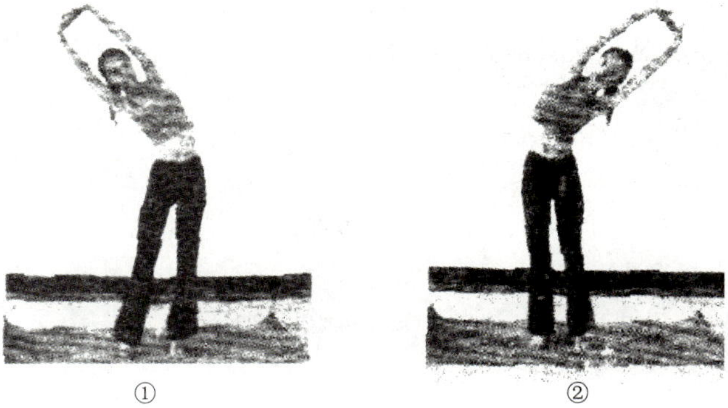

图 16-170　风吹树式平衡练习动作

3）脚尖着地，以腰为轴，向右弯曲；

4）保持数秒，然后向左弯曲；

5）左右至少 12 次。

平衡练习的功效主要是增强灵活性，提高平衡感，扩张胸部，放松肩关节。

3. 上肢练习

（1）肩旋转式，如图 16-171 所示。

图 16-171　肩旋转式上肢练习动作

1）挺身直立，两臂侧平举，掌心向上；

2）弯曲两肘，把手指放在肩头；

3）一面将手指放在肩头，一面将肘部做圆圈旋转运动；

4）开始时做小圆圈，逐渐增大圆圈，反方向练习。

肩旋转式上肢练习的功效主要是扩展胸部，放松肩关节，补养和加强背部，特别是肩胛骨周围区域。

（2）肘部练式。

1）直立，两臂向前伸出，与地面平行，掌心向上；

2）屈肘，指尖轻拍肩头，再把双臂向前伸出；

3）重复 8～10 次。

肘部练习的功效主要是放松肘部关节，强壮臂部肌肉。

4. 胸部练习

（1）美胸式，如图 16-172 所示。

1）跪坐；

2）吸气，双手于头后拉住双肘，双手向后伸直；

3）呼气，双手十指交叉；

4）吸气，掌心向上，伸直两臂，保持自然呼吸；

图 16-172　美胸式胸部练习动作

5）呼气，手臂还原，放置体侧；

6）重复 4 次。

美胸式胸部练习的功效主要是扩展胸部，美化胸部曲线，灵活肩关节。

（2）云雀式。

1）跪坐；

2）两手触地，帮助左腿尽量向后伸直；

3）两臂向两侧伸展；

4）吸气，上身尽量后仰，打开胸廓，手指尽量触地，呼气，保持数秒；

5）深呼吸，保持身体平衡；

6）还原，换另一侧腿；

7）重复 2 次。

云雀式胸部练习的功效主要是锻炼平衡感，扩展胸部。

5. 腹部练习

（1）罐头开启器和炮弹式，如图 16-173 所示。

1）仰卧，吸气；

2）呼气，两手在右膝处交握，尽量吐出肺部废气；

2）闭气不吸，并把头靠近膝部，下巴接触膝部；

4）吸气，把头放回地面上；

5）呼气，把右腿放回原处；

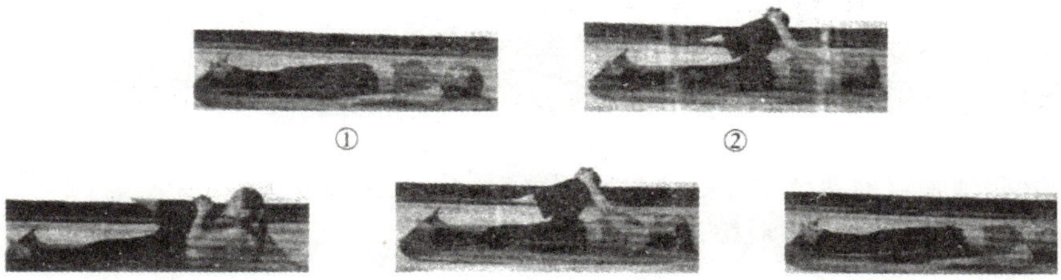

①　②　③　④　⑤

图 16-173　罐头开启器和炮弹式腹部练习动作

6）左右腿各做 6 次。

罐头开启器和炮弹式腹部练习的功效主要是补养和加强腹部，有助于减轻便秘，释放腹中积气。

（2）上伸腿式，如图 16-174 所示。

1）仰卧，呼气，慢慢伸起双腿离地面约 30cm，持续 10s；

2）呼气，慢慢伸起双腿离地面约 1m，持续 10s；

3）慢慢伸起双腿离地面 90°，持续 30s；

①　②　③

图 16-174　上伸腿式腹部练习动作

4）呼气，慢慢将腿放回地面；

5）重复练习 3 次，根据自身素质，决定高度和持续时间。

上伸腿式腹部练习的功效主要是增强下背部力量，补养和加强两腿，消除便秘，刺激消化过程。

（3）腿旋转式，如图 16-175 所示。

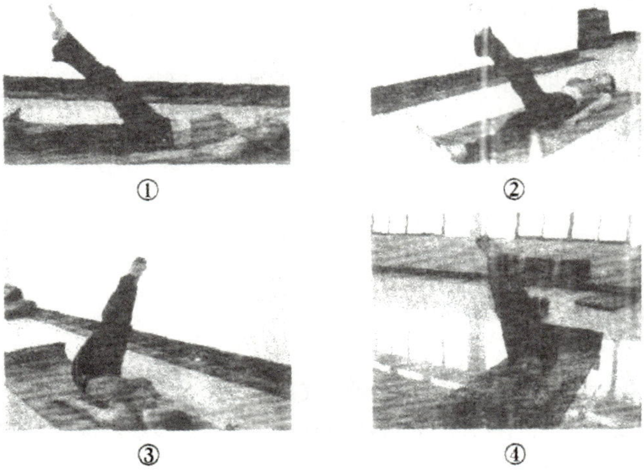

图 16-175　腿旋转式腹部练习动作

1）仰卧，腿伸直，两臂放在体侧；

2）右腿直腿伸离地面，顺时针方向旋转 8～10 次后换方向练习；

3）左腿做同样练习；

4）两腿一同升起做顺时针和逆时针方向 8～10 次。

腿旋转式腹部练习的功效主要是消除腹部赘肉，增强腰腹肌力量。

（4）船式，如图 16-176 所示。

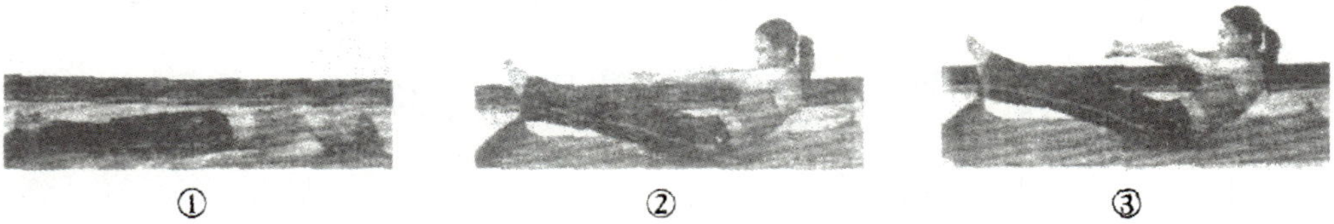

图 16-176　船式腹部练习动作

1）仰卧，腿伸直，两臂放在体侧，掌心向下；

2）吸气，同时将头、上身躯干、两腿和双臂全都抬起来，离开地面；

3）双臂应向前伸直平行；

4）一边蓄气不呼，尽量长久保持这个姿势，一边慢慢把腿和躯干放回地面，呼气；

5）重复做 6 次。

船式腹部练习的功效主要是锻炼腹部的器官和肌肉，这是极好的姿势，同时也能改善消化功能。

（5）下半身摇动式，如图 16-177 所示。

1）仰卧，两腿伸直；

2）屈膝收腿，两大腿尽量收近胸部；

3）十指相交，放在头后；

图 16-177　下身摇动式腹部练习动作

4）一边保持两肘平贴地上，一边让身体左右摇动 12 次。

下半身摇动式腹部练习的功效主要是增强血液循环，加强大腿和腹部脏器，按摩背部和腹部。

（6）摇摆式，如图 16-178 所示。

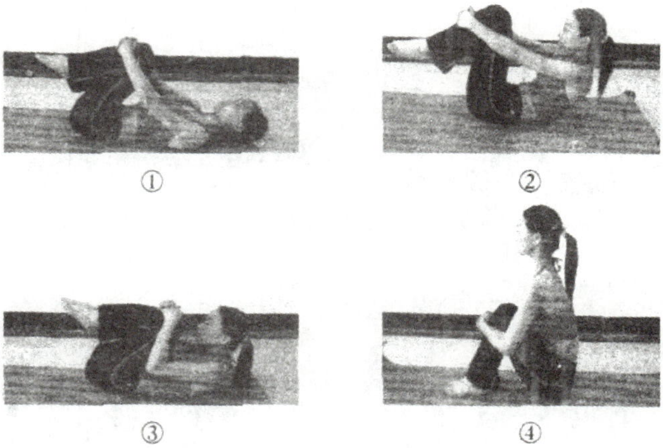

图 16-178　摇摆式腹部练习动作

1）仰卧，两腿伸直；

2）两腿屈膝，两臂环抱两腿，十指相交；

3）抬头，身体前后摇摆；

4）五次一个回合，做 8～10 个回合。

摇摆式腹部练习的功效主要是放松背部，增强血液循环，有助于放松腹中气体。

6. 增强脊椎练习

（1）简化脊柱扭动式，如图 16-179 所示。

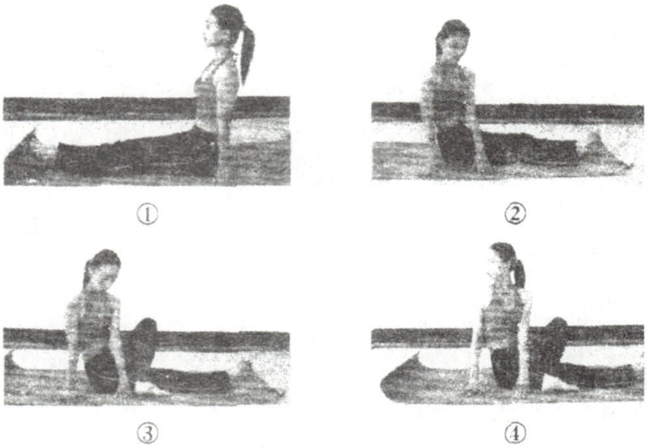

图 16-179　简化背柱扭动式增强脊椎练习动作

1）坐姿，两腿前伸直，两手放在臀部后侧，指尖朝外；

2）左手放在右手之前，左脚放在右膝外侧；

3）吸气，尽量把头转向右侧，扭动脊柱，蓄气不呼，保持这个姿势若干秒；

4）呼气，身体扭回原位；

5）每边做 6 次。

简化脊柱扭动式增强脊椎练习的功效主要是伸展脊柱，消除背痛。

（2）展转动式，如图 16-180 所示。

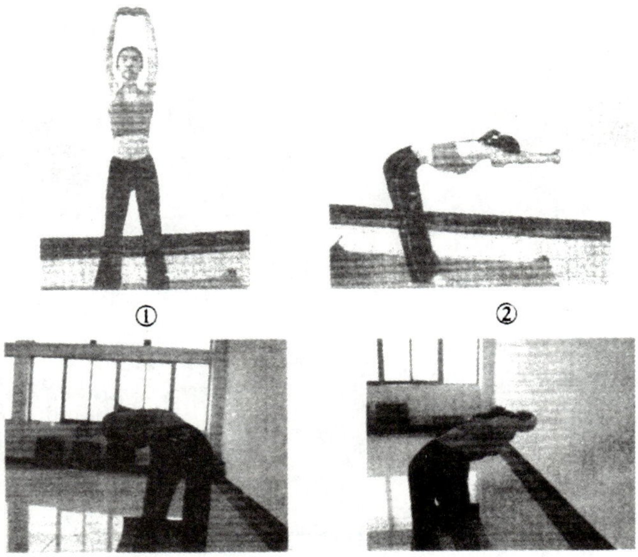

①　②　③　④

图 16-180　展转动式增强脊椎练习动作

1）两脚分开，直立。

2）十指相交，吸气，两臂举过头，呼气，向前弯身。

3）两眼注视手，将上身尽量向右转，呼气，左转。

4）左右 4 次。

展转动式增强脊椎练习的功效主要是补养和加强双臂、腰部、背部、髋部。

（3）腰躯转动式。

1）直立，两腿分开，两臂侧平举；

2）将躯体转向右边；

3）左手放在右肩膀，右臂放到身后；

4）保持姿势，轻柔将脊柱转向右方；

5）每边做 6 次。

腰躯转动式增强脊椎练习的功效主要是矫正姿势、体态的不正，放松脊柱和背部肌肉。

（4）眼镜蛇式，如图 16-181 所示。

1）俯卧，一边脸贴地；

2）转动头部，前额靠地；

3）张开双眼，眼珠向上翻；

4）使用面部和颈部的肌肉慢慢把头翘起；

5）慢慢吸气，发挥背部肌肉，把背部和躯干逐渐抬高；

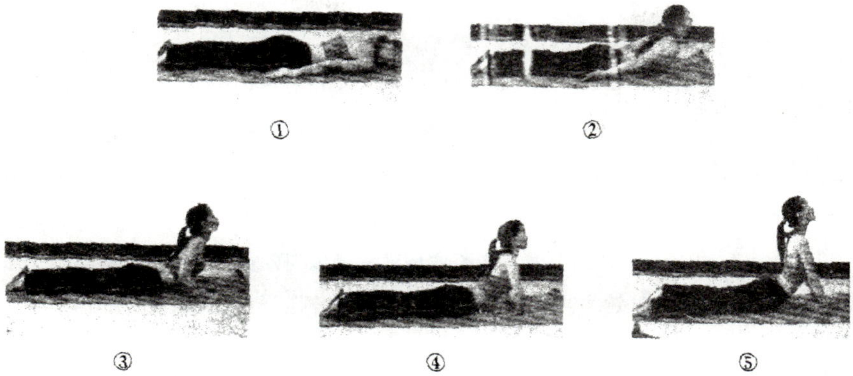

图 16-181　眼镜蛇式增强脊椎练习动作

6）两手放在肩下，手指相对，慢慢推起来，让背部继续上升；

7）慢慢呼气，逐渐把躯干放回地面。

眼镜蛇式增强脊椎练习的功效主要是使每节脊柱都获得伸展，背部肌肉群获得伸展，舒缓、消除背部、颈部的僵硬和不舒适。

（5）犁式，如图 16-182 所示。

1）平直仰卧，两脚并拢，掌心向下。放松 15～20s；

2）吸气举起腿到躯干上方；

3）呼气，将腿向头后伸 10s；

4）将双脚跟向头后伸去，两臂滑向背后；

5）将两臂收回躯体两侧，膝部弯曲慢慢展开躯体；

6）在臀部接触地面时，双腿可以伸直，顺势放下；

7）休息 20s，再做两次。

犁式增强脊椎练习的功效主要是对整个脊柱神经网络极为有益，能刺激血液循环。

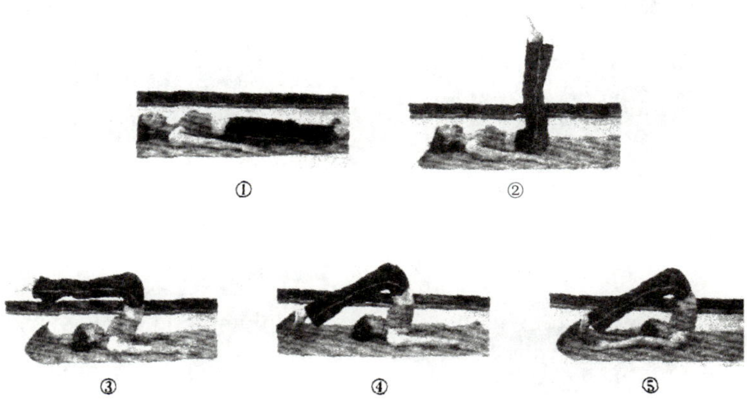

图 16-182　犁式增强脊椎练习动作

（6）倒箭式，如图 16-183 所示。

1）仰卧，慢慢举起双腿，直到垂直于地面；

2）升起上身躯干，手放髋处支撑，躯干与地面成 45°；

3）轻轻放下两腿，两掌放回地面，慢慢将躯干放下，回复到躺的姿态。

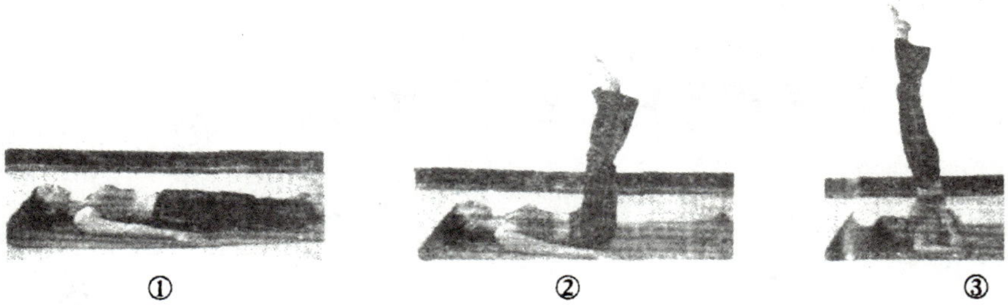

图 16-183　倒箭式增强脊椎练习动作

倒箭式增强脊椎练习的功效主要是促进血液循环，增强脊椎，按摩内脏器官。

7. 下肢练习

（1）脚踝练习。

1）坐着，两腿前伸直，两手放在臀部两侧，上身向后倾，两脚镶嵌、向后扭动，最大限度弯曲踝关节；

2）分开两腿，左脚顺时针、逆时针旋转。换成右脚练习；

3）两只脚同时旋转。

脚踝练习的功效主要是放松踝部关节，强壮腿部肌肉。

（2）膝旋转与弯曲，如图 16-184 所示。

1）坐着，两腿前伸直；

2）十指在右大腿之后相交，屈右膝；

3）伸直两臂，将右腿向前伸出去；

4）重复做 12 次，换左腿；

5）用右膝做支点，将右小腿做顺时针方向圆圈转动 12 次；

6）反方向练习转动 12 次；

7）左脚做同样练习。

图 16-184　膝旋转与弯曲练习动作

膝旋转与弯曲练习的功效主要是松弛全身并特别放松小腿的各个肌肉，放松膝关节，加强和补养腹部与大腿的肌肉。

(3) 英雄式，如图 16-185 所示。

1) 跪坐：臀部放落在两脚之间的地面上。

2) 变体一：左臂放在两肩胛骨之间，右臂弯肘，左右手指相扣。

3) 变体二：两手十指相交，掌心上翻，两臂向头顶上伸直。

4) 变体三：手掌放在脚底板，向前弯身，把前额放在地上 10 秒；吸气，抬身。

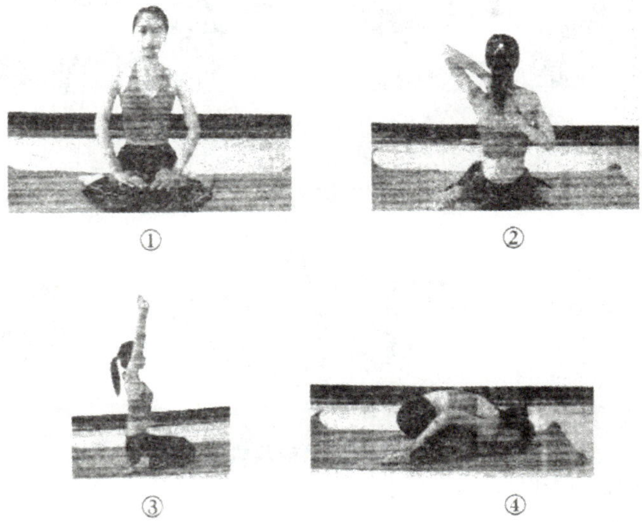

图 16-185　英雄式下肢练习动作

英雄式下肢练习的功效主要是消除脚跟疼痛，治愈膝部由于痛风和风湿引起的疼痛。

(4) 蹲式，如图 16-186 所示。

图 16-186　蹲式下肢练习动作

1) 挺身直立，两脚宽阔分开，两脚指向外侧；

2) 两手十指相交，两臂轻松下垂；

3) 弯曲双膝，慢慢将身躯降低，约 30cm；

4) 伸直两腿，恢复挺身直立姿势；

5) 再次弯曲双膝，把身躯降低到大腿与地面平行；

6) 再次恢复直立姿势；

7) 弯曲双膝，把身躯降低到手略高于地面；

8) 恢复直立姿势，放松休息；

9) 降低躯干时呼气，挺直躯干时吸气；

10) 重复做 6～12 次。

蹲式下肢练习动作功效主要是加强双踝、双膝及大腿内侧肌肉。

8. 缓解生理疾病练习

（1）单腿交换伸展式，如图 16-187 所示。

图 16-187　单腿交换伸展式练习动作

1）坐着，两腿向前伸直，两手放在膝盖上；
2）右脚收到腹股沟尽量靠近左大腿根部；
4）吸气，两手上伸过头部，向后靠；
4）呼气，向前弯身；
5）躯干慢慢拉近腿部将两肘向外弯曲，放松颈部肌肉；
6）伸直双臂，呼气，慢慢抬高躯干，坐直身体；
7）每边做 2 次。

单腿交换式伸展式练习的功效主要是放松背部，促进正常的消化与排泄作用。

（2）三角伸展式，如图 16-188 所示。

1）直立，两脚分开，两手侧平举；
2）呼气，向右侧弯曲，两臂继续成一直线，坚持 10s；
3）吸气，恢复。

图 16-188　三角伸展式练习动作

三角伸展式练习的功效主要是消除腰部周围赘肉，健壮髋部肌肉。

（3）猫伸展式，如图 16-189 所示。

1）跪下，坐在脚跟上，伸直背部；
2）抬起臀部，两手放在地上，吸气，抬头，收缩背部肌肉 6s；
3）呼气，垂下头，拱起脊柱 6s；

4）各做 12 次。

图 16-189　猫伸展式练习动作

猫伸展式练习的功效主要是使脊柱富有弹性，放松颈项和肩膀，改善血液循环，有助于消除痛经。

（4）树式，如图 16-190 所示。

1）直立，两脚并拢，两臂靠近两大腿外侧；

2）右脚跟提起到左大腿，右脚尖朝下，右脚放稳在左大腿上；

3）双掌合十两臂伸直高举过头；

4）左右腿各做 3 次。

图 16-190　树式伸展练习动作

树式伸展练习的功效主要是补养和加强腿部、背部和胸部的肌肉。

（5）摩天式。

1）两腿分开同肩宽，手指交叉上翻，手臂高举过头顶；

2）吸气时抬起脚跟，双眼注视手背；

3）屏住呼吸数秒呼气时脚跟落地还原。

摩天式伸展练习的功效主要是对腹部肌群和内脏有益，能治愈便秘。

（6）蛇击式，如图 16-191 所示。

1）双手着地，跪下来，两臂应与双肩成直角；

2）一边保持手紧按地面，一边把臀部放落到两脚跟上，并把头贴在地上；

3）一边吸气，一边将胸膛向前移动；

4）当胸膛不能再向前移动时，吸气，伸直两臂，大腿与地面接触，胸部向上挺起；

5）使背部成弓形，两眼向上看，正常呼吸，保持 10～20s；

6）按反过来姿势恢复到跪撑姿势；

7）重复做 12 次。

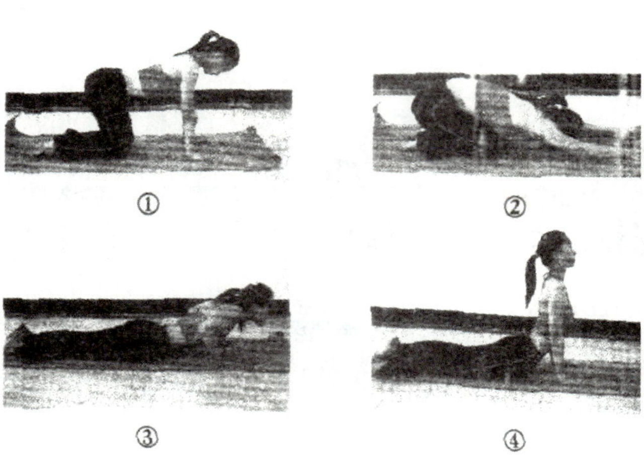

图 16-191　蛇击式伸展练习动作

蛇击式伸展练习的功效主要是对患有坐骨神经痛和普通背疾的人有益处，能纠正椎间盘错位或肋骨错位，因而每次应保持这个姿势更长的时间，有助于治疗月经失调。

第六节　气排球

一、气排球运动简介

气排球是我国土生土长的一项群众性排球活动。1984 年，呼和浩特铁路局济宁分局为了开展老年人体育活动，在没有规则限制的情况下，组织离退休职工用气球在排球场上打着玩儿。由于气球过轻且易爆，他们将两个气球套在一起打，最后又改用儿童软塑球。随后又参照 6 人排球规则制了简单的比赛规则，并将这种活动形式取名为“气排球”。

气排球运动是一项适合各年龄段人群参与的新兴的体育健身、娱乐项目，是排球大家庭中新成员。由于气排球具有球体大、重量轻、质地软、弹性大、运动缓、易控制等特点，在开展活动中比较安全，所以深受大家的喜爱。作为一项新兴的体育运动项目，气排球运动具有有很强的健身性、娱乐性、竞技性和观赏性。如今不光受到老年人的喜爱，同时也受到一些年轻人青睐。气排球运动经过近 30 年的发展，已从单纯在老年群体中开展向社会各个行业、系统、学校、社区企事业单位等辐射，不同年龄层次、不同职业人群纷纷参与到气排球运动中，享受气排球运动的快乐，气排球运动的魅力逐渐凸显，社会影响力逐渐扩大，群众参与度逐渐提高，已成为我国全民健身活动的重要内容之一（见图 16-192）。

图 16-192

二、气排球的特点

（1）球质软。富有弹性，手感舒适，不易伤人。

（2）气排球由软塑料制成，球的颜色为黄色，球体大。圆周为 80～83cm，比普通排球圆周长 16～18cm，重量轻 100～120g，在空中飘游缓慢，容易控制。

（3）球网低。男网高 2m，女网高 1.8m，比普通网高各低 0.43 和 0.44m，打球时可减少跳跃，运动安全。

（4）场地小。全场长 13.4m，宽 6.1m，比普通场地长宽各少 6m 和 3m，室内外均可开展活动（见图 16-193）。

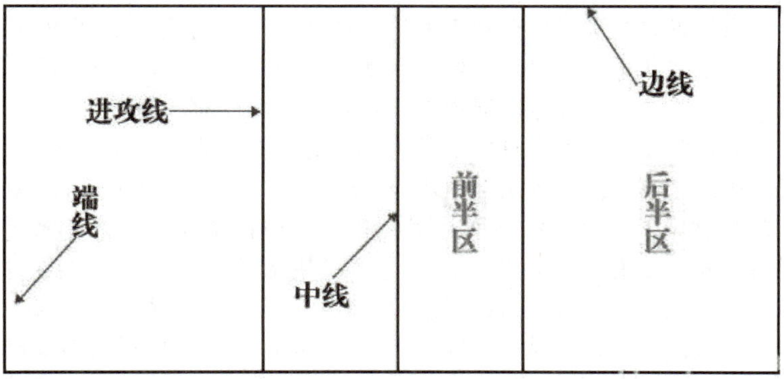

图 16-193

（5）运动量适宜。气排球活动有跑、跳、蹲、转身，使脑、眼、手、腰、脚等都运动，但活动量不大，有利于健身强体。

（6）集体性极强。必须协调配合，有利于团结奋进和展现高尚的道德风范。参赛队员 5 人，其打法和记分方法与竞技排球基本相同。

（7）气排球好学易懂，规则宽。人体任何部位触球都可以。有时候为了救球，手来不及的情况下，可以用脚踢。只要按规则要求，将球打到对方场内地面上空为有效。

三、气排球实战技术

气排球的基本技术有发球、垫球、传球、扣球、拦网等五项。

（一）气排球发球技术

气排球轻、薄，容易在空中变向，因此，好的发球是稳定的得分点。不同的球员有不同的大力发球习惯，在这里举几个例子。

（1）扣球式发球。球员喜欢抛球后前跨一步挥手至最高点，侧身收腹甩臂大力发球，这种发球的特点是，大力发球不易出界，且球在对方场地高点后线路飘忽不定。接球的时候一定用上手手法接球，否则球会变向。

（2）边角式发球。球员沿底线溜边，至边角处侧身起跳，空中轻抛球后在最高点大力打对方大斜角。这种球势大力沉，对一传破坏性极大。

（3）缓冲式发球。此种发球要求队员发球时后退两步，抡起拳头大步往前冲两步轻抛球后见球即打，击球时顺势将身体重心随手部往下甩，直至双手拍地（兴奋时可锤地两次），此种球过网后急剧下坠。

（二）气排球垫球技术

垫球技术动作要点可用“插、夹、抬、压”四个字概括。

插——双手互握插入球下。

夹——两臂夹紧伸直。

抬——提肩抬臂。

压——手腕下压。

击球时，用手腕上 10cm 的前臂击球的后中下部。

（三）气排球传球技术

1. 气排球的一传技术

一传是基础，没得说，如果不按照规范的接球动作练习，想进一步提升气排技术非常难。一传最重要是手势，很多新手为了打球方便，喜欢直接用双手捧球，姿态不优美。正确的接球姿势的要领是插、夹、抬、蹬。接球时拇指下压，耸一下肩往前送即可。

准备接球时，应该防守以其为支点的半径为一米的圆圈，非支撑脚应该是提起脚跟的，随时准备移动步伐。所以，前后左右各两部的步伐练习是接好一传不可少的，当你水平达到一定高度时，可以学鱼跃救球了。前排有拦网，接轻扣球的应该是先看对攻手挥臂方向后判断球路，然后适当调整方向；还有一点，队员接球时尽量用上手，首先这样能在球变向之前接到球，其次这样接球使得全队能更快地组织起进攻，再次这样接球往往能够在对方发球队员回位前将球吊到其空当，第四是可以最大限度减小后排压力，第五是可以直接将球起给攻手位打二次。

2. 气排球的二传技术

传球是最关键环节，传球的要求就是出球快，4 号位球最高点离球网 0.7m 以内，球在最高点有稳定停留；2 号位背传要求球离网 1 米左右，抛物线不宜太大，最高点在身后 1m 内。

（1）准备动作要充分。半蹲，腰微弯，手臂放松，手指自然放松，球到即靠手腕将球弹出，手指不出力。

（2）二传站位应稍靠近 2 号位，面对 5 号位快攻队员。

（3）背传时点到即止，不宜做太大的挺胸伸臂送球动作。

（4）要求二传应避开对方强拦网位。

（5）打调整球时不应传 5 号位快攻，而应传近身主攻位。

（6）对二传尽量不传调整接一传位的攻手，而传准备较充分的攻手。

（四）气排球扣球技术

扣球是战术配合的最后一击，是进攻中最积极有效的技术，也是得分与获得发球权的重要手段。扣球技术水平越高，越能为提高拦网及防扣球技术提供有利条件。扣球的攻击威力主要表现在高度、速度、力量、变化和突然性上。它一般包括近网高球强攻（平网扣球）和调整强攻（斜网扣球）。

扣球要领：扣球起跳后，先挺胸抬头展腹，手臂屈肘向后上方抬起，身体成反弓形。利用收腹、转体收胸动作发力，带动前臂上甩击球，挥动要有提肩抬肘动作，前臂成弧形快速向前上方抽甩，在肩上方最高点击球（见图 16-194）。

扣球击球时应注意：①击球要准确。以全手掌击球后中上部或后中部，使全手掌包满球，手掌和手腕控制球的方向、弧线和落点。②击球时要有提肩动作，手臂充分伸直，保持高点击球。③挥臂要迅速，加快前臂的挥动速度，并有明显的抽鞭动作，猛甩手腕，借以加大对球的作用力。

图 16-194

（五）气排球拦网技术

拦网是气排球运动的重要防守反击基本技术之一，拦网成功可以直接得分。

(1) 盯住对方传球路线。拦网时，应当紧盯住对方传球的路线，判断对方向本方击球时的球在空中的位置，然后迅速移动（采用并步移动或交叉步移动）至球网本方一侧的对应位置后，原地起跳拦网。起跳时，重心降低起跳，控制身体平衡垂直起跳，拦网时要直上直下，拦网结束身体下落时，手臂不要弯曲，仍保持拦网时的伸展状态，待与球网保持一定距离后，身体方能放松，以避免触网。

(2) 掌握好拦网起跳时间。掌握拦网起跳时间，应根据对方二传球的高低、远近、快慢以及扣球队员的起跳时间和动作特点来决定。拦高球时，一般应比扣球队员晚跳；拦快球时，可以和扣球队员同时起跳或提前起跳。起跳同时，两手从额前贴近并平行球网，向网上沿的前上方伸出，两臂伸直，前臂靠近网，两手尽量伸向对方上空接近球，两手自然张开，两手之间距离不能超过一个球，以防止球从两手间漏过。

(3) 队员密切协调配合。站在靠近边线的拦网队员，为了防止对方打手出界，外侧手掌心在拦击球时要内转。两人或三人拦网时，要密切协同配合，主拦队员确定拦网中心，配合队员要及时选好起跳点，起跳时应避免互相冲撞和干扰。起跳后，手臂在空中要保持适当距离，尽量扩大拦击面，但手与手之间距离不要过大，以免造成漏球。不同身高的队员要加强起跳时间的配合，一般来说，高个子队员起跳时间应稍晚于矮个子队员。如未拦到球，在身体下落时要随球转身向着球飞出的方向准备做接应救球。发现对方击球队员踩越 2m 线时，不予拦网，立即退后，参与防守。

四、气排球的战术配合

（一）阵容配备

气排球的战术配合应注意首发阵容和位置。本方发球，强二传为前二传，对方发球，强一传为后二传。队员应通过场上配合练习，提高队员间的默契。对方发球时，对方球一出手即应完成预判，各队员即应心中有数谁接球。球在队员之间时，原则上球在谁的右手侧就谁接，除非球挨左手侧队员很近。

五人制时，最后一个位置队员即 1 号队员，应随着球的方向左右移动保护两侧底角，如前方队员已接球则及时回中。四人制时，高起高打有利于主攻完成相应动作，包括移位。四人制时后二传时机合适时可偷打。

（二）交换位置

比赛中，在规则允许的情况下，根据战术需要，可采取交换位置的方法，充分发挥每个队员的特长，达到扬长避短的目的。

五、气排球的训练

训练大体分为三个阶段：基本功、发球、阵型，以基本功为重点。

1. 基本功训练

前期训练以两人对传或三人互传为宜，传球时根据球的位置情况采用上手托球、下手垫球或捧球，综合运用。传球要求有一定高度（不能忽高忽低）并且到位（以对方跨出不超过两步为准），根据训练情况以连续互传 10 个、20 个为一组计算和要求；基本功后期训练可 4～6 人围成一圈，传球要求想传给谁就能给谁；发球训练和接球训练可同时进行，发球手练发球，另 5 名队员在对侧练接球；每发球成功 10 个换人发球；依次类推进行；扣球训练酌情进行。

2. 阵型训练

队型训练侧重于队员间的配合、默契。期间，如有赛事，组织全部队员或部分队员观摩、学习；队员在训练期间应自我总结，即有利经验要回味强化，没打好的球也应自我评判，以利快速提高；

3. 单人训练

可对着墙壁进行托球训练，两脚分开跳跳绳有利于提高脚步灵活性。

六、气排球的比赛规则

（一）队员规则

（1）每队最多可有 8 名队员，队员上衣必须有号码，应由 1 号至 8 号。身前号码 10cm 见方，身后号码 15 厘米见方。场上队长应在上衣胸前有一明显标志。

（2）教练员和队员应了解并遵守规则，以良好的体育道德作风服从裁判员的判定。如有疑问，只有场上队长可向裁判员请求解释，教练员不得对判定提问异议或要求解释。

（3）教练员和队员必须尊重裁判和对方队员，不得以任何行为影响裁判的判断。不得以任何行动和表现去拖延死球时间或被认为有意延误比赛。

（二）场上规则

（1）队员场上位置：双方队员各分为前排三名，后排二名。前排左边为 4 号位，中间为 3 号位，右边为 2 号位，后排左边为 5 号位，右边为 1 号位。每局比赛开始，场上队员必须近位置表排定的次序站位，在该局中不得调换。在新的一局、每个队上场队员的位置可重新安排。

（2）暂停：每局比赛中，每个队可请求 2 次暂停，每次暂停时间为 1 分钟。只有成死球时经教练员或场上队长向第二或第一裁判员请求后才准予暂停。第一裁判员鸣哨后，比赛应立即继续进行。某队请求第三次暂停，应予拒绝并提出警告。第一裁判员已鸣哨发球，队员尚未将球发出或与鸣哨的同时请求暂停，均应拒绝，如第二裁判员在此时间错误鸣哨允许暂停，第一裁判员也不得同意，应再次鸣哨发球。

（3）换人：每局每队最多可替换 6 人次，一下一上为 1 人次。某队换人时应由教练员或场上队长在死球时向第二或第一裁判员提出要求，并说明替换人数和队员的号码。裁判员准许换人时，上场队员应已做好准备并从前场区上下场，如队员未做好准备，则判罚该队一次暂停。

（三）成绩计算

（1）得分：只有发球队胜一球时，才得 1 分，决胜局则不论发球队或接发球队胜一球即得

1 分。

（2）胜一局：某队失得 15 分并超出对方 2 分时，或双方得分成 16：16 时谁失得 1 分成 17：16 时，则该队胜一局。决胜局谁赢得 15 分并超出对方 2 分时，即算该队获胜。

（3）规定比赛时间 5 分钟后仍不到场者，作弃权处理，对方则以每局 15：0 的比分和 2：0 的比局取胜。各队无正当理由不得无故弃权和罢赛。

第七节 跆拳道

一、跆拳道运动概述

（一）跆拳道历史和发展

跆拳道是一项利用拳脚进行搏击的对抗性运动，属朝鲜民族传统的体育运动项目，古称跆跟、花郎道。主要内容包括品势、搏击（竞技与格斗）、功力检测三部分。现代的跆拳道被韩国看作国技。“跆”的意思为脚的蹬、踢；“拳”意指用拳击打和防御；“道”即为练习的方法，同时也是一种精神的体现。

1910 年日本侵占朝鲜后，一度下令禁止跆拳道发展和传播，一些不甘寂寞或被生活逼迫的朝鲜人远离国土，到中国或日本谋生，这些人将跆拳道与中国武术和日本武道相结合，孕育出新的技术体系。第二次世界大战后，从异国他乡回归故土的朝鲜人也将各国的武技带回本国，逐渐与跆拳道融为一体，形成了现在的跆拳道体系。

1961 年 9 月，韩国成立了唐手道协会，后更名为跆拳道协会，并成为韩国全国运动会正式竞赛项目。1966 年，国际跆拳道联盟成立。1973 年 5 月在汉城（现首尔），成立了世界跆拳道联合会，并在同年被国际体育联合会接纳为正式会员。1980 年国际奥委会正式承认世界跆联。1988 年，跆拳道在韩国汉城奥运会首次亮相后，为了适应国际重大比赛，跆拳道技术在不断地变革和发展。迄今为止，世界跆联已有 144 个会员国，6 500 多万爱好者参加练习。现已成为奥运会的正式比赛项目，按公斤分级共设 8 枚金牌。

1995 年 8 月中国跆拳道协会正式成立，同年 11 月，中国跆拳道协会被世界跆拳道联盟接纳为正式会员。1999 年 6 月 7 日，在加拿大埃特蒙多举行的世界跆拳道锦标赛上，我国女运动员王朔战胜多名跆拳道高手，获得了女子 55 公斤级的冠军，这是我国运动员获得的第一个跆拳道世界冠军。2000 年悉尼奥运会上，我国运动员陈中获得了女子 65 公斤级冠军，这是我国选手获得的第一个跆拳道奥运会冠军。在 2004 年雅典奥运会上，罗微获女子 67 公斤级冠军，陈中获女子 67 公斤以上级冠军。2007 年，吴静钰获世界跆拳道锦标赛冠军。2008 年，吴静钰获北京奥运会的跆拳道冠军。

目前，跆拳道运动在世界各地得到了广泛开展，跆拳道的竞赛有奥运会跆拳道比赛、世界锦标赛、洲际锦标赛和亚运会等。跆拳道每两年举办一次世界锦标赛和世界杯赛，水平较高的国家有韩国、中国、南非、缅甸等。

（二）跆拳道的特点

1. 以腿法为主，拳脚并用，主要关节武器化

由于竞赛的需要、规则的限制和跆拳道进攻方法的特点，跆拳道以腿法攻击为主。据统计，在跆拳道技术当中，腿法约占总技法的 70%。腿击无论在攻击范围、攻击力量等方面都远远超过拳法的攻击，而拳法的招式，一般偏重于防守和格挡（见图 16-195）。

图 16-195 吴静钰跆拳道比赛

2. 以击破为测试功力的手段，动作追求速度、力量和效果

跆拳道不讲究花架子，所有动作都以技击格斗为核心，要求速度快，力量大，击打效果好。在功力的检测方面，则以击破力为测试的手段。就是分别以拳脚击碎木板等，以击碎的厚度来判定功力。

3. 强调气势，发声扬威

在跆拳道的练习当中，要求在气势上给人以威严的感觉，练习者常以洪亮并带有威慑力的声音来显示自己的威力。据日本有关研究资料证明，人在无负荷工作时，10%的肌肉会由于发声使他们的收缩速度提高 9%，在有负荷工作时更是可以提高 14%。这就是在比赛当中运动员会发出响亮的喊叫声的原因。在发声的同时停止呼吸，可以使人体内部的阻力减小，提高动作速度，集中精力，使动作发挥出更大的威力。

4. 以刚制刚，方法简练

受跆拳道运动竞赛的影响，运动员在比赛当中多是直击直打，接触防守、躲闪技术运用得比较少。进攻都采用直线连续进攻，以连贯快速的脚法组合击打对手。防守多采用格挡技术，或采取以攻对攻、以攻代防的技术。

5. 礼始礼终，内外兼修

在任何场合下，跆拳道练习者始终以礼相待。练习活动都要以礼开始，以礼结束，以养成谦虚、友好、忍让的作风。在道德修养方面的践行是跆拳道项目的显著特点。

（三）跆拳道的功能

1. 修身养性，培养人优秀的意志和品质

跆拳道练习推崇“以礼始，以礼终”的尚武精神，练习中要以“礼义廉耻，百折不屈”为宗旨，培养人顽强果断、耐劳的精神，磨炼人坚韧不拔、积极向上的品质，养成礼让谦逊、宽厚待人的美德。

2. 强体防身，练就人健全的体魄

跆拳道也是属于自卫术一种，运动紧张激烈，对抗性极强，可使人强壮筋骨，提高各关节的灵性及肌肉的伸展性和收缩能力，提高人的速度、反应、灵敏、力量和耐力素质，增强人体的击打和抗击打能力。经过长期的训练后形成一项技能，具备防身和自卫的能力。

3. 观赏竞技，享受击打艺术的美感

跆拳道比赛或实战时，双方腿法技术在对抗中高来低往，表现得淋漓尽致，不仅给人以美的享受，还能激发人的斗志，鼓舞人奋发向上的精神，陶冶人的道德情操，是使人在欣赏武艺的同时潜移默化地受到良好的意志和品质教育。

（四）跆拳道的礼仪及考级方式

1. 行“礼”

“礼仪”是跆拳道运动必不可少而且十分重要的组成部分。跆拳道的礼仪不只是形式上的表现，而是要发自内心地实施它，并在长期练习和比赛的过程中逐渐将礼仪的形式转化为心理动力。

（1）上课开始时的礼仪程序。

开始时，练习者应排列好队形，立正姿势站好。由队长或教练成“立正、敬礼!”的口令，全体向国旗敬礼，口号“跆拳!”教练先向后转，队长喊“敬礼”口号，相互敬礼。

在训练课的过程中，队员之间互相服务，拿脚靶已进行练习 。在互换脚时，首先要面向对方并步直体站立，上体前屈 30°、头部前屈 45°鞠躬致礼，此时两手紧贴两腿，两脚跟并拢（见图 16-196)，礼毕上体还原成立正姿势。

图 16-196　鞠躬致礼

结束时，站好队列。由队长或教练喊“向后转，整理服装!”的口令，全体立即向后转，对着国旗整理服装，整理好后，迅速向后转。队长喊“敬礼”的口令，全体面向国旗立正、敬礼。随后全体面向教练，互相敬礼。口号“跆拳!”

（2）关于跆拳道的“礼”。

礼节是跆拳道练习过程中必须具备的行为规范，练习路拳道要持正确的练习和认识态度，对跆拳道的历史、内容、特点、作用及教育意义有全面的了解和认识。练习者衣着端正、头发整洁，对教练和同伴时刻都要表现出恭敬、服从、谦虚、互助互学的心态。谦逊和正确的言语、忍让和友好的态度、虚心和好学的作风也是跆拳道练习者应遵循的重要礼仪。

所以，无论是在跆拳道练习还是实战中，尽管是以双方格斗的形式进行，但是不管格斗如何激烈，由于双方都是以提高技艺和磨炼意志品质为目的，双方各自内心深处都必须持有尊敬和学习的心态。

2. 考级

（1）跆拳道的级别。

跆拳道训练分为十级九段，初学者必须接受一段时间的培训，考试及格后方可晋级，跆拳道十级——白带，九级——白黄带，八级——黄带，七级——黄绿带，六级——绿带，五级——绿蓝带，四级——蓝带，三级——蓝红带，二级——红带，一级——红黑带。学员至少需要一年半时间完成第一阶段后再接受更严格的训练，考试合格后，方可晋升到第二阶段——黑带（一段），黑带共分九段，段数刺在黑带两端，以供识别。

（2）腰带颜色的象征意义。

白带：白带代表空白，练习者没有任何跆拳道知识和基础，一切从零开始。

黄带：黄带是大地的颜色，就像植物在泥土中生根发芽一样，在此阶段要打好基础，并学习大地厚德载物的精神。

黄绿带：介于黄带与绿带之间的水平，练习者的技术在不断上升。

绿带：绿带是植物的颜色，代表练习者的跆拳道技术开始枝繁叶茂，跆拳道技术在不断完善。

绿蓝带：由绿带向蓝带的过渡带，练习者的水平处于绿带与蓝带之间。

蓝带：蓝带是天空的颜色，随着不断的训练，练习者的跆拳道技术逐渐成熟，就像大树一样向着天空生长，练习跆拳道已经完全入门。

蓝红带：练习者的水平比蓝带略高，比红带略低，介于蓝带与红带之间。

红带：红色是危险、警戒的颜色，练习者已经具备相当的攻击能力，对对手已构成威胁，要注意自我修养和控制。

红黑带：经过长时间系统的训练，练习者已修完从 10 级至 1 级的全部课程，开始由红带向黑带过渡。

黑带：黑带代表练习者经过长期艰苦的磨炼，其技术动作与思想修为均已相当成熟。也象征跆拳道黑带不受黑暗与恐惧的影响。

二、跆拳道基本技术

现在的跆拳道动作似乎不像以前那样圆滑流畅，也不似以前那样重视运动中身体的平衡。具体地说，就是在实战对抗中或在大街上遭受袭击被迫自卫的情形下，新型跆拳道技术无疑要比拘泥于形式的老技术更胜一筹。因此，本节只介绍初学者必须掌握的基础技术。

（一）跆拳道基本步型和步法

1. 基本步型。

（1）准备姿势

两脚开立与肩同宽，身体自然直立，两脚尖略外展，两手握拳置于腹前，两手掌朝上，上提到胸口部位，两手在胸口前握拳的同时向内转动缓慢放下至腹部，两手及其与身体均为一拳相隔。

（2）马步。

两脚开立，宽度为“两脚”距离，两脚尖内侧平行略内扣，较肩宽，挺胸直背，两腿屈膝半蹲，重心在两腿之间，收拳放于腰际，拳口朝上。

（3）弓步。

弓步又称前屈立，前后脚分立，两脚相距一步半，前腿屈膝，后腿伸直，前腿膝关节与脚尖垂直，重心大部分在前脚上，左脚在前称左弓步，右脚在前称右弓步。

（4）三七步（右腿后屈为例）。

以后脚跟为轴往右转动 90°，在这基础上左脚迈出一步，上身挺直，两腿膝关节弯曲，降低重心，右膝关节向右脚尖方向弯曲为 60°～70°，左膝关节内角度为 100°～110°，两腿膝关节不能像马步一样向内扣，身体重心的 2/3 在右腿腿膝关节略屈，重心在后脚上。

（5）前行步。

前行步又称高前屈立，如走路姿势。两脚之间距离小于弓步，上体略前倾，前腿膝关节略屈，重心大部分落在前脚上。左脚在前称左前探步，右脚在前称右前探步。

（6）虚步。

与后弓步相似，前脚掌点地，脚跟提起，重心落在后脚。

2. 准备姿势与步法

（1）准备姿势（实战姿势）。

准备姿势也称卖战姿势或预备姿势，是竞赛跆拳道比赛中双方开始时的基本站立姿势。在立正站好的前提下，右腿向体后拉出宽于肩的距离，身体斜侧位，双手握拳放于体前。准备姿势应便于进攻和防守反击及步法的移动（见图 16-197）。

图 16-197　实战准备姿势

（2）上步。

动作过程（以左势为例）：以左势起，以左脚掌为轴，右脚沿直线离地 2～3cm，向左脚前方迈上一步，左脚掌自然转动 90°左右，成右势。反之右势亦然。

注意要领：上步时通过转髋带动身体移动，两臂在侧自然上下移动，上下起伏过大，上步时走直线，不拖地，贴着支撑腿移动。

（3）后撤步。

动作过程（以左势为例）：以左势起，以右脚掌为轴，右脚跟向外拧转 90°，左脚沿直线后撤一步，与肩同宽，成右势。

注意要领：膝关节夹紧，向前提膝，尽量走直线；支撑脚外旋 180°；髋关节往前顺，身体与大小腿成直线，严格注意击打的力点在正脚背，踝关节放松。横踢攻击的主要部位有头部、胸部、腹部和肋部。后撤步时重心保持平稳移动，通过向左拧腰转髋完成，两臂在体侧自然上下移动。

（4）侧移步。

动作过程：第一种步法是以前脚为轴，后脚向左（右）侧方向移动，用以改变与对手的站位方向；第二种步法是右架站立，右脚先向右（或向左）侧移动一步，随之左脚也迅速向右或向左）侧移动一步。

（5）跳换步。

动作过程（以左势为例）：以左势起，双脚同时轻轻蹬地，身体微腾空，双脚沿直线前后交换，落地成右势。

注意要领：换脚时跳得不要太高，换脚动作迅速，重心起伏小；直线交换双脚。

（6）前跃步。

动作过程：右架站立，两脚同时向前跃进一步，保持右架准备姿势；反之左架亦然。右脚向前重心不要上步左架亦然。

（7）后跃步。

动作过程：右架站立，两脚同时向后回撤一步，保持右架准备姿势；反之左架亦然。向后回撤时，重心不宜起伏过大，尽量使重心平稳移动，两脚稍离地即可。

（8）垫步。

动作过程：右架站立，右脚向左脚内侧上步，同时左腿迅速抬起以便进攻和防守。身体随步法同时移动，重心平稳。

（二）跆拳道的基本进攻术和防御术

跆拳道攻击人体的要害部位有 280 处之多，主要分为上段的人中、中段的胸口、膝盖等部位。

1. 跆拳道的基本腿法

（1）前踢。

前踢是跆拳道中最基本的踢法，对膝关节快速屈伸能力和膝关节四周的肌肉都有很好的锻炼作用。

动作过程：以左势实战姿势开始，右脚向后蹬地，身体重心前移至左脚，右脚蹬地屈膝提起，送髋、顶髋，小腿快速向前踢出，高于腰平，迅速放松弹回，成折叠状，右脚落回，恢复成左势（见图 16-198）。

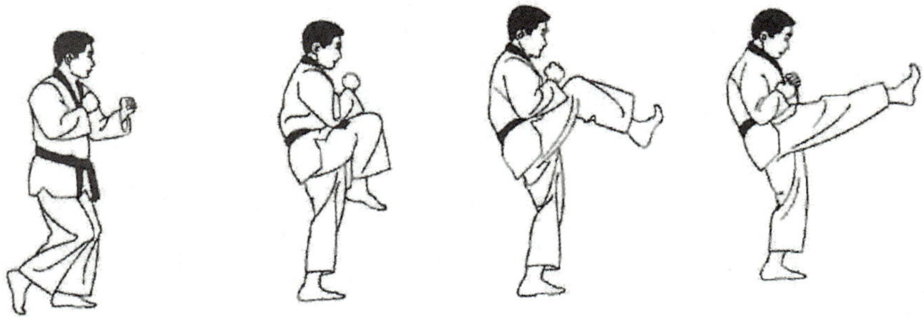

图 16-198　前踢

注意要点 ：膝关节上提时大小腿折叠，膝关节夹紧，小腿和踝关节放松，有弹性。踢击时顺势往前送髋，高踢时往上送髋。

（2）横踢。

横踢是跆拳道比赛中使用率、得分率最高的踢法，其外形酷似散打中的边腿，但是两者动作区别很大。跆拳道的横踢幅度小、隐蔽性好、速度更快。

动作过程：实战姿势开始，右脚蹬地，重心前移至左脚，右脚屈膝上提，两拳置于胸前；左脚前脚掌碾地，左脚脚后跟逆时针转动，髋关节左转，左膝外翻；随即左脚掌继续逆时针转至约 180°，右腿膝关节向前抬至水平状态，小腿快速向左前横向踢出；击打目标后迅速放松收回小腿，右腿落回原地成实战姿势（见图 16-199）。

图 16-199　横踢

注意要点：膝关节夹紧，向前提膝，尽量走直线；支撑脚逆时针外旋 180°，髋关节往前顺，身体与大小腿成直线；严格注意击打的力点在正脚背；踝关节放松，击打的感觉是“面团”“鞭梢”。横踢攻击的主要部位有头部、胸部、腹部和肋部。

（3）后踢。

后踢是跆拳道比赛中常用的踢法，其渗透力量极大，一般攻击对方的上腹部，常用于反击对手的横踢。

动作过程：实战姿势开始，以左脚掌为轴外旋，向身体右后转体；同时右腿屈膝上提，大小腿加紧折叠，勾脚尖，眼睛透过肩峰看目标；送胯，右腿顺势向后平伸后踢出；击打后，右腿收小腿，自然落下成左势，然后后撤右腿，还原成准备姿势（见图 16-200）。

注意要点：起腿时要贴紧支撑腿，转体动作与提膝动作同时进行，要注意重心放在支撑腿上；踢腿时整个脚刀击打，力量由腰胯送出。

图 16-200　后踢

（4）下劈。

下劈动作类似于武术中的下砸腿，也有人称之为下压，以脚掌、脚跟攻击对方的脸部。在跆拳道比赛中，女运动员的下劈的得分率往往高于男运动员。

动作过程：实战姿势开始，右脚蹬地，重心前移至左脚；同时，右腿以髋关节为轴屈膝上提，两手握拳置于胸前；随即充分送髋，上提膝关节至胸部，右小腿以膝关节为轴向上伸直，将右腿直举于体前，右脚过头；然后向下以右脚后跟（或脚掌）为力点劈击，放松收腿成实战姿势（见图 16-201）。

注意要点：腿尽量往高、往头后举，要向上送髋，重心往高起；脚放松往前落，落地要有控制；起腿要快速、果断；踝关节要放松。劈腿的主要攻击部位有头颈、脸部和锁骨。

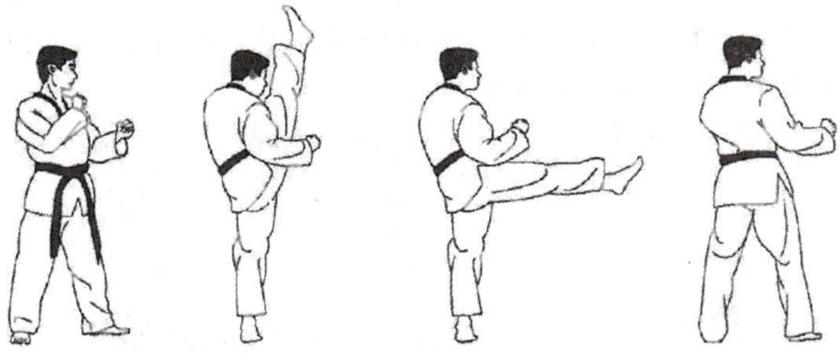

图 16-201　下劈

（5）后旋踢（简称后旋）。

动作过程：实战姿势开始，两脚以两脚掌为轴均内旋约 180°，身体之右转约 90°，两拳置于胸前。上体右转，与双腿拧成一定角度；右脚蹬地，将蹬地的力量与上体拧转的力量拴在一起，将右腿向后上以髋关节为轴直腿摆起，右腿继续向右后旋摆鞭打，同时上体向右转，带动右腿弧形摆至身体右侧，右腿屈膝回收；右脚落至右后成实战姿势（见图 16-202）。

注意要点：转身、旋转、踢腿连贯进行，一气呵成，中间没有停顿；击打点应在正前方，呈水平弧线；屈膝起腿的旋转速度要快；重心在原地旋转 360°。后旋腿攻击的主要部位是头部。

图 16-202　后旋踢

（6）双飞踢。

动作规格：实战姿势开始，攻方先用右横踢攻击对方左肋部，同时，左脚蹬地起跳，身体腾空右转，腾空高度在膝关节以上，但不宜过高；左脚起跳后在空中用左横踢迅速踢击对方胸部或腹部；左右脚交换，右脚落地支撑，左脚横踢目标后迅速前落，成左势实战姿势（见图 16-203）。

动作要领：右腿横踢目标的同时，左脚蹬地跳起；左脚起腿击打目标后，迅速右转换腿再次横踢目标；两腿在空中交换，右脚先落地。

图 16-203　双飞踢

（7）侧踢。

侧踢类似于散打中的侧踹，跆拳道比赛中很少使用侧踢，因为侧踢的速度较慢。但是在跆拳道品势中，侧踢则是一种不可缺少的踢法。

动作过程：以左势起，右脚蹬地起腿，屈膝上提，左脚以脚掌为轴外旋 180°，脚跟正对前方，右腿快速向右前方直线踢出，力点在脚跟，收腿、放松，重心向前落下，恢复成基本准备姿势（见图 16-204）。

图 16-204　侧踢

注意要点：起腿后大小腿折叠，膝关节夹紧；转动左脚与右腿由屈到伸，发力协调、顺畅；头、肩部、髋关节、膝、踝、脚成一条直线；大小腿直线踢出，直线收回。

2. 基本防御技术

所谓跆拳道的防御是指受到对方攻击时保护身体要害的技术，虽有躲闪式的防御，但在无法躲闪、不得已对抗时，为保护身体要害使用的防御技术。初学者基本的防御动作主要在跆拳道组合技术中学习。

（三）跆拳道的组合技术

跆拳道的组合技术，就是根据比赛中功防情况的变化，将两个以上的动作组合在一起的连接技术。由于跆拳道比赛的日趋激烈，运动员的技术水平越来越接近，可能运动员在进攻的同时就要防守，或是在防守的同时就要反击。使用单个的技术，往往会被有经验的选手化解或反击，为了战胜对手，就必须在熟练掌握单个基本技术的基础上，掌握一些组合技术，使对手在短时间内很难适应。当然这些组合技术也不是一成不变的，运动员在比赛中要根据场上的具体情况，灵活多变地运用组合技术，使对手摸不清自己技术动作的规律，借以达到出奇制胜的目的。

按攻防性质划分，组合技术包括进攻＋防守、进攻＋进攻、进攻＋防守＋进攻、进攻＋进攻＋防守、防守＋进攻 5 种类型。下面就每个组合类型介绍几种方法。

1. 进攻术＋防守技术

此种组合在跆拳道比赛中被运动员广泛使用。其特点是先主动进攻，一旦没有得点，则立即使用防守技术来保证自己也不会失点。他要求使用者在进攻时速度要快，尽量使自己第一次进攻（也称第一回合或打第一点）能够有效击中目标而得点，一般来说，如是第一个进攻动作直接得分，则一般应贴住对方或立即回撤；若是没有得点，在对方反攻的一刹那，使用防守技术阻击对方。

（1）右横踢＋左后踢（见图 16-205）。

图 16-205　右横踢＋左后踢

（2）左横踢＋右后踢（见图 16-206）。

图 16-206　左横踢＋右后踢

2. 进攻技术+进攻技术

此种组合在跆拳道比赛中被运动员广泛使用。其特点是连续主动进攻，如果第一点没有得点，则立即使用第二个进攻动作来击打对方。

（1）左（右）腿横踢+右（左）腿横踢（见图 16-207）。

图 16-207　左（右）腿横踢+右（左）腿横踢

（2）左前横踢+右高横踢（见图 16-208）。

图 16-208　左前横踢+右高横踢

3. 进攻技术+防守技术+进攻技术

（1）右横踢+右劈腿+左横踢（见图 16-209）。

图 16-209　右横踢+右劈腿+左横踢

（2）左右双飞+左后旋踢+左横踢（见图 16-210）。

图 16-210　左右双飞+左后旋踢+左横踢

4. 进攻技术+进攻技术+防守技术

（1）右横踢+左高横踢+右后踢（见图 16-211）。

图 16-211　右横踢＋左高横踢＋右后踢

（2）左右双飞＋左横踢＋右后踢（见图 16-212）。

图 16-212　左右双飞＋左横踢＋右后踢

5. 防守技术＋进攻技术

（1）左后旋踢＋右横踢（见图 16-213）。

图 16-213　左后旋踢＋右横踢

（2）左劈腿＋右劈腿（见图 16-214）。

图 16-214　左劈腿＋右劈腿

三、跆拳道基本战术

跆拳道比赛中的战术，就是依据比赛中所发生的各种情况，运用自己平时的技术水平，最有效地发挥优势去战胜对手。在比赛中，根据不同对手能够灵活运用战术，是战术运用的最高水平。跆拳道比赛中的战术十分纷繁，每次比赛，对手的身体和技术水平情况都有不同，所运用的战术就不一样，因此，跆拳道战术不是一成不变，要根据实际赛事，依据自己的技术水平，恰当地运用战术，才能取得良好的成绩。

（一）主动强攻战术

这是一种先发制人的强动进攻，是一种有计划、有准备，具有压迫性的战术行动。在比赛开始后就猛烈进攻，连续使用技术，借以扰乱和破坏对方的心理平衡、战术准备和距离感，使对手忙于防守、疲于招架，消耗对手大量体力，这样可在短时间取得胜利或掌握场上主动权。这种战术的优点是直接掌握主动权，迫使对方只能招架，没有反攻的机会；这种战术的缺点是使自己的体力也消耗得较快，容易露出破绽或是对手用以逸待劳的战术克制自己，在运用此战术时一定把握好时机。

（二）引诱进攻战术

这种战术是跆拳道比赛中最常用的基本战术之一，它是指发挥假动作与真动作联合使用的方法，迷惑对手，借机找出对方漏洞依次得分。如推踢的假动作加后横踢的进攻或反击腿法，在使用踢腿时，可亦真亦假，如对方后撤，可以接后横踢进攻；如对方不后撤，可直接变为高腿的前横踢。在跆拳道训练和比赛中，一般采用的引诱式进攻是上下动作结合、左右动作结合、前后动作结合，多采用声东击西、指上打下的战术，引诱对手“上当”。在双方选手实力相当，试探对方长处时应用，以克其长。

（三）防守反击战术

当对方正面进攻时，采取快速地向前、后、左、右方向移动步法，避其锋芒，寻找机会制敌的战术方法，主动进攻时身体一些部位必定会产生防守空隙和薄弱环节，防守反击战术，即在防邻的同时或之后点即进行反击，取得得分。这就是所谓的“以静制动”。这种战术对于性情急躁，缺乏比赛经验，喜欢猛打猛攻的对手很有效。

（四）克制其长战术

每一个运动员都有自己擅长的技术，如有的运动员擅长使用横踢进攻，有的运动员擅长用劈腿阻击。在比赛中运动员要能及时发现对方使用的方法，然后及时调整自己的战术，采用相应的方法，使其不能正确发挥特长技术，并克制对方短处，就必定能取得胜利。

（五）逼进边角战术

这是在比赛中利用场地优势进行得分的一种战术。如在比赛中，对手处于防守状态时，利用警戒线给对方制造陷阱，迫使对方犯规而失分。比如引诱对手到场地边缘，然后利用猛攻迫使其出界，使对方犯规或被扣分。

（六）望风披靡战术

望风披靡就是心理战术，比赛开始前，利用情绪、动作和表情等威慑对手，比赛中用气势压倒对手或利用规则允许的各种手段干扰对方情绪，给对方造成心理负担，使对手技能战术发挥失常，挫伤对方的锐气，发挥自己的优势，在气势上战胜对方。

四、跆拳道比赛规则简介

（一）比赛场地

跆拳道的比赛场地是12 m×12 m的正方形，水平，无任何障碍物，下铺具有一定弹性的垫子。根据实际情况，比赛场地可高出地面40～60 cm。为了安全起见，可以装置平衡比赛台的支撑装置，要求支撑装置与地面所成的夹角在30°以内。

比赛区域的划分：12m×12m的比赛场地，中央8m×8 m的区域为比赛区，其余部分为警戒区。比赛区与警戒区的表面用不同颜色划分。如同色，应用5cm宽的白线区分，划分比赛区与警戒区的线叫作警戒线，比赛场地最外面的线叫作边界线。

（二）比赛时间

跆拳道比赛的时间无论男女均采用每场比赛3回合、每回合3分钟的回合制，中间休息1分钟。根据年龄等实际情况，比赛的时间和回合也可以进行调整。

（三）比赛选手

比赛时，选手应戴好护身、头盔、护裆、护臂、护腿后方可进入比赛区域，护裆、护臂、护腿应戴在道服里面 。

（四）体重级别

（1）跆拳道比赛和散打、拳击等项目一样是通过体重来分竞赛级别的。

（2）比赛体重称重。

男子：54kg以下、58kg、62kg、67kg、72kg、72kg以上。

女子：47kg以下、51kg、55kg、59kg、63kg、63kg以上。

（五）比赛方式

（1）单败淘汰赛。

（2）循环赛。

（六）主要规则

1. 允许使用的技术

拳的技术：必须握紧拳，用拳的正面击打。

脚的技术：必须用踝关节以下、脚的前部击打。

2. 允许攻击的部位

躯干：髋骨以上，锁骨以下及两肋部，背部没有被护具保护的部位禁止攻击。

面部：从两耳向前的头颈的前部，只允许用脚的技术攻击。

3. 得分判定

（1）有效得分。

运用正确的技术、击打正确的得分部位、打击力量强是得分有效判定的依据。如打击的力量强且技术运用正确，但击中的是非得分部位，如使对手陷入被动，也可计得分；击倒对方，可计分。电子感应器计分时，打击的力量要达到感应标准以上，才能够计分。得分一次计“+1”分，最后得分为3回合的总计。

（2）犯规行为。

在比赛中，犯规行为的判罚分为警告和扣分两种 。警告两次扣一分（−1）；警告次数为奇数的最后一次不计；扣分一次扣一分（−1）；警告和扣分按3局累计；运动员违背竞赛规则和故意不服从裁判员时，主裁判有权直接判其“犯规败”；犯规累计扣3分（−3）时，判其“犯规败”。

1）判罚警告的犯规行为：抓、搂、抱、推对手，用躯干贴靠对手，故意越出警戒线，转身背对对手逃避进攻，故意倒地，伪装受伤，教练员或运动员有不文明语言或不得体行为。

2）判罚扣分的犯规行为：发出暂停口令后攻击对手或攻击倒地对手，抓对手进攻的脚故意将其绊倒，故意用拳重击对手面部，教练员或运动员有严重的过激表示或行为 。

4. 优势判定

（1）因扣分造成同分时，3 回合中得分多者为胜。

（2）其他情况出现同分时，主裁判根据比赛的情况判定胜。比赛中积极主动的行为是判定的依据。

5. 获胜方式

（1）击倒胜。

（2）主裁判终止比赛胜。

（3）比分或优势胜。

（4）对手弃权胜。

（5）对手失去资格胜 。

（6）犯规胜。

附录　国家学生体质健康标准

一、说明

1.《国家学生体质健康标准》(以下简称《标准》)是国家学校教育工作的基础性指导文件和教育质量基本标准，是评价学生综合素质、评估学校工作和衡量各地教育发展的重要依据，是《国家体育锻炼标准》在学校的具体实施，适用于全日制普通小学、初中、普通高中、中等职业学校、普通高等学校的学生。

2. 本标准的修订坚持健康第一，落实《国家中长期教育改革和发展规划纲要（2010－2020 年)》、《国务院办公厅转发教育部等部门关于进一步加强学校体育工作若干意见的通知》(国办发〔2012〕53 号）和《教育部关于印发〈学生体质健康监测评价办法〉等三个文件的通知》(教体艺 3 号）有关要求，着重提高《标准》应用的信度、效度和区分度，着重强化其教育激励、反馈调整和引导锻炼的功能，着重提高其教育监测和绩效评价的支撑能力。

3. 本标准从身体形态、身体机能和身体素质等方面综合评定学生的体质健康水平，是促进学生体质健康发展、激励学生积极进行身体锻炼的教育手段，是国家学生发展核心素养体系和学业质量标准的重要组成部分，是学生体质健康的个体评价标准。

4. 本标准将适用对象划分为以下组别：小学、初中、高中按每个年级为一组，其中小学为 6 组、初中为 3 组、高中为 3 组。大学一、二年级为一组，三、四年级为一组。

5. 小学、初中、高中、大学各组别的测试指标均为必测指标。其中，身体形态类中的身高、体重，身体机能类中的肺活量，以及身体素质类中的 50 米跑、坐位体前屈为各年级学生共性指标。

6. 本标准的学年总分由标准分与附加分之和构成，满分为 120 分。标准分由各单项指标得分与权重乘积之和组成，满分为 100 分。附加分根据实测成绩确定，即对成绩超过 100 分的加分指标进行加分，满分为 20 分；小学的加分指标为 1 分钟跳绳，加分幅度为 20 分；初中、高中和大学的加分指标为男生引体向上和 1 000 米跑，女生 1 分钟仰卧起坐和 800 米跑，各指标加分幅度均为 10 分。

7. 根据学生学年总分评定等级：90.0 分及以上为优秀，80.0～89.9 分为良好，60.0～79.9 分为及格，59.9 分及以下为不及格。

8. 每个学生每学年评定一次，记入《〈国家学生体质健康标准〉登记卡》。特殊学制的学校，在填写登记卡时可以按规定和需求相应地增减栏目。学生毕业时的成绩和等级，按毕业当年学年总分的 50％与其他学年总分平均得分的 50％之和进行评定。

9. 学生测试成绩评定达到良好及以上者，方可参加评优与评奖；成绩达到优秀者，方可获体育奖学分。测试成绩评定不及格者，在本学年度准予补测一次，补测仍不及格，则学年成绩评定为不及格。普通高中、中等职业学校和普通高等学校学生毕业时，《标准》测试的成绩达不到 50 分者按结业或肄业处理。

10. 学生因病或残疾可向学校提交暂缓或免予执行《标准》的申请，经医疗单位证明，体育教学部门核准，可暂缓或免予执行《标准》，并填写《免予执行〈国家学生体质健康标准〉申请表》，存入学生档案。确实丧失运动能力、被免予执行《标准》的残疾学生，仍可参加评优与评奖，毕业时《标准》成绩需注明免测。

11. 各学校每学年开展覆盖本校各年级学生的《标准》测试工作，《标准》测试数据经当地教育行政部门按要求审核后，通过“中国学生体质健康网”上传至“国家学生体质健康标准数据管理系统”。测试和数据上传时间由教育行政部门确定。

12. 本标准由教育部负责解释。

二、单项指标与权重

测试对象	单项指标	权重/（%）
小学一年级至大学四年级	体重指数（BMI）	15
	肺活量	15
小学一、二年级	50m 跑	20
	坐位体前屈	30
	1min 跳绳	20
小学三、四年级	50m 跑	20
	坐位体前屈	20
	1min 跳绳	20
	1min 仰卧起坐	10
小学五、六年级	50m 跑	20
	坐位体前屈	10
	1min 跳绳	10
	1min 仰卧起坐	20
	50m×8 往返跑	10
初中、高中、大学各年级	50m 跑	20
	坐位体前屈	10
	立定跳远	10
	引体向上（男）/1min 仰卧起坐（女）	10
	1 000m 跑（男）/800m 跑（女）	20

注：体重指数（BMI）＝体重（kg）/身高^2（m^2）。

三、评分表摘录

表 1　男生单项评分表

等级	单项得分	肺活量 mL		50m s		坐位体前屈 cm		立定跳远 cm		引体向上 次		1 000m ′″	
		大一大二	大三大四	大一大二	大三大四	大一大二	大三大四	大一大二	大三大四	大一大二	大三大四	大一大二	大三大四
优秀	100	5 040	5 140	6.7	6.6	24.9	25.1	273	275	19	20	3′17″	3′15″
	95	4 920	5 020	6.8	6.7	23.1	23.3	268	270	18	19	3′22″	3′20″
	90	4 800	4 900	6.9	6.8	21.3	21.5	263	265	17	18	3′27″	3′25″
良好	85	4 550	4 650	7	6.9	19.5	19.9	256	258	16	17	3′34″	3′32″
	80	4 300	4 400	7.1	7	17.7	18.2	248	250	15	16	3′42″	3′40″
及格	78	4 180	4 280	7.3	7.2	16.3	16.8	244	246			3′47″	3′45″
	76	4 060	4 160	7.5	7.4	14.9	15.4	240	242	14	15	3′52″	3′50″
	74	3 940	4 040	7.7	7.6	13.5	14	236	238			3′57″	3′55″
	72	3 820	3 920	7.9	7.8	12.1	12.6	232	234	13	14	4′02″	4′00″
	70	3 700	3 800	8.1	8	10.7	11.2	228	230			4′07″	4′05″
	68	3 580	3 680	8.3	8.2	9.3	9.8	224	226	12	13	4′12″	4′10″
	66	3 460	3 560	8.5	8.4	7.9	8.4	220	222			4′17″	4′15″
	64	3 340	3 440	8.7	8.6	6.5	7	216	218	11	12	4′22″	4′20″
	62	3 220	3 320	8.9	8.8	5.1	5.6	212	214			4′27″	4′25″
	60	3 100	3 200	9.1	9	3.7	4.2	208	210	10	11	4′32″	4′30″
不及格	50	2 940	3 030	9.3	9.2	2.7	3.2	203	205	9	10	4′52″	4′50″
	40	2 780	2 860	9.5	9.4	1.7	2.2	198	200	8	9	5′12″	5′10″
	30	2 620	2 690	9.7	9.6	0.7	1.2	193	195	7	8	5′32″	5′30″
	20	2 460	2 520	9.9	9.8	−0.3	0.2	188	190	6	7	5′52″	5′50″
	10	2 300	2 350	10.1	10	−1.3	−0.8	183	185	5	6	6′12″	6′10″

表 2　女生单项评分表

等级	单项得分	肺活量 mL		50m s		坐位体前屈 cm		立定跳远 cm		一分钟仰卧起坐 次		800 米 ′″	
		大一大二	大三大四	大一大二	大三大四	大一大二	大三大四	大一大二	大三大四	大一大二	大三大四	大一大二	大三大四
优秀	100	3 400	3 450	7.5	7.4	25.8	26.3	207	208	56	57	3′18″	3′16″
	95	3 350	3 400	7.6	7.5	24	24.4	201	202	54	55	3′24″	3′22″
	90	3 300	3 350	7.7	7.6	22.2	22.4	195	196	52	53	3′30″	3′28″
良好	85	3 150	3 200	8	7.9	20.6	21	188	189	49	50	3′37″	3′35″
	80	3 000	3 050	8.3	8.2	19	19.5	181	182	46	47	3′44″	3′42″
及格	78	2 900	2 950	8.5	8.4	17.7	18.2	178	179	44	45	3′49″	3′47″
	76	2 800	2 850	8.7	8.6	16.4	16.9	175	176	42	43	3′54″	3′52″
	74	2 700	2 750	8.9	8.8	15.1	15.6	172	173	40	41	3′59″	3′57″
	72	2 600	2 650	9.1	9	13.8	14.3	169	170	38	39	4′04″	4′02″
	70	2 500	2 550	9.3	9.2	12.5	13	166	167	36	37	4′09″	4′07″
	68	2 400	2 450	9.5	9.4	11.2	11.7	163	164	34	35	4′14″	4′12″
	66	2 300	2 350	9.7	9.6	9.9	10.4	160	161	32	33	4′19″	4′17″
	64	2 200	2 250	9.9	9.8	8.6	9.1	157	158	30	31	4′24″	4′22″
	62	2 100	2 150	10.1	10	7.3	7.8	154	155	28	29	4′29″	4′27″
	60	2 000	2 050	10.3	10.2	6	6.5	151	152	26	27	4′34″	4′32″
不及格	50	1 960	2 010	10.5	10.4	5.2	5.7	146	147	24	25	4′44″	4′42″
	40	1 920	1 970	10.7	10.6	4.4	4.9	141	142	22	23	4′54″	4′52″
	30	1 880	1 930	10.9	10.8	3.6	4.1	136	137	20	21	5′04″	5′02″
	20	1 840	1 890	11.1	11	2.8	3.3	131	132	18	19	5′14″	5′12″
	10	1 800	1 850	11.3	11.2	2	2.5	126	127	16	17	5′24″	5′22″

参考文献

[1] 李鸿江. 田径［M］. 2 版. 北京：高等教育出版社，2008.

[2] 邓树勋，王健，乔德才，等. 运动生理学［M］. 2 版. 北京：高等教育出版社，2009.

[3] 王彤，吴瑞，孙华敏，等. 大学生常见球类运动技能训练与拓展研究［M］. 北京：中国商务出版社，2012.

[4] 金其荣. 体育与健康实践教程［M］. 4 版. 北京：北京大学出版社，2013.

[5] 李世昌. 运动解剖学［M］. 2 版. 北京：高等教育出版社，2010.

[6] 谭清华，王彤，等. 新编大学体育与健康教程［M］. 西安：西安交通大学出版社，2015.

[7] 潘宏波，李广，赵玲华，等. 大学体育教育［M］. 北京：北京理工大学出版社，2015.

[8] 李云萍，梅丽华. 大学体育与健康实践性教程［M］. 北京：中国人民大学出版社，2015.

[9] 王卫星. 体能训练理论与实践［M］. 北京：高等教育出版社，2012.

[10] 上海体育职业学院. 青少年运动员身体训练［M］. 北京：中国劳动社会保障出版社，2013.

[11] 邦帕，卡雷拉. 青少年运动员体能训练［M］. 尹晓峰，等译. 上海：上海文化出版社，2017.

[12] Baechle T R，Earle R W. 体能训练概论［M］. 3 版. 朱学雷，等译. 上海：上海三联书店，2011.

[13] 陈方灿. 运动拉伸实用手册［M］. 北京：北京体育大学出版社，2008.

[14] 赵焕彬. 功能性动作测试与评价（FMS）［EB/OL］.（2015-07-10）［2019-12-30］. https：//wenku. baidu. com/view/471caba2bd64783e08122b4c. html.

[15] 整理活动：6 项基本的腿部拉伸练习［EB/OL］.（2015-09-25）［2019-12-30］. http：//www. 360doc. com/content/11/0925/16/65724 _ 151130434. shtml.

[16] 刘兴，赵美琴，等. 大学生体育与健康［M］. 成都：西南交通大学出版社，2014.